마크롱의 시련과 영광

THE FRENCH EXCEPTION

© Adam Plowright 2017
All rights reserved

마크롱의 시련과 영광

THE FRENCH EXCEPTION

아담 플로라이트 지음

우진하 옮김

문학사상

content

제1장 드골의 경이로운 삶과
　　　새로운 프랑스의 시작 _ 7

제2장 세상천지 모르는 게 없는
　　　이상한 아이 _ 31

제3장 가장 아름다운 모험의 시작과
　　　세대를 뛰어넘는 인연 _ 69

제4장 이상할 정도로 흥미로운 젊은이와
　　　그의 막강한 후원자들 _ 89

제5장 완전히 '평범하지' 않은 결합
　　　그리고 예상치 못한 기회 _ 113

제6장 냉정한 전문가,
　　　정치의 최전선에 서다 _ 131

제7장 '꼬마 마크롱', 은행을 떠나
　　　더 큰 세상으로 나아가다 _ 155

제8장 정치 놀음의 희생양이 된
　　　국가를 위한 일 _ 181

제9장 살기 위해 애쓰는 사람들 편에 선
　　　새로운 정치 _ 207

제10장 비밀스러운 밤 모임의 마크롱과
　　　'마크롱의 아이들' _ 229

제11장 새로운 정치 운동, 앙 마르슈!

　　　　그 시작을 알리다 _ 249

제12장 대통령 출마 선언,

　　　　그러나 아직은 부족한 앙 마르슈 세력 _ 283

제13장 마크롱을 위한 근사한 선물,

　　　　정치계의 추문 _ 307

제14장 온갖 문젯거리를 한 방에 날린

　　　　숨겨둔 비장의 무기 _ 333

제15장 정치는 사라지고 추문만 남은

　　　　프랑스 대통령 선거 _ 349

제16장 어떤 결과가 나와도 이상하지 않을

　　　　예측 불허의 대접전 _ 369

제17장 모두가 불가능하다고 말했던

　　　　'천운을 타고난 영웅'의 탄생 _ 389

제18장 안팎으로 커지는 시련에도

　　　　전진하는 마크롱의 프랑스 _ 433

감사의 말 _ 480

마크롱, 당선 그 이후의 이야기 _ 482

추천의 말 _ 490

옮긴이의 말 _ 498

EMMANUEL
MACRON

THE FRENCH EXCEPTION

제1장

드골의 경이로운 삶과
새로운 프랑스의 시작

2017년 3월, 프랑스의 한 작은 마을 콜롱베레되제글리즈의 봄 햇살 아래서 쉰두 살의 퇴직 경찰관인 실비 고티에가 한숨을 내쉬며 이렇게 말했다.

"대통령 후보로 누가 나섰는지 아신다면, 그분은 무덤 속에서도 편히 쉬시지 못할 거야."

실비와 그녀의 남자 친구 디디에 콩시니는 20세기 프랑스의 가장 위대한 지도자 샤를 드골이 생의 마지막 순간을 보냈던 이 마을을 찾아 참배를 한 참이었다. 드골은 1970년 이곳 콜롱베레되제글리즈에 있는 자택에서 숨을 거두었다.

완만한 언덕과 오두막집들로 둘러싸인 이 작고 평화스러운 마을은 일종의 성스러운 순례지다. 어디를 둘러보아도 상징적 가치가 넘쳐나는 이곳은 장엄한 궁전이 있는 수도 파리나 혁명이 일어났던 여러 유적지 못지않게 유명하다.

파리의 루브르 박물관과 베르사유 궁전, 콩코르드 광장, 그리고 레퓌블리크 광장이나 7월 혁명 기념비는 지난 2세기 동안 프랑스 인들이 절대왕정을 상대로 처절한 투쟁을 벌인 끝에 이루어낸 공화국 프랑스의 기념물들이다. 이런 각각의 기념물은 프랑스의 장엄한 역사와 민주주의, 그리고 인권과 언론의 자유를 위해 싸운 프랑스인들의 투쟁을 증언한다.

그들의 투쟁은 근대 국가의 초석을 만들었을 뿐만 아니라 프랑스인들이 스스로를 비범한 사람들이라고 믿게 해주었다. 또한 자신들의 경험이 전 세계에 보편적인 메시지를 전달할 수 있다고 확신하게 했다. 파리에서 차로 약 3시간 정도의 거리에 위치한 콜롱베레되제글리즈는 프랑스가 처음으로 민주주의를 시작한 선구자적인 국가일 뿐만 아니라 혼란과 절망, 치열했던 투쟁 속에서 스스로를 구원했다는 사실을 보여주는 곳이라고 할 수 있다.

1934년 당시 프랑스 육군 중령이었던 샤를 드골은 어느 마을 주민에게서 라 보아서리 La Boisserie라는 이름의 널찍한 집을 한 채 사들였다. 제1차 세계대전에 이어 또다시 전쟁의 소용돌이 속에 휘말리고 있는 유럽에 아내와 어린 자녀들을 위한 안전한 보금자리를 마련해주고 싶었기 때문이다. 12세기에 세워진 아름답지만 소박한 교회가 마을 중심에 자리 잡은 이곳에서 드골은 지난 일들을 회고하며 집필 활동을 하거나 앞으로의 계획을 세웠다. 이 마을은 드골이 자신의 비범한 삶을 펼친 정치라는 거대한 무대의 배경이 되어주기도 했다.

"시간이 날 때마다 라 보아서리로 갔다." 드골은 여든 살의 나이로 사망하기 몇 개월 전 자신의 지난 삶을 회상하며 이렇게 기록했다. "뭔가 생각할 문제가 있으면 나는 그곳으로 갔다. 그곳에서 나는 온 힘을 기울여 연설문을 썼고 사람들이 보내온 책도 읽었다. 바로 그곳에서 나는 지상의 수평선과 끝없이 펼쳐진 저 하늘을 바라보며 마음의 평정을 되찾곤 했던 것이다."

지금은 실비 같은 수천 명이 넘는 관광객들과 정치인들이 매년 교회 묘지에 있는 드골의 무덤을 찾아온다. 드골은 세상을 떠난 다른 마을 사람들과 함께 프랑스의 축복받은 땅 속에 묻혀 있다. 소박한 십자가와 '샤를 드골, 1890~1970'이라고만 새겨진 하얀 묘비가 있는 그 무덤 곁에는 사랑하는 아내 이본느와 생전에 다운증후군을 앓았던 딸 안느도 함께 묻혀 있다. 자상한 아버지였던 드골은 자신의 딸에 대해 자신이 여러 업적을 이룰 수 있도록 영감을 불어넣어 주었던 존재라고 말하기도 했다.

한때 드골이 아침 안개에 젖은 풍경이나 그 너머 숲이 우거진 언덕에 경탄하며 사무를 보았던 라 보아서리 저택의 1층은 현재 방문객들을 위한 안내소 역할을 하고 있다. 정면이 담쟁이덩굴로 뒤덮인 이 멋진 저택은 이제 박물관이 되어 책이며 식탁 등 드골의 유품이 전시되어 있다. 드골은 일요일마다 아내 이본느와 함께 예배를 보고 돌아온 후 전시되어 있는 그 식탁에서 가장 좋아하는 구운 돼지 귀 요리를 즐겨 먹곤 했다. 또한 이 박물관에는 그가 카드놀이를 즐겨 하던 탁자도 전시되어 있다. 신장이 195센티미터나 되는 거구였던 드골은 심장마비의 충격으로 고통스러워하다가 바로 그 탁자 위로 쓰러져 사망했다고 한다. 1970년 11월 9일 저녁, 여든 살 생일을 불과 몇 시간 정도 앞두고서였다.

훌륭한 군인이자 정치인인 드골은 프랑스의 어떤 정치인도 감히 넘어서지 못하는 높은 산이다. 지금까지 감히 드골과 견줄 만한 정치인은 아무도 없었다. 드골은 나치 독일이 프랑스를 점령하자 영국으로 건너가 프랑스의 저항 운동을 지휘했던 장군이며 지금의 프랑스를 세운 아버지다. 드골은 비범한 인물이 어떻게 자신의 재능과 의지를 통해 역사를 만들어나가는지 보여주는 전형적인 사례라 할 수 있을 것이다.

그의 경이로운 삶은 콜롱베레되제글리즈에 있는 또 다른 박물관인 샤를 드골 기념관에서 확인할 수 있다. 현대적 감각으로 설계된 이 하얀 건물은 지난 2008년에 마을이 내려다보이는 언덕 위에 세워졌다. 기념관 뒤쪽으로는 나무 위로 화강암과 청동으로 된 거대한 '로렌의 십자가'가 보인다. 로렌의 십자가란 일반적인 십자가의 가로 막대 위에 짧은 막대 하나가 덧붙여진 것으로, 제2차 세계대전 중에는 프랑스 저항군을 나타내는 상징물이기도 했다. 이 거대한 십자가의 조성은 드골이 자신의 사후에 이루어졌으면 했던 몇 안 되는 일 들 중 하나였다. 드골은 살아생전 "주변의 토끼들도 그 십자가를 보면 프랑스의 저항 정신을 깨달을 수 있겠지"라는 농담을 했다고 한다.

박물관 입구에 서면 드골이 자신의 회고록에서 경탄해 마지않았던 들판과 삼림지대가 펼쳐진 풍경이 보인다. "광대하면서도 아직 사람의 손이 닿지 않은 쓸쓸한 풍경이 눈에 들어온다. 숲이며 목초지, 그리고 밭과 한적한 모습의 황무지가 펼쳐지고 전에는 산지였던 곳은 이제 다 닳아 밋밋해졌다. 그리고 그 한가운데에는 천년이 넘는 세월 동안 겉도 속도 전혀 바뀌지 않은 그럭저럭 먹고살 만한 작고 조용한 마을들이 있다."

드골이 그 풍경 속에서 발견한 평온한 분위기는 박물관에 전시되어 있는 사진과 동영상, 그리고 녹취록 등의 모습과는 사뭇 다르다. 박물관 속의 드골은 20세기 프랑스를 무너트리고 새롭게 재건하기 위해 투쟁하던 가장 중심적인 사람이었다.

박물관 안의 여러 전시물을 통해 우리는 제1차 세계대전 당시 드골의 놀라운 용기를 느낄 수 있다. 드골은 무려 세 차례나 부상을 당했다. 1916년 세 번째 부상을 당했을 때는 심지어 전사한 것으로까지 알려졌지만 독일군 포로수용소에서 가까스로 목숨을 건질 수 있었다. 전차 부대를 지휘했던 1940년에도 그는 공군의 지원을 받는 막강하고 압도적인 독일군에 맞서 역시 용감하게 싸웠다. 당시 독일군은 프랑스를 손쉽게 점령했고 이후 동부전선으로 방향을 돌려 소비에트 연합을 침략했다.

독일군에 무릎 꿇을 수밖에 없다는 정부 수뇌부의 패배주의는 전국으로 퍼져나갔다. 그럼에도 드골은 군대를 재정비해 독일군과 전투를 계속하도록 정부를 독려했고, 그 과정에서 자신의 도덕적 투명성을 과시할 수 있었다. 전쟁 초기에는 프랑스 육군 내에서 강경 노선을 주장한 장군으로, 그리고 나중에는 국방부 차관을 역임하며 자신의 의무를 다한 것이다. 1930년대에는 군의 현대화, 특히 전차 부대를 육성하는 일에 대해 끊임없이 정부에 요청하기도 했으나 아무런 성과도 거두지 못했다.

1940년 프랑스 정부가 나치 독일에 항복을 하자 드골은 영국 국적의 비행기를 타고 런던으로 탈출했다. 창문 밖으로는 패망한 조국의 처참한 광경이 보였다. 파괴된 함선이며 불에 탄 군수물자에서 솟아오르는 연기가 가득했다. 연료를 보충하기 위해 비행기가 영국 해협의 저지섬에 잠시 착륙했을 때 드골은 당시 영국 수상이었던 윈스턴 처칠을 위해 위스키 한 상자를 선물로 샀다. 런던에 도착한 드골은 스스로를 자유 프랑스군의 사령관이라고 소개했다.

"무슨 일이 벌어지든 프랑스의 저항의 불꽃은 결코 사그라지지 않을 것이며 또 결코 그래서는 안 되는 것입니다!" 1940년 6월 18일 영국의 BBC 라디오를 통해 프랑스 국민들에게 고한 드골의 유명한 연설 중 한 대목이다.

그 후 유럽연합군을 돕기 위해 미국이 참전하며 전쟁의 양상이 완전히 달라졌고, 드골은 1944년 프랑스 해방군 소속으로 당당하게 조국으로 돌아왔다. 그리하여 제2차 세계대전을 통해 지금까지 없었던 패배와 항복을 경험했던 프랑스 국민들에게 드골은 새로운 바람을 불어넣었다. 그렇지만 위대한 전시 지도자였던 처칠과 마찬가지로 드골 역시 전쟁이 끝난 후에는 자신이 별 볼 일 없는 존재가 되었다는 사실을 깨닫게 되었다. 그는 1946년 발표된 새로운 헌법을 받아들이지 못했다. 이 헌법은 의원 내각제를 바탕으로 프랑스 제4공화국의 시작을 알렸지만, 드골은 이렇게 되면 정부의 권한이 형편없이 약해질 거라고 생각했다. 결국 그는 스스로 프랑스 인민연합RPF, Rassemblement du Peuple Francais이라는 정당을 결성하여 이끌어나갔다. 하지만 1953년 총선에서 패배하게 되자 드골은 정계에서 일시적으로 은퇴했다. 이른바 라 보아서리 저택에서의 '야인 생활'이 시작된 것이다. 전쟁 중 독일군이 점령하기도 했던 이곳에서 드골은 가족과 함께 대부분의 시간을 보내며 회고록 집필에 열중했다.

그렇지만 이미 한 차례 프랑스를 구했고 '프랑스의 총사령관Le Connétable'이라는 별명으로 불리던 드골은 범접할 수 없는 권위를 지니고 있었다. 때문에 그는 1958년 다시금 조국을 위기에서 구하기 위한 부름을 받게 되었다. 당시 프랑스는 식민지인 알제리에서 벌어진 독립전쟁으로 정치적 교착 상태에 빠졌고 정부에 불만을 품은 참전 장군들의 정변 가능성까지 대두되고 있었다. 프랑스 본토에서 내전이 일어날지도 모른다는 불안감에 휩싸여 있을 정도였다. 결국 대통령 르네 코티는 이 '프랑스에서 가장 유명한 인물'에게 국정 운영을 맡아줄 것을 요청했다. 드골은 정치적 야인 생활에 종지부를 찍고 임시 국무총리의 자리에 올라 프랑스 정부를 이끌었다. 또 다른 위기에서 국가를 구하게 된 것이다.

이후 드골이 새로운 헌법과 함께 세운 프랑스 제5공화국은 지금까지 이어져 오고 있다. 드골은 정치적 위기의 원인으로 기존의 의원 내각제 중심의 정부 체제를 지적했고, 제5공화국 헌법을 통해 이를 철저히 무너뜨렸다. 그리하여 누구도 넘볼 수 없는 통일된 권력을 누리는 강력한 대통령 중심의 정부를 탄생시켰다. 이러한 대통령의 모습은 바로 드골 자신의 모습이나 마찬가지였다. 그는 프랑스 대통령 선거의 본질은 "한 남자가 그의 국민들을 만나는 자리"라는 유명한 말을 남겼고, 그의 말처럼 지금까지 어떤 여성도 그 자리에 오르지 못했다. 드골을 비난하는 사람들은 이런 체제를 일종의 권위주의적인 독재 정권으로 여기기도 했다. 좌파의 수장이었던 프랑수아 미테랑은 "영원히 끝나지 않는 군사정변"이라고 표현하기도 했다. 그렇지만 미테랑은 훗날 1981년 제5공화국 최초의 좌파 대통령이 되었고, 이 절대적인 권력을 그야말로 마음껏 휘두르게 되었다.

이런 체제를 직접 세우고 처음 권좌에 오른 드골은 11년에 걸쳐 대통령직을 수행했으며, 프랑스 대통령의 역할에 있어 그 누구도 감히 비교할 수 없는 이상적인 업적과 개인적인 족적을 남겼다. 드골은 전 세계에 프랑스라는 국가의 정체성이 무엇인지 확실하게 보여주었고, 국가적 전략이라는 측면에서도 놀라운 성과를 보여주었다. 거기에는 핵무기 개발이나 국가가 주도하는 산업 개발 계획의 시작도 포함되어 있었다. 당시 냉전의 두 주축이었던 미국과 소비에트 연방 사이에서 프랑스의 독립과 그 지위를 유지하려는 이른바 '드골주의Gaullisme'는 프랑스를 홀로 빛나게 했다. 이런 외교 정책의 기조는 세월이 흐르면서 그 빛이 바래갔지만 여전히 하나의 기준으로 정치에 영향을 미치고 있다. 개인으로서의 드골은 청렴 결백한 공직자의 모범이었으며 자신의 장례식을 국장國葬으로 치르는 것도 거부한 사람이었다. 그와 아내 이본느는 대통령과 영부인의 지위에 있을 때도 개인적인 비용은 자신들이 직접 처리하기를 고집했다.

제5공화국의 가장 큰 장점이자 단점은 공화국의 수장을 선거로 뽑힌 제왕의 위치까지 끌어올린 것이다. 이는 프랑스의 왕정주의자들과 공화주의자들 사이에서 벌어진 오랜 갈등을 봉합한 조치라고 볼 수 있다. 대통령은 민주적 절차에 의해 선출되지만, 그가 머물게 되는 공식 관저인 엘리제궁은 18세기 귀족을 위해 지어진 화려한 곳이며 300개가 넘는 방에서 800명이 넘는 직원들이 근무하고 있다. 또한 프랑스 대통령의 취임식과 이임식은 다른 수많은 왕정 국가들조차 감히 범접하지 못할 만큼 장대하고 화려하게 펼쳐지곤 한다.

그리고 드골이 타계한 지 47년이 지난 2017년, 프랑스와 그가 유산처럼 남긴 제5공화국은 병을 앓고 있었다.

겉으로 보기에 프랑스는 여전히 강대국에 속한다. 프랑스의 경제 규모는 세계 6위이며 유엔 안전 보장 이사회의 상임 이사국인 동시에 막강한 군사력도 보유하고 있다. 프랑스는 아프리카와 중동에서 벌어지고 있는 이슬람 극단주의자들과의 여러 군사 작전에도 빠지지 않고 참여하고 있다. 1인당 국민소득은 4만 달러에 달하는데 이는 전 세계 평균치의 3배에 달하는 액수다. 프랑스의 공중 보건 제도와 교통망, 그리고 다문화 정책도 전 세계의 부러움을 사고 있다. 매년 프랑스를 찾는 관광객의 숫자는 다른 나라들을 압도하며, 관광객들은 프랑스 시골 마을의 느리고 여유 있는 삶과 대도시의 우아함과 장대함, 알프스와 대서양까지 이어지는 다채롭고 다양한 풍광에 열광한다. 길고 여유 있는 휴가와 고급 식당, 그리고 친밀한 가족 관계 등으로 대표되는 프랑스의 유명한 생활방식은 어쩌면 현대 사회로의 발전을 거스르는 듯 보일 정도다. 다른 국가와 비교했을 때 그 영향력이 상대적으로 줄어들기는 했지만, 프랑스는 여전히 영화와 음식, 패션, 문학 등 문화적인 면에서도 세계를 선도하는 국가이며 올림픽은 물론 축구까지 지배하는 스포츠 강국이기도 하다.

그렇지만 프랑스 대통령 선거를 두 달 여 앞둔 따뜻한 3월의 끝자락에 드골 기념관을 찾아 몰려드는 사람들은 과거에 대한 향수와 현재에 대한 분노, 그리고 미래에 대한 어두운 불안감 등이 혼재된 복잡한 심경을 드러내고 있었다.

퇴직 경찰 실비 고티에는 기념관 밖 환한 햇살 아래 서서 물러날 날이 얼마 남지 않은 프랑수아 올랑드 대통령에 대한 생각에 잠겨 있었다. 그녀에게 올랑드 대통령은 그야말로 무용지물이었을 뿐더러 자신의 개인 이발사에게 한 달에 1만3000유로나 되는 봉급을 주던 사람일 뿐이었다.

2016년 언론 보도에 따르면, 사실 그의 개인 이발사가 받았다는 급여는 1만3000유로가 아니라 세금을 포함해서 9895유로 정도 였다. 하지만 이건 인기 없는 올랑드 대통령이 저지른 여러 가지 실수들과 비교하면 아무것도 아니었다. 올랑드는 심지어 숨겨둔 애인에게 국민들의 세금으로 퀵서비스를 이용해 크루아상 빵을 보내기까지 했던 것이다.

그래도 올랑드의 지지자들이 지적하는 것처럼 그는 최소한 법적인 문제는 저지르지 않고 대통령직을 떠나게 될 터였다. 전임 대통령이었던 우파의 니콜라 사르코지는 퇴임 후 5년이 지난 지금까지도 여러 혐의와 구설수에 시달리고 있었다. 대통령에 당선이 되자마자 슈퍼모델 출신의 배우와 결혼하는 등 화려한 사생활로도 유명했던 사르코지는 프랑스 역사상 가장 인기 없는 전직 대통령이었으나 이제 곧 그 자리는 올랑드가 물려받게 될 것이 분명했다.

프랑스 사람들이 "모두 다 진절머리를 내고 있다"는 것이 샹파뉴 지역 토박이인 실비의 설명이었다. 실비의 남자 친구 디디에 콩시니도 옆에서 고개를 끄덕였다. 디디에는 "프랑스 국민들조차 제대로 된 일자리를 구하지 못하고 대량 실업 사태가 발생하는 요즘, 왜 우리가 수많은 이민자들을 받아들이고 있는지 이해할 수 없다"고 말했다.

프랑스와 유럽은 제2차 세계대전 이후 최악의 이민자 문제에 시달리고 있다. 중동 지역과 아프리카, 아시아 남부의 정치적 불안과 빈곤으로 인해 난민과 이민자들이 2015년 한 해에만 100만 명 넘게 지중해를 건너 유럽으로 몰려들었다.

지방의 한 재활용품 관리업체에서 일하고 있다는 디디에는 특히 이슬람 신자들이 문제라고 생각했다. "언론을 통해 보도되고 있는 그대로다"라는 것이 그의 설명이다. 그의 말처럼 2015년 이후 프랑스에서 일련의 테러를 일으키며 200명 이상을 살해한 사람들은 대부분 북아프리카 이민자 가정 출신의 젊은이들이었다.

이 전직 경찰과 그녀의 남자 친구가 반복해서 하는 말들을 듣고 있노라면 지금 프랑스 전역에서 일어나고 있는 극우파들의 모습이 자연스럽게 연상된다. 극우파의 준동蠢動은 이민자와 사회적 불안감에 대해 프랑스에서 광범위하게 퍼지고 있는 분노의 감정이 구체화된 모습이라고 볼 수 있었다. "이곳은 우리 땅이다." 바로 극우파들이 줄곧 하는 말이다.

프랑스 정치에 대한 신뢰도는 크게 추락했다. 2017년 봄에 이미 진행되고 있던 타락한 선거 운동은 공화국 프랑스의 기반을 무너트리고 있었다. 사법제도와 언론의 독립 부문에서 특히 그러했다. 파리정치대학 정치 문제 연구소의 설문조사에 따르면 지금 민주주의가 제대로 돌아가고 있다고 생각하는 프랑스인은 전체 국민 중 30%도 채 되지 않았다. 그리고 사법제도를 신뢰하는 국민은 50% 이하였고, 언론을 믿는 국민은 고작해야 25%도 되지 않았다.

국민들과 함께하는 '친근한' 대통령을 약속했던 예순두 살의 프랑수아 올랑드는 퇴임을 앞두고 국가 기능을 회복 불능 상태까지 무너트렸으며 2016년 말에 실시된 여론 조사에서 그의 지지도는 겨우 4% 남짓에 불과했다. 프랑스인의 정치에 대한 환멸은 좌파인 사회당의 정책노선 포기와 땅에 떨어진 권위, 그리고 재임 시절 기록한 350만 명의 실업 사태로 야기되었으며 계속된 테러 공격으로 더욱 악화되었다.

"올랑드는 이런 상황을 감당할 수 있는 인물이 아니에요. 프랑스는 다시 일으켜 세워 줄 인물이 필요합니다."

은퇴한 의사 프랑수아 기요는 아내와 함께 드골 기념관 밖에 서서 씁쓸하게 이렇게 말했다.

콜롱베레되제글리즈에서 만난 사람들은 이런 식으로 새로운 불만과 불평들을 쏟아내었다. 모두 다 프랑스가 어떤 식으로든 가야 할 방향을 잃었고, 그 길을 제대로 이끌어줄 지도자가 부재하다는 공통된 감정을 드러내고 있었다. 이런 국가 전체의 절망적인 분위기가 이어지는 동안 급기야 새로운 종류의 사회과학자들까지 탄생했다. 이들은 '드키놀로그declinologues'라고 불리는 프랑스의 몰락을 진단하는 전문가들이다.

여론 조사 기업인 Ipsos MORI가 지난 2016년 말 25개국을 대상으로 한 대규모 여론 조사에 따르면, 열 명 중 아홉 명의 응답자가 프랑스가 잘못된 방향으로 나아가고 있다고 응답했다. 이는 프랑스가 지금까지 없었던 비관적인 상황에 직면하고 있음을 보여준다.

서점에 들어가 실화를 바탕으로 한 책들이 있는 서가만 살펴보아도 그야말로 영혼을 몽둥이로 두들겨 맞는 듯한 느낌을 받을 수 있다. 한 유명한 정치 평론가는 《무용지물의 두 대통령Two Presidents for Nothing》이라는 제목의 책을 내놓았고, 저명한 역사가는 《프랑스의

비극 이해하기Understanding the French Tragedy》라는 책을 펴냈다.《당신의
이웃에서 벌어지고 있는 이슬람 성전Jihad: It's Arrived in Your Neighbourhood》
이라는 책 옆에는《오리무중, 그리고 속수무책Don't Know What To Do,
Don't Give a Shit?》이라는 책도 있었다. 이것은 절망적일 정도로 낙담해
정치 문제 자체를 외면하고 있는 프랑스 국민이 얼마나 많은지 보
여주기 위해 저명한 여론 조사 전문가가 쓴 책이었다.

　프랑스의 주요 경제 지표 역시 암담한 상황이다. 사실 1970년대
초반 이후 국가 예산의 균형을 제대로 맞춰온 프랑스 정부는 없었
다. 2008년에 있었던 전 세계적인 금융 위기 이후, 막대한 구제 금
융으로 인해 프랑스의 국가 채무는 연간 경제 총생산량에 육박할
정도로 치솟았으며 그 액수는 놀랍게도 2조 유로 이상에 이른다.
전체 노동 인구 중에서 실업률은 10%에 이르고 25세 이하에서는
그 수치가 두 배가 된다. 전후에 태어난 부유하고 소비지향적인 이
른바 베이비붐 세대와, 늘어만 가는 국가 부채와 기후 변화 등 오염
된 환경밖에는 물려받을 것이 없는 젊은 세대 사이에서도 갈등과
긴장이 점점 더 고조되고 있다.

　이번에는 기념관 밖에서 몇 년 전 은퇴한 목수 출신의 게일 쇼
투를 만나 이번 선거에 대한 이야기를 나눠보았다. "그냥 차를 몰
고 지나가며 공짜로 둘러볼 수 있을 줄 알았는데 그게 아니었어요.
1인당 입장료가 16유로나 하더라니까요. 너무 비싸다는 생각 안
들어요?"꽃이 활짝 핀 벚나무 아래에서 햇빛 때문에 눈을 찌푸린
게일이 이렇게 말했다.

　"지금 프랑스에는 정말 일자리가 너무 모자라요."게일은 은퇴
이후 자신의 연금도 불안하다고 덧붙이며 이렇게 설명했다. 이런

모든 문제는 바로 너무 많은 이민자들 탓이라는 것이었다. "지금까지는 가리지 않고 이민자들을 받아들였어요." 그러다 국제적인 금융 위기가 발생했고 그로 인해 특히 자신이 관여하고 있는 건축업이 가장 큰 타격을 입었다는 설명이었다.

게일은 아직 누구에게 표를 던질지 결정하지는 않았다고 했다. 그렇지만 한 가지는 분명했다. "기존의 정당들에게는 표를 던지지 않을 겁니다. 절대로 그런 일은 없어요."

예순여섯 살의 은퇴한 비서 로사 시옹은 프랑스 동부의 보주 지방에서 이곳 기념관을 찾아왔다. "프랑스 정치인들이 이곳을 찾아와 겸손이란 어떤 것인지 배워 가면 좋겠군요." 로사는 요즘 텔레비전을 통해 보고 있는 국회의 상황이 정말이지 실제라고는 생각할 수 없을 정도라고 말했다. "정치인들은 진짜 문제가 무엇인지 몰라요. 국민들의 고통은 안중에도 없고 심지어 바게트 빵이 얼마나 하는지조차 모르죠." 불과 몇 개월 전만 해도 안정적이던 생필품 가격까지 크게 오르고 있다는 것이었다. 우파인 대중운동연합 UMP, Union pour un Mouvement Populaire의 전 당수였으며 이번에 대통령 후보로 나선 장프랑수아 코페는 프랑스 사람들이 즐겨 먹는 초콜릿 빵인 팽 오 쇼콜라의 가격을 열 배나 낮게 말하기도 했다.

로사의 남편으로 그동안 주로 장례 관련 사업을 해왔던 자크 시옹은 요즘은 많은 정치인들이 그저 특권만 누리고 있을 뿐이라고 생각했다. "그들은 진짜 땀 흘리는 노동이 뭔지 전혀 알지 못하는 사람들입니다."

그렇지만 문제를 일으키고 있는 것은 비단 프랑스 정치뿐만은 아니다. 이런 이야기가 오고가던 바로 그날, 북쪽으로 400킬로미터 가량 떨어진 벨기에의 수도에서는 유럽연합에 파견된 영국 대사가 유럽 위원회에 영국의 유럽연합 탈퇴를 공식적으로 알리는 서신 한 통을 전달했다. 얼마 전 있었던 국민 투표에 의해 전후 유럽의 평화와 안정의 상징이었던 유럽연합 28개국 회원 중 하나가 떠나게 된 것이었다.

콜롱베레되제글리즈는 유럽 대륙의 상처를 치유하고, 분열되고 갈라진 유럽을 하나로 합치는 일에 영감을 제공한 곳이다. 드골은 두 차례의 세계대전을 겪었고 심지어 독일군의 포로수용소 생활까지 했지만, 이에 개의치 않고 당시 독일의 총리였던 콘라트 아데나워를 이곳 라 보아서리 저택에 초청했다. 1958년 드골이 다시 정권을 잡은 직후였다. 두 남자는 저택의 정원을 산책하다가 이본느가 준비한 저녁 식사를 함께했다. 아데나워는 이곳에서 저녁 시간을 함께 보낸 유일한 국가 원수였으며 두 사람 사이에는 개인은 물론 국가적인 화해의 기운이 가득했다. 그리고 그로부터 5년이 흐른 후 두 정상은 프랑스와 독일 사이의 역사적인 상호 협력 조약에 서명하게 되었다.

프랑스의 권위를 제한하려는 시도라면 어떤 사소한 것에도 반대하던 자긍심 높은 민족주의자 드골이 지금의 유럽연합을 보았다면 전율을 느꼈으리라. 또한 독일이 유럽연합의 세력을 등에 업고 프랑스를 억누르고 있는 방식이며, 프랑스가 반쯤 분열되고 서로 증오하는 상태로 접어들어 단 한 번의 선거라는 기회밖에 남지 않은 것 같은 모습에는 더 큰 충격을 받았을 것이다.

프랑스 극우파의 수장이자 2017년 대통령 선거 후보로 나선 마린 르 펜은 유럽연합과 이민자를 반대하는 선거 전략을 내세웠다.

그녀는 유럽연합의 공통 화폐인 유로Euro의 사용도 중단하겠다고 공약했다. 금융 위기를 불러올 수 있는 위험도 감수하겠다는 것이었다. 마린 르 펜은 또한 자신이 유럽연합에 대한 프랑스의 '항복'이라고 부르는 것들에 대해 국민투표도 실시하겠다는 공약을 내세웠다.

올해 마흔네 살의 공무원 티에리는 친구인 쉰다섯 살의 장피에르와 함께 이곳, 콜롱베레되제글리즈를 찾았다. 두 사람 역시 현 상황에 대해 환멸을 느끼고 있었고 앞으로 있을 대통령 선거에는 아예 표를 던지지 않을 생각이라고 했다.

"지금은 모든 것이 유럽연합에 의해 좌지우지됩니다. 그러니 우리가 선거에서 표를 던지는 일에 무슨 의미가 있단 말인가요?" 장피에르의 말이다. 그는 프랑스가 영국의 뒤를 이어 유럽연합을 탈퇴하기를 바라고 있지만 "그런 후에는 물론 큰 혼란이 뒤따를 것"이라고 염려하기도 했다.

티에리는 지금 프랑스가 괜찮은 상황인가 하는 질문을 듣자 웃음을 터트렸다. "프랑스 어디를 가서 물어봐도 모든 사람들이 다 같은 대답을 할 거예요. 당연히 지금 상황은 안 좋죠. 물론 파리의 어딘가에서는 모든 게 다 잘 되어가고 있다고 대답하는 사람들이 있을지도 모르겠네요. 르 펜의 생각이 그럴듯할지도 모르겠지만 그 이후에는 내전이 벌어질지도 몰라요." 독일에서 온 요란스러운 십 대 학생들이 관광버스에서 우르르 쏟아져 내리자 티에리와 장피에르는 서둘러 기념관 안으로 사라졌다.

2016년 6월 23일에 있었던 영국의 유럽연합 탈퇴 국민투표는 그해 있었던 두 차례의 정치적 대격변 중 첫 번째 사건이었다. 수많은 사람들이 곧 다른 나라들도 유럽연합을 탈퇴하는 일종의 도미노 현상이 벌어질 것이라고 예상했다. 그리고 뒤이어 4개월 반이 지나자 도널드 트럼프가 미국 대통령에 당선되었다. 이것은 그야말로 서구 민주주의의 분기점이 될 수도 있는 사건이었다.

드골은 1930년대에 한 친구에게 이런 내용의 편지를 썼다. '이 세상은 지금 격렬한 변화를 겪고 있다. 우리 세대는 노아의 홍수 이후 지금까지 본 적이 없는 규모의 엄청난 사건들을 목격하는 특권을 누리게 될 것이며 아주 짧은 시간 내에 엄청나게 많은 놀라운 것도 보게 될 것이다.' 러시아와 인도, 터키 등지에서 새롭게 벌어지고 있는 그악스러운 민족주의의 확산과 그런 분위기가 영국이나 미국 같은 서구 사회의 중심으로 향하고 있는 것을 보면서 많은 역사학자들은 지금의 시대와 불안했던 1930년대 사이의 유사점을 연구하기 시작했다.

그렇지만 프랑스에서는 그와는 완전히 다른 역사적 판단 기준이 설득력을 얻고 있었다. 관광객들이 드골 기념관을 찾고 있을 무렵, 프랑스의 보수 성향 주간지 〈벨루 엑투엘르〉가 우파 대통령 후보로 나선 프랑수아 피용을 만났다. 그는 2017년의 프랑스와 제4공화국 말기의 프랑스 사이에 공통점이 있다고 말하기도 했다.

"우리는 드골이 정계에 복귀했던 1958년의 바로 그 시점에 있는 것입니다." 올해 예순두 살의 이 정치인은 자신의 영웅을 언급하며 이렇게 말했다. 피용은 선거 기간 동안 프랑스가 "내전이 곧 일어날 위기 속에 있다"고 경고했고 그런 그에게 동조하는 세력이 적지 않았다. 그것은 어쩌면 전형적인 프랑스식 과장법일지도 몰랐다. 하지만 여론 조사가 시작되자 프랑스 국민들 사이에 폭력적인 대치 상태가 벌어질 수 있다거나 정부에 대한 반감이 커지고 있다는 주장이 정치인들은 물론 일반 유권자들 사이에서조차 놀라울 정도로 자주 오르내리기 시작했다.

1958년 정계에 복귀한 드골은 알제리에서 싸우고 있는 프랑스군 장교들의 정부에 대한 반감과 군사 정변의 위협을 일소해버렸다. 드골은 거기에 덧붙여 세력을 불려가고 있던 극우파 정당인 이른바 '푸자드주의당Poujadistes'도 무력화시켰다. 푸자드주의란 편협한 권리를 주장한다는 뜻으로 주로 상업에 종사하던 사람들이 연합해 모인 세력이었다. 이는 지금 마린 르 펜이 이끌고 있는 국민전선FN, Front National의 전신이라고 할 수 있는 조직이었다.

피용은 자신의 40년 가까운 정치 인생을 통해 조국의 구원자가 되기를 꿈꾸었다고 하지만, 그의 실제 모습은 대중적인 정서와는 거리가 멀었다. 일반적인 상황에서라면 프랑스 국민들도 후보자의 경험과 경력, 그리고 의지를 먼저 살펴보았을 것이다. 그러나 2017년 봄을 맞은 프랑스는 온통 자신의 정치적 반대파들에 대한 복수만을 꿈꾸는 사람들로 가득 차 있었다.

피용을 대신해 현대 프랑스 역사에 있어 가장 극적인 승리를 이끌어내게 될 주인공은 처음 대선에 도전하는 서른아홉 살의 정치 신인이었다. 아미앵 출신의 그는 학창 시절에는 프랑스의 유명한 철학자의 조수로 일하다가 이후 로스차일드 투자은행에서 사회생활을 시작했고 내각에서 재정경제부 장관을 한 차례 역임하기도 했다. 그런 사람이 12개월 전 스스로 정당을 창당해 대통령 선거전에 뛰어들자 많은 사람들은 그를 비웃었다. 이 정치 신인은 2014년 8월까지만 해도 프랑스 대중들에게 전혀 알려지지 않았다. 심지어 대통령 선거가 치러지는 2017년 봄이 될 때까지도 언론과 정치계를 제외하고는 국제적으로 알려진 바가 거의 없었다. 누가 어떤 이야기를 하느냐에 따라서 그는 모차르트 비슷한 천재로도, 또는 얄팍한 기회주의자로도 이해될 수 있었던 것이다.

급격히 올라가는 그의 인기는 기존의 질서에 대한 도전이었으나 사람들은 도무지 그 이유를 찾아낼 수 없었다. 정치사를 연구하는 장 가리그 같은 전문가들이 내놓은 하나의 이론은 그동안 프랑스 정치에 반복해서 영향을 미쳐왔던 이른바 '동면현상冬眠現象'이 다시 시작되었다는 것이었다. 프랑스 민중들은 권력을 쟁취하기 위해 투쟁했던 역사에 대해 매우 자랑스러워하지만, 동시에 위기의 순간에는 매력적이면서도 권위적인 한 인물에게 그 권력을 넘겨주었던 과거도 가지고 있었다. 이런 모습은 프랑스라는 국가 정신의 중심에 자리하고 있는 약점이자 모순이었다. 프랑스 역사 속에서는 이런 방식으로 권력을 잡게 되었던 인물들을 보통 '천운을 타고 난 사나이'라고 부른다.

"이런 사건들에는 보통 실제와 신화가 뒤섞여 있습니다." 장 가리그는 이렇게 설명하며 2017년 일어난 마크롱 현상에 대해 언급했다. "역사적으로 볼 때 프랑스 사회는 절체절명의 위기에 봉착했다는 사실을 스스로 깨닫게 될 때마다 아주 특별한 능력을 지닌 한 개인을 찾게 되는 경향이 있습니다. 총체적인 문제점들에 대해 혼자서 유일한 해결책을 제시할 수 있는 인물을 말이죠."

이런 사례로는 경이로운 전략의 천재로 대혁명 이후 혼란에 빠진 프랑스의 권력을 거머쥐었던 나폴레옹 보나파르트 등 여러 유명한 인물이 있다. 제1차 세계대전의 영웅 조르주 클레망소나 드골을 포함한 과거의 모든 위대한 지도자들은 스스로를 잃어버린 조국의 명예를 다시 끌어올릴 수 있는 사람으로 생각했다. 또 그들은 이런 각성을 통해 위대한 지도자의 길로 나아갈 수 있었다.

"그런 모습은 왕정시대의 절대 군주에 대한 일종의 향수라고도 볼 수 있습니다." 이어지는 가리그의 설명이다. 가리그는 지난 2012년 2월에 이런 지도자들을 주제로《천운을 타고난 사나이들: 프랑스 지도자들의 역사Les Hommes Providentiels: Histoire d'une Fascination Francaise》라는 책을 발표하기도 했다. 지난 200여 년 동안 이러한 지도자들은 보통 기존의 정치계 밖에서 등장하는 경우가 많았다. 그들은 기존의 정치 지도자들이 저질러온 실패를 단숨에 역전시킬 수 있는 영웅이나 국가의 의식을 새롭게 일깨울 수 있는 그런 인물로 여겨졌다.

"또한 거기에는 사람들의 마음을 사로잡는 강렬한 매력도 있었습니다. 나폴레옹이나 드골이 그랬듯 사람들의 열광을 이끌어낼 수 있는 능력 말입니다." 가리그는 이렇게 이야기했다. "그리고 마치 구세주 예수 그리스도와 같은 측면도 있는데, 이것이 바로 앞서 언급했던 신화적인 모습이라 할 수 있을 것입니다."

"그런 인물들을 마크롱과 비교하게 되는 건 너무도 당연한 일입니다. 지금 프랑스의 제5공화국은 막다른 골목에 도달해 있는 것과 같아요. 사르코지와 올랑드 대통령의 실패로 우리는 두 사람을 우리 정치 체제의 대표자로 보는 일을 확실히 거부하게 되었습니다. 지금은 프랑스 국민들과 정치 지도자들 사이의 신뢰가 완전히 깨어진 시기이며, 바로 지금이야말로 앞서 설명했던 천운을 타고난 영웅들이 등장할 수 있는 가장 이상적인 조건입니다."

2017년 5월 7일 마크롱은 프랑스 대통령 결선 투표에서 승리함으로써 지난 60여 년간 프랑스를 지배해온 기존의 정당들을 한꺼번에 날려버린 역사상 가장 젊은 대통령으로 등극하게 되었다. 마크롱에게 남겨진 것은 극심하게 사기가 떨어지고 분열된 프랑스였으며, 그 프랑스 유권자들의 절반은 그를 천운을 타고난 신화 속 영웅이 아니라 오히려 피해야 할 일종의 전염병으로 여기고 있었다.

"프랑스 국민들이 제게 보여준 신뢰는 저에게 엄청난 힘을 제공해줍니다." 마크롱은 엘리제궁에서 열린 취임식에서 이렇게 말했다. 그리고 그 옆에서는 마크롱의 정치 생활 초창기부터 그를 지지해온 정치인들 중 한 사람이자 리옹의 시장인 일흔 살의 제라르 콜롱이 자기 나이의 거의 절반 밖에 되지 않는 새로운 대통령을 바라보며 눈물을 훔치고 있었다.

"저는 우리의 역사에서 가장 아름다운 모습 중 하나를 함께 만들어나갈 수 있다고 믿습니다. 이런 확신에 찬 믿음이 저의 길을 이끌게 될 것입니다." 마크롱은 취임 연설을 이렇게 마무리 지었다. "이러한 중요한 분기점마다 프랑스 국민은 중대한 변화를 가져올 수 있는 공생의 힘과 분별력, 그리고 새로운 정신을 찾는 방법을 언제나 잘 알고 있었습니다. 우리는 지금 그런 분기점에 서 있습니다. 저는 이 목표를 잊지 않으면서 국가를 위해 겸손하게 봉사할 것입니다."

전임자들이 그러했듯이 마크롱은 엘리제궁을 나와서 샹젤리제 거리를 따라 차를 타고 행진한 후 파리 개선문 아래 무명용사 묘지를 참배했다. 마크롱은 대통령으로서의 첫 공식 일정을 군 지휘관이 타는 지붕이 없는 군용차 뒷좌석에 꼿꼿하게 서서 치러냈다. 이런 모습은 드골 장군의 유산과 향수를 불러일으키기 위한 신중한 포석으로 보였다. 프랑스 전역의 공공기관에 걸리게 될 그의 공식적인 사진에도 드골의 회고록이 펼쳐져 있는 탁자가 등장했다.

마크롱은 대통령에 당선되기 2년 전, 〈르 1〉과의 대담에서 프랑스 국민들이 자신들의 지도자에게 무엇을 바란다고 생각하느냐는 질문을 받았다. 마크롱은 프랑스의 민주주의는 항상 무엇인가를 아쉬워하는 듯한 느낌이 든다고 말을 꺼냈다. "그 아쉬움의 정체는 바로 왕의 부재가 아닐까요? 나는 프랑스 국민들이 정말로 왕을 죽이고 싶어 했다고는 생각하지 않습니다." 바로 1793년 기요틴에서 참수를 당했던 루이 16세를 뜻하는 말이었다.

마크롱에 따르면 제5공화국의 문제점은 드골이 세상을 떠난 직후 시작되었다. "대통령이라는 존재가 평범하게 바뀌면서 프랑스의 정치 생활 중심에 어떤 허전한 부분이 생겨났기 때문입니다. 사람들은 누군가 대통령 자리를 차지하는 것 이상의 어떤 것을 기대합니다. 그리고 바로 거기에서 문제가 발생하게 되는 것입니다."

2017년 여름, 이제 제5공화국 권력의 정점에 앉은 마크롱은 그런 허전한 부분을 채우기 위해 모든 노력을 다 하기 시작했다. 왕정과 민주적 전통을 융합시킨 새로운 정치 체제를 시작했던 드골의 제왕과도 같은 모습을 흉내 내면서 말이다. 이 새로운 젊은 대통령은 루브르 박물관 앞에서 화려한 당선 축하의 밤을 개최했다. 루브르 박물관은 원래는 궁전으로 16세기 초반부터 프랑스 대혁명이 일어나기 전까지, 마지막 국왕이었던 루이 16세를 비롯한 여러 왕들의 거처로 사용되었다. 그리고 당선 후 2개월이 지나자 마크롱은 이번에는 베르사유 궁전에서 국회의원들과 공식적인 회의를 가졌다. 국가적 비상사태가 발생했을 때를 제외하고 프랑스의 상원과 하원 국회의원 전부가 이렇게 베르사유 궁전에 모두 모인 것은 이번이 처음이었다.

　프랑스의 자존심과 그 지도자에 대한 신뢰를 회복하는 일은 이 '마크롱 1세'의 치세 하에 제일 먼저 이뤄내야 할 일 중 하나일 것이다.

EMMANUEL
MACRON

제2장

세상천지 모르는 게 없는
이상한 아이

프랑스 북동쪽 끝에 위치한 아미앵의 시장이자 쾌활한 성격의 브리지트 푸레는 지지자들로부터 때때로 '아미앵의 어머니'라 불리기도 한다. 그런 푸레 시장이 아미앵 시의 주민들에 대해 생각하며 입술을 깨물고 이리저리 몸을 뒤척이고 있었다.

시청 집무실 의자에 앉아 고민에 잠겨 있던 이 대학 강사 출신 시장은 아미앵의 특징이 무엇인지 생각해보았다. 아미앵은 파리와 벨기에 국경 사이에 위치하고 있는 솜강 연안의 작은 도시다. "아미앵은 어쨌든 노동자들의 도시이니까요. 사회학적인 관점으로 생각해볼 수 있을 겁니다." 푸레 시장은 도시를 둘로 나눈 채 잔잔하게 흐르고 있는 솜강을 바라보며 아미앵에 관해 이야기하기 시작했다.

원래 아미앵은 벨루어 원단과 푸른색 식물성 염료로 유명한 섬유 산업의 중심지였다. 그러나 피카르디 지역의 경기가 전반적으로 쇠퇴하면서 화려한 고딕 성당을 지을 만큼 풍요로웠던 아미앵의 모습도 이제 다 사라지고 말았다. 아미앵의 현대화된 자동차 부품 회사와 공장들은 과거 섬유 산업과 마찬가지로 사라질 위험에 처해 있었다.

하지만 이런 모습이야말로 프랑스 지방 정치의 현주소를 보여준다고 할 수 있을 것이다. 1980년대가 막을 내릴 때까지 수십 년에 걸쳐 아미앵을 지배한 시장들은 공산주의와 사회주의를 따랐다. 이제 푸레 시장과 시민들에게 남겨진 아미앵의 경제는 기존의 산업 중심에서 소매업과 과학 및 고등 교육으로 옮겨가고 있었다. 실업률은 여전히 높아서 12%에 달했다. 이는 전국 평균보다 2% 높은 수치이며, 비슷하게 형편이 어려운 주변 여러 지역들 중에서도 단연 높은 수준이었다. 그리고 이렇게 프랑스 북동부에 위치해 있는 궁색한 지역들은 점차 극우파인 국민전선 쪽으로 그 정치적 성향이 기울고 있었다.

"게다가 아미앵 사람들은 직접 나서서 마음을 터놓는 사람들이 아닙니다." 푸레 시장은 유권자들의 성향을 분석하며 이야기를 이었다. "사람들과 친해질 필요가 있어요. 그렇다고 해도 사람들이 쉽게 마음을 열지는 않겠지만요. 그건 아마도 전쟁과 적국의 침략에 시달렸던 과거 때문이기도 할 겁니다."

아미앵은 이제는 아무도 기억해주지 않는 영광과 비극을 함께 간직한 도시다. 너무나 엄청난 희생을 치렀기에 전쟁에서의 승리조차 빛이 바래고 말았다. 도시 중심부는 두 번이나 무너졌다가 다시 세워졌다. 1918년 제1차 세계대전이 막바지에 달했을 때는 독일군의 치열한 최후 공격을 막아냈고, 제2차 세계대전 중에는 독일군의 폭격과 점령을 경험했던 곳이 바로 여기 아미앵이었다.

유네스코 세계문화 유산에도 등재되어 있는 13세기 성당은 프랑스의 고딕 양식 건축물 중에서도 가장 큰 규모이며 몇 킬로미터나 떨어진 솜강 평원의 비옥한 들판에서도 눈에 들어올 정도다. 이 솜강 평원에서는 제1차 세계대전 당시 빗물에 잠긴 참호 속에서 수십만 명의 병사들이 죽어갔다. 20세기에 벌어진 전쟁의 참화 속에서도 이 성당은 기적적으로 그 모습을 대부분 유지할 수 있었고, 지금은 우아하게 복원이 된 도시의 중심지에서 중요한 관광 명소로 그 몫을 톡톡히 하고 있다. 시간이 흐를수록 자갈로 포장된 거리에서는 승용차며 트럭들이 사라져갔고, 대신 그 자리를 전차와 자전거, 보행자들이 채우게 되었다.

"부정적인 측면을 말하자면 이곳 사람들에게는 자부심이나 야망이 대단히 부족합니다. 아미앵에 살면 스스로에 대한 확신을 가질 수 없어요." 푸레는 20만 명이 넘는 아미앵 시민들의 성향에 대해서 말을 꺼냈다. "외지인들이 오면 대부분 이렇게 말하곤 합니다. '아미앵은 정말 아름다운 곳이야.' 그러면 토박이들은 이렇게 대답합니다. '정말로 그렇게 보이나?' 전 늘 이런 회의주의와 부딪히며 살고 있습니다."

프랑스의 다른 지방과 마찬가지로 아미앵의 거리에서는 현대적인 모습의 상점과 함께 오래된 모습의 가게와 빵집, 그리고 찻집이 뒤섞여 있는 풍경을 자주 찾아볼 수 있다. 운하를 중심으로 한 매력적인 구역과 강변의 풍광은 주변을 둘러싸고 있는 전쟁의 흔적을 보러가는 외국인 관광객들의 눈길을 끈다.

그렇지만 이런 아미앵의 지역적 자산과 좋은 인상은 2016년 피카르디 지역의 수도 자리를 다른 도시에 넘겨주면서 더욱 저평가 받게 되었다. 그리고 그 사이 미국의 가전제품 기업 월풀이 아미앵에 위치한 자사 소유 공장에서 다시 대규모 감원을 진행함으로써 아미앵의 높았던 자긍심은 또 한 번 타격을 받았다. 2014년에는 미국의 다국적 타이어 제조사 굿이어가 공장을 폐쇄하자, 노조 지도부가 이에 대한 항의의 표시로 인사 담당 간부와 공장장을 공장 안에 30시간가량 감금하는 사태도 벌어졌다. 여기에 참여했던 노조 지도부 중 8명은 나중에 불법 감금 행위로 인해 결국 징역형을 선고받았다.

"때때로 우리가 여기서 하는 거라곤 전쟁의 흔적을 관리하고 구경거리나 제공하는 일뿐이라는 생각을 하곤 합니다." 푸레는 서글픈 듯 이렇게 덧붙였다. 아미앵의 잘 관리된 공동묘지에는 프랑스 군과 연합군, 적군 할 것 없이 피카르디 전 지역에서 싸우다 전사한 수많은 병사들이 묻혀 있었다.

이제 아미앵은 낡고 쇠락한 도시가 되어버렸다. 흐리고 비가 많이 오는 날씨마저 아미앵의 현재를 대변하고 있는 듯했다. 아미앵이 내세우는 자랑거리 중 하나는 《해저 2만리Vingt mille lieues sous les mers》 등을 쓰며 시대를 앞서갔던 공상과학 소설가 줄 베른이 한때 이곳에 살았다는 사실이다. 줄 베른의 이름은 지금 현재 아미앵에 있는 한 대학교의 이름이기도 하다. 그러나 대부분의 프랑스 사람들은 줄 베른을 생각할 때 아미앵이 아닌 그의 고향 낭트를 떠올린다.

그러던 2017년, 전국적인 지명도를 가진 인물을 근래에 한 사람도 배출하지 못했던 아미앵이 갑자기 한 새로운 인물을 통해 크게 이름을 떨치게 되었다. 이른 봄, 푸레와 아미앵에 대해 이야기를 나누고 있던 바로 그때, 프랑스 정치계의 가장 중요한 인물이 탄생한 것이다. 그렇지만 엄청난 야심과 흔들리지 않는 확신을 지닌 젊은 대통령 후보도 처음에는 평범한 아미앵 사람들과 비슷하진 않았을까?

"전혀 그렇지 않아요." 푸레가 눈을 반짝이며 즉시 이렇게 대답했다.

에마뉘엘 장미셸 프레데리크 마크롱은 1977년 12월 21일 오전 10시 40분 이곳 아미앵에서 태어나 어린 시절을 보냈다.

마크롱이 태어났을 당시 프랑스 대통령은 중도파인 발레리 지스카르 데스탱이었다. 그는 단임으로 임기를 마칠 때까지 중도우파 노선을 표방했다. 지금 사람들에게는 경제를 현대화하려는 야심찬 계획보다 프랑스 전역의 사회적 변화를 이끌었던 대통령으로 기억되고 있다.

마크롱이 태어난 지 2년이 채 되지 않아 영국에서는 마거릿 대처가 수상 자리에 올랐고 이듬해에는 로널드 레이건이 미국 대통령에 당선됐다. 규제 완화와 새로운 국제 교역 및 자유 시장 경제의 물결이 휘몰아치자 프랑스 북동부의 중공업 산업 지대는 큰 타격을 받았다.

이런 세계적 흐름을 반대하던 프랑스는 미국과 영국을 중심으로 한 '앵글로색슨'인들과 다른 길을 선택하며 1981년 사회당 출신의 프랑수아 미테랑을 대통령으로 선출했다. 신자유주의자들이라 할 수 있는 이른바 시카고학파the Chicago school 출신 경제학자들이 워싱턴과 런던의 환영을 받고 있을 때 미테랑 대통령은 프랑스 은행들을 국유화하는 작업에 착수했다.

마크롱이 태어난 집은 아미앵 시청에서 차로 10분가량 떨어진 앙리빌이라는 이름의 부촌富村이다. 앙리빌은 19세기 섬유 산업을 바탕으로 부를 쌓았고 20세기에 치러진 두 차례의 전쟁에서도 큰 피해를 입지 않았다.

앙리빌 거리에는 붉은색 벽돌로 지은 우아한 주택 단지가 줄을 지어 늘어서 있으며 아미앵을 비롯한 주변의 프랑스 북동부 도시들 중에서도 단연 독특한 풍광을 자랑한다. 지역 주민들에게는 대수롭지 않을지는 몰라도 이를 보기 위해 많은 관광객들이 찾아오곤 한다.

지방의 여유 있는 중산층 거주지의 모습을 간직하고 있는 이곳은 학생들이 주로 살고 있는 도심지의 지저분한 구역이나 아미앵 북부의 가난한 사람들이 살고 있는 상업 중심지와는 사뭇 다른 안락한 모습을 보여준다. 마크롱 집안의 자택이 있는 거리 끝에서 저 멀리를 바라보면 아미앵의 가난한 사람들이 살고 있는 구역이 어렴풋이 보인다. 밑으로 움푹 들어간 듯한 부지에 줄지어 늘어서 있는 고층 건물에는 아프리카 출신의 이민자들이 주로 살고 있다.

앙리빌의 고급 주택들은 노동자들이 사는 낡은 집들과 똑같은 벽돌로 지어졌지만, 그 정면에는 아기자기하게 이어 붙인 돌장식이나 철제 발코니가 붙어 있다. 화려하지는 않지만 깔끔하게 다듬은 울타리와 마당이 딸려 있는 이런 집에는 주로 의사, 변호사, 교수, 사업가 들이 살고 있다.

이 주택가 근처에는 프랑스 특유의 담배를 피울 수 있는 작은 찻집들을 볼 수 있다. 보통 바 타바크Bar Tabac라고 부르는 이런 작은 찻집은 주로 커피와 맥주, 그리고 담배와 복권을 판다. 사진과 그림 액자가 걸려 있는 벽, 상판이 플라스틱으로 되어 있는 탁자와 나무 의자가 시간이 흘러도 변하지 않은 옛 모습을 그대로 보여준다. 변한 것이 있다면 담배의 겉포장 정도다. 요즘 나오는 담배는 대부분 수입산으로 흡연자들에게 경고를 하기 위한 끔찍한 사진과 문구 등이 겉에 인쇄되어 있다.

단골손님들에게 '피피'라는 애칭으로 불리는 이 찻집 주인은 의대 교수인 마크롱의 아버지가 여전히 거리 위쪽에 있는 그 집에 살고 있다고 알려주었다. 신경과 전문의인 마크롱의 아버지는 아내와 이혼을 했다고 알려져 있으며 이곳에는 잘 나타나지 않는다고 했다. 설사 찾아온다고 해도 정치 문제에 대해서는 별로 이야기를 꺼내지 않는다는 것이 피피의 설명이었다.

피피는 금속으로 만든 계산대 안쪽에서 읽고 있던 지역 일간지 〈르 쿠리에 피카르드〉 위로 얼굴을 내밀고 이렇게 말했다. "우리 프랑스 사람들은 지금 완전히 정신이 나가 있는 상태예요. 정말이라니까요." 이렇게 말하는 그의 얼굴에는 깊은 피로감이 묻어 있었다.

신문 1면에는 정신분열증에 걸린 이웃에 의해 불에 타 죽은 세 살 여자아이에 대한 끔찍한 기사가 실려 있었다. 이 아이는 근처 마을의 집 앞에서 놀다가 변을 당했다.

기사를 끝까지 다 읽은 피피는 프랑스에 대한 자신의 생각을 좀 더 털어놓았다. 피피는 이번 대통령 선거에 표를 던지지 않을 것이며 프랑스 정치인들에 대해서는 완전히 포기한 상태라고 말했다. "한 번쯤 실패한 대통령이 나오는 거라면 이해할 수 있어요. 그렇지만 지금 프랑스가 돌아가는 꼴을 한번 살펴보세요! 나아지는 것은 하나도 없고 상황은 점점 더 나빠질 뿐이에요. 도대체 우리는 그동안 뭘 배웠단 말입니까? 30년, 아니 35년이에요! 빌어먹을 정치는 하나도 변하지 않았고 언제나 어려움만 닥쳐왔어요. 프랑스의 문제는 일자리예요. 정치인들 때문에 사람들은 일자리를 잃고 이곳에서 쫓겨났다고요. 이제는 일자리도 사람들도 다 사라져버렸어요. 외국의 큰 회사들이 다 무슨 소용인가요? 전에는 이런 작은 마을에 어울리는 작은 회사들로 잘 지내왔단 말입니다."

피피는 이렇게 말하며 그 책임을 유럽연합에게로 돌렸다. 벨기에의 브뤼셀에 있는 유럽연합 본부는 이곳에서 북동쪽으로 겨우 200킬로미터 정도 떨어진 곳에 있었다. "이 '유럽'이라는 곳은 원래 우리 것이 아닙니까? 그 유럽을 하나로 합치는 건 좋은 일이겠죠. 대기업들도 분명 좋아할 거고. 그렇지만 우리에게는 아무런 의미도 없어요."

피피는 마크롱이 태어난 집이며 근처에 있는 가톨릭계 사립학교인 라 프로비당스La Providence를 살펴보는 것이 어떻겠느냐고 권했다. 라 프로비당스는 공립 초등학교를 다니던 마크롱이 열한 살에 옮겨 간 학교였다.

거의 텅 비어 있는 찻집에서 커피를 마시고 있던 단골손님 중 한 사람이 그 사립학교는 아미앵에서 가장 비싸고 유명한 곳이라며 한마디를 보탰다. 근방에 돈 좀 있고 생각이 있는 사람들은 누구나 자식을 그 학교에 보내고, 심지어 파리의 부자들도 말썽을 부리는 아이가 있으면 이 학교로 보낸다는 것이었다. "번잡한 대도시에서 문제를 일으키는 걸 막기 위해 여기로 아이들을 보내는 부모들도 있어요."

마크롱이 살던 2층짜리 집은 앙리빌에 있는 대부분의 건물들과는 달리 길에서 조금 뒤쪽으로 물러나 완전히 독립된 구조를 가지고 있었다. 1층의 창문이며 현관문은 작은 정원 쪽을 향해 있는데, 그 정원과 사람들이 지나다니는 길거리 사이에는 금속으로 된 검은색 담장이 가로막고 있었다. 아버지 장미셸 마크롱과 어머니 프랑수아즈 마크롱은 아들이 아직 걸음마도 떼기 전에 이곳으로 이사를 왔다. 그들은 다른 자녀들이 태어나기를 기대하며 널찍한 새집에 만족스러워했다.

부부는 1970년대 초반 의대에서 처음 만나 사랑에 빠졌고, 이듬해 교회에서 결혼식을 올렸다. 결혼식 당시 임신 4개월이었던 프랑수아즈는 즐겁고 행복한 결혼식이 끝나자마자 최악의 상황을 맞이하고 말았다. 부부의 첫 아이가 유산되고 만 것이다. 전공이 소아과였던 프랑수아즈는 더욱 큰 트라우마에 시달렸다. 이름도 지어 주지 못한 아이의 죽음으로 프랑수아즈는 비참함과 슬픔에 빠졌으며, 패혈증에 감염되어 거의 죽을 뻔하기도 했다.

아직 이십 대였던 부부는 다시 아이를 갖는 것으로 이 끔찍한 시련을 극복할 수 있었다. 에마뉘엘이라는 이름은 《구약성경》의 선지자 이사야가 예언한 구세주의 이름에서 따온 것이다. 다만 아버지인 장미셸은 거기에는 아무런 상징적인 의도도 없었다고 주장하고 있다. 어쨌든 부부는 아이의 탄생을 학수고대했으며 출산은 일종의 행복과 구원이 합쳐진 느낌을 전해주었다.

"큰 고통을 겪고 난 후였기 때문에 아들의 출산은 저로서는 커다란 기쁨이었어요." 기자인 안느 폴다의 책 《에마뉘엘 마크롱: 너무

나 완벽한 남자Emmanuel Macron, un Jeune Homme si Parfait》에서 프랑수아즈
는 이렇게 인정했다.

　부부는 에마뉘엘 마크롱을 포함한 세 남매의 부모가 되었다. 에
마뉘엘 마크롱보다 두 살 어린 남동생 로랑 마크롱은 갈색 머리에
안경을 쓰고 운동을 즐기는 아이였다. 학창 시절에는 워낙 뛰어난
형 때문에 다소 그늘에 가려지긴 했으나, 로랑은 친구들 사이에서
인기도 많았다. 형제는 나중에 파리에서 함께 지내기도 했으나 각
별하게 가까운 사이는 아니었다. 현재 결혼해서 세 자녀를 둔 로랑
은 언론과의 접촉을 일체 피해왔으며, 마크롱이 직접 전하는 어린
시절 이야기 속에도 거의 등장하지 않는다. 로랑이 처음 공식적으
로 모습을 드러낸 것은 마크롱의 대통령 취임식이었다. 로랑은 부
모님을 따라 의학계에 투신하여 심혈관 방사선 전문의가 되었으며
지금은 파리 북부 근교에서 의사로 일하고 있다.

　3남매 중 막내인 에스텔 마크롱은 에마뉘엘 마크롱보다 다섯 살
아래이며 둘째 오빠인 로랑처럼 자신을 드러내지 않은 채 언론의
주목을 피하고 있다. 에스텔도 가족의 전통에 따라 의학계에 뛰어
들었고, 지금은 신장 전문의가 되어 프랑스 남서쪽에 있는 툴루즈
에서 일하고 있다.

　장미셸과 프랑수아즈 이 부부에게 의사라는 직업은 일종의 사회
적인 신분 상승의 수단이었다. 두 사람의 가족이 종사한 직업은 철
도원, 도로 건설 기사, 그리고 교사와 사회복지사 정도였다고 한다.

　"가족 중에서 의학에 뜻을 두지 않은 건 내가 유일했다." 마크롱
은 자신의 저서인 《혁명Révolution》에서 이렇게 말했다. 이 책은 대통
령 선거가 치러지기 불과 5개월 전에 출간되었다. "의학에 대한 혐

오감 같은 것은 전혀 없었다. 나도 항상 과학 분야에 대한 관심은 있었으니까. 다만 인생의 길을 선택해야 하는 순간이 왔을 때 나는 이 세상과 내 자신을 위한 모험을 원했을 뿐이다."

마크롱의 이야기를 들어보면, 그는 교육의 가치를 중요하게 생각하고 높은 수준의 문화를 향유하며 동시에 성실히 공부하고 일하는 분위기의 가정에서 자라났다는 것을 알 수 있다. 부모와 나누는 대화의 주제는 주로 문학이나 철학이었으며, "의사 생활은 어떤지, 새로운 치료 방법이나 연구 결과가 있는지 등 의학과 관련된 이야기가 몇 시간이고 끊이지 않고 이어졌다"고 한다.

"그로부터 몇 년인가 세월이 흐르자, 먼저 남동생인 로랑이…… 그리고 여동생인 에스텔도…… 부모님의 직업을 이어받게 되었다." 마크롱은 자신의 책에 당시 부모님과 이런 이야기들을 나눴던 시간들이 마치 일종의 즐거운 휴식 시간이었던 것처럼 기록하고 있다.

아버지 장미셸은 박학다식하고 똑똑한 사람이었을 뿐만 아니라 아들에게 직접 그리스어 공부를 시킬 정도로 엄격한 면도 있었다. 그는 혼자만의 사무실 하나를 마련하고 그곳에서 40년에 걸쳐 수십 편의 논문을 쓰고 발표했다. 그의 연구 내용 중에는 고양이의 재채기와 관련된, 뇌와 근육의 작용에 관한 것도 있다.

마크롱은 친구를 집에 불러 함께 노는 일이 거의 없었다. 그는 대부분의 시간을 동화책 주인공인 피터 래빗이 그려진 자기 방에서 책을 읽으며 보냈다. 어린 마크롱은 어린이용 책뿐만 아니라 프랑스의 고전이라고 할 수 있는 몰리에르며 알베르 카뮈, 장 라신, 기드 모파상, 앙드레 지드의 책들도 읽었다. 이러한 책들은 외할머니가 골라준 것이었다. 그의 외할머니는 손자를 집으로 불러서 큰 소리로 책을 읽도록 시키곤 했다. 그녀는 제1차 세계대전 당시 군의관으로 참전했던 조르주 뒤아멜처럼 대중적으로 크게 알려지지 않은 작가의 책들도 손자에게 권했다. 뒤아멜은 바로 자신의 눈앞에서 벌어졌던 살육과 고통의 현장을 작품을 통해 되살린 작가로 유명하다.

마크롱은 일정이 너무 바빠 쉴 시간을 낼 수 없는 지금도 어린 시절 일찌감치 들였던 독서 습관이 계속되고 있다고 말한다. "책을 읽지 않고 보내는 날은 하루도 없었습니다." 이것은 2017년 초에 마크롱이 〈르 1〉과의 대담에서 한 말이다. 그는 이 대담에서 가장 좋아하는 책으로 스탕달의 소설《적과 흑》을 꼽았다. 이 소설에 등장하는 주인공 쥘리앵 소렐은 지방 출신의 야심에 가득 찬 몽상가로, 마크롱 자신의 개인적인 이력과 비교되는 인물이다. "저도 소설 속 주인공들에게 어떤 약점이 있다는 사실을 잘 알고 있습니다. 이들은 아무도 알지 못하는 위험천만하고도 드넓은 세상 속으로 스스로 뛰어듭니다."

마크롱이 좋아하는 스탕달 소설의 또 다른 주인공은 1839년 작《파르마의 수도원》에 등장하는 파브리스 델 동고다. 이 책 역시 프랑스 문학에서 걸작으로 일컬어지고 있다. 주인공인 파브리스 델 동고는 이탈리아 귀족 출신으로 처음에는 나폴레옹의 군대에 지원했고 나중에는 사제의 길을 택함으로써 스스로의 인생을 개척하려고 한다. 물론 거기에 음모와 욕정에 대한 이야기도 빠지지 않는다.

"문학은 우리가 처해 있는 모든 상황에 대한 길을 알려주며 삶에 실체를 제공하고 우리가 겪는 경험의 본질이 무엇인지 알려줍니다." 마크롱은 앞선 신문과의 대담에서 이렇게 말했다.

마크롱의 소설에 대한 관심과 열정은 여러 손자들 중에서 자신을 특별히 아끼던 외할머니로부터 비롯된 것이었다. 그런 외할머니의 집은 그의 책《혁명》속에서 그야말로 동화책에 나오는 집처럼 그려졌다. 쇼팽의 피아노 협주곡이 들려오는 외할머니의 집에서 뜨거운 코코아를 마시며 숙제를 하던 어린 마크롱은 마치 안락한 안식처에 있는 듯한 기분을 느꼈을 것이다.

마크롱은 외할머니를 본명인 제르멘 노게가 아닌 애칭 '마네트' 외할머니로 부르며 애정을 드러냈다. 그의 외할머니는 마크롱의 일생에 걸쳐 지속적으로 깊은 영향을 미친 사람이었다. 이런 모습은 대부분의 사람들이 경험하는 친척 어른들과의 통상적인 관계를 훨씬 넘어서는 것이었다. 학교의 교장까지 지냈던 외할머니가 2013년 세상을 떠나자, 마크롱은 잠시 정계를 떠나 자신의 인생에 대해 다시 숙고하는 시간을 갖기도 했다.

"어린 시절, 나는 매일 외할머니 집으로 달려갔다. 그러면 마치 소설 속 세상으로 돌아가는 것 같았다." 마크롱은 점심시간이 되면 대부분의 경우 급식을 먹지 않고 외할머니 집으로 달려가 함께 식사를 했고 방과 후에는 다시 외할머니 집으로 가서 숙제를 하거나 책을 읽었다. 아예 집으로 돌아오지 않고 거기서 밤을 새우는 경우도 많았다. 휴가철이면 외할머니의 고향인 피레네 산맥으로 다 함께 휴가를 떠나곤 했다.

만년설이 남아있는 산자락의 바뉘에 드 비고르 마을로 떠나는 여행길은 어린 마크롱이 프랑스 땅을 제대로 경험할 수 있는 첫 번째 기회였다. "외할머니와 함께 여행을 떠나며 나는 프랑스에 대한 보이지 않는 지도를 마음속에 그릴 수 있었다. 그때 내 마음 속에 그려진 프랑스는 하나의 통일된 국가로 여전히 다양하고 신비스러우며 맑고 충직한 동시에 굳센 기상을 가진 나라였다." 마크롱은 자신의 저서《혁명》에서 8월 휴가철에 수많은 차와 사람들이 몰린 고속도로의 숨 막히는 풍경을 묘사하면서 이렇게 기록했다.

이런 끈끈한 관계 때문에 어린 시절 마크롱의 부모와 외할머니 사이에는 질투로 인한 갈등도 있었다. 특히 다섯 살이던 마크롱이 부모님에게 마네트의 집으로 이사를 가 살 수 있겠느냐고 물었을 때 그 갈등은 더욱 커졌다. 이런 가족 사이의 역학 관계는 마크롱의 책 속에서 다시 그려졌다. 마크롱은 안정된 생활과 보금자리를 제공해주는 육친에 대해 감사하는 마음을 가지면서도 지극히 관조적이며 냉정한 묘사를 유지했다. 반면에 마네트 외할머니에 대해서는 자신의 상상력을 일깨워주고 꿈을 이루도록 격려해주는 사람으로 묘사하고 있었다.

친부모에 대한 조금은 불친절해 보이는 이런 태도는 아마도 마크롱의 조용하지만 강경한 또 다른 반항적 행동 중 하나가 아니었을까. 그는 평생을 통해 자신의 개인적인 자유와 독립에 대한 집착을 보였다. 어린 시절에는 부모로부터 스스로를 해방시키면서까지 자신의 보호자를 직접 선택하는 듯한 모습을 보여주기도 했다.

외할머니와의 관계를 유지하는 것에서 더 나아가, 열두 살의 마크롱은 세례를 받고 싶다고 말하며 아버지의 권위에 도전했다. 그는 프랑스의 유력 시사 주간지인 〈르 누벨 옵세르바퇴르〉와의 대담에서 이 순간을 "이후 몇 년 동안 계속된 신비롭고 수수께끼 같은 기간의 시작"이라고 표현하고 있다. 물론 마크롱은 지금은 그렇게 종교에 빠져있지는 않다. 열여섯 살이 된 마크롱은 다시 한 번 아버지의 뜻에 반항하며 자신을 가르치던 여교사와의 대단한 관계를 이어나가고자 했다. 그 후 가족 모두가 택한 의학의 길마저 거부했다. 일반 대중들의 눈에는 이런 마크롱이 자신의 부모를 마치 대수롭지 않은 주변인처럼 여기는 사람으로 보일 것이다.

어떤 사람들은 일종의 정치적인 포석으로 마크롱이 외할머니에 대한 개인적인 기억을 과장하는 것 같다고 주장하기도 한다. 이런 특별한 사연을 소개함으로써 자신의 비범하면서도 대중적인 정체성을 만들어내는 데 이용을 했다는 것이다. 문맹 어머니 밑에서 태어나 문학을 사랑하는 좌파 성향의 교장 선생님이 된 마네트 외할머니는 프랑스라는 국가의 교육 제도를 이용하여 사회적인 신분 이동을 이루어낸 생생한 증거라고 할 수 있다. 권력의 속성에 대해 치밀하게 연구한 마크롱은 자신의 사적인 이야기가 유권자들에게 어떤 영향을 미치는지 정확하게 알고 있었다. 이런 이야기는 한 정치인이 경쟁자들을 누르는 수단이 될 수도 있으며 그 정치인 자신에게는 진실성을 부여할 수 있는 것이다. 최근에 이런 전략을 가장 잘 구사했던 정치인으로는 미국의 대통령 버락 오바마가 있을 것이다. 마크롱은 2008년 대통령 선거에서 오바마가 보여준 성공적인 선거 운동 전략을 철저하게 뒤따르고 있었다. 한때 시카고의 사우스사이드 지역에서 지역 공동체를 조직하기도 했던 홀어머니와 그 밑에서 자라난 아프리카계 미국인 오바마의 개인사는 "우리도 할 수 있다!"라는 그의 의지를 다시 한 번 상기시켜주었다.

마크롱에게는 이런 감동적인 이야기가 없다. 그렇지만 마네트 외할머니에게는 노동자 계층의 신분 상승이라는 이야기가 있다. 마크롱은 성실과 근면의 상징인 외할머니를 통해 나이 든 세대와 자신의 관계, 그리고 프랑스의 부유하고 세련된 문화 속에 뿌리를 둔 자신을 모두 강조할 수 있었다. 외할머니에 대한 그의 존경은 물론 진심으로 보인다. 그렇지만 자신의 책이나 연설을 통해 그런 외할머니의 존재를 강조하는 것은 분명 다분히 정치적인 포석이다.

어쨌든 마크롱이 이런 식으로 가족의 삶에 대해 이야기하는 것은 부모인 장미셸과 프랑수아즈에게는 분명 고통스러운 일이었으리라. 따라서 두 사람 모두가 아들이 퍼트리는 이런 이야기들을 바로잡으려고 애쓰는 것도 어쩌면 당연한 일일 것이다. "아닙니다. 우리는 자식을 할머니에게 떠맡기는 그런 무책임한 부모가 절대 아닙니다!" 2017년 2월 프랑수아즈가 한 언론과의 대담에서 토로한 말이다. "어머니에게 아들을 맡긴다는 것 자체를 생각해본 적이 없습니다. 어떤 기사를 보니 무슨 고아 비슷했다는 이야기까지 나오던데요!" 프랑수아즈는 또 이렇게 탄식하기도 했다. 그러면서 자신은 언제나 자녀들을 가장 중요하게 생각해왔다며 "저로서는 이런 이야기들을 정말로 어떻게 받아들여야 할지 견디기 힘듭니다"라고 덧붙였다.

아버지 장미셸은 현재 프랑수아즈와 이혼하고 정치와 언론을 불신하며 자신의 언행을 조심하고 있지만, 아들의 어린 시절에 대한 정확한 사실을 알려주기 위해 입을 열지 않을 수 없었다. "어쨌든 에마뉘엘은 자기 방에만 틀어박혀 있는 좀비 스타일은 아니었습니다." 카롤린 데리앙과 칸디스 네들렉의 책《마크롱의 기적 같은 사랑Les Macron》에서 그가 밝힌 말이다.

마크롱은 낚시와 축구를 좋아했고 집 건너편에 있는 지역 회관에서 테니스도 즐겼다. 지금도 그 회관을 찾아가 보면 부유한 사업가나 지역 유지들이 모여 먹을 것과 마실 것을 즐기며 친목을 다지는 모습을 확인할 수 있다.

마크롱 가족은 여름에 자동차를 이용해 피레네 산맥만 찾은 것이 아니라 쿠셰벨 같은 고급 스키 휴양지나 그리스, 아름다운 지중해의 섬 코르시카 등을 찾아 마음껏 휴가를 즐겼다. 하지만 이런 이야기는 마크롱의 책 어디에서도 찾아볼 수 없다.

마크롱은 분명 사립학교와 고급 주택가에 있는 집 사이를 오가며 사치스러운 휴가도 즐겼고 남들은 꿈도 꾸지 못한 안락한 어린 시절을 보냈다. 부유한 집안의 장남으로 다른 특별한 지원이나 관심은 딱히 필요 없었던 아이였던 셈이다.

비록 책 속에서 그럴듯하게 이야기를 그려내고 중산층으로서의 삶도 사람들이 받아들일 수 있을 정도로 포장하긴 했지만, 그런 내용 뒤에 있는 외할머니에 대한 애틋한 감정은 분명 진심이었을 것이다. 교육과 정치관에 대한 그녀의 영향 역시 무시할 수 없었다. 마크롱이 받아들인 마네트의 좌파적 견해는 좀 더 보수적이었던 아버지의 견해보다 그에게 확실히 더 많은 영향을 미쳤다.

"할머니가 돌아가신 이후 하루라도 할머니를 잊거나 생각하지 않은 날이 없었습니다." 마크롱이 《정치인의 어머니Les Politiques Aussi Ont une Mere》라는 책을 쓴 저자 베르나르 파스키토와 올리비에 비스케이에게 한 말이다. 마네트 외할머니에게 받은 영향 중 가장 큰 부분은 바로 사람들, 특히 자신보다 훨씬 더 나이가 많은 사람들에 대한 관심과 애정이었다. 이는 손자 마크롱의 삶의 방향을 정해주었다.

"마크롱은 언제나 자신을 길러준 건 바로 외할머니라고 말하곤 했습니다." 카트린느 골든슈타인의 말이다. 여전히 마크롱과 연락을 하고 지내는 예순아홉 살의 카트린느 골든슈타인은 마크롱이 파리에서 학교를 다닐 때부터 알고 지내던 사이다. "아버지와의 관계를 말하자면, 글쎄요, 저는 두 사람이 특별히 가까웠다고는 생각할 수 없군요."

마크롱의 사생활과 정치 경력에 있어서 외할머니의 존재는 그로 인해 일어난 친부모와의 갈등에도 불구하고 마크롱의 또 다른 성격적인 특징을 설명해줄 수 있을 것이다. "마크롱이 누구에게라도 어떤 부채 의식을 느끼고 있다고 생각해본 적은 없습니다." 같은 아미앵 출신으로 가장 가까운 학창 시절 친구 중 한 사람인 르노 다트벨의 말이다.

르노 다트벨은 앞서 소개했던 가톨릭계 사립학교인 라 프로비당스에서 처음 마크롱을 알게 되었다. 전후 지어진 이 학교는 보통 '라 프로'라고 불리는데, 마크롱의 집에서는 걸어서 불과 5분밖에 떨어져 있지 않았다.

4층짜리 본관과 별관들이 12헥타르에 달하는 대지 위에 웅장한 모습으로 세워져 있는 이 학교 주변에는 높이가 3미터에 달하는 금속 담장이 설치되어 있다. 또한 학교 정문에도 경비원이 배치되어 있다. 여러 개의 운동장과 수영장, 강당까지 갖춰져 있는 이 학교는 학생들에게 학교 교훈인 "존재하라, 행동하라, 목표를 달성하라, 성장하라"를 실천할 수 있는 많은 기회를 제공한다. 바로 옆에 있는 공립학교의 초라한 모습과는 확연히 비교되는 모습이다.

라 프로비당스의 등록금과 각종 비용은 영국이나 미국의 최고급 사립학교에 비해서는 저렴한 편이나, 보통 1년에 수천 유로가 필요하며 이것은 가정 형편에 따라 조정이 가능하다.

"어느 정도 다양한 계층의 학생들이 모여 있기는 했습니다." 파리 남쪽 외각에 있는 자택에서 와인 한 잔을 앞에 둔 르노 다트벨은 이렇게 회상했다. "물론 아미앵 북부의 경제적으로 어려운 가정의 아이들이 다닐 수 있는 학교는 전혀 아니었어요. 그리고 인종적 차별도 분명히 존재했고요."

라 프로비당스에서 거의 20년 가까이 교편을 잡은 후 퇴직한 아르노 드 브르타뉴는 이 문제에 대해 좀 더 간결하게 이야기한다. "지역의 중산층 가정들 덕분에 유지되던 학교였습니다."

종교 수업은 일주일에 몇 시간 정도로 제한되어 있었다. 하지만 학교가 지향하던 예수회의 철학은 학생들로 하여금 자선활동의 의미를 깨닫게 해주었고, 지역 발전을 위해 기부금을 모금하는 일 등에 참여하도록 독려했다.

마크롱은 열한 살에서 열두 살의 학생들 중에서 선발이 되어 중학생 자격으로 고등학교를 준비하는 과정에 들어갈 수 있었다. 남다른 독서 습관을 가졌으며 또래에 비해 성숙했던 마크롱은 즉시 반에서 두각을 나타냈다. 동창생들의 기억에 따르면 마크롱은 우수했지만 또 그만큼 겸손했다고 한다. 크게 내세우지는 않았지만 분명 매력이 있었고 교사들도 그의 말을 잘 들어주는 편이었다. 반 친구들은 마크롱에게 질투심을 느꼈지만 그렇다고 미워할 수도 없는 친구였다고 한다.

"거의 모든 과목에서 뛰어난 실력을 발휘했어요. 전 과목에 걸쳐 항상 20점 만점에 18점 이상을 받았습니다." 르노 다트벨의 회고다. "다른 누군가가 마크롱보다 좋은 성적을 받는 것은 드문 일이었습니다. 늘 그런 식이었어요."

　마크롱이 학교를 떠나기 전 마지막 해에 역사와 지리를 가르쳤던 아르노 드 브르타뉴는 마크롱을 "엄청난 능력을 갖추고 있었지만 다정하고 친구들에게도 두루 사랑받았던 학생"으로 기억하고 있었다.

　라틴어와 프랑스어를 가르쳤던 레오나르 테르누아는 호기심 가득하고 교양 있었던 학생에 대한 칭찬이 자신의 가정에서 문제를 일으켰다고 말했다. 마크롱과는 방과 후에 종종 개인적인 대화를 나누곤 했는데, 역시 같은 학교에 다니던 자신의 딸이 마크롱 이야기만 나오면 그렇게 싫어했다는 것이다. "아마도 질투 비슷한 것이 아니었을까 싶습니다." 분명하게 드러나는 친구들과의 이런 차이점과 자신의 영민함을 잘 관리하는 것은 마크롱에게 있어 하나의 사회적 도전이었을 것이다. 어린 시절부터 마크롱은 자신의 본모습을 살짝 감추고 농담으로 넘어가는 전략을 구사한 것으로 보인다. 그렇게 스스로를 감추기 위한 농담과 미소를 구사하면서 꼭 필요한 경우에만 자신의 본모습의 일부를 보여주던 마크롱은 평생에 걸쳐 비슷한 전략을 구사해왔다. 그는 자라나면서 많은 사람들을 매료시켰지만, 사람들은 자신들이 그를 완전히 알거나 이해하지 못한다는 것을 어렴풋이 느낄 수 있었다.

　대통령이 된 지금도 마크롱은 계속해서 편안한 미소 뒤에 본모습을 감추고 있다. 때로는 측근들이나 방문객들에게 자신이 먼저 스스럼없이 농담을 던지기도 하고 긴장을 풀고 친근하게 다가가기 위해 계속해서 익살도 떤다. 연극이나 재담才談에서 따온 철 지난 이야기들에 자조를 섞어 전하는 것이다. "그가 사용하는 어휘나 재담은 종종 두 세대 이상, 아니, 그 이전 세대 사람들이 사용하던 것 같습니다." 학창 시절부터 알고 지낸 오랜 친구이자 지금은 대통령 보좌관이 된 오를레앙 르슈발리에가 어느 언론과의 대담에서 한 말이다.

"그는 언제나 허세와 자만을 부리는 일을 영리하게 피해갔고, 그러면서도 상대방에게 자신의 탁월한 지적 능력을 깨닫도록 만들었습니다." 르노 다트벨의 설명이다. 그의 이런 언급은 2017년 초 마크롱이 했던 말들을 떠올리게 한다. 이를 통해 마크롱이 동료들이나 정치적 우군들, 혹은 언론과 어떤 식으로 관계를 맺어가고 있는지를 쉽게 이해할 수 있다. "우리는 겸손과 교만 사이에서 항상 균형을 잘 잡을 필요가 있습니다." 일요신문인 〈르 주르날 뒤 디망슈〉의 기자에게 그가 한 말이다. "제대로 균형을 잡지 못한다면 무능력하거나 위험한 인물이 되는 것이죠." 마크롱의 이런 발언은 냉철하고 계산적인 모습과 함께 마키아벨리를 연상시키기까지 한다.

다시 라 프로비당스 시절로 돌아가보자. 마크롱과 르노는 똑같이 책과 고전 음악을 사랑하고 일찌감치 정치에도 관심을 가진 학생이었다. 르노에 따르면 두 사람 모두 여럿이 함께 어울려 있는 것보다는 혼자 있는 것을 더 좋아했고, 여자아이들에게는 관심이 없었다고 한다. 물론 십 대 초반의 마크롱에게는 같은 반 친구였던 마리 세실이라는 여자 친구가 있기는 했다.

"소란스러운 모임을 찾거나 춤을 추러 간다고요? 천만의 말씀이에요. 저는 춤추는 곳 같은 데는 가본 적도 없고 그건 마크롱도 마찬가지였습니다." 르노는 이런 말도 덧붙였다. "학창 시절에 저보다 자기를 더 잘 아는 사람이 있었다고 하면 마크롱은 아마도 깜짝 놀랄 겁니다. 이런저런 고상한 문화에 관한 이야기는 다른 사람들에게는 지루할지 몰라도 우리에게는 아니었어요." 두 사람은 책에 대해 이야기를 나누고 음악도 함께 들었다. 르노는 바흐의 〈골드베르크 변주곡〉을 마트롱의 집에서 처음 들었던 때를 기억하고 있었다. 두 사람은 또 마크롱이 십 대 중반에 크리스마스 선물로 받은 유명한 가수 자크 브렐의 대표곡 모음집도 함께 들었다고 한다.

지난 시절을 돌아보며 르노는 비록 자기보다 마크롱을 더 잘 아는 사람은 없을 거라고 생각하기는 했지만, 동시에 자신이 잘 모르는 부분도 있다는 사실을 인지하고 있었다. 예컨대 마크롱의 피아노 솜씨 같은 것들이다. 나중에 안 사실이지만 마크롱은 10년 이상 아미앵 시내 중심지에 있는 음악 학원에서 피아노를 배웠고 당연히 경연대회에서 상도 탔다. 또 르노는 마크롱과 외할머니와의 관계도 잘 알지 못했다.

르노는 마크롱과 친구가 된 지 몇 년이 흐른 후에야 겨우 그의 집에 가볼 수 있었는데, 마크롱이 나중에 사귄 친구들도 비슷한 경험을 했다. 다들 마크롱의 또 다른 관심사나 혹은 숨겨진 재능을 뒤늦게야 알아채고 깜짝 놀라는 경험을 한 것이다. "마크롱과 아는 사람이 되는 건 언제나 쉬운 일이었고, 그의 주변에는 사람들이 끊이지 않았습니다. 하지만 정말로 친한 친구는 그리 많지 않았고, 그런 친구들과도 항상 일정한 거리를 두고 있었어요." 르노의 말이다. 마크롱은 자신의 다양한 관심사를 잘 구분해 관리하는 사람이었을 뿐만 아니라, 본능적으로 사적인 영역을 지키며 자신의 은밀한 감정은 다른 사람들에게 알리지 않고 감춰두는 사람이기도 했다.

르노와 마크롱은 연극도 좋아했다. 두 사람은 학교에서 연극반을 만들었고 체코의 작가인 밀란 쿤데라의 〈자크와 그 주인〉이라는 철학적 내용의 희곡을 무대에 올리기도 했다. 마침 이 작품은 남자 주인공 두 사람이 등장하기 때문에 두 친구가 공연하기가 어렵지 않았다.

이듬해가 되자 자유분방한 성격의 교사인 브리지트 오지에르가 연극반 지도를 맡게 되었다. 당시 브리지트는 세 자녀를 둔 서른아홉 살의 유부녀였으며, 지금은 마크롱의 일생에 중요한 영향을 미친 사람 중 하나다. 브리지트는 프랑스어와 라틴어를 가르쳤고 학생들의 존경과 사랑을 한 몸에 받았다. 아미앵의 유명한 초콜릿 제조업체 가문의 딸로 어린 시절부터 크게 유명했던 브리지트는 교사라는 직업을 통해 특유의 헌신과 열정으로 학생들을 사로잡았다.

6남매의 막내로 태어난 브리지트의 집안은 부유했을 뿐만 아니라 정치적인 영향력도 상당했다. 하지만 그녀의 어린 시절은 늘 행복하지만은 않았고 엇나간 적도 있다고 한다. 그녀는 지금까지도 죽음에 대한 깊은 공포를 간직하고 있는데, 여덟 살이 되던 해 제일 큰 언니가 임신한 상태로 남편과 함께 교통사고로 사망했기 때문이다. 지금은 고인이 된 아버지 장트로뉴는 초콜릿 사업을 포함해 수많은 회사와 단체, 그리고 시설 등을 운영하던 지역의 유명 사업가였다. 그가 운영하던 시설 중 한 곳이 마크롱이 테니스를 치던 지역 회관이다.

"트로뉴는 수많은 사업에 관여하는, 아미앵에서도 아주 유명한 가문입니다." 아미앵의 시장 브리지트 푸레의 말이다.

트로뉴 가문은 지금도 아미앵의 상업 중심지에 대형 초콜릿 전문점을 소유하고 있으며 프랑스 북부에만 그 지점이 여섯 군데나 있다. 유서 깊은 상점의 정면에는 그저 옅은 노란색과 갈색으로 '5대째 이어져 내려오는 장트로뉴 가문'이라고만 적혀 있다. 트로뉴의 초콜릿 상점에서는 온갖 종류의 화려하고 진기한 과자와 초콜릿을 판매하고 있는데, 거기에는 동물과 각종 악기, 그리고 심지어 영화 주인공의 모습을 한 초콜릿도 있다. 그 밖에도 많은 사람들이 고급 마카롱이며 다디단 주전부리를 사러 이곳에 들른다.

스무 살이 된 브리지트는 아미앵 근처의 릴에서 문학을 공부하던 중에 아미앵 출신의 외교관의 아들로 아프리카에서 태어난 앙드레루이 오지에르와 결혼했다.

아미앵 의회에서 언론 홍보 업무를 맡기도 했으며 짧은 치마와 로큰롤 음악을 사랑했던 젊은 브리지트는 마침내 서른 살이 되어 스트라스부르에서 자신이 할 일을 찾았다. 당시 그녀의 남편은 스트라스부르의 한 국제 은행에서 일을 하고 있었다.

"브리지트 선생님은 제가 만났던 최고의 선생님이었습니다." 아미앵에서 브리지트에게 수업을 들었고 지금은 파리의 TF1 방송국에서 일하고 있는 앙투안 요아네스의 회고다. "선생님은 자신의 친절함과 열정, 그리고 능력을 쏟아부어 우리 모두를 발전시켜준 분이셨어요."

부유하고 화려한 삶을 사는 트로뉴 가문은 차분하고 지적인 마크롱 가문과는 그 분위기와 환경이 사뭇 달랐다. 하지만 브리지트와 마크롱, 두 사람은 연극 공연 덕분에 결국 인생을 뒤바꿀 만한 만남을 갖게 되었다.

"모두들 연극에 대한 열정이 있었지만 우리를 이끌어준 건 우리보다 더한 열정을 보여준 브리지트 선생님이었습니다. 선생님은 선생님과 학생들이 친근한 관계가 될 수 있도록 우리를 이끌어주셨습니다." 앙투안 요아네스의 말이다. "우리들은 아주 허물없는 사이로 발전했습니다. 브리지트 선생님에게 '선생님'이라는 경칭이 아닌 그냥 '브리지트'라고 이름을 부를 정도였으니까요."

학생들은 브리지트와 이야기할 때 이렇게 편안하게 이름을 부르며 이야기할 수 있었다. 연극 연습은 마크롱이 살고 있던 앙리빌에서 멀지 않은 곳에 있는 널찍한 브리지트의 집에서도 이루어졌다. 평소에 그녀의 옷과 차를 보고 대강 그 집안의 수준을 짐작하고 있던 학생들은 브리지트의 집에 와서 자신들의 눈으로 그 실체를 확인할 수 있었다. 브리지트는 학교의 다른 교사들하고는 확연히 다른 환경 속에서 살고 있는 사람이었다.

브리지트는 한 번도 마크롱의 담임을 맡은 적은 없었지만, 마크롱은 다른 친구들과 함께 학교에서 멀지 않은 그녀의 집을 자주 드나들었다. 마크롱은 브리지트의 집에서 보충 수업을 받기도 했고 같은 학교를 다니던 브리지트의 자녀들을 만나기도 했다. 늦은 시각 브리지트의 집으로 전화를 거는 학생도 적지 않았다고 한다.

교사이면서 학생들에게 존칭을 쓰지 않도록 해주고 학교생활과 사생활을 특별히 구분하지 않은 브리지트의 행동은 일반적으로 지켜지던 프랑스 학교의 엄격한 위계질서를 뒤흔들었다. "당시에는 선생님과 어느 정도 거리를 두어야 할지 잘 알 수가 없었어요." 개방적이면서 시원시원한 성격의 이 선생님에 대한 르노의 회상이다. 브리지트는 르노나 마크롱의 어머니와 같은 연배였다.

브리지트는 마크롱을 직접 만나보기 전에 이미 자신의 딸이자 마크롱의 학교 친구인 로랑스를 통해 그에 대해 잘 알고 있었다. 아직 십 대 초반에 불과했지만 마크롱은 전교에서 가장 유명한 학생이었다. "세상천지 모르는 게 없는 이상한 아이가 우리 반에 있어요." 로랑스가 브리지트에게 한 말이다.

1993년에 라 프로비당스 연극반은 장 타르디유의 〈언어의 희곡〉을 각색해서 무대에 올렸다. 장 타르디유는 한 남자가 매춘 굴의 열쇠 구멍을 통해 한 여자의 알몸을 바라보는 관음증에 대한 고찰을 담은 〈열쇠 구멍〉 등 부조리극을 주로 쓴 프랑스의 극작가다.

마크롱은 이 연극에서 허수아비 역을 맡았다. 프랑스의 한 텔레비전 방송에 소개되었던 이 연극의 한 장면을 보면, 밀짚모자에 누덕누덕 기운 웃옷을 걸친 열다섯 살의 마크롱이 극적인 효과를 주기 위해 말없이 한참을 서 있다가 마침내 나지막한 목소리로 자신의 대사를 힘 있게 전달하는 모습을 볼 수 있다. "사람들을 가장 두려움에 질리게 하는 것은 무엇인가? 요란스럽게 짖는 개인가 아니면 인간의 어두운 그림자인가?" 무대 위에 홀로 서서 이렇게 독백을 하며 관객들에게 질문은 던지는 마크롱은 이미 훤칠하게 잘생긴 '남자'였다.

"우리가 공연한 모든 연극에서 마크롱은 언제나 주연 자리에 관심이 있었어요." 친구인 르노의 말이다.

브리지트는 마크롱의 이런 연기력에 크게 매료되었다. 마크롱은 자신이 맡은 역을 어떻게 전달해야 할지 이미 다 생각을 해두고 있었기 때문에 그에게 별다른 연기 지도 같은 것은 필요가 없었다.

"무대 위에서 마크롱은 정말로 대단했어요. 정말로 대단한 존재감이었다니까요!" 2016년 프랑스 3채널에서 방영된 〈마크롱, 혜성 같은 사나이〉라는 방송에서 브리지트가 한 말이다.

이듬해인 1994년, 9월 새 학기가 시작되자 연극반은 다음 공연에 대해 의논을 했고, 마크롱은 이탈리아 극작가 에두아르도 드 필리포의 〈희극의 예술〉을 무대에 올리자고 제안했다. 한 연극 제작자가 자신의 극단을 살리기 위해 고군분투하는 내용을 담은 작품이었다. 당연히 주연인 연극 제작자 역은 마크롱이 맡게 되어 있었는데, 여기에는 한 가지 문제가 있었다. 이 연극은 등장인물들이 너무 적었고 연극반에 참여하고 있는 여러 여학생이 맡을 만한 배역도 없었던 것이다. 그렇지만 그 이유가 무엇이든 간에 완고하면서도 독선적인 성격의 마크롱은 공연을 단념할 생각은 조금도 없었다.

마크롱과 브리지트는 몇 개월에 걸쳐 학교 공연 수준에 맞춰 대본을 다시 썼고, 등장인물들과 장면들을 추가했다. 거기에는 여자아이 일곱 명이 결혼 예복을 차려입고 이상적인 남편감에 대해 수다를 떠는 장면도 있었다. 십 대의 학생과 그 지도 교사가 남의 눈치를 보지 않고 마음껏 대본을 고쳐 쓴 것이었다. 일단 대본 작업이 끝나자 두 사람은 연출도 함께 하기로 결정했고, 학교 강당이 아닌 아미앵 중심가에 있는 진짜 연극 극장에서 공연한다는 계획도 세웠다.

"두 사람 사이에는 진정한 교감이 있었어요. 그러니까 일종의 공조共助나 공생共生 같은 것이라고나 할까요." 앙투안 요아네스의 회상이다. "아주 친밀하면서도 가까운 관계였습니다. 그러면서도 완벽할 정도로 자연스럽게 이루어지는 관계 말이죠."

마크롱은 나이에 어울리지 않을 정도로 재능이 뛰어났고 지적인 수준도 높았지만, 두 사람 사이에는 넘기 힘든 벽이 있었다. 당시 마크롱의 나이는 열다섯, 그리고 브리지트는 서른아홉 살이었다. 프랑스에서는 학생과 교사의 깊은 관계가 인정을 받기 위해서는 학생의 나이가 법적으로 적어도 열여덟 살 이상이 되어야 한다는 규정이 있다.

이런 종류의 관계는 어디에서든 문제가 되겠지만, 특히나 아미앵 같은 지방의 소도시에서는 더욱 위험한 것이었다. 무엇보다도 브리지트는 보수적인 집안 출신인 데다가 엄격하기로 이름이 난 가톨릭계 사립학교의 교사였다. 게다가 브리지트에게는 아무것도 알지 못한 채 마크롱을 가족의 친구로 환대해주던 남편도 있었다. 브리지트의 아들은 마크롱보다 나이가 세 살이나 위였고 둘째 딸은 마크롱과 같은 학년이었다. 또한 마크롱의 남동생과 여동생도 브리지트에게 수업을 듣고 있었다. 사회적 혹은 법적인 문제나 처벌은 차치하고서라도 두 사람 사이에는 너무나 많은 관계가 서로 얽혀 있었다.

브리지트의 입장에서는 자신과 비슷한 연배의 프랑스 교사들이 생생하게 기억하고 있는 가브리엘 루시에의 비극적인 사건도 생각이 났을 것이다. 가브리엘 루시에는 두 자녀를 둔 이혼녀로 마르세유에서 교사 생활을 하다가 1969년 집에서 가스를 틀어놓고 자살했다. 당시 열일곱 살이던 자신의 학생과 관계를 가진 혐의로 1년의 실형을 선고받은 직후였다. 60년대 후반, 인습에 얽매인 프랑스 사회에 저항한 학생과 교사의 이 사랑 이야기는 〈사랑을 위해 죽다〉라는 제목의 영화로도 만들어져 큰 인기를 끌었고 브리지트도 그 영화를 보았다. "그건 절대로 단순한 욕정이 아니었습니다." 가브리엘이 사랑했던 연인 크리스티앙 로시는 대중들의 관심에서 사라지기 전인 1971년에 주간지 〈르 누벨 옵세르바퇴르〉에서 이렇게 털어놓았다. 대중들의 무지와 분노 속에서 부모에 의해 잠시 정신 병원에 감금되기도 했던 그는 이렇게 말했다. "그건 바로 사랑이었습니다. 단순한 열정이 그렇게 분명하고 확실한 감정일 리가 없습니다. 우리는 분명 사랑을 했습니다."

자기 자신의 경험을 털어놓는 자리에서 브리지트는 마크롱과의 관계가 그렇게까지 깊이 발전하게 될 줄은 몰랐다고 언급했다. "그냥 그렇게 관계가 이어지다가 서로 금방 싫증이 날 줄 알았어요. 제가 마크롱에 대해 잘 몰랐던 거죠." 자기도 모르는 사이에 어느새 깊은 관계가 되었다는 설명이었다. "연극 대본을 함께 쓰다가 저는 조금씩 마크롱의 지적인 면에 매료되었습니다. 그리고 저는 지금도 여전히 그 지적인 깊이가 어느 정도인지 제대로 알지 못합니다."

교사이자 자랑스러운 어머니, 그리고 아내의 심정이 뒤섞인 듯한 말투로 브리지트는 함께 대본을 고쳐 쓰던 그 시간을 "모차르트 같은 천재와 함께하던 시간"이라고 고백했다. 그렇지만 브리지트는 동시에 계속해서 사람들의 호기심을 자아내고 당혹하게 만든 가장 큰 의문에 대한 답도 해주었다. 그렇게 어린 학생과 관계를 맺는 일이 어떻게 가능했을까?

"마크롱은 다른 학생들과는 달랐어요. 언제나 교사들과 시간을 함께했고 항상 많은 책들을 읽었죠. 아직 청년도 되지 못했으면서도 성인들과 동등하게 관계를 유지했어요."

마크롱은 자신의 저서인 《혁명》에서 두 사람이 하나가 된 과정을 솔직하게 이야기했다. "정말이지 나도 모르는 사이에 이런 일이 벌어졌고 나는 사랑에 빠져버렸다. 처음에는 그냥 지적인 작업을 함께하던 사이일 뿐이었으나 하루하루 시간이 지나면서 서로를 가까이 의식하게 되었다. 그러다가 누가 애쓴 적도 없는데, 그 감정이 지금까지 계속해서 이어지는 열정으로 변모한 것이다."

연극 공연은 성공리에 막을 내렸다. 이를 축하하기 위해 브리지트를 포함한 연극반 전원은 아미앵 중심가에 있는 한 식당에 모여 기분 좋게 저녁 식사를 함께했다. 르노의 기억에 따르면 그때 마크롱과 브리지트가 함께 시간을 보내는 모습을 보며 둘 사이에 뭔가가 있다는 사실을 처음 알아차렸다고 한다. 그리고 내색은 하지 않았지만 "마음이 편치 않다"는 생각도 들었다고 한다.

브리지트의 동료 교사였던 레오나르 테르누아는 교무실에서도 역시 두 사람 사이의 관계에 대해 이야기가 나오기 시작했다고 말했다. 다른 교사들 역시 두 사람이 함께 얼마나 많은 시간을 보내고 있는지, 또 저녁에 연극 연습이 끝난 후에도 얼마나 자주 어울리는지 잘 알고 있었던 것이다. "무슨 일인지 궁금해하는 사람들이 생기기 시작했어요."

1968년에 가브리엘 루시에와 크리스티앙 로시가 느꼈다고 하는 그 비극적이지만 '확실한 감정'을 브리지트도 느꼈을까? "우리 둘의 관계가 지성적인 관계에서 조금 더 감정적인 관계로 서서히 발전해갔다는 것을 저도 느끼고 있었죠. 암암리에 말이에요. 저는 그 애가 제 인생에서 가장 중요한 남자가 되리라는 것을 인식하게 되었죠. 하지만 그것은 불가능한 일이었어요."

마크롱은 라 프로비당스에서의 중학교 과정을 거의 끝내고 있었고, 그때까지는 사실 어느 누구도 두 사람 사이의 은밀한 관계에 대한 확실한 증거를 갖고 있는 사람은 없었다. 그러던 어느 날, 시험을 준비한다는 핑계로 친구 집에 가 있겠다고 한 마크롱의 거짓말이 어머니와 아버지에게 들통나고 말았다. 친구 집이 아니라 브리지트와 함께 시간을 보내고 있었던 것이다.

장미셸과 프랑수아즈는 큰 충격을 받았고 분노했다. 기자 안느 풀다에게 털어놓은 이야기에 따르면, 두 사람은 처음에는 마크롱이 브리지트의 딸인 어여쁜 금발 소녀 로랑스와 사귀고 있다고 생각했다고 한다. 두 사람은 브리지트를 불러냈다.

"우리 아들이 열여덟 살이 되기 전까지 만나는 것을 금지하겠소." 장미셸은 브리지트의 면전에 대고 이렇게 말했다. 미성년자 추행 혐의로 법적인 고소를 진행할 수도 있었지만 그런 일은 피하겠다는 결정이었다.

"이 문제에 대해서는 아무런 약속도 할 수가 없어요." 브리지트는 울면서 이렇게 대답했다.

"지금 상황이 이해가 안 가는 거예요? 당신은 이미 가정이 있는 여자잖아요!" 프랑수아즈가 말하더니 마치 예언이라도 하듯 이렇게 덧붙였다. "에마뉘엘은 절대로 아이 같은 건 갖지 않을 거예요." 돌이켜보면 이 말은 어머니의 육감이 어떤 것인지 놀랍도록 잘 드러낸 말이었다. 프랑수아즈는 이미 처음부터 자신의 아들이 남들과는 다르며 주변 사람들이나 형제자매와 달리 훨씬 더 고집이 세고 반항적이라는 사실을 잘 알고 있었던 것이다.

아직까지 자신의 피를 이어받은 자녀가 없는 마크롱은 2017년 3월에 있었던 C8 채널 방송에서 혹시 아이를 갖고 싶지 않느냐는 어린 학생들의 질문을 받은 적이 있다. "그건 저의 선택이었습니다. 제가 아내 브리지트를 만났을 때 아내에게는 이미 자녀가 셋이 있었는데, 한 사람은 저보다 나이가 많았고 나머지 둘은 저와 동갑이거나 나이가 어렸습니다. 우리는 둘 사이에 자녀들 두는 일에 대해 생각을 해보았지만 저는 지금 있는 브리지트의 자녀들과 사랑하며 서로 잘 지내는 일이 가장 중요한 일이라고 생각했어요. 그리고 다 알다시피 이제 저에게는 손자와 손녀가 일곱 명이나 있답니다!"

이번에는 마크롱이 교실에 모여 있는 아이들에게 질문을 던졌다. 혹시 부모가 이혼을 했거나 부모가 다른 형제자매와 살고 있는 경우가 있는가? 그러자 많은 아이들이 손을 들었다. "이렇게 지금은 많은 가정들이 각기 다른 모습으로 살고 있습니다." 마크롱은 이렇게 말했다. "똑같은 가족과 평생을 함께할 수 있을 거라는 생각은 이제 옳은 것이 아니에요."

이렇게 브리지트와 마크롱의 부모가 눈물 섞인 만남을 가진 후, 마크롱의 나머지 학업을 파리에서 마치게 한다는 계획이 급작스럽게 세워졌다. 프랑스 언론에서는 당시 마크롱을 멀리 쫓아보내려 한 것이 아니냐는 주장이 나왔지만 마크롱의 부모는 거기에 대해서는 부정하고 있다. 자신의 가정생활이 파탄에 이르게 된 브리지트도 마크롱에게 아미앵을 떠날 것을 권했다.

열여섯 살이 된 마크롱은 파리행 기차에 몸을 실었다. 머릿속에는 온통 문학, 그리고 배우나 작가가 되겠다는 야망으로 가득 차 있었다. 마크롱이 향한 곳은 보통 고등학교가 아니라 바로 앙리 4세 학교로, 파리에서도 명문 중의 명문으로 손꼽히는 학교였다. 철학자 사르트르와 소설가 앙드레 지드가 이 학교를 졸업했고 2014년 노벨 문학상을 수상한 소설가 파트릭 모디아노도 이 학교 출신이다. 지금은 프랑스의 국가적 영웅들을 위한 국립묘지로 사용되는 판테옹 건너편에 자리 잡고 있는 이 앙리 4세 학교에서 마크롱은 프랑스 상류층의 화려한 세계에 처음으로 입문하게 된다.

앙리 4세 학교에서 마크롱을 가르쳤고 졸업 이후에도 오랫동안 친분을 유지했던 크리스티앙 몽주 교수는 마크롱의 이런 전학 과정에 그의 아버지가 중간에 개입했을 확률이 아주 높다고 의심하고 있다. 마크롱의 경우처럼 이렇게 중간에 갑자기 전학을 오는 경우는 매우 드문 경우기 때문이라는 것이 크리스티앙의 주장이다.

비록 파리로 떠났지만 아미앵과의 물리적인 거리는 아무런 방해가 되지 않았다. 마크롱은 브리지트에 대한 마음을 분명하게 정했다. "마크롱은 제게 다시 돌아오겠다고 약속했어요." 브리지트가 주간지 〈파리 마치〉에 털어놓은 내용이다. "이별의 고통은 쓰라렸지만 우리는 완전히 관계를 끝내지 않았어요. 아니, 오히려 더 뜨거워졌죠. 마크롱은 저에게 '전 꼭 돌아올 것이고 당신과 반드시 결혼할 겁니다'라고 말해주었어요."

이제 아미앵에 남겨진 것은 두 사람의 관계 때문에 발생된, 난처하고도 사람들의 시선을 끄는 수많은 문제들뿐이었다. 마크롱 집안과 오지에르 집안의 다른 자녀들은 여전히 라 프로비당스에서 함께 공부를 하고 있었고 동료 교사나 학부모들이 브리지트를 어떻게 생각할지는 뻔했다. 이제 지역 언론까지 여기에 관심을 보인다면 개인적인 소문거리가 대중들의 멸시로 이어지는 것도 시간문제였다.

"마크롱이 파리로 떠난 지 1년쯤 지나자 우선 교무실에서 이야기가 흘러나오기 시작했습니다." 브리지트의 동료 교사였던 아르노 드 브르타뉴의 회고다. "그러니까 마크롱이 브리지트와 사랑에 빠졌고, 그러다 마크롱이 파리로 가게 되었다는 것이었습니다. 아미앵 시내에 소문이 퍼지는 걸 막기 위해 마크롱의 부모가 서둘러 아들을 멀리 보내버렸다는 것이죠."

마크롱이 그렇게 파리로 떠난 후 어느 일요일, 솜강 주변을 따라 걷고 있던 아르노 드 브르타뉴는 우연히 길가에서 마크롱과 브리지트를 만나게 되었다. 아미앵 사람들의 시선을 피하기 위해 그렇게 애를 썼지만 아마 소용이 없었던 것이다. 마크롱의 부모와 브리지트의 자녀들이 여전히 두 사람의 관계를 맹렬히 반대하고 있을 때였다. "제가 먼저 인사를 했고 우리는 놀란 얼굴로 서로의 얼굴을 마주보았어요." 아르노는 이렇게 말하며 껄껄 웃었다. "다른 사람들에게는 한마디도 하지 않았지만 어쨌든 나중에 두 사람의 사정에 대해 자세히 알게 되었을 때도 저는 하나도 놀랍지 않았습니다."

브리지트는 드러내놓고 말은 하지 않았지만 신중한 태도를 유지했다. 동료들은 브리지트의 혼란에 빠진 사생활을 그냥 조용히 무시하기로 한 것 같았다. "그건 무슨 추문이나 그런 것이 아니었어요. 그렇게 부른다면 그건 너무 과장된 이야기예요." 아르노는 이렇게 덧붙였다.

역시 같은 학교에서 근무하던 동료 교사 레오나르 테르누아는 다른 교사와 학부모들이 개인적으로는 두 사람의 관계를 인정하지 않았는지는 몰라도 자기가 아는 한 브리지트에 대한 어떤 징계도 논의된 적은 없다고 말했다. "브리지트는 징계를 받지 않았습니다. 아마도 교장선생님이 따로 불러 뭐라고 주의를 주었는지는 모르겠어요. 그렇지만 내가 기억하는 한 아무 일도 없었습니다."

어쩌면 이 지역 특유의 체면을 차리며 모른 척하는 오래된 문화 덕분에 두 사람이 위기를 모면한 것인지도 모른다. 브리지트는 여전히 동료로서 인정을 받았고, 누구도 공연한 분란을 일으키는 일 같은 것에는 관심이 없어 보였다. "모두들 마크롱이 떠난 것에 대해서는 수긍을 하는 분위기였고, 두 사람 사이에 무슨 일이 있었다는 것 정도는 알고 있었습니다. 그렇지만 우리 학교의 문화나 철학을 생각하면 분명 두 사람을 개인적으로 존중해주려는 의지가 있었다고 생각해요. 두 사람 모두 사생활을 가질 권리가 있었으니까요." 레오나르 테르누아는 이렇게 덧붙였다.

마크롱의 같은 반 친구였던 르노 다트벨은 라 프로비당스를 열여덟 살까지 다니며 자신의 남은 학업을 끝마쳤고, 브리지트도 자신의 결혼 생활이 파탄이 나는 상황 속에서도 의연하게 교사의 직분을 유지했다.

자신의 가장 가까운 친구의 애인이 지금 마주하고 있는 선생님이라면 그 분위기가 어색하지는 않을까? "그 문제는 마음속에서 따로 구분이 되어 있었습니다." 르노는 그의 집에서 나눈 긴 이야기 끝에 이렇게 말을 했다. 르노는 당시 그 일에 호기심을 가졌던 다른 친구들에 대해서 더 확인해주기를 거부했고, 심지어 그 문제에 대해 마크롱과 관련하여 이야기를 꺼내는 것조차 주저했다. 그러고는 결국 아예 입을 다물어버리고 말았다. 브리지트는 2007년까지 아미앵에서 교편을 잡았고 이후 파리에 있는 종교 재단 계통의 고급 사립학교로 옮겨갔다.

일단 파리로 떠난 마크롱에게 아미앵은 다시는 편안하게 오래도록 머무르는 고향이 되어주지 못했다. 그때부터 마크롱은 아미앵과 파리라는 두 지역을 오가는 삶을 살았고, 동시에 브리지트와의 관계를 통해 두 세대를 아우르는 삶도 살게 되었다. 이렇듯 여러 곳과 관련이 있는 듯 보이지만 그 어느 곳도 특별하게 여기지 않는 모습은 그의 삶 전체에 걸쳐 계속 반복된다. 마크롱이 그렇게 남들과 다르게 파악이 되거나 정의를 내리기 힘든 성격을 갖게 된 것은 어쩌면 이런 이유 때문이 아닐까. 훗날 공직에 투신하면서부터는 말 그대로 자유로운 영혼이 된 마크롱은 철학자였고, 또 정치인으로 변신한 은행원이기도 했다. 그러면서 마침내 그는 '좌도 우도 아닌' 모습으로 프랑스의 대통령 자리에까지 오르게 되었다.

마크롱과 아미앵 사이의 관계는 그의 삶과 무척이나 많이 닮았다. 마크롱은 아미앵에서 태어났지만 그렇다고 완전한 아미앵 사람은 아니며 아미앵 사람들에게서 흔히 찾아볼 수 있는 모습도 그에게는 찾아볼 수 없다. 마크롱은 전쟁 당시의 경험들을 포함해 아미앵의 역사적인 면에 깊이 심취했는데, 그가 맹목적인 애국주의에 대해 근본적으로 의심을 하게 된 것도 아마 그때문일 것이다. 그러면서도 아미앵에서의 그의 뿌리 자체는 그리 깊지 않다.

"마크롱은 아미앵에서 태어났습니다. 그건 분명한 사실이지요." 푸레 시장의 결론이다. "그렇지만 아미앵 사람들이 그를 같은 고향 사람으로 여기는지는 나도 잘 모르겠군요." 하지만 마크롱이 대통령 선거에 나서서 정치적으로 자신의 모습을 포장할 때 아미앵은 매우 유용한 포장이 되어주었다. 그리고 아미앵의 월풀 공장 사태가 세계화의 어두운 이면에 대한 노동자들의 분노를 상징하게 되었을 때, 대통령 선거 운동 막바지에 다다른 마크롱에게 아미앵은 다시 결정적인 순간의 현장이 되어주었다.

EMMANUEL
MACRON

TH E   F R E N C H   E X C E P T I O N

제3장

가장 아름다운 모험의 시작과
세대를 뛰어넘는 인연

"파리로 떠난 건 내 인생에 있어 가장 아름다운 모험의 시작이었다. 나는 그때까지 그저 소설 속에서만 존재하는 줄로만 생각했던 도시에 살게 되었다. 나는 플로베르와 위고의 주인공들이 거닐던 그 거리를 걸었고, 발자크가 그려낸 혁명가들의 끓어오르는 야망을 따라 앞으로 전진했다." 마크롱은 자신의 파리행에 대해《혁명》에 이렇게 기록했다.

마크롱이 외젠 드 라스티냐크 같은 소설 속 주인공을 예로 들며 발자크를 언급한 것은 흥미로운 선택이라고 볼 수 있다. 소설《고리오 영감》에 등장하는 주인공 라스티냐크는 지방 출신의 잘생긴 야심가로 학업을 위해 파리로 왔지만 19세기 프랑스 상류 사회의 풍요로움과 화려함, 그리고 도덕적 타락에 함몰되고 만다. 따라서 라스티냐크를 닮았다는 말을 듣는 것은 결코 칭찬이 아니며, 그런 그의 몰락은 마크롱이 심취했던《적과 흑》의 주인공 쥘리앵 소렐

제3장_ 가장 아름다운 모험의 시작과 세대를 뛰어넘는 인연 **69**

을 연상시키기도 한다. 책을 좋아하며 전통적인 영웅과 거리가 멀었던 쥘리앵은 훤칠한 외모와 엄청난 기억력이라는 축복을 받았고 아버지의 학대를 피해 파리로 도망치는 것으로 묘사되었다.

발자크의 묘사에 따르면 라스티냐크는 "학문을 통해 얻을 수 있는 이익에는 어떤 것이 있는지 생각해보고, 미래를 위해 그런 학문을 자기가 제일 먼저 접할 준비를 함으로써 인생의 성공을 위한 발판을 미리 마련하려는" 수많은 젊은이 중 한 사람이었다.

라스티냐크의 사촌인 보세앙 자작 부인은 라스티냐크에게 성공에 대해 이렇게 충고한다. "남자든 여자든 그저 타고 다니는 말 취급을 하다가 때가 되면 마구간에서 그냥 죽도록 내버려 두어라. 그렇게 하면 자신의 욕망을 달성하는 일에 성공하게 될 거야."

겨우 열여섯 살에 멀리 떠나온 데다 브리지트와도 물리적으로 멀어지게 된 마크롱은 인생에서 처음으로 어찌할 바를 모른 채 당황하고 있었다. 앙리 4세 학교에는 마크롱 못지않게 똑똑한 학생들이 가득했고 경쟁은 치열했다. 장미셸과 프랑수아즈는 아들을 위해 학교 근처에 있는 한 건물 꼭대기 층의 작은 방 하나를 빌렸다. 예전에는 품팔이꾼들이 쓰던 방이었는데 욕실이나 화장실은 공용이었다. 마크롱이 텅 빈 방으로 걸어서 돌아와 어머니가 만들어 보내준 음식을 냉장고에서 꺼내 먹을 때 학교의 다른 친구들은 파리 중심부 가장 부유한 구역에 있는 가족에게로 돌아갔다.

보수적이면서 종종 속물적인 모습도 보이는 앙리 4세 학교라는 세상에서 마크롱은 잘생긴 외모와 열정적인 기질로 적어도 겉모습만으로는 학생들 사이에서도 두드러진 모습을 보였다. 한 교사는 마크롱이 '털이 헝클어진 양'처럼 보였다고 기억했다. 당시 학교에서 찍은 사진을 보면 유행에 전혀 뒤지지 않는 멋진 셔츠나 스웨터 차림의 신중해 보이는 동갑내기 학생들 사이로 제멋대로 헝클어진 옅은 금발 머리를 하고 서 있는 마크롱의 모습이 보인다. "독일 낭만주의 사조思潮를 연상시키는 듯한 자신만의 존재감이 있었어요." 같은 반 친구였던 야니크 패패의 회상이다.

그러나 파리의 학교는 학업 성취도에 대한 기대가 아미앵보다 훨씬 높았고, 마크롱의 말이나 글재주도 잘 통하지 않았다. 마크롱은 한 교사가 정치 문제에 대한 자신의 작문에 대해 '내용이 분명하지 않음'이라는 평가를 내리자 개인적으로 이에 반발하기도 했다. 철학 시간에 제출한 과제물에 대해서는 '볼만한 가치도 없고 거의 절망적임'이라는 평가도 들었다.

프랑스의 공교육은 까다로운 것으로 유명하며 냉정할 정도로 성적 그 자체에만 초점을 맞춘다. 앙리 4세 학교의 경우 수업이 시작되는 첫날, 교사들은 학생들이 한때 수도원이었던 이 유서 깊은 건물의 교실에서 무조건 공부를 열심히 해야 하며 프랑스 최고의 대학 입학을 목표로 해야 한다는 사실을 분명하게 알려준다.

그렇지만 마크롱은 생각이 다른 곳에 가 있었다. 수업이 끝나면 즉시 자리를 떠났고 반 친구들과 보내는 시간은 거의 없었다. 이 시기에 만나서 지금까지 인연이 이어지고 있는 친구나 정치적 동지는 거의 없을 정도다. 마크롱이 나이 차이에 상관없이 지금까지도 가장 길게 인연을 이어오고 있는 사람들은 크리스티앙 몽주 같은 교사들이다. 크리스티앙 몽주는 현재 지도력과 혁신 문제를 전문적으로 연구하는 교수로 일하고 있다.

"어느 날인가 마크롱은 친구들과 지내기가 지루하다는 말을 한

적이 있습니다." 당시 그와 같은 반이었던 친구는 일간지 〈르 리베라시옹〉에서 이렇게 말하기도 했다.

물론 마크롱에게는 브리지트 외에도 관심을 가지는 것이 있었다. 반 친구들이 숙제와 씨름하고 있을 동안, 그는 《바빌론, 바빌론》이라는 제목으로 책을 한 권 쓰기 시작했다. 에스파냐의 탐험가와 정복자들이 남아메리카를 휘젓고 다니던 17세기를 배경으로 한 장대한 모험소설이었다. 당시 장미셸과 프랑수아즈는 아이들 없이 두 사람만 따로 멕시코 여행을 떠난 적이 있었는데, 마크롱은 이에 영감을 받아 남는 시간을 이용해 남아메리카 대륙의 에스파냐 식민지 정책을 주의 깊게 찾아보며 이 소설을 쓴 것이다. 그의 이런 노력은 출판사의 관심을 끌기는 했지만 출판은 되지 않았다. 그렇지만 마크롱은 이에 굴하지 않고 두 번째 문학적 시도로 이번에는 추리소설을 쓰기 시작했다.

마크롱은 또 프랑스의 중견 배우 장피에르 마리엘이 주연을 맡은 영화에 출연하고자 지원하기도 했다. 그렇지만 학교 연극에서는 좋은 평가를 받았던 마크롱도 이번에는 제작진의 눈에 드는데 실패하고 말았다.

마크롱은 크게 실망했다. 그는 물론이고 당시 그를 알았던 거의 모든 사람들은 마크롱이 작가나 시인, 극작가, 혹은 지식인으로서 장차 예술계에서 빛나는 미래를 누리게 될 것이라고 확신했다. 마크롱 자신도 라 프로비당스 시절부터 아예 배우가 되는 것에 대해 고민하기도 했다. "그 당시 마크롱은 힘든 시기를 보냈죠." 파리에서 알게 된 그의 가장 가까운 친구 중 하나인 마르크 페라치의 말이다.

마크롱은 둘을 떼어 놓으려는 부모의 노력에도 불구하고 밤이면 브리지트와 몇 시간이고 통화를 했다. 당시 브리지트는 마크롱과의 문제 때문에 큰 충격을 받은 다섯 명의 형제자매들과 갈등을 빚고 있었다. 특히 스무 살이나 더 많은 큰오빠는 대단한 충격을 받았다. "오빠와 언니들이 이제는 세상에 더 이상 안 계시는 부모님 역할을 하려고 했어요." 브리지트의 말이다.

마크롱은 보통 주말이면 파리 북부역에서 기차를 타고 한 시간가량을 달려 아미앵의 집으로 향했다. 그리고 일요일 밤이 되면 어머니가 만들어준 일주일치 음식을 싸들고 다시 파리로 돌아왔다. "당시는 몇 년간 가족과 팽팽한 갈등을 빚던 시기였어요." 마르크 페라치의 말이다. "그리고 당연히 이런 관계를 결코 우호적인 시선으로 보지 않던 브리지트의 가족들과도 사이가 좋지 않았죠."

이런저런 엄청난 압박 속에 브리지트는 결국 이혼을 했고, 이제는 무너져버린 결혼 생활로부터 자신의 세 자녀를 지키는 일에만 최선을 다하고 있었다. 한 어린 학생 때문에 자신의 편안하고 안정된 생활이 끝장나게 된 것에 대해 브리지트가 다시 생각을 해보게 된 건 어쩌면 당연한 일일 것이다. 그렇지만 마크롱은 브리지트를 놓아주지 않았다.

"우리는 수많은 이야기를 나누었습니다. 마크롱은 정말 놀라운 인내심을 가지고 저를 설득해갔습니다." 프랑스 북부 해안에 위치한 고급 휴양지인 투케의 가족 별장 정원에서 브리지트는 이렇게 이야기했다.

"결국 사랑이 모든 것을 인도해서 저를 이혼에 이르게 했습니다." 또 다른 언론과의 대담에서 브리지트는 이렇게 덧붙이기도 했다. 마크롱의 정치적 비상에 각자의 몫을 다해준 다른 수많은 사업가나 정치인, 선배 공직자들과 마찬가지로 브리지트 역시 마크롱의 원숙함과 재치, 그리고 그 지적인 면에 매혹되고 만 것이다. 마크롱은 계속해서 다른 사람들의 시선에 상관없이 자신의 의지를 관철시키는 모습을 보여주었고 그 모습은 성공한 정치인 마크롱의 대표적 특징이 되었다. "그를 거부하는 것은 불가능했어요." 브리지트의 말이다.

두 사람이 언제 실제로 육체적인 관계를 맺기 시작했는지에 대해서는 누구도 정확한 이야기를 하지 않고 있으며, 파리로 가기 전부터인지 아니면 앙리 4세 학교 재학시절부터인지 확실하지 않다. 브리지트는 여러 이유 때문에 이 일을 두 사람의 비밀로만 간직해야 한다고 생각한다.

"두 사람 사이의 관계가 더 굳건해진 건 가족과 단절될 수밖에 없었던 어려움 때문입니다. 브리지트가 그랬고 마크롱 역시 가족들과 어느 정도 관계가 멀어지는 걸 감수해야만 했어요. 그리고 그러는 사이에 마크롱은 자신이 예상했던 것보다 더 빨리 독립적인 인간이 될 수 있었죠." 페라치의 말이다. "이런 모든 상황 속에서 태어난 두 사람의 관계는 시간이 갈수록 더 끈끈해졌습니다."

이제 열여덟 살이 된 마크롱은 장미셸과 프랑수아즈에게 자신은 여전히 브리지트와 사귀고 있으며, 가족이 자신들을 받아들이지 않더라도 그 관계를 계속 이어갈 것이라고 말했다. "스스로에게도 어떤 강한 확신이 필요했습니다." 마크롱은 이렇게 설명했다. "부모님은 이런저런 이유로 이 관계가 끝나야 한다고 생각하셨죠. 그리고 실제로 여러 가지 방법을 통해 둘 사이의 관계를 확실하게 매

듭짓기 위해 최선을 다하셨죠. 나는 어떻게 대응해야 할지 알 수 없었습니다."

이런 팽팽한 긴장 상태가 학업에는 도움이 되지 않았다. 가족과 멀리 떨어져 살게 된 마크롱은 자기가 원하는 일에만 몰두했고 거기에는 앞서 언급했던 것처럼 배우로서의 도전이나 소설 쓰기 등이 포함되어 있었다. 또한 학교에서 마크롱은 수학 때문에 고전을 면치 못하고 있었다.

그래도 사는 곳은 전보다 조금 더 나아졌다. 전에 살던 좁은 꼭대기 층의 방 대신, 마크롱은 부모님이 새로 얻어준 파리 남부의 1층 방으로 이사했다. 라 상태 교도소 근처이며 파리 제14구역에 있는 학교에서 몇 킬로미터 정도 떨어진 곳이었다. 방은 작고 어두웠지만 적어도 욕실과 화장실이 딸려 있었다. 마크롱은 이 방에서 학창 시절을 마쳤고 나중에는 파리 의대로 진학한 동생 로랑과 함께 지내기도 했다.

"파리에서 보낸 이 5년은 다른 아이들과 학교에서 경쟁이나 하러 온 것이 아니라, 내 스스로가 살아가고 또 사랑하기 위해 선택한 기간이라고 생각한다." 그가 쓴《혁명》의 한 대목이다.

어쨌든 마크롱은 1995년 프랑스의 대학 입학 자격시험인 바칼로레아를 20점 만점에 16점과 18점 사이로 통과했다. 그렇지만 그 이후 고등 교육 기관인 파리 고등사범학교에 진학하려 했을 때, 다소 소홀했던 학창 시절이 그의 발목을 잡았다. 이것은 지금까지 항상 1등을 놓치지 않았던 마크롱의 인생에 있어 몇 안 되는 실패 중 하나가 되었다. 그는 이 학교의 입학시험에서 두 번이나 미끄러지고 말았다.

프랑스 대혁명 직후인 1794년 건립된 파리 고등사범학교는 프랑스 학계, 특히 인문계열과 자연계열에서 최고의 명문 대학으로 손꼽히며 이 학교 졸업생 중 많은 사람들이 노벨상을 받은 것으로도 유명하다.

"사실 저는 제 할 일을 제대로 다 하지 못한 겁니다. 사랑에 빠진 덕분에 시험 준비를 제대로 하지 못한 것이죠." 마크롱은 이렇게 변명했다. "결국 머리와 가슴은 함께 갈 수 없습니다."

입학시험 낙방은 그에게 정말 '큰 충격'이었던 것일까. 마크롱은 파리 고등사범학교 낙방 후 별 다른 열의 없이 파리정치대학에 시험을 쳐서 입학했고 파리 서쪽 외각에 있는 파리 10대학에서 철학 과정을 병행해서 이수했다. 파리정치대학은 사회과학 계열에서 프랑스 최고 명문이며 고등사범학교와 마찬가지로 졸업생들은 프랑스 사회에서 평생 탁월한 인재 소리를 들을 수 있었다. 하지만 역시 고등사범학교 낙방은 그에게는 쓰라린 상처가 되었다.

"만일 고등사범학교에 입할 수 있었다면 그의 정치적 운명도 크게 달라졌을 겁니다." 앙리 4세 학교에서 마크롱을 가르쳤던 크리스티앙 몽주는 그렇게 굳게 믿고 있었다.

당시에는 몰랐지만, 결국 파리정치대학은 그가 장차 걸어갈 길의 초석이 되어주었다. 십 대 후반이 되어 브리지트와의 관계도 더욱 단단해진 마크롱은 친구와 학자, 그리고 정치인들과 훗날 계속해서 이어지게 될 인연을 만들어가기 시작했다. 이런 인연들은 훗날 그의 정치적 비상에 중요한 역할을 하게 된다.

프랑스라는 국가의 역할과 사회보장 제도, 공공 부문 재정 및 정치사 같은 과목들이 마크롱의 깊은 관심을 끌게 되었다. 그는 자신의 원하는 내용들을 마음껏 공부하며 수업시간에도 자신의 생각을 적극적으로 드러냈다. 또한 처음으로 외국 출신 학생들과 직접 대면할 수 있는 기회도 생겨 자신의 시야를 넓히는 데도 큰 도움이 되었다. 지금까지 마크롱은 지나칠 정도로 중산층 이상의 백인 중심 프랑스 사회 속에서만 살고 있었던 것이다. "정말 멋진 시간이었다"고 마크롱은 회상했다.

그리고 대학에서 받는 평가는 고등학교 시절과는 달리 그에게 어울리는 내용들이었다. 어떤 교수는 '탁월한 학생'이라는 평가를 내렸고 또 다른 교수는 '독창적 재능이라는 축복을 받은 학생'이라고 평을 하기도 했다. 물론 부정적인 평가도 있었다. 여러 편의 소논문들이 '너무 장황함'이라는 평가를 받았고 어떤 강사는 마크롱에게 '지나칠 정도로 자기 확신이 강한 면이 있다'고 생각했다. 다만 그럼에도 불구하고 '대단히 사교적인 태도'를 통해 균형을 잡고 있다는 평가였다.

이 무렵 친하게 지낸 친구들의 면면을 살펴보면 현재 노동시장 전문 경제학자로 활동하고 있는 마르크 페라치, 마크롱이 대통령이 된 후 수석 외교 보좌관으로 일하고 있는 오를레앙 르슈발리에, 또 고위 공직자가 된 프레드릭 모제와 에머릭 듀코크 등이 있다.

"우리는 주로 맥주를 마시며 함께 어울렸고 심하게 취하는 일은 없었습니다." 페라치는 파리정치대학 근처의 찻집이나 무프타 거리의 매혹적인 술집 등에서 친구들과 함께 보냈던 저녁 시간을 이렇게 회상했다. 물론 때로 과음을 하는 날도 몇 번 있었지만, 미국이나 영국 대학가에서 흔히 볼 수 있는 정도의 그런 요란한 학창 생활은 아니었다. 이른바 센강의 좌안左岸, Rive Gauche으로 알려진 파리 정치대학 주변 지역은 1968년 있었던 '68 학생 운동' 시절의 저항 정신은 거의 찾아볼 수 없고, 지금은 미술관이며 화려한 옷가게, 그리고 고급 식당들만이 즐비하다. 바로 이곳에서 페라치와 마크롱은 철학이나 시에 대해 즐겨 이야기를 나누곤 했다.

오를레앙 르슈발리에는 자신들이 한데 모이게 된 것은 지금의 정치와 사회 문제에 대한 서로의 비슷한 견해 때문이었다고 말한다. "우리는 말하자면 유럽 통합을 모두 열렬히 지지하던 사람들이었습니다. 당시는 유럽 통합이 눈앞에 다가온 시기였어요. 유로화가 막 만들어진 직후였는데, 이후에 국민투표를 통해 실질적인 통합에는 실패했죠." 바로 2005년 프랑스 국민투표를 통해 극적으로 부결된 유럽연합 헌법을 말하는 것이다.

학생 마크롱은 유럽의 정세뿐만 아니라 테러리즘에 대해서도 깊은 관심을 가졌다. 2001년 9월 11일, 이른바 9·11테러사건이 발생한 직후부터였다. 미국은 아프가니스탄과 이라크를 침공했고 당시 벌인 테러와의 전쟁 후유증은 지금도 여전히 남아 있다. 2002년에는 프랑스 국내에서도 정치적 대격변이 일어났다. 반유대주의자이며 국수주의자인 극우파의 수장 장마리 르 펜이 프랑스 대통령 선거에서 2차 결선 투표까지 진출한 것이다. 유럽 통합과 테러리즘, 그리고 우익의 국수주의 같은 주제들은 이후 마크롱과 르 펜의 딸 마린 르 펜이 격돌했던 2017년 프랑스 대통령 선거에서도 역시 뜨거운 화두로 부각되었다.

파리정치대학 시절의 마크롱과 그의 친구들은 모두 좌파로 분류할 수 있다. 다만 "좀 더 보수적이고 전통적인 집안 출신인 에머릭 듀코크만은 예외"였다는 것이 르슈발리에의 기억이다. 축구와 연극 관람, 그리고 깨끗한 분위기를 자랑하는 대학 근처 뤽상부르 공원에서의 한가한 오후 시간은 힘든 학업과 토론 사이에 잠시 휴식이 되어주었다.

이런 생활 중에서도 마크롱의 마음 한쪽은 언제나 브리지트와 함께 있었다. 그의 마음 다른 한쪽을 차지하고 있는 그의 대학 친구들도 브리지트를 만났고 둘 사이의 관계를 어느 정도 알고 있었지만, 브리지트는 완전히 다른 별개의 문제였다. "마크롱은 월요일부터 금요일까지는 우리와 함께 있다가 주말이 되면 브리지트에게로 떠났습니다." 르슈발리에는 이렇게 말했다.

앞서 언급했던 것처럼 마크롱은 파리 10대학에서 철학 석사 과정을 병행했다. 이미 칸트와 아리스토텔레스, 그리고 데카르트를 읽어봤던 마크롱은 독일의 철학자 헤겔과 13세기 이탈리아의 저술가이자 책략가였던 마키아벨리에 대해 공부하기로 결정했다. 그렇지만 파리정치대학에서 존경받는 교수이자 역사가인 프랑수아 도스의 역사 기록 관련 수업을 듣게 되면서 마크롱은 훨씬 더 깊은 철학의 맛을 보게 되었다.

"마크롱은 역사의 기록이나 편찬에 대해서는 처음에는 아무것도 몰랐지만 강의를 듣게 되면서 점차 관련 지식을 배워나갔고 그러다 거의 전문가 수준으로 대화를 할 수 있게 되었습니다. 솔직히 나도 깜짝 놀랄 정도였어요." 프랑수아 도스의 회고다. "게다가 마크롱은 여러 역사적 사실들의 관계를 파악하는 재주가 있었습니다. 물론, 대부분의 사람들도 지금 당장 관련 기록을 보거나 혹은 새롭게 다시 해당 역사를 공부한다면 그렇게 할 수 있겠지요. 그런

데 마크롱은 그런 수준이 아니었어요. 그냥 자연스럽게 그렇게 할 수 있는 능력이 있었고 그거야 말로 쿤데라가 말한 '감당할 수 없는 존재의 무게'가 아니겠습니까?"

그 무렵 프랑수아 도스는 팔십 대 후반에 접어든 프랑스의 대철학자 폴 리쾨르의 전기 집필을 마무리하고 있었다. 폴 리쾨르 자신은 그의 마지막 저서가 될《기억, 역사, 그리고 망각》을 작업 중이었지만 이미 고령에 접어들어 관련 자료 조사를 혼자서 다하기가 힘에 겨웠다.

"폴 리쾨르가 제게 일을 도울 만한 사람이 있는지 물어왔습니다." 프랑수아 도스의 설명이다. "그래서 딱 맞는 사람이 하나 있다고 대답했지요. 놀라울 정도로 총명한 학생이라고 말이지요."

홀로 자신을 키우던 아버지가 제1차 세계대전에 참전했다 전사하면서 천애고아가 된 폴 리쾨르는 프랑스 동부 출신의 신교도였고, 1930년대 교사가 되기 전에는 문학 세계에 깊이 심취했었다. 그리고 제2차 세계대전이 일어나면서 교사를 그만두고 참전을 했다가 곧 독일군의 포로가 되어 4년 동안 포로수용소 생활을 했다. 폴 리쾨르는 포로 생활에 대해 훗날 "놀라울 정도로 알찬 시간"이었다고 회고했다. 그 덕분에 독일 철학의 거두 칸트와 헤겔, 그리고 후설과 야스퍼스에 대해 공부할 수 있었기 때문이었다.

1970년 폴 리쾨르는 자신이 쓴 글로 인해 자신이 원했던 것과는 완전히 다른 엄청난 유명세를 치르게 됐다. 당시 그가 몸담았던 파리 10대학 철학과는 학생들의 저항 운동으로 몸살을 앓고 있었는데, 폴 리쾨르는 강경파 학생들에 의해 수도 없이 많은 모욕을 당했고 심지어 머리 위로 쓰레기통을 뒤집어쓰기까지 했다. 계속되는 학생들의 소요로 심지어 가구와 집기들까지 창문 밖으로 내던져지자 경찰이 출동하기도 했다. 학생들의 저항과 폭력 행위가 더욱 거세지면서 폴 리쾨르는 결국 교수직을 사임했고 그 후 2년 동안 프랑스에서는 교편을 잡지 못했다.

마크롱이 그를 만났을 때 이 비폭력주의자 기독교인은 사르트르를 비롯한 프랑스의 위대한 전전戰前 세대 사상가들 중 마지막으로 살아남은 사람으로 많은 존경을 받고 있었다. 그렇지만 그는 지난 세기에 벌어졌던 대격변을 통해 경이로운 인생 유전을 겪은 겸손하고 온후한 사람이기도 했다. 언제나 호기심이 넘치고 외할머니와 함께했던 추억을 되새기는 일을 즐겨하던 마크롱과 이 철학자의 만남은 어쩌면 그 결과가 정해져 있는 것일지도 몰랐다.

"젊은 마크롱의 모습을 잘 기억하고 있습니다. 당시 이십 대 초반쯤 되었을까, 제 아이들과 비슷한 나이로 환한 얼굴에 영리하고, 검소함과 친절함이 넘치는 청년을 마주하게 된 폴은 마냥 행복해 보였습니다." 폴 리쾨르의 말년을 돌봐주었던 예순아홉 살의 카트린느 골든슈타인의 기억이다.

마크롱이 처음 맡은 일은 주석을 확인하고 도서관에서 책을 빌려오거나 혹은 폴 리쾨르의 집에 있는 수백 권이 넘는 책들 중에서 인용할 문구를 찾는 등 아주 기본적인 편집 업무였다. 그렇지만 마크롱은 요즘 직업 훈련 강사가 '자기 할 일 스스로 찾기'라고 부르는 과정을 누구의 도움도 없이 먼저 실천에 옮겼다. 바로 주어진 일을 성실히 하되, 그 주어진 일에만 지나치게 얽매이지 않는 것이다. 마크롱은 얼마 지나지 않아 이런저런 자기 생각을 말하기 시작했고, 이는 곧 젊은 대학생이 여든일곱 살 대철학자의 작업에 직접적으로 관여를 한 셈이 되었다.

폴 리쾨르 기록 보관소가 제공한 1999년 7월 15일 마크롱이 폴 리쾨르에게 보낸 편지에서도 그런 점을 확인할 수 있다. 마크롱은 우선 컴퓨터 고장으로 이렇게 손으로 편지를 쓰게 된 것에 대한 사과를 한 후, 곧바로 이 철학자의 '논증이란 그 시작부터 기억과 상상의 해체라는 개념을 기반으로 하는 것'이라는 주장에 대한 자신의 생각을 상세하게 늘어놓고 있었다. 편지는 마크롱 특유의 겸손한 어투로 이렇게 마무리 된다. "이러한 주장 속에 어떤 주제넘은 참견이나 억측이 있다고는 생각하지 말아주시기 바랍니다. 저는 대가의 음악회에 다녀온 후, 감격에 겨워 피아노 앞으로 가서 오늘 들은 음악을 흉내 내고 있는 어린아이에 불과하니까요. 선생님의 원고를 읽고 선생님이 뜻하시는 바를 따라가면서 저도 비슷한 일에 도전해보고 싶다는 열망이나 열정을 갖게 되었습니다. 선생님께서 저에게 원고를 제일 먼저 건네주시면서 보여주신 그 믿음과 신뢰에 어떻게 감사의 말씀을 드려야 할지 모르겠습니다. 그리고 선생님과의 만남을 통해 끓어올랐던 행복감과 기쁨, 그리고 열정에 대해서도 뭐라 말씀드리기 힘들 정도입니다." 이렇게 애송이 제자를 자처하며 쓴 아첨과 겸손, 그리고 열망을 뒤섞은 편지를 보면 우리는 왜 그렇게 나이 먹고 영향력이 있거나 부유한 수많은 사람들이 마크롱의 매력에 빠져들게 되었는지 어렴풋이 짐작할 수 있다. 그런 사람들은 기꺼이 마크롱을 자신의 정신적인 아들처럼 여기게 되는 것이다. 사회당 소속 정치인 쥘리앵 드레는 이런 마크롱을 두고 "노인들을 꾀는 사람un drageur des vieux"이라고 부르며 신랄

한 반응을 보이기도 했다.

폴 리쾨르와 함께했던 이 철학적 숙고의 기간은 2017년 대통령 선거 기간 동안 뜨거운 논쟁거리가 되었다. 마크롱을 비판하는 사람들은 그가 실제로는 그렇지 않으면서 마치 대단한 지적 경력을 쌓은 것처럼 보이기 위해 경력을 과장했다고 주장했다.

이런 비판이 나오게 된 것에는 마크롱 자신의 잘못도 있다. 그는 주로 지식인들이 애독하는 주간지 〈르 1〉과의 대담에서 철학 석사 과정과 관련해 마르크스주의 사상가인 에티엔 발리바르 교수의 이름을 언급하고 또 석사 논문을 그의 지도하에 시작하게 되었다고 주장했다. 그런데 사상적으로 마크롱의 정치 철학과 대척점에 서 있는 에티엔 발리바르가 이에 대해 "마크롱의 논문에 대해서는 아무런 기억이 없으며, 그의 철학 교육과 관련된 이런 주장은 분명 마크롱 본인이 아니면 주변에서 했겠지만, 말 그대로 어불성설이다"라고 대응하고 나선 것이다.

여전히 마르크스주의에 깊게 영향을 받고 있는 프랑스의 자존심 강한 좌파 지식인 무리들 중 또 다른 일부는 언론이 마크롱을 폴 리쾨르의 '편집 보조'가 아닌 '집필 조수'로 계속해서 보도하고 있는 것을 특히 더 문제 삼으며 이 젊은 정치 신인을 마구 공격하기도 했다.

"마크롱은 그저 자료를 정리하거나 타자를 치는 작업을 했을 뿐인데도 이걸 완전히 과장해서 눈에 띄는 부분만 드러내 자신을 광고하고 있어요." 프랑스의 좌파 철학자인 미리앙 르볼 달론느가 비웃으며 한 말이다. 마크롱은 "지식인도 아니고 그렇다고 제대로 된 정치인도 아닌 그저 행정가 정도에 불과하다"는 것이 그녀의 주장이다. 그런데 혹평이라고는 하지만 이러한 평가는 마크롱이 '영리하면서 세련된 사람'이라는 사실을 아주 조금 비튼 것에 불과한 것이 아닐까.

마크롱은 철학자가 아니며, 〈르 1〉이 붙여준 '철학자 겸 정치인'이라는 별명은 지금도 여전히 프랑스 학계 안에서 답 없는 갑론을박을 불러일으키는 소란거리다. 그러나 의심할 여지가 없는 사실이 있다면 마크롱이 한때 폴 리쾨르에게 깊은 영향을 받았다는 것이며, 오늘날에 이르러 새롭고도 분명한 반향을 일으키게 되는 생각들로 자신의 시야를 넓혔다는 것이다. 이 점에 대해서는 앞으로도 계속해서 확인할 수 있을 것이다.

"폴 리쾨르는 저를 철학적으로 완벽하게 재교육시켰습니다." 마크롱이 〈르 1〉과 가졌던 여러 차례의 대담 중에 한 말이다. "저는 옛날부터 전해 내려오는 철학에 대해 새로 배우거나 다시 배우게 되었습니다. 반세기가 넘게 이런 철학들을 공부하고 가르쳐 온 폴 리쾨르는 그야말로 탁월한 식견을 가지고 있었습니다."

자신이 쓴 책에서 마크롱은 폴 리쾨르를 '철학의 대가들을 끊임없이 연구하면서 자신의 철학을 완성시키는 사람'으로, 그리고 스스로를 '거인의 어깨 위에 올라 서 있는 난쟁이로 생각하는 사람'으로 그리고 있다.

이전 세대 대가들의 어깨 위에 올라타고 있다는 폴 리쾨르의 비유는 마크롱이 생각하는 자신의 모습과도 흡사하다. 마크롱은 십대 초반 시절부터 끊임없이 교사들과 접촉을 시도했으며 외할머니를 우상처럼 따랐고, 심지어 여자 친구까지 자신보다 스물네 살이나 연상이었다. 마르크 페라치의 설명에 따르면 마크롱은 "이미 기록되었거나 있었던 일들을 자기가 직접 새롭게 해보려고 노력하는 것보다 아예 전 세대의 사람들의 경험 자체에 의지할 수 있다면 인생에서 좀 더 빨리 앞서갈 수 있을 것"으로 믿었다. 가까운 친구의 이런 언급을 통해 우리는 마크롱이 마치 무엇인가를 빨아들이듯 다른 사람들의 사상을 받아들였고, 그렇게 해서 때로는 당사자들보다도 오히려 좀 더 효율적으로 그들의 사상을 다시 풀어놓을 수 있었다는 사실을 알 수 있다.

폴 리쾨르와의 관계는 그가 맺었던 영속적인 상호 교감적 관계들 중 하나였다. 마크롱은 카트린느 골든슈타인의 집에서 열린 폴 리쾨르의 아흔 번째 생일 축하 행사에 참석했고, 또 브리지트와 함께 브르타뉴 서부에 있는 별장으로 안부 인사차 찾아가기도 했다.

"그야말로 세대를 뛰어넘는 인연이었어요." 카트린느 골든슈타인의 말이다. 고운 금발과 불타는 듯한 푸른 눈이 어우러진 이 우아하고 친절한 여인은 두 남자에 대해 거의 모성애에 가까운 애정을 보였다. "폴에게는 그야말로 순전한 기쁨이었고, 마크롱에게는 자신의 본질을 깨닫고 자극을 받는 순간이었죠."

폴 리쾨르의 어렵고 복잡한 사상은 관련된 교육을 받았거나 굉장히 의지가 굳은 사람들만이 도전해 이해할 수 있는 것이었지만 그의 사상 전체를 관통하는 주제는 누구나 쉽게 이해할 수 있다. 그것은 자기 자신의 운명을 만들어가는 인간의 능력과 협상의 기술인 정치에 대한 것이었는데, 이는 마크롱이 훗날 대통령 자리에 오르는 데 밑거름이 되어주었다.

폴 리쾨르는 어떤 문제에 대해서든 분석을 시작할 때 오해와 불일치를 줄이기 위해 자신의 언어부터 먼저 점검했다. '제대로 선택한 언어의 위력'에 대한 믿음은 마크롱의 연설이나 언론과의 대담에서 반복해서 발견되는 주제이기도 하다. 이 철학자는 또한 서로 경쟁을 하거나 대립하는 학파들 사이의 공통점도 끊임없이 찾고 있었는데, 마크롱은 훗날 '그와 동시에en meme temps'라는 말을 자주하다가 사람들의 조롱을 받기도 했다. '그와 동시에'라는 말은 그가 명백한 모순이나 혼란스러운 정치적 입장을 보여서 그의 정적들이 이를 공격하기 위해 달려들 때 마크롱이 하던 일종의 말버릇이었다. "저는 단순한 이분법을 거부합니다." 마크롱은 2017년 3월에 있었던 프랑스 컬처 라디오와의 대담에서 직접 설명에 나서며 이렇게 말했다. "우리의 삶은 언제나 무엇인가 '동시에' 이루어지는 복잡한 것입니다. 저로서는 현대의 정치적 행위가 세상의 복잡함을 구분하며 동시에 과도하게 단순한 형태에 빠져들지 않는 개인적인 능력에 의존하고 있다고 생각합니다."

평화주의자로서 자신의 눈으로 전체주의의 발흥을 목도했던 폴 리쾨르는 이 세상을 만들어가는 개인의 힘을 중요하게 생각했다. 그의 가까운 친구였던 카트린느 골든슈타인의 설명에 따르면 그의 책인 《말에서 행동으로Du texte à l'action》는 '확신과 신념이 얼마나 중요한지 보여주며, 회의주의와 위기 상황에 대한 유일한 해결책이 바로 확신'임을 말하고 있다. "그리고 이런 모습은 마크롱의 사례에서 분명하게 드러납니다"라고 카트린느 골드슈타인은 말했다.

마크롱의 행동에서 폴 리쾨르의 말과 사상이 드러나는 경우는 또 있다. 바로 개인이나 권력 관계에서 '적당한 거리'를 유지하는 일의 중요성인데, 예컨대 정치인과 유권자 사이가 그렇다. 폴 리쾨르에 따르면 민주주의에서는 '의견의 불일치'도 중요한데, 다시 말해 서로 충돌하게 되는 지점을 아는 일은 해결책을 찾는 데 있어 중요하다는 것이다. 마크롱은 정치인의 가장 중요한 역할은 의사 결정권자인 동시에 교육자라는 사실을 행동으로 보여주었다.

이런 식의 비교가 폴 리쾨르 사상의 품격을 떨어뜨릴 위험도 있고 어쩌면 그의 제자들과 동료들을 격분시킬지도 모르겠지만, 그의 신교도 사상 가운데는 미국식 자기계발서와 겹치는 부분이 있다. 수없이 많이 쏟아지는 자기계발서 중에서도 유명한 베스트셀러인《성공하는 사람들의 일곱 가지 습관》에서 저자인 스티븐 코비는 다른 무엇보다도 '주도적으로 행동하기', '상호 이익 모색하기' 그리고 '경청하고 난 뒤 이해시키기'를 크게 강조하고 있다. 그렇다면 폴 리쾨르를 철학자인 동시에 일종의 인생 상담사나 정치학자로도 볼 수 있지 않을까.

마크롱과 관련된 수수께끼 중 하나는 자기 방어에 가까운 자기 과신과 뻔뻔스러움, 그리고 비평가들이 교만이나 자기도취와 종이한 장 차이라고 공격하는 여러 모습이 과연 어디서 비롯되었는가 하는 것이다. 마크롱은 이제는 고인이 된 프랑스의 위대한 사상가에 의해 '재교육'을 받았던 2년 동안 그렇게 된 것일까?

위대한 사상가 폴 리쾨르는 2005년 아흔두 살의 나이로 세상을 떠났다. 2013년 그의 탄생 100주년을 기념해 파리 센강변에서 열린 행사에서 마크롱은 올랑드 대통령을 대신해 수백 명이 넘는 행사 참석자들과 가족들 앞에서 폴 리쾨르에게 보내는 편지를 읽었다.

"마크롱이 저에게 '아시겠지만 저에게 이런 확신을 심어준 건 바로 폴입니다'라고 말했던 날을 기억합니다. 저는 아마 평생 동안 그에게 감사하는 마음을 갖게 될 것 같아요." 카트린느 골든슈타인의 말이다. 그녀는 이제 폴 리쾨르 재단을 위해 그가 남긴 각종 기록과 저술들을 관리하고 있다. "폴은 마크롱에게 자기 자신을 깨달을 수 있는 중요한 능력을 선사했어요."

마크롱이 이십 대가 될 때까지 몇 안 되는 사람들이 그의 인생에서 각기 다른 중요한 역할을 해주었다. 그의 부모는 직업에 대한 윤리관을 심어주었고 외할머니는 문학과 고전 음악에 대한 사랑을 전해주었다. 브리지트는 마크롱에게 충분한 의지만 있다면 무엇이든 해낼 수 있다고 가르쳤다. 마크롱은 라 프로비당스 시절부터 많은 교사와 교수들로부터 칭찬을 받았지만, 그의 탁월한 지성을 제대로 확인하고 인정해준 사람은 바로 폴 리쾨르였다. 이 철학자는 마크롱이 정치인이란 어떻게 행동하고 또 권력을 어떻게 사용해야 하는지에 대해 좀 더 깊이 생각하도록 독려했다.

제4장

이상할 정도로 흥미로운 젊은이와
그의 막강한 후원자들

마크롱이 폴 리쾨르와 함께했던 시간은 새로운 사람들과의 관계를 향한 중요한 출발점이 되었다. 파리정치대학의 친구들과는 또 다른 세상이었으며 오직 브리지트만이 그 두 세계 사이를 오고갔다. 이러한 상황 속에서 르노 다트벨 같은 아미앵 시절의 학교 친구들은 점점 더 멀어지기 시작했다.

폴 리쾨르가 살던 곳은 파리 남부의 샤트네말라브리 외곽이었고, 녹음이 우거진 공원 사이에 자리 잡은 레 뮈 블랑 구역에 그의 집이 있었다. 제2차 세계대전이 일어나기 전 처음 여기에 살았던 사람은 실존주의 철학자 에마뉘엘 무니에였다. 그는 1932년 지식인들을 위한 잡지인 〈에스프리〉를 창간했고, 이 잡지의 여러 기고자들은 장차 닥쳐올 이른바 '문명의 위기'를 경고하며 자유주의와 마르크스주의 사이에서 '제3의 길'을 찾는 일에 전념했다.

제2차 세계대전이 일어나자 프랑스는 나치 독일에 점령당했고 이후 프랑스가 해방될 때까지 에마뉘엘 무니에는 이 구역의 건물들을 다시 보수하며 잡지사도 이쪽으로 옮겨왔다. 1950년대에는 폴 리쾨르가 에마뉘엘 무니에의 소개로 이곳으로 옮겨와 널찍한 집에 자리를 잡았다. 벽 한쪽의 유리창 밖으로 테라스와 공원이 있는 집이었다.

잡지 〈에스프리〉는 지금까지도 계속 발행이 되고 있으며 매월 발행 부수는 8,000부에 달한다. 주로 실리는 내용은 국제 정세와 정치에 관련된 것들이며 좀 더 복잡하고 추상적인 내용의 기사들도 있다.

1950년대에 접어들면서 이른바 '제2 좌파deuxieme gauche' 출신의 사상가, 정치인, 그리고 자본가들이 자연스럽게 〈에스프리〉 주변에 모여들기 시작했다. 그들은 프랑스가 계속해서 사회의 불의와 보수주의에 맞서는 동시에, 전능한 국가로서의 역할은 줄여갈 필요가 있다는 신념을 서로 나누었다. 그런 사람들 중에는 슈퍼마켓과 상업용 부동산 사업으로 재산을 모은 앙리 에르망, 중도좌파 성향의 개혁가로 1988년부터 1991년까지 프랑스 총리를 역임했던 미셸 로카르 등이 포함되어 있었다.

〈에스프리〉가 지향하는 '제3의 길'은 자연스럽게 중도좌파, 혹은 보통 사회민주주의로 알려져 있는 정치사상을 연상시킨다. 바로 미국의 전 대통령 빌 클린턴과 영국의 전 수상 토니 블레어, 그리고 독일 전 총리 게르하르트 슈뢰더 등이 1990년대에 내세웠던 사상과 정책이다. 그렇지만 프랑스 사회당은 친기업 성향을 유지하는 동시에 과도한 자유 시장 체제와 국가의 개입 필요성을 경계하겠다는 이런 사상을 클린턴의 민주당, 블레어의 노동당, 그리고 슈뢰더의 사회민주당과는 전혀 다른 방식으로 받아들이게 된다. 전반적으로 볼 때 프랑스의 제2 좌파의 역사는 실현되지 못한 잠재성이라는 좌절의 역사 중 하나이며, 정치적 주류가 되지 못한 채 많은 시간을 허비했다고 볼 수 있다.

부스스한 백발의 고수머리와 깊고 힘 있는 목소리를 지닌 사상가 올리비에 몽젱은 이런 특별하면서도 세상의 인정을 받지 못하는 분위기 속에서 1999년 마크롱과 처음 대면했던 때를 이렇게 기억하고 있다.

"어느 날 폴 리쾨르가 집 안뜰에서 연 생일 잔치에 우리를 초대했는데, 가보니 금발 섞인 갈색 머리를 기른 한 젊은 친구가 있었지요." 파리 중심부의 루브르 박물관을 마주보고 있는 자신의 집에서 올리비에 몽젱은 계속해서 이야기를 이어갔다. "그 젊은이는 대단히 신중한 모습이었지만 그러면서도 아주 호감이 가는 인상이었고 여자 친구도 그 자리에 함께 있었습니다."

당시 〈에스프리〉의 편집장으로 일하고 있던 올리비에 몽젱은 얼마 후 폴 리쾨르의 집에서 만났던 그 호감 가는 인상의 젊은이를 초대해 지면에 실을 만한 글을 써달라고 부탁했다. 마크롱의 첫 번째 기고문인 〈역사가와 기억의 저작〉은 2000년 8월호에 실렸고, 그 기고문을 통해 마크롱은 과거 사건들에 대한 목격자들의 불완전한 기억과 주관에 근거해 진실을 추적해야만 하는 역사가들의 어려움을 소개했다. 이렇게 삶의 복잡한 측면을 이해하려는 마크롱의 자발적 의지는 나중에 정치계의 경쟁자들이 그를 공격하는 구실이 되었다. 마크롱이 스스로의 정체성에 대해 정확히 밝히지 못하고 대강 얼버무린다는 것이 경쟁자들의 주장이었다. 마크롱은 모두

해서 여섯 편의 글을 〈에스프리〉에 실었고 2009년에는 편집부의 일원이 되어 지금까지도 〈에스프리〉의 일정 지분을 소유하고 있다.

"마크롱은 사람들과 일을 아주 잘 했고 저와 그의 우정도 일을 통해 맺어진 것입니다." 올리비에 몽젱의 말이다.

마크롱은 폴 리쾨르와 함께 시간을 보내며 자신이 나아갈 길이 정치라는 확신을 갖게 되었다. 물론 그 당시에는 이런 결심을 누구에게도 내비치지 않았다. 브리지트는 이런 마크롱을 다른 방향으로 설득하기 위해 끝까지 애를 썼다. 그에게는 예술 분야가 더 어울린다는 것이었다.

"지금도 똑똑히 기억하고 있어요. 마크롱은 처음부터 자기가 관심이 있는 건 오직 정치뿐이라고 말했습니다." 카트린느 골든슈타인의 회상이다.

마크롱은 폴 리쾨르와 함께 했던 경험을 통해 예술뿐 아니라 학계로 진출하려는 생각도 접게 된 것으로 보인다. "폴 리쾨르와 함께 작업을 하면서 나는 그의 인생에 대해 깊게 생각해볼 수 있는 기회를 얻었습니다. 그리고 결국 그와 같은 삶을 살고 싶지는 않다는 생각을 하게 되었습니다." 2010년 파리정치대학의 학보에서 마크롱이 한 말이다. 그는 매일 똑같이 이어지는 학자의 삶에는 구체적인 실천이 없고, 공적인 삶과 연결이 되거나 혹은 정책 결정에 영향을 미칠 수도 없다고 생각한 것이다.

"어느 날 저는 폴 리쾨르가 예순 살이 넘은 후에야 자신의 모든 위대한 작업들을 완성했다는 사실을 알게 되었습니다. 저라는 사람은 절대로 그렇게 오랜 세월을 기다릴 수 없을 것입니다."

〈르 1〉과의 대담에서 마크롱은 '자신이 직접 그렇게 하지 못했기 때문에 대신 나를 정치의 세계로 밀어 넣은 사람'이 바로 폴 리쾨르라는 사실을 인정했다. 철학은 여전히 중요한 주제였지만 이제는 부차적인 문제였다. "철학은 실제 생활에 적용되지 않는 이상 그 가치가 없습니다. 그리고 만일 그 뿌리나 기초가 실제 생활에 존재하지 않는다면 역시 가치가 없는 것입니다."

마크롱은 이런 깨달음을 파리정치대학의 동료 학생들에게 알리지 않았으며, 심지어 같은 학과 출신으로 술자리까지 함께하는 오를레앙 르슈발리에 같은 친구들에게까지 비밀에 붙였다. 그 친구들과도 프랑스 사회의 문제점들에 대해 이야기를 나누곤 했지만 마크롱은 자신의 진짜 관심 분야를 분명하게 드러내지 않았다. 친구들과 결코 공유하지 않는 자신의 또 다른 삶 속에서 마크롱은 나이 든 어른 친구들을 자신의 조언자이자 영감을 주는 사람으로 여기며 계속해서 접촉했다. 그러면서 또래들에게는 자신의 진짜 의도와 정치적 야심을 감추었던 것이다.

"저는 마크롱이 정치에 뜨거운 관심을 갖고 있다는 사실을 우연히 알게 되었습니다. 그는 입 밖으로 꺼내어 말하지는 않았지만 실제로는 정치 문제에 대해 아주 자세하게 파악하고 있었던 겁니다." 오를레앙 르슈발리에의 말이다. 어느 날인가 수습 직원으로 일하고 있던 친구를 만나기 위해 모두 함께 국회로 찾아간 일이 있었다고 한다. 그때 마크롱은 의원들의 이름이며 각 정파의 우두머리들, 그리고 심지어 선거구나 유권자들과 관련된 숨은 속사정까지 속속들이 다 알고 있었다. "자신이 정치에 그 정도로 관심이 있다는 사실을 인정하지는 않았지만 마크롱은 이미 당시 그 정도의 열정을 갖고 있었습니다."

실제로 마크롱이 중도좌파들과 어울리기 시작했던 2000년, 그는 아주 다른 방향의 정치적 흐름 속으로 첫발을 내디뎠다. 마크롱은 파리 제11구역 구청장인 조르주 사르 밑에서 6개월간 수습 직원으로 일했다. 조르주 사르는 사회당의 거물인 장피에르 슈벤느망의 가까운 친구였다. 샤벤느망은 강경파인 좌파 국수주의자로 1980년대부터 자신의 원칙 때문에 세 차례나 내각에서 물러났던 전력을 갖고 있었다. 그는 국가가 사회와 경제의 나아가야 할 방향을 이끄는 역할을 해야 한다고 굳게 믿고 있었다. 유럽연합 연방주의에도 반대하며 프랑스의 정체성을 지키는 문제에 대해서는 강경한 노선을 취했다. 강력한 유화나 동화 정책 같은 것들을 이민자를 받아들이기 위해 꼭 필요한 조치로 생각했던 것이다. 2002년, 장피에르 슈벤느망은 자신이 이끄는 시민운동당의 당수로 좌파와 우파의 통합을 시도하며 대통령 선거에 출마했지만 실패했다.

기자인 마르크 앙드웰드가 쓴 책《헷갈리는 마크롱 씨 L'Ambigu Monsieur Macro》에 따르면 마크롱은 슈벤느망에게 표를 던졌다고 한다. 앙드웰드는 또한 마크롱이 선거 운동 기간 동안 그를 지지하는 강좌나 모임에도 참석했다고 주장하고 있다. 당의 기본 노선에 대한 장피에르 슈벤느망의 입장에 지지를 표명한 사람들 중에는 서른다섯 살의 극우파 전략가인 플로리앙 필리포도 있었는데, 그는 2017년 대선 기간 중 마린 르 펜의 가장 가까운 지지자 중 한 사람이었다.

마크롱이 조르주 사르 밑에서 일했던 시간은 몇 가지 이유에서 아주 중요한 의미를 지닌다. 우선 그는 처음으로 기존의 전통적인 정당의 역할을 넘어서는 특정한 목표를 지닌 새로운 정치 조직을 경험했으며, 이는 그가 적극적인 국가 개입의 필요성을 계속해서 중요하게 생각하고 있음을 보여준다. 그렇지만 유럽 통합에 반대하는 장피에르 슈벤느망의 이른바 유럽회의주의와 프랑스 문화에 대한 보수적 관점은 마크롱에게 별다른 영향을 미치지는 못했다.

반대파나 경쟁자들, 그리고 때로는 언론조차도 마크롱을 종종 친기업 성향의 작은 정부를 지향하는 자유주의자라고 잘못 설명하고 있다. 하지만 그가 마르크 앙드웰드에게 설명한 바에 따르면 이는 사실과 다르며, 그의 제2 좌파 친구들 중에서도 중도좌파 성향의 사람들은 국가의 개입 문제에 대해 "지나치게 거부감을 갖고 있다"고 말했다. "나는 언제나 국가의 역할에 대해 관심을 가지고 있었으며 젊은 시절 장피에르 슈벤느망을 지지했던 것도 바로 그때문이었다." 마크롱은 또 이렇게 덧붙였다. "지금과 같은 세계화 시대일수록 국가의 역할에 대한 논의를 회피할 수는 없다."

철학자 올리비에 몽젱은 마크롱의 정치적 성장에 있어 장피에르 슈벤느망의 중요성을 과소평가해서는 안 된다고 경고하고 있다. "마크롱은 국가의 권력에 심취해 있으며 나보다도 더 심한 국가 통제주의자입니다." 마크롱은 대통령이 되자마자 프랑스 서부의 한 대형 조선소가 이탈리아의 어느 개인 기업에 넘어가는 일을 막기 위해 국유화하는 작업에 착수함으로써 올리비에 몽젱의 주장을 실제로 증명해보였다.

정치에 대한 뜨거운 관심과 공직자로서 빠르게 출세해보려는 야심을 가진 사람답게, 파리정치대학과 파리 제10대학에서 학업을 마친 마크롱의 다음 선택은 당연히 스트라스부르에 있는 국립행정학교가 되었다.

프랑스의 일반 대중들에게 혐오의 대상인 동시에 경외의 대상인 국립행정학교는 전후 프랑스의 혼란 속에서 국가를 재건하는 데 도움이 될 고급 인재들을 공급한다는 야심찬 목표와 함께 1945년 건립되었다. 전후 첫 정부의 최우선 과제는 나치 독일의 점령 기간 동안 그들에게 협력했던 정부 각 분야의 수많은 공무원들을 정리하는 것이었다. 그 자리를 대신한 것은 대부분 독일군과 맞서 싸웠던 저항군 출신들이었다. 프랑스 동부의 스트라스부르 중심가, 과거 대혁명 시대 감옥으로 쓰이던 건물에 새롭게 자리를 잡은 국립행정학교는 고등교육을 받은 잘 훈련된 젊은 공무원들을 배출하는 것이 목표였다. 졸업생들은 완전히 파괴된 프랑스의 기반 시설과 행정 체계를 재건하는 일을 맡게 되었다. 또한 사회 각 분야에서 다양한 배경과 경력을 지닌 학생들을 끌어모으는 일도 이 국립행정학교의 공식적인 목표 중 하나였다.

가까이는 러시아부터 멀리는 아프리카의 콩고민주공화국에 이르기까지 여러 국가들이 이 프랑스의 국립행정학교를 따라 비슷한 교육기관을 세웠지만, 정작 프랑스에서는 뛰어나고 능력 있는 인재들의 집합소라는 처음의 명성이 점점 더 그 빛을 잃어갔다. 이제 이 학교는 편협한 선민사상과 차별, 그리고 프랑스 고등 교육 제도의 병폐를 상징하는 기관으로 알려져 있다.

마크롱을 제외하고도 발레리 지스카르 데스텡과 자크 시라크, 그리고 프랑수아 올랑드 등 세 명의 전직 대통령이 이 국립행정학교를 거쳐 갔으며 그 밖에도 이곳을 졸업한 장관들과 고위 보좌관들, 그리고 기업 대표들의 숫자는 이루 헤아릴 수 없을 정도다. 보통 '에나르크Enarques'로 불리는 국립행정학교 졸업생들은 정부와 금융계, 그리고 재계에 걸쳐 막대한 영향을 미치는 인적 연결망을 구축하고 있으며 학생 때부터 이를 이용해 자신의 출세의 발판이나 또는 치부를 위한 수단으로 삼는 경우도 아주 흔하다.

공식적인 기록에 의하면 국립행정학교를 해체하려는 최초의 시도는 1969년으로 거슬러 올라가며, 중도파의 거두였던 프랑수아 바이루는 실패로 돌아간 2007년 대통령 선거전에서 국립행정학교를 '프랑스 사회의 취약점'이라고 부르며 학교 해체를 대선 공약으로 내걸기도 했다.

마크롱도 나중에 깨닫게 되지만, 국립행정학교에 입학했다는 것만으로도 성공을 향한 탄탄대로를 보장받을 수 있는 동시에 수많은 유권자들의 비난의 대상이 될 수도 있었다. 영국의 옥스퍼드대학교와 케임브리지대학교는 여전히 영국 사회를 이끄는 기업가나 정치인들을 과할 정도로 많이 배출하고 있으며 미국의 MIT나 하버드대학교도 이와 비슷한 역할을 하고 있기는 하다. 하지만 프랑스와 똑같은 방식으로 이 정도 숫자의 '사회지도층'을 배출하고 있는 민주주의 국가는 거의 찾아볼 수 없다.

"국가의 교육 제도는 소수를 위한 것이 아니라 다수를 위한 것이어야 합니다." 국립행정학교 개교 70주년 기념식이 있었던 2015년, 나중에 마크롱 행정부에 의해 교장으로 임명된 나탈리 루아조가 개탄하며 한 말이다. 프랑스에서는 수많은 학생들이 교육 과정 속에서 점점 걸러지다가 프랑스 고유의 소수 정예 교육 체제인 이른바 '그랑제콜Grandes Ecoles'에서 최고의 영민한 학생들만 인정을 받고 살아남게 된다. "국립행정학교는 그 소수 중에서도 극소수를 위한 교육 기관입니다." 나탈리 루아조의 설명이다.

그 결과 '될성부른 나무는 떡잎부터 알아본다'는 말은 한 아이의 미래를 예측하는 데 여전히 유용한 일종의 경험 법칙으로 남게 되었다. 프랑스에서는 이제 고작 이십 대에 접어든 학생에게 자신의 미래와 운명을 결정지을 수 있는 거의 완벽한 권한을 부여함으로써 최고의 교육을 받은 극소수의 학생들만이 프랑스 기업의 수장과 고위 관료가 되는 현상이 반복되고 있다.

이런 학생들의 뒤를 따라잡기 위해 불평등한 경쟁을 하는 모든 사람들이 분노와 질투의 감정을 느끼는 것은 어쩌면 당연한 일일 것이다. 그리고 이런 모습은 프랑스 지배 계급을 향한 더 커다란 불만의 일부일 뿐이다. 공공 부문과 민간 부문 고소득 직종 사이의 불안정한 상황도 이런 불만을 더욱 부채질하고 있다.

전 대통령인 니콜라 사르코지는 자신이 국립행정학교 출신이 아니라는 사실을 자랑으로 내세웠지만, 2007년 대통령 선거에서 승리한 후 대통령을 보좌하는 인원의 절반 이상을 국립행정학교 출신으로 채웠다는 것이 파리정치대학 정치문제 연구소의 분석이다. 2015년 발표된 보고서에 따르면, 각기 다른 연구 자료의 인용을 통해 2005년부터 2014년까지 국립행정학교 학생들의 70%가 사회 고위 인사의 자녀들임이 밝혀졌다. 불완전하기는 하지만 입학생들의 사회적 배경과 관련해 수긍이 가는 조사 결과이며, 이 수치는 1950년대와 1960년대의 45%와 비교하여 크게 올라간 것이다.

국립행정학교 역사에서 특히 유명한 것은 1980년도 입학생들이다. 전직 대통령인 프랑수아 올랑드, 장차 그의 정치적 동지가 되는 사회당의 거물 세골렌 루아얄, 미래의 재무부 장관 미셸 사팽, 그리고 역시 미래의 국무총리 도미니크 드 빌팽 등이 있으며 장차 엘리제궁에서 올랑드 대통령을 보좌하게 되는 수석 보좌관도 두 사람이나 있었다.

매년 1,500명 정도의 학생이 국립행정학교가 보장하는 환상적인 미래를 좇아 이 학교에 지원하지만 입학할 수 있는 것은 대략 80명 정도이며, 응시생들은 일반 문화와 정치, 경제, 그리고 국제 문제에 대한 이해력을 평가받는다. 특히 구술 면접이 중요한데, 이는 프랑스어를 제대로 구사할 수 있는 교육을 받은 학생들에게 절대적으로 유리하다. 그래서 하위 노동자 계층이나 소수 인종 출신의 학생들에게는 입학의 기회가 더 적게 돌아가게 된다는 비판을 받고 있다. 고등학교 시절부터 연극 대본이며 소설을 썼고 웅변술과 수사법에도 능했던 마크롱은 백인 남성들이 주류를 차지하고 있는 이 견고한 요새를 통과할 모든 준비를 갖춘 셈이었다. 또한 개인적으로는 파리 고등사범학교에 낙방했던 과거의 실패를 만회할 절호의 기회이기도 했다.

"당시 마크롱에게 가장 중요했던 일은 국립행정학교에 입학해서 최고의 성적으로 졸업하는 것이었습니다." 카트린느 골든슈타인의 회상이다. 마크롱은 마르크 페라치와 함께 종종 단둘이서만 몇 시간이고 복습을 하며 토론을 벌였다. 입학시험은 그 경쟁률이나 준비해야 할 분량, 그리고 인생을 바꿀 수 있는 기회라는 점에서 모든 프랑스 학생들의 강렬한 열망이자 불안의 대상이었다. 그리고 그 준비 과정에서 볼 수 있는 눈물과 탈진, 그리고 절망을 모르는 사람은 없었다. "우리는 아침 8시에서 밤 10시까지 공부했고 때로는 자정 넘어서까지 할 때도 있었습니다." 페라치의 회고다.

마크롱과 오를레앙 르슈발리에는 입학시험을 통과했지만 페라치는 떨어졌고, 곧 학계라는 다른 길을 찾아 나서게 된다. 마크롱은 페라치를 위로하기 위해 주로 나치 독일의 프랑스 점령 기간 중 활약했던 르네 샤르의 시집을 손수 쓴 격려의 편지와 함께 선물했다.

입학 후 처음 만난 학생들 중 일부는 마크롱의 가까운 친구가 되어 지금까지 우정을 유지하고 있는데, 그중 가스파르 간처는 2014년 올랑드 대통령의 대변인 자리에 올랐다. 두 사람은 신체검사 시간에 처음 만나 죽이 잘 맞는 친구가 되었다. 이곳에 모인 대부분의 학생들은 운동 같은 것에는 전혀 관심이 없는 공부벌레들로 늘 평상복 차림이었지만, 마크롱과 가스파르는 축구를 아주 좋아했다고 한다.

"비록 타고난 재주는 없었지만 저는 축구를 할 때 주로 왼쪽 수비수를 맡았습니다." 라디오 프랑스 블뢰와의 대담에서 마크롱이 학창 시절을 회상하며 한 말이다. "남들보다 더 많이 뛰고 경기 중에 소리도 많이 질러야 하는 자리지요." 때로는 반칙까지 하면서 상대편 공격수를 제일 먼저 막아서는 자리가 왼쪽 수비수다. 마크롱은 나이가 서른쯤 되었을 무렵 직접 선수로 뛰는 건 그만두었지만, 그는 여전히 어린 시절부터 좋아하던 올랭피크 드 마르세유의 팬이며 영국 국가대표 출신으로 1990년대 초에 올랭피크에서 뛰었던 크리스 웨들의 현란한 드리블 기술을 여전히 잘 기억하고 있었다.

마크롱은 비록 축구를 그만두었지만 테니스는 지금도 계속하고 있다. 마크롱은 또한 프랑스 일주 자전거 경주 대회인 투르 드 프랑스의 팬이기도 해서, 가능하면 다른 사람들처럼 평범하게 현장에 나가 경기를 구경한다고 한다. 세계에서 가장 이름 높은 이 자전거 경주대회는 샹젤리제 거리를 결승점으로 막을 내리는데, 마크롱은 2017년 대통령 선거 운동이 중반에 접어들 무렵 그 모습이 마치 대통령 선거전과 비슷하다는 말을 하기도 했다. "지리적으로 보면 이 나라의 중심으로 들어온 것이며 그러는 과정에서 수많은 고비를 겪습니다. 매일매일이 다르고, 때로는 산지를 거치고 또 때로는 평지에서 맞바람을 맞으며 변덕스러운 날씨와 싸워야 합니다." 그렇지만 작금의 정치 상황은 잠시 경주를 쉴 때의 상황과 더 비슷하다고 마크롱은 덧붙였다. 망가진 바퀴며 부속품을 바꾸고 또 때로는 길가에서 만난 사람들의 집에서 쉬어갈 필요도 있다는 것이다.

르노 두랑듀는 마크롱의 국립행정학교 재학 당시 교무부장이었고 지금은 파리의 한 대학교에서 정치학을 가르치고 있는데, 마크롱에 대해서는 "모든 면에서 그 탁월함이 분명하게 드러나는 학생이었다"고 기억한다. 그렇지만 그 당시 각자 강렬한 개성으로 뭉친 학생들 사이에서 특별히 가장 눈에 띄는 학생은 아니었다고도 말했다.

2002년과 2004년에 걸쳐 학교를 다녔던 학생들은 르노 두랑듀와 동료 교수들에게 저항하며 적지 않은 풍파를 일으켰다. 졸업식에서 모든 졸업생들이 서명한 보고서를 제출하며 학교 행정을 비판한 것이다. "교수법의 경우 지적인 면에서 부실한 면이 많으며 행정 전체가 무성의하다"는 것이 졸업생들의 주장이었고 부모나 가족이 국립행정학교 출신인 학생들에 대한 불만도 있었다. 이런 불만은 대부분의 학생들이 공통적으로 느끼고 있는 것이었지만,

르노 두랑듀는 마크롱이 학교를 다녔던 기간을 '예전과는 다른 좀 더 신중하면서도 효과적인 학교 교수법의 변화를 바라던' 시기로 기억하고 있다.

"나라 전체에서 개혁을 바라는 목소리가 높아지면서 학교 수업은 완전히 엉망이 되어갔습니다." 학생들의 저항을 지휘한 지도부 소속이었던 파브리스 카사드베가 파리 중심부에 있는 팔레 루아얄 공원 근처에서 커피 한 잔을 앞에 놓고 해준 말이다. 푸른색 트렌치 코트로 자신의 권위를 은근하게 내세우는 깔끔한 인상의 이 관료는 마크롱이 이런 저항 운동에 참여하기는 했지만 앞장서지는 않았다고 말했다. "마크롱은 적어도 개방적이고 친절해 보이는 사람이었습니다. 그는 모든 사람들과 다 이야기를 나누었지만 그러면서도 아주 신중한 태도를 보였어요. 마크롱은 어떤 일이든 특별히 바로 앞에 나서는 사람은 아니었습니다."

국립행정학교에서의 첫해는 스트라스부르가 아닌 다른 곳에서의 실무 연수가 주가 되었다. 마크롱은 우선 아프리카의 나이지리아로 가서 의무 연수 기간을 채웠다. 벨기에의 브뤼셀이나 미국의 워싱턴 같은 인기 있는 곳이 아닌 서아프리카를 택한 것이다. 그는 이 유일했던 해외 근무의 대부분을 계획도시로 건설된 수도 아부자로 가서 프랑스에서 파견한 고참 외교관 장마르크 시몽과 함께 보냈다.

"회색 정장을 단정하게 차려입은 대단히 우아해 보이는 젊은이가 찾아왔습니다. 예의가 아주 바를 뿐더러 호감이 가는 인상이었지요." 아프리카 가봉과 코트디부아르, 그리고 중앙아프리카공화국 등지에서 외교관 생활을 하다가 지금은 은퇴한 장마르크 시몽의 회고다.

"한번은 집사람이 마크롱에게 여자 친구가 있느냐고 물었더니 '부인과 비슷한 나이의 여자 친구가 있다'라고 대답했습니다." 그는 이렇게 말하며 전화기 저편에서 껄껄 웃었다. "아주 흥미로웠어요."

두 사람은 테니스를 같이 쳤고 장마크르 시몽의 말에 따르면 마크롱은 때로 일부러 져주기도 했다고 한다. 그리고 4월이 되자 두 사람은 대사관저에서 텔레비전으로 프랑스의 2002년 대통령 선거 결과를 함께 지켜보며 놀라워했다. 극우파의 수장인 장마리 르 펜이 1차 투표를 17%의 득표율로 통과해 자크 시라크와 결전을 벌인 것이다. 르 펜은 사회당 후보인 리오넬 조스팽을 3위로 밀어내고 2차 결선 투표에서 자크 시라크에 맞섰지만 선거는 결국 시라크의 승리로 막을 내렸다. 그렇지만 프랑스는 전후 처음으로 가장 크게 약진을 한 극우파의 부상을 어떻게 받아들여야 할지 혼란에 휩싸였고, 마크롱은 얼마 지나지 않아 그의 인생에 있어 가장 고통스러운 경험과 마주하게 되었다.

2002년 5월 4일, 나이지리아 EAS 항공 소속 여객기 한 대가 북부 도시 카노 공항에서 이륙했다가 외곽의 인구 집중 지역에 추락해 다섯 명을 제외한 탑승객 79명이 사망하는 사고가 발생했다. 게다가 이 사고는 추락 당시 충격으로 지상의 빈민가에서도 수십 명이 사망해 모두 합쳐 148명이 사망하는 대참사로 이어졌다. 나이지리아 민간 항공기 추락사고 중 최악의 참사 중 하나로 기록된 이 사건으로 국제 구호단체 소속의 프랑스 직원 두 명도 세상을 떠났다.

엉망이 된 시신들은 근처 세 군데의 허름한 병원으로 옮겨졌다.

나이지리아 북부의 더럽고 무더운 곳이었다. 이틀이 지난 후 나이지리아 대통령 올루세군 오바산조가 국내 순방을 중단하고 사고 현장을 찾았고 장마르크 시몽과 마크롱도 현장에 도착했다.

"우리는 바닥에 놓인 시체들 사이에서 우리와 비슷하게 생긴 사람들을 찾아보았습니다." 당시의 시체 썩는 냄새를 회상하며 장마르크 시몽은 이렇게 말했다. "냉방 장치도 제대로 돌아가지 않던 그때의 모습이 상상이 갑니까? 정말이지 아주 힘들고 끔찍한 시간이었지만 마크롱은 놀라운 용기와 의지로 자기가 맡은 바 일을 충실히 해냈습니다."

그러면서 그는 이렇게 덧붙였다.

"우리가 맡은 일은 단지 외교적인 업무만이 아니에요. 때로는 현장에도 나가봐야 하고 또 때로는 최악의 상황도 각오해야 합니다."

훗날 마크롱은 나이지리아에서 보낸 이 6개월을 자신을 강하게 단련시켜준 시간이라고 회고했다. 대사관 운전기사들 중 한 명이 총에 맞는 일도 있었을 정도로 "아주 거친 환경이었다"는 것이 마크롱의 오랜 친구인 마르크 페라치의 말이다. 여객기 추락 사고가 있은 지 얼마 지나지 않아 마크롱은 연수 기간을 마치고 장마르크 시몽에게 작별을 고했다. 연수 기간에 대한 평가는 10점 만점이었다.

"저는 동료들의 도움이 없었다면 외교관 업무를 제대로 해내지 못했을 거라고 말하곤 합니다. 1등 서기관이며 행정 직원, 운전기사, 그리고 회계 담당 직원까지. 그중에서도 특히 기억에 남는 사람이 바로 마크롱이에요. 그는 다른 직원들의 일까지 모두 다 직접 해낼 수 있는 역량을 갖추고 있었습니다." 장마르크 시몽은 웃으며 이렇게 말했다. "그렇지만 하나만 더 덧붙이죠. 마크롱이 연수 기간 중 뛰어난 실력을 발휘했다고 해서 대통령직도 그렇게 할 수 있을 거라는 뜻은 아닙니다."

여름이 되어 프랑스로 돌아온 마크롱은 다시 두 번째 연수에 나섰다. 이번에는 파리와 아미앵 사이에 있는 우아즈 지방 정부에서 6개월을 보내게 되었다. 그곳에서 마크롱은 보베 공항 건설을 위한 계획을 수립하는 일을 도왔는데, 보베 공항은 지금 현재 영국의 라이언에어 같은 저가 항공사들이 이용하고 있다. 마크롱은 이곳에서도 10점 만점을 받았다. 그렇지만 그보다 더 값진 소득은 제2좌파의 자금줄이자 정계의 막후 실력인 앙리 에르망을 만난 일일 것이다. 앙리 에르망은 어느 식사 자리에서 마크롱을 만나 그의 매력에 빠져들게 된 첫 번째 억만장자였다. 물론 그 이후에도 많은 부자들이 비슷한 이유로 마크롱을 후원하게 되었다.

마크롱이 폴 리쾨르 밑에서 일을 했다는 사실을 알게 되자 두 사람은 즉시 더 친밀한 사이로 발전하게 되었다. 당시 일흔여덟 살이던 이 부동산 갑부이자 자선 사업가는 마크롱의 지성과 매력에 깊은 인상을 받았다. 그 후 몇 해에 걸쳐 식사를 함께하고 모로코에서 휴가도 함께 보내면서 앙리 에르망은 마크롱을 자신의 '정신적인 아들'로 부르게 되었고, 마크롱을 통해 이루고자 하는 자신의 야심도 숨김없이 드러냈다. 그는 이미 전에도 국무총리 출신의 미셸 로카르를 대통령으로 내세우려는 시도를 했었다가 실패한 전력이 있었다.

"저는 절대로 마크롱의 곁을 떠나지 않을 것입니다." 앙리 에르망이 2016년 일간지 〈르 피가로〉와의 인터뷰에서 한 말이다. 같은 해 11월, 마크롱이 대통령 출마 선언을 하기 불과 몇 주 전, 앙리 에르망은 이번에는 〈르 몽드〉와의 대담에서 이렇게 말했다. "마크롱은 나와 상의 없이 중요한 결정을 내린 적이 한 번도 없었습니다".

두 사람의 합작은 마크롱의 이력에 있어 중요한 기반이 되어 주었다. 그는 이미 폴 리쾨르와 올리비에 몽젱, 그리고 〈에스프리〉 등을 통해 파리의 지식인들과 교류하고 있었고 브리지트와의 관계를 통해 정서적인 안정감을 얻은 상태였다. 그 나이 또래의 대부분의 매력적인 젊은이들과 달리 마크롱은 요란스러운 여성 편력이 없었다. 이런 모습이 장차 그의 경력에 있어 매우 중요한 부분을 차지하게 되었다.

앙리 에르망은 우선 2007년 마크롱이 처음 집을 장만하는 데 필요한 50만 유로를 빌려주고 미셸 로카르를 포함해서 많은 사람들을 만나게 해주었다. "파리로 오면 많은 사람들을 만나게 해주겠네." 앙리 에르망의 아내는 남편이 우아즈에서의 첫 만남 이후 마크롱에게 이렇게 말한 것을 기억하고 있었다. 공직자 재산 공개 현황에 따르면 마크롱은 2017년까지 앙리 에르망에게 10만 유로를 상환하고 나머지 잔액은 2022년까지 상환하는 것으로 되어 있다. 평생에 걸쳐 중도좌파 지식인들과 언론 단체에 자금을 지원해온 앙리 에르망은 프랑스 대통령 선거가 치러지기 전에 아흔두 살의 나이로 사망했다. 자신의 가장 성공적인 투자가 빛을 발하게 되는 모습을 결국은 보지 못했다.

다시 국립행정학교로 돌아온 마크롱은 학업에 집중하는 한편, 연극반 활동과 축구도 게을리하지 않았고 맥주를 곁들이거나 버니라는 이름의 술집에서 반주에 맞춰 노래를 하며 친구들과 자주 어울렸다. 마크롱이 자주 부르는 노래는 대부분 부모나 조부모 세대의 자크 브렐이나 스톤 엣 샤르덴, 혹은 조니 할리데이 등의 흘러간 옛 노래들이었다. "마크롱은 정말 노래를 잘했습니다." 당시 함께 어울렸던 친구인 마티아스 비샤르의 말이다. 서른여덟 살의 마티아스는 사회당 소속 파리 시장인 안느 이달고의 수석 보좌관으로 일을 하다가 지금은 프랑스 국영 철도회사인 SNCF의 이사로 재직하고 있다.

학교 친구였던 오를레앙 르슈발리에는 마크롱이 앙리 에르망과 친한 친구가 되었다거나 혹은 그를 통해 새로운 사람들을 만나게 되었다는 사실을 전혀 알지 못했다고 한다. "마크롱은 그런 일들에 대해 거의 입을 열지 않았습니다. 저는 그저 마크롱이 스트라스부르와 파리를 오갈 때만 가끔 보는 사이인 줄로만 알고 있었어요."

마크롱은 주말마다 브리지트도 거의 빠지지 않고 만났다. 다시 말해 그 어느 때보다도 분주하고 바쁜 삶을 보내고 있었다는 뜻이다. 이런 분주한 생활이 가능했던 이유 중 하나는 마크롱이 밤에 네다섯 시간만 자고도 충분히 견뎌낼 수 있었기 때문이었다. 덕분에 그는 다른 학생들에 비해 뛰어난 경쟁력을 갖출 수 있었다. 친구들과 동료 정치인들은 지금도 여전히 마크롱이 새벽까지 자지 않고 업무를 보거나 사람들과 어울리는 비결을 궁금해한다. 마크롱은 그러면서 동이 트기도 전에 일어나 멀쩡한 얼굴로 새로운 하루를 맞이하는 것이다.

마크롱은 5등으로 학교를 졸업했다. 상위권 졸업생들에게는 공직 중에서도 노른자위 자리를 선택할 수 있는 기회가 주어졌는데, 이건 국립행정학교의 전통이었다.

당시 1등을 했던 졸업생인 마그리트 베라는 아버지도 국립행정학교 출신으로 사르코지의 보좌관을 하다가 나중에는 노동부 장관의 수석 보좌관으로 자리를 옮기게 되는데, 지금은 프랑스 최대의 금융기관 중 하나인 BPCE의 이사로 활약하고 있다. 또 다른 상위권 졸업생인 세바스티앙 포르투는 사르코지의 대통령 선거 운동에 참여했고, 우파인 여당에서 수석 보좌관 생활을 하다가 프랑스의 로스차일드 은행에서 고위간부로 일하고 있다. 국립행정학교 출신으로 마크롱의 친구인 세바스티앙 베이유는 한 사모펀드 회사를 이끌고 있는데, 그의 할머니인 시몬느 베일은 나치 유대인 대학살의 생존자로 프랑스 보건부장관 자리에까지 올랐으며 당시로서는 드물게 여권신장 운동을 했던 사람이다. 사회당의 교육부 장관인 나자트 발로벨카셈과 결혼한 보리스 발로는 올랑드의 보좌관으로 일하다가 2017년 사회당 소속으로 국회의원에 당선이 되었다. 마크롱의 국립행정학교 동기들 중에는 이렇게 화려한 경력을 자랑하는 인물들이 많으며 종종 올랑드 대통령을 배출했던 저 유명한 1980 세대와 비교가 되기도 한다. 마크롱은 그곳에서 자신의 몫을 다하기 위해 끊임없이 노력했다.

"국립행정학교가 없었다면 무엇이 남았겠습니까? 형식적인 경쟁으로 연줄을 통해 사람들을 뽑는 일? 아니면 부모나 사촌이 이미 공직에 있기 때문에 그 덕을 보는 일?" 2017년 1월, 제2차 세계대전 전까지 프랑스에서 부유한 상류층 가문이 공직을 독점했던 일을 상기시키며 마크롱이 한 말이다. "저는 프랑스 공화국의 교육제도를 찬성합니다. 적어도 능력을 우선하는 제도이니까요."

마크롱도 국립행정학교의 신입생 선발과정 자체가 사회적으로 다소 불공정한 면이 있음을 인지하고 있었지만 그렇다고 행정학교 자체를 공격하는 일은 잘못되었다고 주장했다. "진짜 문제는 국립 행정학교가 아닙니다. 30년 전에 비해 농부나 노동자의 자녀들이 국립행정학교에 입학하는 비율이 적어진 것이 바로 문제입니다. 저는 그 문제를 바로잡기 위해 싸우려 합니다."

국립행정학교에서 교편을 잡았던 르노 두랑듀 역시 그렇게 생각하고 있다. "국립행정학교에 대한 공격은 매우 불공평합니다." 그러면서 그는 지난 70년 동안 국립행정학교를 졸업한 학생들 중 6,000명이 프랑스 출신이며 3,000명이 외국 출신이라는 사실을 지적하고 있다. 게다가 그들 대부분이 평범한 집안 출신이라는 것이다.

앞서 언급한 네 사람을 제외하고 5등으로 졸업을 한 마크롱 역시 가장 안정적이며 사람들의 부러움을 사는 자리를 선택할 수 있는 특권을 얻었다. 그는 결국 프랑스의 국가 재정 전체를 감독하고 분석하는 막강한 권력을 쥔 재정 감독청을 첫 공직생활의 출발지로 선택했다. "내가 재정 감독청을 선택한 이유는 그동안 내가 해왔던 일들과 가장 다른 일이었기 때문입니다. 나는 정치와 행정 단계에서 정책 결정이 실제로 어떻게 이루어지고 있는지 직접 체험해보고 싶었습니다." 2010년 파리정치대학의 학생 신문과 가진 대담에서 그는 이렇게 말했다. "저는 살아오면서 항상 이런 식으로 선택을 해왔습니다. 새로운 분야에서 더 많을 것들을 배울 수 있다는 신념으로 완전히 다른 길을 선택하는 것입니다."

어쩌면 우연이었을지도 모르지만, 그가 선택했던 길은 공교롭게도 중앙 권력으로 이어지는 가장 빠른 길이었다. 국립행정학교를 졸업하고 재정 감독청을 거친 사람들 중에는 전 대통령인 발레리 지스카르 데스탱, 유럽 중앙은행 총재를 역임한 장클로드 트리셰, 전 국무총리인 알랭 쥐페와 미셸 로카르, 그리고 거대 보험회사인 AXA의 회장 앙리 드 카스트리 등이 포함되어 있었다. 마크롱이 일을 시작했을 무렵 재정 감독청을 이끌고 있었던 것은 올랑드의 국립행정학교 동창이자 샴페인과 포도주 사업으로 유명한 테텡져 가문의 상속녀와 결혼한 장피에르 쥐예였다.

"프랑스 정부에는 다양한 행정 부처들과 직원들이 있는데 마치 원숭이 무리처럼 가지고 있는 힘과 권력에 따라 서열이 정해집니다." 마크롱을 오랫동안 알아온 사회당의 거물 에르베 르브라의 말이다. "원숭이들은 어쨌든 아주 작은 힘의 차이라도 서열에 따라 복종할 수밖에 없어요. 그와 비슷한 위계질서가 행정부 안에도 있는 것이죠."

마크롱은 재정 감독청 안에서 서열상 제일 꼭대기에 있는 우두머리 원숭이와 함께하게 되었다. 정치적 성향이 중도좌파에 가까웠던 장피에르 쥐예에게 그는 처음부터 깊은 인상을 심어주었다. 그리고 관례에 따라 이 젊은 감독청 직원은 높은 서열 출신의 다른 명사와도 안면을 트게 되었는데, 그가 바로 국립행정학교와 감독청을 거친 알랭 멩크다.

예순여덟 살의 알랭 멩크는 작지만 강단이 있는 사내로 수십 년동안 프랑스 재계와 행정부의 최전선에서 일을 해왔다. 그는 정치고문과 상담역, 그리고 인사 관련 업무를 맡아오며 언제나 재능 있는 인재를 추천하고 사업 거래를 중개하거나 정치 문제에 대한 충고를 해줄 준비가 되어 있었다. 또한 그는 저술가이자 역사가인 동시에 파리에서 가장 발이 넓은 인사 중 한 사람이기도 했다. 다이애나 황태자비 추모비에서 멀지 않은 곳에 있는 앙리 5세 거리 사무실의 접견실은 자주색과 회색으로 치장이 되어 있어서 그 안으로 들어서면 마치 추상화 그림 안으로 들어가는 것 같은 느낌이 든다.

"저는 이런 재능 있는 젊은이들을 볼 때마다 이렇게 묻습니다. '30년 뒤 자신이 어떤 자리에 있을 것 같나?'" 알랭 멩크는 고가구들과 현대 미술 작품들이 매끄럽게 어우러진 접견실에 앉아 이렇게 말했다. "그러자 마크롱이 이렇게 대답했습니다. '대통령이 되어 있을 것'이라고 말이지요."

그 말을 들은 알랭 멩크는 깜짝 놀랐다고 한다. "그런 대답을 들은 건 두 번뿐이었습니다." 마크롱 말고 대통령이 되겠다고 대답한 사람은 역시 국립행정학교 출신의 성공한 은행가인 마티유 피가스인데, 그는 현재 〈르 몽드〉와 몇몇 음반 회사들을 위한 새로운 투자 계획을 세우는 데 주력하고 있다.

마크롱이 그런 말을 입 밖으로 내서 했다는 것은 일견 그의 성격과 어울리지 않아 보인다. 마크롱은 자신의 정치적 야심을 내비칠 때는 극도로 주의를 기울였으며 스승이 되는 사람들을 설득할 때는 주로 겸손하고 재치 있는 태도를 보이는 사람이었다. 그랬던 그가 드디어 가면을 벗어던진 것이었을까? 아니면 알랭 멩크의 주의를 한 번에 끌려는 의도였을까? 그는 알랭 멩크가 필요한 경우 자신의 영향력과 능력을 동원해 기회를 줄 수 있는 사람이라는 걸 알고 있었던 것일까?

"이상할 정도로 흥미로운 젊은이였습니다." 알랭 멩크의 말이다. 두 사람은 지금까지도 정기적으로 만나 대화를 나눈다. "그가 지나온 길들을 상당 부분 나도 따라온 셈이지요." 그는 이렇게 덧붙였다.

마크롱의 마음을 사로잡았던 스탕달이나 발자크의 소설 속 주인공인 지방 출신의 야심가들은 자신의 재주와 매력을 동원해 인정 많은 귀족들을 자기편으로 만들며 상류사회로 진출하려 했고, 마크롱 역시 현대판 귀족이나 세력가들을 알아보고 그들의 마음을 사로잡는 묘한 재주가 있었다. 알랭 멩크는 그가 처음 만난 후원자들 중 한 사람이었다.

제5장

완전히 '평범하지' 않은 결합
그리고 예상치 못한 기회

2002년 1월 마크롱은 나이지리아로 떠났다. 그때가 브리지트와 마크롱이 만난 이후 가장 오랫동안 떨어져 있던 시기였다. 브리지트는 떠나는 마크롱에게 고리 세 개가 얽혀 있는 은반지 하나를 선물했고 그는 지금도 그 반지를 오른쪽 손가락에 끼고 있다. 그토록 오랜 세월 가족들의 반대를 무릅쓰며 애를 써온 두 사람은 사실상 약혼의 의미로 건넨 이 반지를 통해 이제야 비로소 두 사람이 하나가 되었음을 확인하게 되었다.

사랑하는 외할머니 마네트도 이 두 사람이 맺어지는 데 결정적인 역할을 했다. 처음부터 장미셸이나 프랑수아즈에 비해 두 사람에게 어느 정도 호의적이었던 마네트는 결국 브리지트를 인정한 것이다. "모든 일이 한 번에 이루어지는 않았습니다. 처음에는 외할머니도 받아들이기 어려워하셨지만 빠르게 마음을 여셨습니다." 마크롱의 회상이다.

"외할머니의 축복이 없었다면 아무 일도 할 수 없었을 거예요." 브리지트도 이렇게 인정했다.

학창 시절의 마크롱은 자신의 특별한 사랑에 대해 감추는 법이 없었고 브리지트를 가까운 친구들에게 소개하며 뒤에서 들려오는 수군거림과 빈정거림을 견뎌냈다.

2006년이 되어 첫 월급이 들어오고 브리지트의 이혼도 마침내 마무리 지어지자 마크롱은 두 사람의 결혼을 강행하려 했다. 사람들에게 감히 드러내놓고 말할 수 없었고 수많은 오해도 샀던 두 사람 사이의 사랑을 본인들마저 포기하게 되기 전에 공식적으로 인정받기 위해서였다.

마크롱 부부의 공식적인 탄생은 프랑스 사교계뿐만 아니라 일반 대중들을 열광시켰다. 프랑스 언론들이 정치인의 사생활을 천박한 시선으로 앞다투어 보도하던 시절은 이미 오래전에 사라졌다. 전 대통령인 프랑수아 미테랑의 경우 애인과 사생아를 사람들 눈에 띄지 않게 하기 위해 정부의 보호 아래 두었던 시절도 있었다. 〈클로저〉나 〈갈라〉, 그리고 〈VSD〉와 같은 잡지의 편집자들은 두 명의 전 대통령들 이야기로 충분히 지면을 채워왔다. 2007년 대통령에 당선된 사르코지의 경우 두 번째 아내인 세실리아와 함께 선거전을 치렀는데, 그녀는 단란한 가정의 모습을 부각시킬 필요가 있을 때만 이따금 언론에 모습을 드러냈다. 세실리아는 5월이 되어 사르코지가 승리를 거두는 현장에도 지지자들과 함께했지만 불편한 기색을 감추지 못했는데, 결국 6개월이 채 되지 않아 두 사람은 이혼을 하고 말았다. 이듬해인 2008년 2월, 사르코지는 모델이자 가수인 카를라 브루니와 세 번째로 결혼하며 주로 선정적인 소식만을 다루는 언론 매체들에게 그럴듯한 먹잇감을 던져주었다.

2007년 대통령 선거에서 세실리아 사르코지와 같은 역할을 맡았던 것은 프랑수아 올랑드였다. 그는 오랜 기간 사회당의 대통령 후보 세골렌 루아얄과 동거해왔으나, 선거 운동 기간 동안 이미 사이가 서먹했던 두 사람은 이후에 관계를 끝내버렸다. 그 후 올랑드는 〈파리 마치〉의 정치부 기자인 발레리 트리에르바일레와 새로운 관계를 시작했다.

2012년 대통령에 당선된 올랑드는 발레리와 함께 임기를 시작했지만, 그로부터 2년 후 여배우인 쥘리 가예와의 관계가 들통이 나고 말았다. 재임 기간 중 일어났던 수많은 실정과 추문 중 하나였던 이 사건은 〈클로저〉가 비밀 경호원이 모는 모터사이클 뒷자리에서 헬멧으로 얼굴을 가린 채 애인의 집으로 달려가던 올랑드의 사진을 보도하면서 세상에 드러나게 되었다.

이렇게 대통령의 사생활이 언론을 통해 밝혀지자 수많은 프랑스 유권자들은 대통령직의 품위까지 떨어트리는 그 부정직한 모습과 뻔뻔한 여성 편력을 바라보며 당혹감과 동시에 바보가 된 듯한 기분까지 느꼈다. 그렇지만 한편으로 여기에 흥미를 느끼는 사람들도 있었다. 언론은 그 어느 때보다도 정치인의 사생활에 대해 더 많은 관심을 가지고 지켜보게 된 것이다.

프랑스에서 마크롱 부부에 대한 일반적인 반응은 "뭐라고?"에서 "어떻게 그런 일이?", 그리고 "그게 정말 사실이야?"의 순서를 따라 옮겨갔다고 볼 수 있다. 마지막 반응과 질문에 대해서는 언론이 만난 친구들과 양가의 가족, 그리고 동료들의 증언이 이 행복한 한

쌍의 결혼을 확인해주었다. 마크롱 부부가 공개적으로 과시한 애정과 그 사랑의 표현 등은 두 사람을 오랫동안 알고 지낸 모든 사람들을 정말로 깜짝 놀라게 했다. 대통령 선거 운동 기간 동안 마크롱이 연설을 하면서도 군중들 속에 서 있던 브리지트와 눈을 맞추는 모습이 자주 공개되었고, 브리지트는 항상 선거 운동 본부 옆에 머물렀다.

그럼에도 불구하고 어떤 사람들은 이 예사롭지 않은 관계를 여전히 잘 믿지 못하고 있으며 마크롱이 동성애자이거나 양성애자, 혹은 심지어 무성애자라는 소문도 끊임없이 나돌았다. 이런 반응이 나타나는 중요한 이유 중 하나는 사람들이 특별하고 복잡한 대상을 이해하는 데 있어 이를 있는 그대로 받아들이지 못하고 자신만의 이유를 만들어내기 때문이다. "마크롱은 남자인 것 같기도 하고 아니면 여자인 것 같기도 하고…… 아니, 어쩌면 두 가지 모습을 다 가지고 있는지도 모르겠군요." 사르코지 전 대통령이 2016년 대통령 선거전에 다시 나타나 마크롱에 대한 개인적인 불신감을 드러내며 언급한 말이다.

이런 이야기가 자꾸 나오는 것은 그렇게 잘생기고 능력 있는 젊은 남성이 스물네 살이나 연상인 여성과 육체적인 만족감을 누릴 수 있는가 하는 문제에 대한 의문 때문일 것이다. 두 사람 사이의 관계는 우리가 보통 이해하고 있는 남자의 성욕에 대한 일종의 도전이다. 도널드 트럼프는 물론이거니와 나이 많은 할리우드의 유명 남자 배우들, 그리고 프랑스의 부유층 남성들은 그만큼 차이가 나는 연하의 여성들과 맺어지지만 아무도 신경 쓰는 사람이 없었다. 이건 분명한 이중 잣대로 봐도 무방할 것이다.

그렇지만 또 다른 이중 잣대로 인해 마크롱 부부가 분명한 수혜를 입은 것도 사실이다. 만일 둘의 역할이 바뀌었다면 어떨까. 마크롱이 교사고 브리지트가 십 대 여학생이었다면? 어쩌면 마크롱은 끔찍한 소아성애자란 평판을 들었을지도 모른다.

"세상에는 설명할 수 없는 일들이 있습니다. 열여섯이나 열일곱 살쯤 된 누군가가 자신을 가르치는 교사와 사랑에 빠지고 자신만의 고집으로 끝까지 자기 의지를 관철시키는 일 말입니다." 마크롱의 오랜 친구인 마르크 페라치의 말이다. 그는 두 사람의 결혼식에 신랑의 들러리로 참석했다.

"애초부터 두 마음이 하나가 되어 시작된, 정말이지 엄청나게 열렬한 관계입니다. 문학을 사랑하고 연극 대본을 같이 쓰던 관계가 여기까지 이어진 것이죠. 게다가 상호보완적이라고나 할까요. 브리지트는 열의가 넘치고 외향적인 반면 마크롱은 좀 더 자제력이 강한 편입니다. 두 사람은 함께 있을 때 서로에게 도움이 되는 관계인 겁니다."

사람들은 마크롱 부부를 처음 만났을 때 그 나이 차이에 깜짝 놀랐지만 두 사람이 너무나도 자연스럽게 어울리는 모습을 보고 어느새 나이 같은 건 잊어버리고 말았다. "브리지트는 따뜻하고 호감이 가는 인상이에요. 마크롱도 마찬가지고요." 카트린느 골든슈타인의 말이다. 그녀는 마크롱이 폴 리쾨르와 함께 일을 할 때 저녁 식사 자리에서 두 사람을 처음 만났다. 그녀의 기억에 따르면 마크롱은 아주 유쾌하게 브리지트의 딸이 아이를 낳았다며 "나도 이제 할아버지"라고 말했다는 것이다.

〈에스프리〉의 편집자 출신인 철학자 올리비에 몽젱은 마크롱이 이십 대이던 시절부터 지금까지 정기적으로 만나고 있는데, 브리지트를 두고 교사이자 자랑스러운 어머니, 그리고 아내를 뒤섞어놓은 것 같다는 자신의 주장을 다시 한 번 피력했다. "브리지트는 아주 긍정적인 역할을 하고 있습니다. 마크롱은 매우 정치적이며 기민하게 움직이고 또 대담무쌍합니다. 그렇지만 그를 다른 세상과 이어주는 누군가의 도움을 받고 있다는 것은 확실하지요."

자신의 남편에 대한 브리지트의 이야기에 귀를 기울여보면 한때 최고로 빛나던 학생을 향했던 그녀의 경외심이 여전하다는 것을 쉽게 알 수 있다. 열여섯 살의 마크롱이 그녀에게 '모차르트'처럼 비쳤다는 건 이미 앞에서도 확인한 바 있다. "일중독인 제 남편은 어딘가 다른 행성에서 온 기사騎士 같아요. 보기 드문 지성에다가 비범한 인간애까지 뒤섞인 사람이이에요. 그의 머릿속에는 모든 것들이 다 제자리에 가지런히 정리가 되어 있죠. 저의 남편은 철학자이며 은행가도 되었다가 정치인도 되는 배우이고, 또 아직 아무것도 출간하지 않은 작가이기도 해요." 브리지트는 마크롱에 대해 이렇게 설명하고 있다.

마크롱은 분명 자신과 아내와의 관계를 두 사람이 가졌던 의지의 승리에 대한 증거라고 보고 있다. 다른 사람들의 호기심 어린, 그리고 때로는 비판적인 시선을 이겨낸 승리 말이다. "우리는 우리의 관계가 받아들여지도록 싸워야만 했고, 또 그 밖의 어려움들을 헤쳐나가며 다른 사람들과 전혀 다를 것 없는 평범한 삶을 이뤄나가야만 했습니다." 마크롱의 말이다.

《마크롱의 기적 같은 사랑》에 등장하는 결혼식 장면을 보면 특히나 관습적인 프랑스 사회에서 사회적 금기를 깨는 일이 얼마나 어려운가에 대해 잘 알 수 있다.

2006년, 마크롱과 브리지트는 친구인 세바스티앙 베이유의 결혼식에 참석을 한다. 베이유는 같은 국립행정학교 출신으로 나무랄 데 없는 부유한 가문에 몸가짐도 바른 친구였다. 포도주 산지로 유명한 부르고뉴의 완만한 언덕 사이에 있는 어느 대저택에서 열린 피로연에 마크롱이 브리지트와 팔짱을 끼고 등장했다. 마크롱은 정장을 입었고 브리지트는 하얀색의 짧은 여성용 정장 위에 자신의 상징과도 같은 금발 머리를 늘어뜨리고 있었다.

두 사람을 맞이한 것은 한 무리의 파리 젊은이들이었다. 그들은 티끌 하나 보이지 않을 만큼 깔끔하고 교만하며 건방진 모습을 하고 있었다. 무리 중 한 남자가 "마크롱의 품에 안겨 있는 저 단정치 못한 오십 대 여자가 누구냐"고 물었다. 참석자 중 한 사람이 책의 저자에게 고백한 바에 따르면 브리지트는 "약간 요란한 옷차림"이었다고 한다.

브리지트가 마크롱의 파리 친구들이나 그 밖의 아는 사람들과는 전혀 다른 배경을 가지고 있다는 사실은 두 사람의 나이 차이만큼이나 분명한 것이었다. 금발로 염색한 머리에 즐겨 착용하는 지나치게 튀는 선글라스, 그리고 그다지 단정하게 보이지는 않는 맞춤 옷 등은 심지어 지금까지도 그녀를 멋쟁이 파리 출신들과는 달리 보이게 한다. 부유한 집안의 파리 상류층과 그 모방자들은 보통 튀지 않는 모습을 더 선호하며 얌전하고 자연스러운 모습으로 보이기를 원한다. 그런 그들에게 아름다움과 옷매무새는 억지로 만들어지는 것이 아닌 타고나는 것이며, 재산은 상황에 따라 분별력 있게 과시되어야 한다. 브리지트가 아미앵의 명문가 출신인 건 분명했지만 약간 지나칠 정도로 직설적이고 거친 면이 있어서 수도 파리의 상류층 사람들에게 오해를 살 여지가 있었다. "브리지트는 확실히 파리 상류층의 일종의 암묵적인 규칙을 신경 쓰지 않았어요." 〈파리 마치〉의 편집자인 올리비에 로양의 말이다.

마크롱 부부의 결혼식은 세바스티앙 베이유의 결혼식이 있은 지 1년 후인 2007년 투케에서 치러졌다. 투케는 영국을 마주보고 있는 해안가의 가장 화려한 휴양지 중 한 곳으로 칼레에서 50킬로미터쯤 떨어진 곳이었다. 1900년대 초반 해안가의 넓은 모래사장 위에 세워진 이 휴양지는 아미앵이나 파리, 그리고 영국에서 많은 부유한 가족들이 몰려들어 같은 부류의 상류층과 휴식을 취하고 여가 생활을 즐기는 곳으로 유명하다. 초콜릿으로 유명한 트로뉴 가문도 투케 중심가에 서 있는 수많은 4층짜리 저택들 중 한 곳을 몇 세대에 걸쳐 소유하고 있는데, 그 가격은 지금 시가로 140만 유로에 달하며 브리지트가 상속받은 재산 중 하나라고 한다.

결혼과 관련해 브리지트를 설득한 후, 마크롱은 브리지트의 세 자녀와도 결혼 문제를 논했다. 세 자녀는 모두 아미앵의 학창 시절부터 알고 지내던 사이였다. 언론 매체를 싫어하는 브리지트의 아들 세바스티앙은 통계학자였고 마크롱보다 세 살이 더 많았다. 둘째 딸 로랑스는 동갑이었고 막내인 변호사 티팬은 여섯 살이 더 어렸다. "마크롱이 우리를 찾아와서는 어머니와 결혼하고 싶다고 말했어요." 티팬의 말이다. "감동적인 순간이었죠. 이렇게 찾아와 결혼을 요청하는 모습을 보았다면 누구라도 마음이 움직였을 거예요. 마크롱은 우리가 그의 요청을 받아들일 수 있는지 알고 싶어 했어요."

마크롱과 브리지트는 결혼식 장소로 투케를 선택했다. 브리지트가 첫 결혼을 그곳에서 치렀다는 사실은 문제가 되지 않았다. 브리지트는 1974년에 첫 번째 결혼을 했는데 우연의 일치였지만 마크롱의 부모도 같은 해 결혼식을 올렸다. 시청에서의 예식이 끝난 후 웨스트민스터 호텔에서 피로연이 열렸다. 영국식으로 지은 호텔 이름은 1920년대 영국인들까지 바다를 건너 여행을 왔던 이곳의 전성기를 다시 떠올리게 했다. 당시 영국인들은 자국에서 금지된 도박장을 찾아 프랑스까지 찾아왔는데, 호텔은 물론이고 그 건축 양식이나 실내를 보면 여전히 투케에 영국의 영향이 많이 남아 있다는 사실을 알 수 있다.

마르크 페라치 외에도 마크롱은 결혼식의 또 다른 들러리 겸 증인으로 억만장자 사업가인 앙리 에르망을 초대했다. 그는 마크롱과 아주 가까운 사이였으며 마크롱이 자신과 먼저 의논하지 않고 중요한 결정을 내리는 법은 없다고 생각하는 사람이었다. 페라치와 에르망은 부부 옆에 나란히 앉았다. 결혼식 하객 중에는 전 국무총리 미셸 로카르를 비롯해 국립행정학교와 파리정치대학의 동문들과 양가 친척들이 있었으며 마크롱의 외할머니 마네트도 참석을 했다. 장미셸과 프랑수아즈는 이혼한 상태였지만 결혼식에는 참석을 했다. 마크롱의 아버지인 장미셸은 이미 재혼을 했고 자녀도 있었다. 마크롱에게 이복동생이 되는 이 아이는 아직 십 대 학생이었다.

피로연 자리에서 인사와 소개말이 오고가는 가운데, 페라치는 마크롱과 이 새롭게 출발하는 부부의 사연에 대한 감동적인 메시지를 전했다. 물론 자신의 친구를 처음 만났을 때 그 특이한 머리 모양 때문에 "마치 10년 동안 이발을 하지 않은 체코의 교환 학생을 만난 것 같았다"는 농담도 빠지지 않았다.

드디어 마크롱이 답례 인사를 할 차례가 되자 하객들은 모두 그를 주목했다. 검은색 예복에 분홍색 넥타이를 맨 마크롱은 긴장한 듯했지만 여전히 강하고 힘 있는 목소리를 유지했고 감정도 잘 억제했다. 29년의 삶 절반 가까이를 브리지트와 함께 보낸 이야기를 할 때는 얼굴에서 웃음기가 가시지 않았다.

"이렇게 찾아와 자리를 빛내주어서 얼마나 기쁜지 모르겠습니다. 여기 모이신 모든 분들은 지난 15년간 우리가 어떻게 지내왔는지 잘 아실 뿐더러 바로 오늘 이 자리에 우리 두 사람이 설 수 있도록 도와주신 분들입니다. 저희 커플은 정말 흔치 않은 결합이기는 하죠. 이 형용사를 싫어합니다만, 그래도 써야겠네요. 완전히 '평범하지' 않은 결합이라는 말을요. 하지만 이 결합은 분명히 이곳에 존재하는 결합이기도 합니다. 정말 감사합니다. 우리를 받아들여주시고 우리를 사랑해주시고 지금의 우리를 있게 해주신 모든 분들께 감사의 마음을 전하고 싶습니다. 특히 브리지트의 아이들에게 감사드립니다. 이분들 덕분에 우리의 결혼이 뚜렷한 힘을 얻게 되었습니다. 우리 커플을 받아들여주셔서 감사하고, 우리 커플이 당신들을 사랑하듯 우리를 진심으로 사랑해주셔서 감사합니다." 그러자 박수와 함께 환호성이 터져 나왔다. "만세!" 사람들의 외침 속에 마크롱과 브리지트는 중앙으로 나와 함께 춤을 추기 시작했다.

훗날 10년간의 결혼 생활을 포함해 20년이 넘는 두 사람 사이의 인연을 소개하는 글에서 마크롱은 '진정한 용기'를 보여준 건 사랑에 빠진 연약한 자신이 아니라 바로 브리지트였다고 말한다.

"브리지트에게는 남편은 물론 자녀도 셋이나 있었습니다. 저는 그저 어린 학생에 불과했죠. 브리지트는 재산이나 배경, 그리고 안녕이나 안정을 바라고 저를 사랑한 것이 아니었습니다. 그녀는 오히려 그런 모든 것을 버리고 저에게로 와주었습니다."

마크롱과 브리지트는 여전히 휴가를 투케에 있는 별장에서 보낸다. 몽장이라는 이름의 이 별장은 2011년 대대적인 개보수를 마쳤다. 사실 이 별장은 분주하고 좁다란 상업 지구 한가운데 있기 때문에 지금 현재 이들의 위상과는 잘 어울리지 않는다. 게다가 지금은 1년 내내 대단히 삼엄한 경비가 이루어지고 있어서 편하게 쉴 수 있는 분위기도 아니다. 그렇지만 투케는 여전히 파리의 소란스러운 정계와 멀리 떨어져 쉴 수 있는 중요한 휴양지이며 재충전을 하고 시시각각으로 변하는 햇빛과 드넓게 펼쳐진 하늘을 감상할 수 있는 곳이기도 하다. 마크롱과 브리지트는 거센 바람이 부는 해안가를 따라 펼쳐진 모래사장을 오래도록 산책하는 것을 즐기는데, 그곳은 한때 나폴레옹이 저 멀리 영국의 해안을 바라보며 침략을 계획했던 곳이다.

결혼식이 치러진 주말 동안 마크롱은 사람들과 평범한 이야기를 나누는 동시에 짬짬이 시간을 내서 이제는 완전히 그의 스승이자 조언자가 된 미셸 로카르, 그리고 앙리 에르망과 정치 현안에 대한 이야기를 나누었다. 지난 2000년대 초 장피에르 슈벤느망의 시민운동당과 함께했던 도전 이후 마크롱은 사회당에서 빨리 인정받고 성장할 수 있는 방법을 생각했고, 2007년 투케 주변 선거구에서 국회의원 후보로 나서려는 계획을 세운 바 있었다.

미셸 로카르는 자신이 갖고 있는 영향력을 동원해 지역 사회당 지부에 자신의 젊은 제자를 소개할 기회를 마련하고자 했다. 마크롱은 훗날 자신이 이 지역에서 "지역 정치 현안과 관련해 아주 많은 일들을 했다"고 주장했지만 2015년 출간된 《헷갈리는 마크롱씨》에 따르면 이는 과장된 주장이라고 한다.

마크롱의 후보 도전은 퇴짜를 맞았고 중도좌파 성향의 개혁가 미셸 로카르는 사회당 내에서의 자신의 위상에 대한 쓰라린 현실을 목도하게 되었다. "사회당에서 저의 이름은 여전히 많은 의구심을 자아내고 있습니다. 너무 오랜 기간 동안 제가 그들을 성가시게 해온 모양입니다." 미셸 로카르는 이렇게 인정을 했다. 그때 이후 그는 마크롱의 가는 길에 단순한 '관찰자', 그리고 뒤에서 조용히 후원하는 친구가 되기로 결심했다.

이 무렵의 사건은 미래의 대통령 마크롱에게는 또 다른 중요한 갈림길이었다. 바로 그 순간부터 그의 정치적 궤적이 달라지기 시작한 것이다. 만일 그때 사회당의 국회의원 후보가 될 수 있었다면 결과는 어떠했을까? 선거구에서 잘 알려지지 않은 비주류 정치 신인에 불과했다는 점을 생각하면 그가 선거에서 승리했으리라는 보장은 없었다. 무엇보다도 투케의 유권자들은 2007년 선거에서 우파 후보들을 압도적으로 지지한 것이다.

그렇지만 비록 선거에서 패배했더라도 마크롱은 사회당 주류로 진입할 수 있었을지도 모르며 사회당 체제에 대한 충성과 애정의 감정이 싹텄을지도 모른다. 마크롱을 지지했던 사람들은 그럴 수도 있었을 것이라 생각했지만 그럼에도 불구하고 회의적인 시각이 나오는 이유가 있었다. 마크롱은 원래부터 자신의 생각만을 중요하게 여기는 사람이었다. 그리고 어떤 경우라도 아주 냉혹하게 복수하는 것을 잊지 않았는데, 그로부터 10년 뒤 마크롱은 사회당 전체를 사실상 붕괴시키고 말았다.

2007년은 마크롱의 인생에 있어 결정적인 변화가 일어난 해였다. 개인적으로, 그리고 직업적으로도 갑작스러운 발전이 이루어졌던 것이다. 우선 결혼을 하면서 그는 처음으로 자기 집을 구입해 파리 제15구역에서 브리지트와 함께 신혼살림을 시작했다. 아미앵에서 파리로 옮겨온 브리지트는 파리 서쪽에 있는 사립학교인 생루이 드 공자그 학교에서 새로 일자리를 구했다. 외교관과 고위직 공무원, 그리고 기업가의 자녀들이 주로 다니는 학교였다.

2007년은 또한 사르코지가 프랑스 대통령 선거에서 승리를 거둔 해로, 이를 통해 마크롱은 예상치 못한 기회를 얻기도 했다. 8월이 되자 쉰두 살의 새로운 우파 대통령은 경제학자이자 정치 고문이었던 유럽 최고의 석학 자크 아탈리를 당파를 초월한 인재들로 이루어진 프랑스 성장 촉진 위원회의 위원장으로 임명했다. 대통령 임기 시작과 함께 대대적으로 선전이 된 정책 중 하나였다.

사르코지가 바란 것은 '경제를 살리기 위한 실질적이며 실용적인 해결책'이었다. 제대로 된 결과를 내놓을 때까지 6개월의 시간이 주어졌다. "작금의 상황은 설명하기가 그리 어렵지 않습니다. 경제 성장을 위한 잠재력을 한 단계 더 높이고 완전 고용을 실천하며 프랑스의 사회적 모델을 유지하는 것입니다." 사르코지의 말이다.

당시 세계 경제는 2001년의 이른바 닷컴 버블 붕괴에서 회복되며 유래가 없는 호황을 누리고 있었고 주로 미국과 신흥 시장인 중국, 인도, 그리고 남아메리카 등이 그 상승세를 이끌었다. 그런데 프랑스 경제는 그와는 대조적으로 2000년 이후 연간 성장률이 평균 1.7%에 불과했다.

자크 아탈리는 자신에게 필요한 직원은 직접 뽑겠다고 주장한 후 도움이 될 만한 젊고 영민한 관료들을 살펴보기 시작했다. 이 무렵 마크롱은 재정 감독청 내에서 우수한 인재라는 평판을 듣고 있었다. 게다가 마침 감독청을 이끌다가 사르코지의 1기 내각에서 유럽 담당 장관으로 옮겨간 장피에르 쥬예도 마크롱을 적극적으로 추천했다. "그는 보자마자 나를 매료시켰습니다." 자크 아탈리는 〈파리 마치〉와의 대담에서 이렇게 말했다.

미테랑 전 대통령은 "나에게는 컴퓨터가 필요 없다. 자크 아탈리가 곁에 있으니까"라는 말을 한 적이 있다. 이렇게 유럽 최고의 두뇌로 꼽히는 자크 아탈리의 지성은 그의 자부심과 잘 어울렸다. 그는 자신이 마크롱을 '발견'하고 '만들었다'라는 말을 하기도 했다. 자크 아탈리 역시 마크롱 대통령의 정치적 아버지들 중 한 사람이라는 사실은 변함이 없을 것이다. 장피에르 쥬예와 미셸 로카르, 앙리 에르망, 그리고 알랭 멩크와 대통령 올랑드까지 이 모든 사람들은 정신적인 아버지로 마크롱에게 각자 나름대로의 영향을 미쳤다. 자크 아탈리는 마크롱에게 일찌감치 대통령이 될 자질이 있다고 언급을 해주었을 뿐만 아니라, 2017년 대통령 선거에서는 프랑스 국민들에게 전혀 알려져 있지 않은 새로운 인물이 당선될 것이라는 예측을 하기도 했다.

자크 아탈리가 이끄는 위원회는 마크롱에게 있어 새롭고도 놀라운 기회였다. 40명이 넘는 위원회 위원들을 살펴보면 네슬레와 AXA, 그리고 다국적 경영 자문 회사인 액센츄어 같은 세계적인 대기업 출신들부터 은행가, 일급 변호사, 고급 자문 위원들과 작가들까지 다양한 인물들이 참여하고 있었으며 노조 대표도 끼어 있었다. 게다가 이렇게 사회 각 분야에서 모여든 기라성 같은 인물들이 400여 차례가 넘게 모임과 회의를 가진 것이다.

"자크 아탈리는 극우파와 극좌파 인사들을 한곳에 끌어 모았습니다." 역시 위원회에 참여했던 사회당측 인사인 에르베 르브라의 회고다. 뿐만 아니라 네슬레의 수장 피터 브라벡 같은 만만치 않은 재계 인사에서 강력한 중도좌파 대표, 그리고 좌파 중에서도 소수파에 속하는 인사 등 그 면면도 아주 다양했다.

"모든 내용은 만장일치로 채택이 되어야 했는데, 그렇게 하기로 합의를 이끌어낸 두 사람이 바로 마크롱과 에릭 오르세나였습니다." 에르베 르브라의 말이다. 에릭 오르세나는 작가 출신으로 훗날 마크롱의 친구이자 정치적인 후원자가 되었다. "내 생각에 아마도 마크롱은 정치적 견해가 다른 우파와 좌파를 하나로 모을 수 있는 방법을 알고 있었던 것 같습니다. 위원회는 그가 알고 있는 방법을 실험해볼 수 있는 좋은 기회였습니다."

이를 위해 마크롱은 사람들을 개별적으로 한 명씩 만나는 방법을 택했고, 그 과정 속에서 산업계의 거물들은 물론 빈틈없고 만만치 않은 재계 인사들까지 이 열정 넘치는 젊은 직원의 매력에 하나둘씩 빠져들게 되었다. 마크롱은 언제나 분위기를 가볍게 만들어줄 농담을 던지거나 지원을 이끌어낼 만한 빼어난 말재주를 부릴 준비가 되어 있었다. "처음에는 아무도 눈치채지 못했습니다. 그렇지만 얼마 지나지 않아 마크롱은 위원회의 중심인물이 되었어요." 역시 국립행정학교 출신으로 정치 고문을 하기도 했던 세르주 바인베르그의 말이다. 그는 파리에서도 첫손으로 꼽는 금융계의 대표로 위원회에 참석했다.

그로부터 5개월이 지나 자크 아탈리는 〈프랑스를 변화시키기 위한 300가지 제안〉이라는 제목의 보고서를 작성해 제출했다. 그가 이 보고서를 사르코지 대통령과 내각에 제출했을 때 그 내용이 부실하다고 비난한 사람은 아무도 없었다. "우리는 이 보고서의 내용을 빨리 채택해 실행에 옮겨야 한다고 생각했습니다. 그리고 물론 그렇게 할 수 있는 기회의 장이 제한되어 있다는 사실도 잘 알고 있었지요." 자크 아탈리의 말이다.

보고서에는 현재 7.9%인 실업률을 5%로 낮추고 200만 개의 새로운 일자리를 창출하며 국내 총생산 중 프랑스 정부의 공공기관 채무를 66%에서 55%로 낮춘다는 방안이 들어 있었다. 또 여기에는 약국과 법률 지원, 택시 영업 등과 같은 국가의 보호를 받는 산업 분야의 규제를 풀고 지방 정부를 재구성해야 한다는 권고가 포함되어 있었다. 일반 노동자들의 경력이 단절되지 않도록 평생교육 과정에 재정적 지원이 있어야 한다거나 해외의 우수한 인력들을 끌어모으기 위해 이민법을 개정하자는 제안도 있었다. 연금법을 개혁하고 기업에 대한 부담을 줄여주는 대신 그 비용은 판매세를 올려 해결하자는 내용도 들어 있었다.

전체적으로 보고서의 제안들은 기업에 좀 더 의지하는 친기업 성향의 프랑스를 목표로 하는 성장과 혁신 중심의 내용들이었다. 그 일부는 사르코지에게 정치적인 부담이 될 수도 있었는데, 특히 이민자들을 더 많이 받아들이자는 제안이 그러했다. 반면에 공공 부문 지출을 줄이고 공무원 조직을 개혁하자는 방안은 좌파들 입장에서는 도저히 용납할 수 없는 것이었다.

돌이켜 보면 보고서가 보여주었던, 세계 경제와 빚으로 이루어진 서구 소비자들의 경제 호황에 대한 낙관주의는 대단히 순진한 시각이었다. 그렇지만 그 당시 자크 아탈리나 세계 각국 정부에 있는 그의 친구들보다 훨씬 더 책임을 통감해야 할 사람이 있었다. 바로 미국 연방 준비제도 이사회 의장 앨런 그린스펀이었다.

"만일 정치와 경제, 상업, 환경, 그리고 재정과 사회 문제에 대한 정부의 관리가 적절하게만 이루어진다면 전 세계의 경제 성장률은 매년 5% 이상으로 계속해서 이어질 것이다." 보고서는 이렇게 설명했다. 그리고 그로부터 불과 1년이 채 지나지 않아 전 세계 경제는 금융 위기로 인한 침체기에 빠져들게 되었다.

보고서를 받아든 사르코지 대통령은 이렇게 반응했다. "이런 제안을 보고 아마 깜짝 놀랄 사람들도 있을 것입니다. 그리고 그런 사람들도 기본적으로는 나름대로의 이유가 있다는 사실을 알고 있습니다. ……프랑스는 강력한 현대화의 과정이 필요합니다." 그리고 또 이렇게도 덧붙였다. "아주 세세한 부분까지 포함해 모든 것들을 정부가 통제하고 규제하려다 보면 결국 국가의 성장을 저해하는 장애물만 만들어내게 됩니다."

사르코지 대통령은 보고서가 제안한 내용들 중 일부를 채택했다. 그렇게 그가 강행한 강력한 연금 개혁 정책은 2010년 대규모 거리 시위를 불러왔으며, 이민법과 지방 정부 재구성, 그리고 규제 완화 정책 등은 대부분 무시되었다.

프랑스가 제대로 돌아가지 못했던 과거를 청산하고 실업률을 반으로 줄이겠다는 공약과 함께 시작된 사르코지 행정부는 2008년 9월 리먼 브라더스의 파산 이후 불어닥친 전 세계 금융 위기로 큰 타격을 받았다. 이제 사르코지가 가진 시간과 여력은 금융과 공공 부문의 채무로 위기를 맞은 유로 지역을 지키는 데 소모되었지만, 그는 스스로를 무시무시한 자유 시장 중심의 자본주의로부터 프랑스를 보호한 구원자로 포장했다.

부자와 권력자들과의 관계를 과시하며 임기를 시작하고, 미국식 자본주의에 대한 노골적인 찬양을 서슴지 않았던 사르코지가 이제 은행가들의 과도한 급여에 반발하는 여론을 지지하며 이렇게 선언한 것이다. "시장이 항상 옳다는 생각은 정말 미친 생각입니다."

"자유방임주의는 이제 끝났습니다." 프랑스 남부의 항구 도시 툴롱에서의 한 연설에서 사르코지는 선언했다. 자크 아탈리의 300가지 제안은 이제 완전히 다른 시대의 유물이 되는 듯했지만 상당수가 10년 뒤 다시 새로운 생명을 얻어 마크롱의 대통령 선거 공약으로 등장하게 되었다.

제6장

냉정한 전문가,
정치의 최전선에 서다

"대형 투자은행에서 일을 할 기회를 잡게 되었을 때 제 기분이 얼마나 근사했었는지 주변 사람들도 다 알고 있었을 겁니다. 2008년 9월 1일, 리먼 브라더스가 파산하기 딱 열흘 전의 일이었습니다. 그리고 보면 시기라는 것이 참 오묘하군요. 리먼 브라더스 사태 이후의 투자은행 분위기는 정말로 이전과는 완전히 달랐습니다." 마크롱의 회고다.

"투자은행 업무를 하는 사람에게는 자기 시간이란 전혀 없다고 보면 됩니다. 그리고 어쩌면 일어나지도 않을 일을 위해 어마어마하게 많은 준비를 미리 해둬야 합니다. 물론 돈은 많이 벌 수 있지요. 저는 돈에 지나치게 집착하지는 않지만 동시에 위선적이고 싶지도 않습니다. 그저 정당하지 않는 방법으로 돈을 벌고 싶지 않을 뿐입니다."

자크 아탈리 위원회에서 경험을 쌓은 마크롱은 그야말로 엄청난 사람들을 만나게 되었고 수많은 일자리 제안도 받았다. 위원회에서 만난 여러 기업가들은 기꺼이 마크롱을 영입하고자 했다. 마크롱은 재능 있는 공무원 인재를 찾는 사르코지의 새로운 우파 행정부 인사들과 접촉하기도 했다.

로스차일드 은행의 프랑스 지사에서 일하게 되기 몇 개월 전, 국립행정학교 동기인 쥘리앙 오베르가 마크롱을 찾아왔다. 동기들 중에서도 가장 정치적 야망이 컸던 그는 마크롱과 점심 식사를 함께했던 때를 이렇게 기억했다. "나는 그에게 정부에서 같이 일해보지 않겠느냐고 물었고 '아니, 절대 그런 일은 없어'라는 대답이 돌아왔습니다." 쥘리앙 오베르는 그 후 2012년 우파인 대중운동연합 소속으로 국회의원에 당선되었다. 그는 당시 행정부에 대한 마크롱의 반응이 그의 정치적 정체성을 드러내주었다고 생각했다. "마크롱이 좌파 쪽이라는 사실을 그때 처음 깨달았죠."

사르코지 내각의 국무총리인 프랑수아 피용도 당시 마크롱에게 관심을 보였던 정치인 중 한 사람이었다. 정부에서 일하는 것은 수많은 국립행정학교 졸업생들이 택하는 일반적인 진로였고, 이렇게 정부에서 오랜 경험을 쌓고 나면 그다음은 금융계에서 고소득을 보장받는 일자리를 찾을 수 있었다.

"투자은행 입사를 제안한 건 저였고, 저뿐만 아니라 그렇게 권한 사람은 많았습니다. 만일 정계에 투신하고 싶다면 은행 같은 곳에서 먼저 일하는 게 좋았어요. 그렇게 자수성가해서 재산을 만들어둔 다음에 공직에 나서는 게 더 유리하기 때문입니다." 알랭 멩크의 기억이다. 자크 아탈리 위원회에서 활약했던 금융가이자 영향력 있는 사업가인 세르주 바인베르그도 마크롱에게 비슷한 충고를 했다. 그리고 그런 두 사람이 권한 것이 바로 로스차일드 은행이었다.

"무엇보다도 로스차일드 은행에서 일하게 되면 어느 정도 정치 권과도 가까운 관계를 유지할 수 있습니다. 여러 방면으로 대단히 발이 넓은 직장이었지요." 알랭 멩크의 설명이다.

1934년 미국 할리우드에서 자신들이 직접 〈로스차일드 가The House of Rothschild〉라는 제목의 영화를 만들기도 했던 이 가문은 국경을 초월한 금융 재벌의 대명사다. 이 가문의 시작은 독일 프랑크푸르트의 유대인 강제 거주 구역을 떠났던 다섯 명의 유대인 형제로 알려져 있다. 이들은 1800년대 초 유럽에서 은행업을 시작했다.

파리에 있는 로스차일드 은행의 프랑스 지사는 처음에는 제임스 로스차일드가 시작해 지금은 데이비드 드 로스차일드가 이끌고 있으며 제이콥 로스차일드의 영국 지사와 똑같은 특권을 누리고 있다. 프랑스의 로스차일드 가문 사람들은 과거 귀족들과 같은 특별한 지위를 누리며 은행과 경주마, 샤토 라피트로 유명한 보르도의 포도주 양조장도 소유하고 있다.

그렇지만 프랑스의 로스차일드 가문은 근대 역사에 있어 영국의 친척들보다 훨씬 더 격동의 세월을 경험했다. 다른 일가친척들과 마찬가지로 이미 제2차 세계대전이 일어나기 전부터 독일의 선전 장관 괴벨스가 제작한 영화 〈로스차일드〉 등을 통해 반유대주의 운동의 직접적인 대상이 되었던 이들은 1940년 나치 독일이 프랑스를 점령한 후 일가들 중 최초로 재산을 몰수당하기도 했다. 이들이 소유하고 있던 예술 작품들과 가구들은 모두 약탈을 당해 그 대부분이 헤르만 괴링 같은 나치 우두머리들에게 보내졌고 히틀러 자신도 일부 전리품들을 챙겼다고 한다. 필리프 페탱이 이끌던 프랑스 괴뢰 정부 아래에서 로스차일드 가문 사람들은 프랑스 국적을 박탈당했고 보유하고 있던 자산은 모두 빼앗겼다. 전쟁이 끝난 후 보상이 돌아왔지만 잃어버린 재산의 극히 일부분일 뿐이었다.

그로부터 40년이 지난 1981년, 공산당의 지지를 받은 사회당 후보 프랑수아 미테랑이 프랑스 대통령으로 당선이 되자 또다시 같은 일이 벌어졌다. 프랑스 정부에서 프랑스의 로스차일드 은행을 포함해 36개 대출 기관을 국유화한 것이다. 지금은 고인이 된 가문의 수장 가이 로스차일드는 라피테 거리에 있던 가문의 오래된 집터에 새로 세운 은행 본점 건물의 소유권을 국가가 빼앗아가는 광경을 침통하게 바라보았다. "페탱 정부 하의 유대인이나 미테랑 정부 하의 유대인이나 다 똑같다." 훗날 그는 이렇게 기록했다.

마크롱이 4년간 일한 은행은 가이 로스차일드의 아들인 데이비드가 1980년대에 새롭게 재건한 것이다. 여기에서 근무한 기간은 2017년 대통령 선거전 동안 그의 인생과 관련해 가장 많이 언급되었다. 마크롱은 이러한 과거를 결코 떨쳐버릴 수 없다는 사실을 깨달았고, 대부분 '전직 은행가'로 시작되는 언론 기사를 통한 집요한 공세는 도무지 멈출 기색을 보이지 않았다. 마크롱이 끊임없이 지적했듯이 그는 은행보다 공직에 더 오래 있었지만, 마크롱의 정적들은 좌파와 극우파를 가리지 않고 이 좋은 공격의 기회를 놓치지 않았다. 로스차일드 은행의 근무 경력은 마크롱의 선민의식과 의심스러운 정체성, 그리고 금융 업계와의 은밀한 연대의 가능성을 더욱 부각시켰다.

인터넷과 극우파들이 만나는 자리에서는 일단의 유대인 금융가들이 전 세계를 지배하고 있다는 주장이 판을 쳤고, 이런 주장이 사실이라고 주장하는 배경 뒤에는 음모론과 반유대주의가 자리하고 있었다. 대통령 선거를 얼마 남겨두지 않은 3월에는 우파인 공화당 후보 프랑수아 피용이 트위터를 통해 마크롱이 마치 매부리코를 가진 유대인 은행가처럼 보이는 그림 한 장을 소개했는데, 1930년 대의 저질 선동을 연상케 하는 이런 모습은 대중들의 분노를 샀고 결국 사과를 하는 촌극이 벌어지기도 했다.

마크롱은 스스로를 변호하기 위해, 로스차일드 가문과의 관계를 들먹이며 자신을 중상모략하려는 시도는 '프랑스 역사의 가장 엄혹한 암흑기로 되돌아가자는 것과 똑같다'는 주장을 되풀이했다. 무지몽매한 극우파들이 인터넷에서 벌이는 근거 없고 악의적인 반유대주의 운동을 보더라도, 마크롱의 이런 주장은 어느 정도 진실에 가깝다고 볼 수 있다.

그러나 로스차일드 가문과 관련된 이런 관심은 좀 더 넓게 보면 금융권 자체에 대한 적의의 표출로 볼 수 있다. 전 세계적인 금융위기의 주범이면서 여전히 임직원들에게 엄청난 급여를 지급하고 있는 금융권에 대한 분노에서 파생된 적의라는 뜻이다. 프랑스 금융계에 종사하는 사람들 중 대략 150명 이상이 2015년 한 해에만 100만 유로가 넘는 수입을 기록했으며, 이는 프랑스 노동자의 월 평균 수입인 2200유로와 크게 비교되는 수치였다.

또한 로스차일드 가문이 그토록 오랫동안 권력을 누리고 있다는 사실에 대해 그 이해관계와 관련하여 던지는 진지한 의문들도 있다. 로스차일드 가문의 은행은 전능한 국가와 민간 부문 사이 전체에 촉수를 뻗치고 있는 프랑스 자본주의의 상징이라고 할 수 있으며, 대통령이나 경제부 장관과의 연줄을 통해 장관과 각 방면의 영향력 있는 인사, 그리고 때로는 재정 감독청까지 손아귀에 넣고 주물러왔다. 1962년 드골이 국무총리로 깜짝 발탁한 조르주 퐁피두 역시 로스차일드 은행에서 영입한 인사이며, 사르코지 대통령도 1990년대 중반에 로스차일드 은행에서 변호사로 일을 한 전력이 있었다.

"로스차일드 가문이 먼저 권력자에게 접근했을까요? 아니면 권력자가 로스차일드 가문에 접근해왔을까요??" 데이비드 로스차일드의 동생인 에두아르 드 로스차일드가 2016년 한 텔레비전 방송에서 마치 수수께끼라도 던지듯 물어본 질문이다.

안 그래도 파리 최고의 인재들을 영입하려는 욕심이 있던 차에, 믿을 만한 소식통들을 통해 마크롱의 명성을 들은 로스차일드 은행의 부은행장 프랑수아 앙로는 파리 중심가에 사람들 눈에 잘 띄지 않도록 세워진 은행 본점 한 회의실에서 마크롱과 정식 면접을 가졌다.

"만난 즉시 어떤 인연이 느껴졌습니다. 우리는 두 시간 동안 이야기를 나누었습니다." 프랑수아 앙로는 마크롱에 대해 이렇게 칭찬했다. "말 그대로 비범한 지적 역량을 갖춘 사람이었습니다." 그는 지적인 부분뿐만 아니라 마크롱의 성품을 칭찬하는 것도 잊지 않았다.

"면접이 끝나자 저는 마크롱에게 말했습니다. 더 이상 좌고우면 左顧右眄할 것 없이 이제 우리와 함께 일한다고 생각하라고 말이죠." 그는 또 이렇게 덧붙였다. "겨우 두 시간가량 만난 사람에게 그렇게 말한다는 건 물론 놀라운 일입니다. 나로서도 처음 있는 일이었고 그 이후에도 그런 일은 없었어요."

4년 반에 걸친 공직 생활 이후 마크롱은 처음으로 민간 부문에서 일할 수 있는 기회를 얻게 되었다. 앙리 4세 학교와 국립행정학교, 그리고 재정 감독청을 거친 마크롱은 이미 파리의 상류 지도층으로서의 인지도를 쌓아가고 있던 중이었다. "마크롱은 투자은행의 업무란 어떤 것인지 알고 싶어 했습니다." 오랜 친구인 마르크 페라치의 말이다. "마크롱은 자신이 전혀 모르는 분야에서 경력을 쌓는 일에 큰 매력을 느꼈습니다. 그리고 반드시 사전에 모든 기술을 꼭 갖추고 있지 않아도 되는 분야에도 관심이 있었어요."

알아들을 수 없는 용어와 도표로 이루어진 경영의 신세계가 마크롱의 눈앞에 펼쳐졌다. 항상 수학이 제일 큰 약점이라고 생각해온 마크롱은 관련된 어떤 기술적 지식도 없이 일을 시작하게 되었다. 투자은행의 가장 기본적인 업무는 각 기업의 대차대조표와 손익계산서, 그리고 각자 내세우는 주요 사업 내용을 분석하며 기업의 가치를 평가하는 일이다. 신입 직원들은 보통 바로 업무에 투입되어 자본을 늘리기 위한 채권이나 주식 발행, 혹은 인수 계획을 짜는 일에 대해 각 기업에 조언자 역할을 하게 된다.

"늘 고맙다는 인사를 입에 달고 사는 사람이었습니다." 같이 일했던 한 동료가 영국 경제 신문 〈더 파이낸셜 타임스〉에 한 말이다. "마크롱은 예컨대 '법인세 이자 감가상각비 차감 전 영업이익' 같은 게 뭔지 전혀 알지 못했고 그런 사실을 구태여 숨기려고 하지도 않았습니다. 그리고 관련 내용을 책을 보고 찾아보는 게 아니라 아주 붙임성 있게 주변 사람들에게 물어보곤 했습니다."

로스차일드 투자은행에서의 4년은 마크롱의 비상을 설명하는 데 도움이 되는 특징들을 확인할 수 있는 기간이었다. 우선 프랑수아 앙로는 첫 만남에서 마크롱에게 함께 일하자고 제안했다. 프랑수아 앙로와 알랭 멩크, 그리고 앙리 에르망 같은 좀처럼 감정을 드러내지 않는 닳고 닳은 노련한 인사들이 처음 만난 마크롱에 대해 거의 한눈에 반했다는 사실은 참으로 놀라운 일이 아닐 수 없다.

문학과 철학, 그리고 정치에 대한 모든 지식이 국립행정학교에서 배운 분석 기술과 하나가 되어 그런 특별한 매력을 만들어내게 된 것은 아닐까. "그야말로 지성과 매력의 조화였습니다." 알랭 멩크의 말이다. "저는 종종 마크롱이 발레리 지스카르 데스탱의 장점만 갖추었다고 설명하곤 합니다." 지스카르 데스탱은 중도파 출신으로 1974년부터 1981년까지 대통령을 역임했다. 냉정하고 무뚝뚝한 태도로 큰 대중적 인기를 끌지 못한 채 정계를 떠났지만, 뛰어난 지적 능력으로 모든 정책과 각종 세부 사항들을 완전히 파악했던 것으로 유명했다.

투자은행 직원인 마크롱은 예의 그 뭐든지 빠르게 배우는 능력을 가지고 자신의 무지를 숨기지 않은 채 새로운 지식들을 습득해 갔다. 전직 외교관 출신으로 안보 및 지정학적 문제의 전문가인 프랑수아 에스부르는 "마크롱은 모르는 것을 아는 척하는 그런 사람이 아니었다"고 말한다.

지금은 영국에 본부를 두고 있는 국제전략 연구소 소장인 프랑수아 에스부르는 대통령 선거 기간 동안 마크롱의 고문 역할을 했다. 그는 마크롱과 이제는 고인이 된 영국의 전 수상 마거릿 대처 사이에 공통점이 있음을 발견했다. 그는 베를린 장벽이 무너진 직후 독일의 재통합과 관련한 논의가 오고갈 때 대처 수상을 도와 일한 적이 있었다. "대처 수상은 사람들이 먼저 이야기하도록 만들고 그 이야기를 경청한 후 마지막에 자신이 직접 결정을 내렸지요." 그는 영국 수상의 지방 관저에서 열렸던 회의와 회담들을 떠올리며 이렇게 말했다. "물론 대처 수상은 자신이 일단 정한 결정을 결코 되돌리는 법이 없었습니다." 마크롱 역시 "그런 성향이 있었지만 정치인으로서는 우리가 보통 생각하는 것보다 더 이질적인 모습이었습니다. 그는 언제 모른다고 해야 할지 알고 있었고 자신이 모르는 것에 대해서는 알고 싶어 했습니다."

분명한 사실은 마크롱이 경험이 부족하고 기술적으로 큰 단점이 있음에도 불구하고 로스차일드 은행에서 먼저 손을 내밀었다는 점이다. 애초의 그의 진짜 가치는 가지고 있던 인맥과 그 인맥을 업무와 연결시킬 수 있는 역량이었다. 숫자 계산 정도를 할 수 있는 직원은 은행에 차고도 넘쳤다. 〈월스트리트 저널〉과의 대담에서 당시의 일을 회상하던 마크롱은 덤덤하게 이렇게 말했다. "그냥 일종의 접대부 비슷한 일이었습니다. 고객들을 유혹하는 것이 나의 일이었으니까요." 당시의 동료는 그를 일종의 '윤활유'라고 표현했다.

당시 로스차일드 은행에서 기업 재정 담당 직원으로 일했던 소피 자바리는 프랑수아 앙로의 지시에 따라 이제 막 입사한 마크롱에게 업무 요령을 알려준 사람이었다. "프랑수아가 전화를 걸어와 아주 영민한 재정 감독청 출신 인재를 채용했으니 업무를 가르쳐주라고 말했습니다. 저에게 마크롱을 업무에 참여시켜달라고 부탁한 뒤 직접 찾아와 그를 우리들에게 소개했습니다."

소피 자바리는 이 신입 직원을 보자마자 그에게 즉시 매료되었고 사무실 한쪽 구석 다른 직원이 떠난 빈자리에 마크롱의 자리를 마련해주었다. 마크롱은 명랑하고 일에 열성적이었을 뿐만 아니라 특별한 역량 때문에 금방 은행 내에서도 사람들의 관심을 끌게 되었다. "마크롱은 문화에 대한 상식 자체가 대단한 사람이었습니다. 처음에는 잘 표시가 나지 않았지만 일단 그가 입을 열기 시작하면 놀라움 그 자체였어요." 소피 자바리의 말이다. "그가 쓰는 단어나 인용문은 아무도 들어본 적이 없는 것들이었죠."

기업들이 자금을 융통할 수 있도록 돕는 그녀의 부서는 로스차일드 은행 전체를 통틀어 당시 제일 업무가 바쁜 곳이었다. 리먼 브라더스의 파산 이후 전 세계 경제가 휘청거리면서 기업들이 자금을 구하기가 어려워졌기 때문이다. 은행들이 여유 자금을 풀지 않고 대출을 거부하기 시작했기 때문에 다른 곳에서 돈을 구해오거나 정부가 제공하는 긴급 자금 대출을 이용해야 했다. 또한 유럽 금융권에서 국유화 바람이 거세게 불고 수십억 유로에 달하는 구제 금융이 은행들로 흘러가고 있는 상황에서 정부의 의도와 관련된 내부 정부를 알아내는 일은 대단히 중요했다.

"정부와 관련된 업무가 있을 때마다 마크롱은 대단히 고급스러운 정보를 가져왔습니다." 소피 자바리의 회고다. 마크롱은 국립행정학교와 재정 감독청 시절의 인맥을 통해 재무부 내의 정보를 얻을 수 있었을 뿐만 아니라, 마크롱의 친구이자 스승이라 할 수 있는 장피에르 쥬예가 내각에 한 자리를 차지하고 있었다. "마크롱은 언제나 누구와 접촉해야 할지, 그리고 누가 결정을 내리는지에 대해 잘 알고 있었습니다."

민간 부문에서도 역시 자크 아탈리 위원회 시절의 연줄이 파리와 유럽, 그리고 미국으로 연결되는 재계에 긴밀하게 뻗어 있었다.

"은행 내부에서 마크롱만큼 수많은 인맥과 연줄을 가진 사람은 없었습니다." 은행의 또 다른 고참 직원으로 입사 초기 마크롱을 도왔던 시릴 아포슈의 말이다.

마크롱이 로스차일드 은행에서 처음 맡았던 업무들 중에는 〈제5원소〉 등으로 유명한 영화감독 뤽 베송이 추진하는 새로운 영화 제작사 설립 지원 업무가 있었고, 크레디 뮈튜엘 은행과 소비자 금융 기업인 코피디스 사이의 합병 업무에도 관여했다. 그리고 신문의 배급과 유통을 맡고 있는 프레스탈리스나 출판 전문 기업인 라가르데르 등의 여러 미디어 관련 기업들의 업무를 돕기도 했다.

"우리는 모두 마크롱이 은행 내에서 크게 성장할 것이라고 일찌감치 확신했습니다." 소피 자바리는 이렇게 기억했다. 마크롱은 얼마 지나지 않아 누구보다 열심히 일하고 업무는 번개같이 처리하며, 상사와 일반 직원을 가리지 않고 누구에게나 친절하게 대하는 사람으로 명성이 자자해졌다. "그는 사람들의 이름을 모두 기억하고 짧은 시간이라도 모든 사람들과 대화를 나누며 관심을 보였습니다."

마크롱은 또한 자녀나 가족 문제 등 다른 사람의 사소한 일까지 다 기억하는 재주가 있었다. "진심으로 관심을 갖는 듯한 모습에 다들 신선한 충격을 받았죠." 소피 자바리의 말이다. "아직은 젊은 사람이 그렇게 할 수 있다는 사실이 그저 놀라울 뿐이었습니다."

그런 마크롱의 매력은 상사나 고위 경영진과의 회의에서도 마법 같은 위력을 발휘했다. "그는 마치 누구나 다 좋아하는 아들 같은 모습을 보여주는 능력이 있었어요. 성숙하면서도 아직은 앳된, 유쾌한 매력이 뒤섞여 있었습니다. 마크롱은 언제나 사람들의 마음을 사로잡기 위해 애를 썼습니다."

소피 자바리와 함께 1년 반을 일한 후 고객들을 끌어들이는 매력과 업무 처리에 대한 능력을 인정받은 마크롱은 인수 및 합병 담당 부서로 옮겨가게 되었다. 이 부서의 주요 업무는 기업의 가치를 평가한 후 살 것인지 혹은 팔 것인지를 결정해 고객에게 알려주는 것이었다. 워낙 치열한 시장이었고 신입 사원인 마크롱이 처음부터 큰 성과를 거두기는 어려웠지만, 중요한 거래가 있을 때마다 돈과 명성이 조금씩 쌓여갔다. 각 기업들의 인수와 합병 사례는 2009년을 기준으로 전년도에 비해 프랑스에서는 50%, 그리고 전 세계적으로는 30%가 더 늘어났다.

정해진 업무 외에도 일의 연장이나 마찬가지인 점심이나 저녁 식사가 계속되는 바쁜 생활 속에서 마크롱은 개인적인 활동도 소홀히 하지 않았다. 잡지 〈에스프리〉의 이사로 활약하면서 여러 전문가 집단이나 연구소에도 얼굴을 내밀었다. "마크롱이 그저 직장 생활에만 몰두하지는 않는다는 걸 잘 알 수 있었습니다. 우선 그의 손에는 휴대 전화가 두 대 들려 있었어요." 어느 동료 직원이 기자인 마르크 앙드뤨드에게 한 말이다.

몇 년 동안 마크롱과 함께 인수와 합병 업무를 함께했던 고티에 다니엘은 마크롱이 자신의 특이한 업무 습관 덕에 짧은 시간 안에 많은 일을 할 수 있었다고 기억했다. "보통 은행 업무는 밤늦게 끝나기 마련입니다. 그런데 마크롱은 좀 달랐어요. 그는 아주 이른 시간에 퇴근을 했지만 대신 새벽부터 일어나 일에 매달렸습니다. 새벽 3시나 4시쯤이면 그에게서 문자로 연락이 왔는데 그는 그때부터 이미 하루를 시작하고 있었던 거죠."

시간에 대한 압박과 부족한 수면 시간, 그리고 투자은행의 엄청난 업무량에도 불구하고 마크롱은 한 번도 침착한 모습을 잃은 적이 없었다. "나는 그가 긴장하는 모습을 한 번도 본 적이 없어요. 마크롱은 놀라울 정도로 자기 절제가 뛰어난 사람이었습니다." 소피 자바리의 설명이다.

은행에서 근무한 지 어느덧 2년의 세월이 흘렀지만 단독으로 중요한 거래를 맡은 적이 없었던 마크롱은 그때 프랑수아 올랑드를 다시 만나게 되었다. 두 사람은 이미 전에 몇 번 마주친 적이 있었다. 주로 2008년, 파리 북서부 뇌이세르센에 있는 자크 아탈리의 우아한 집에서 열린 저녁 만찬 자리에서였다.

당시 쉰여섯 살이었던 올랑드는 내년으로 계획되어 있는 사회당 대통령 후보 경선에 나설 계획이었고 그때 자신을 도와줄 경제 자문을 찾고 있었다. 1970년대 초 아직 학생이었던 올랑드는 사회당 당수인 프랑수아 미테랑을 도우며 정치에 입문했다. 1981년 대통령 선거에서는 선거 운동원으로 직접 참여하며 본격적으로 정치·활동을 시작했고, 결국 미테랑은 제5공화국 최초의 좌파 대통령에 당선이 되었다. 주어진 분위기에 잘 어울리는 편안한 재치와 익살로 유명한 올랑드에게는 빛나는 미래가 기다리고 있는 것 같았다. 그는 스물여섯 살의 나이에 프랑스 중부의 외딴 지역인 코레즈에서 자신의 정치적 기반을 닦기 시작했고, 1988년에는 마침내 그곳에서 처음으로 국회의원에 당선되었다.

그렇지만 올랑드의 앞에는 언제나 더 성공 가도를 달리는 여자 친구 세골렌 루아얄이 있었다. 자녀를 넷이나 둔 두 사람은 함께 국립행정학교를 졸업한 후부터 이미 그 이름이 널리 알려져 있었으며 1981년 미테랑이 대통령에 당선이 될 때도 역시 함께 선거 운동에 참여했다. 그러나 세골렌 루아얄이 미테랑 행정부에서 세 차례나 장관을 역임한 끝에 마침내 사회당 대통령 후보에까지 오른 것에 반해, 올랑드는 행정부가 아닌 사회당에 그대로 남아 1997년에 당수가 되었고 이후 11년 동안 당수 자리를 유지했다. 우유부단할 뿐만 아니라 말과 행동에 날카롭고 거친 면이 없다는 이야기가 퍼지며 사람들은 올랑드를 대통령이 될 재목으로 인정해주지 않았다. 심지어는 바닐라와 캐러멜로 만든 부드러운 푸딩 이름인 '플랑비'가 별명일 정도로 사람들은 그를 달가워하지 않았다. 게다가 권위가 부족해 보이는 뚱뚱하고 푸근한 체형도 비난의 대상이었다.

올랑드는 사회당 당수에게는 재앙으로 기억될 2002년 대통령 선거를 지휘했다. 국무총리 출신이자 그의 협력자였던 리오넬 조스팽은 1차 투표도 통과하지 못했다. 2005년에는 새로운 유럽연합 헌법과 관련한 프랑스의 국민투표를 앞두고 사회당 자체가 내분에 휩싸였다. 올랑드는 유럽연합 헌법 제정에 찬성표를 던졌지만 사회당의 2인자 로랑 파비우스가 공개적으로 반대를 하고 나선 것이다.

2007년, 사회당은 다시 한 번 대통령 선거에서 패배를 맛보았다. 이번에는 사르코지에 대항해 세골렌 루아얄을 후보로 내세운 결과였다. 올랑드의 사회당 당수 임기도 2008년 프랑스 북동부의 도시 랭스에서 있었던 회의에서 매서운 공격과 함께 끝이 났다. 이 회의는 올랑드가 오랜 세월 묻어두려고 애썼던 사회당 내부의 분파와 이념적 갈등이 결국 다시 한 번 터져 나오는 계기가 되고 말았다.

"프랑수아 올랑드의 약점의 핵심은 그의 무기력함입니다. 그가 정치에 입문한 지 30년이 지났지만 무슨 업적을 이루었는지 하나라도 찾을 수 있나요? 단 하나라도?" 올랑드와 헤어진 후 세골렌 루아얄이 〈르 피가로〉와의 대담에서 던진 질문이다. 비록 이제는 사이가 멀어진 연인이자 분노한 정치적 경쟁자가 던진 질문이라고는 하지만 그 질문에 대한 답을 하기란 쉽지 않았을 것이다.

2010년 말까지 올랑드는 몸무게를 10킬로그램 이상이나 감량했고, 그가 '내 인생의 여인'이라고 불렀던 〈파리 마치〉의 기자 발레리 트리에르바일레를 만났다. 그리고 대통령이 되기 위한 지지 기반을 닦으며 밑바닥부터 다시 올라오기 시작했다. 이때 그가 마음 깊이 새겼던 말은 미테랑이 했던 "사람들의 호감을 사려면 먼저 호감을 주는 사람이 되어야 한다"라는 말이었다.

그렇지만 여전히 올랑드는 사람들의 관심 밖에 있었고 대부분의 사람들은 사회당 내에서 중도좌파를 표방하고 있는 국제 통화 기금의 총재 도미니크 스트로스칸이 훨씬 더 경쟁력 있는 후보라고 생각했다. 올랑드는 그저 코레즈를 기반으로 하는 국회의원 신분에 불과했지만, 도미니크 스트로스칸은 전 세계 금융위기의 최전선에서 소방관으로 싸우며 워싱턴까지 그 명성이 널리 알려진 인물이었다.

이런 상황에서 마침 경제 자문역을 해줄 사람이 필요했던 올랑드는 장피예르 쥬예의 소개로 마크롱을 다시 만나게 되었고 두 사람은 곧 의기투합하게 되었다. 이 사회당 후보에게는 지적인 면을 찾아보기는 어려웠지만 이내 익살이나 재치에 대해서는 서로 비슷한 면이 있음을 알게 되었으며 둘 다 축구도 좋아했다. 또한 현재 프랑스의 경제 상황이나 사회적 병폐들에 대해서도 대부분 비슷한 견해를 보이는 것 같았다.

은행의 다른 동료들은 지칠 때까지 일을 하고 시간이 나면 모자란 잠을 보충하거나 그동안 소홀히 대했던 가족들을 돌보았지만, 마크롱은 올랑드의 정책 고문이라는 새로운 일을 맡게 되었다. 공직을 떠난 지 겨우 2년 만에 마크롱은 이제 정치의 최전선에 나설 수 있는 기회를 처음 잡게 된 것이었다.

"사실 실제로 어떤 전략을 갖고 있지는 않았습니다. 그렇지만 2010년에 저는 프랑수아 올랑드가 최고의 대통령 후보라는 확신이 있었습니다." 마크롱의 말이다. "전 도미니크 스트로스칸이 후보 경선에서 승리하리라고는 생각하지 않았어요. 무엇보다도 프랑스에서는 사람들이 돈과 관련된 문제를 곱게 보지 않거든요."

확실히 도미니크 스트로스칸의 명품 시계와 마라케시에 있는 화려한 별장, 그리고 텔레비전 앵커 출신인 백만장자 아내 안 생클레르와 누리는 사치스러운 삶은 사람들에게 부정적인 인상을 심어주었다. 또한 포르쉐를 타고 파리 시내를 질주하는 모습이 널리 알려지면서 좌파 성향의 일간지 〈르 리베라시옹〉은 이런 질문을 던졌다. "좌파 성향이라는 사람이 저렇게 살아도 되는 것인가?"

그렇지만 당시 마크롱이 올랑드를 선택한 것에 대해 다른 이유가 있다고 의심하는 목소리도 있다. 알랭 멩크는 자신의 생각을 이렇게 말했다. "도미니크 스트로스칸 밑에서 일하게 된다면 그저 수많은 사람들 중의 한 명일 뿐이었겠지만, 그 대상이 올랑드라면 바로 옆에서 중요한 참모로 그를 보좌할 수 있었을 겁니다."

같은 해, 마크롱은 평소 알고 지내던 〈르 몽드〉의 기자와 점심을 함께하다가 또 다른 일을 찾게 되었다. 이 좌파 성향의 일간지는 재정적으로 위기에 봉착해 있었고 여름이 가기 전에 보유하고 있던 현금이 바닥날지도 모르는 상황이었다. 〈르 몽드〉는 일종의 직원 조합이 회사 지분의 대부분을 보유하고 있었고 따라서 조합 대표들은 새로운 투자자와 전문가의 조언을 애타게 찾고 있던 중이었다.

"마크롱은 회사 일이 없을 때 우리를 도울 수 있을 거라고 말했습니다. 그리고 자신은 아무런 대가없이 그 일을 할 것이며 근무하고 있는 은행에도 그런 사실을 알리겠다고도 했죠." 경제부 선임 기자이자 조합 대표 중 한 사람인 아드리안 드 트리코르노가 파리 남서부의 한 찻집에서 커피 한 잔을 앞에 놓고 해준 말이다. "마크롱은 정확하게 우리가 당시에 필요로 하던 사람이었습니다. 공공의 이익을 위해 기꺼이 우리에게 손을 내밀어 돕고 싶어 하는 사람 말입니다."

이후 로스차일드 은행의 사무실이나 혹은 파리의 카페에서 장시간 이어진 여러 차례의 회의를 통해 아드리안 드 트리코르노의 동료인 질 반 코테는 마크롱에게서 신문사의 위기를 타개할 만한 실질적인 해결책을 들으면서 그에 대해 좀 더 많은 것을 알게 되었다.

"그는 우리에게 자신이 재정 감독청에서 일했던 경력이 있다고 말해주었습니다. 지금은 투자은행에서 일하며 많은 보수를 받고 있는데, 그리 큰 의미가 있는 그런 일은 아니라고 했어요." 아드리안 드 트리코르노의 설명이다.

"우리는 마크롱이 로스차일드 은행에서 다른 직원들과 어떻게 시간을 보내고 있는지 대강은 짐작할 수 있었습니다. 저로서는 그가 장차 자신의 진로를 정치로 잡고 있었기 때문에 그렇게 말한 건지, 아니면 그냥 친절하고 좋은 사람으로서 그렇게 말한 건지는 잘 알 수 없습니다. 그렇지만 우리 모두는 마크롱에게서 비슷한 느낌을 받았습니다."

마크롱은 또한 〈르 몽드〉의 사장 루이 슈바이처와의 면담에서도 처음부터 깊은 인상을 심어주었다. 루이 슈바이처 사장은 그동안 새로운 투자자들을 이사진에 합류시키겠다는 약속을 해온 터였고, 질 반 코테는 그런 사장이 아무런 성과도 없이 그저 계속해서 직원들만 다그쳐왔다고 생각했다. "그런데 마크롱이 손바닥으로 탁자를 내리치며 이렇게 말하는 것이었습니다. '주주들에게 그런 식으로 말하는 사람은 한 번도 본 적이 없어요!'" 아드리안 드 트리코르노는 그때의 상황을 이렇게 설명했다. "〈르 몽드〉의 진짜 주인이 누구인지를 비로소 깨달았던 순간이었습니다."

여름이 지나가면서 상황은 더욱 악화되었다. 마크롱은 신문사를 살리겠다고 호언장담했지만 아직 어떤 결과도 보여주지는 못했다. 그러는 사이 입생로랑 패션 그룹의 공동 창업자이자 억만장자인 피에르 베르제, IT 및 이동통신계의 거물 자비에 니엘, 그리고 투자은행 라자흐의 마티유 피가스가 〈르 몽드〉를 두고 벌이는 거래가 구체화되기 시작했다. 라자흐 은행은 파리에 본사를 둔 로스차일드 은행의 경쟁사이기도 했다.

마크롱은 아드리안 드 트리코르노와 질 반 코테에게 점점 더 강력한 어조로 이 세 사람과의 의견 조율을 늦추도록 독려했다. 더 나은 조건이 나올 때까지 기다려보겠다고 답하게 한 것이다. 유일하게 남은 가능성은 에스파냐의 미디어 기업인 프리사를 주축으로

한 여러 기업들의 협력체가 내민 협상안뿐이었는데, 아직 그 내용이 불완전했을 뿐더러 지나치게 위험 부담이 큰 거래로 여겨졌다. 게다가 프리사에게 조언을 하고 있는 사람은 알랭 멩크였는데, 그는 〈르 몽드〉의 이사로 있으면서 좋지 않은 기억만 갖고 있는 터라 호의적인 의견을 내놓지 않을 것 같았다. 이런 어려운 상황에도 불구하고 마크롱은 한동안 계속해서 현상 단계만을 유지했다.

〈르 몽드〉의 직원들은 피에르 베르제, 자비에 니엘, 그리고 마티유 피가스 세 사람의 제안을 받아들이는 문제에 대해 여름 내내 찬반투표를 벌였다. 9월 3일에는 아드리안 드 트리코르노와 질 반 코테가 피에르 베르제의 변호사들 중 한 사람을 만나게 되었는데, 우연하게도 이들이 만남을 가진 건물에는 알랭 멩크의 사무실도 입주해 있었다. 그리고 그날, 마크롱에 대한 그들의 생각이 완전히 뒤바뀌고 말았다.

변호사를 만난 두 사람이 건물 바깥 쪽 거리에 서 있을 때였다. 육중한 나무 현관문이 다시 열리면서 아드리안 드 트리코르노의 눈에 마크롱이 알랭 멩크와 함께 걸어 나오는 모습이 분명하게 들어왔다. 그렇지만 두 사람은 다시 몸을 돌려 건물 안으로 사라지고 말았다.

"내 말이 믿기지 않겠지만, 지금 방금 마크롱과 알랭 멩크를 분명히 본 것 같습니다." 아드리안 드 트리코르노가 질 반 코테에게 이렇게 말했다. 그는 즉시 자신이 눈으로 본 사실을 확인하려고 했다. 먼저 알랭 멩크의 사무실 초인종을 눌러보았지만 모두들 점심식사를 하러 나갔는지 사무실은 비어 있었다. 그는 화려한 융단이 깔린 계단을 따라 올라가며 각 층을 모두 확인했다. 마침내 제일 꼭

대기 층에서 마크롱이 등을 계단 쪽으로 향한 채 전화 통화를 하는지 뭔가를 이야기하고 있는 모습이 눈에 들어왔다. 누군가 여기까지 올라오는 것을 막기 위해서인지 마지막 층은 승강기 운행이 잠시 중지되어 있었다.

"마크롱? 이제 우리에게 인사도 안할 참인가? 저 아래에서 우리 동료들이 다들 당신을 기다리고 있는데." 아드리안 드 트리코르노가 이렇게 말했다. 마크롱은 전화를 끊지는 않았지만 이미 평정심을 잃은 것 같았다. "마크롱이 헉, 하고 숨을 들이마셨습니다. 아마 그때 심장 박동이 1분에 200번은 넘게 뛰지 않았을까요?" 아드리안 드 트리코르노의 회상이다.

이윽고 두 사람은 함께 계단을 따라 걸어 내려왔다. 현관문 앞에 이르자 하얗게 질렸던 마크롱의 얼굴에는 그의 전매특허라 할 수 있는 자신만만한 표정이 다시 떠올랐다. 마크롱은 무엇을 감추고 있던 것일까? 마크롱이 알랭 맹크와 만난 일 자체는 경쟁자의 속내를 알아내려는 사업적인 관점에서 이해될 수도 있을 만한 행동이었다. 그렇지만 그전에 우선 〈르 몽드〉의 '의뢰인'들에게 그런 사정을 알려야 하는 것이 아닐까? 사람들은 그에게 공정한 조언을 기대했지만 마크롱은 서로의 이해관계가 어긋날 수 있는 가능성에도 불구하고 상대편 조언자인 알랭 맹크와 자신과의 오래된 관계를 의뢰인들에게 알려줄 의무를 등한시한 것이다. 그러자 갑자기 마크롱이 그동안 베르제-니엘-피가스의 제안에 반대해온 이유를 알 수 있을 것 같았다.

아드리안 드 트리코르노는 마크롱과 함께 이 일을 맡게 되었을 때 질 반 코테가 했던 말이 기억이 났다. "그동안 우리는 참 많은 사람들에게 배신을 당해왔어. 그렇지만 만일 마크롱마저 우리를 배신한다면 우리는 앞으로 인간성이라는 것 자체를 포기하는 게 좋을 거야." 그날 늦게 아드리안 드 트리코르노는 질 반 코테에게 이렇게 문자를 보냈다. "인간이라는 사실이 정말 부끄럽습니다."

"그는 기만자이면서 진짜 냉정한 전문가라고 할 수 있습니다. 그렇지만 그가 마음 깊은 곳으로 뭘 생각하고 있는지는 정말 모르겠습니다." 아드리안 드 트리코르노의 결론이다. 그때 이후 마크롱과의 연락은 끊어졌고 그로부터 약 2개월 후 결국 〈르 몽드〉는 직원들의 결정에 따라 1억 1,000만 유로에 베르제-니엘-피가스에게 매각되었다.

이런 당황스러웠던 일들에도 불구하고 은행으로 돌아간 마크롱은 계속 승승장구했다. 그는 2010년 중역으로 승진하기 전까지 평사원으로 세전 연봉 13만 유로를 받으며 은행 생활을 했고 승진 이후에는 연봉이 세 배나 올랐다. 2011년 2월에는 다시 은행과 일종의 동업 계약을 맺는 지위로 승진했으며, 이로 인해 연봉 외에도 매년 회사 이익의 일부를 지급받게 되었다.

동료였던 소피 자바리는 그의 평판이나 명성을 생각해보면 전혀 놀랄 일도 아니라고 말한다. 그렇지만 역시 동료 직원들 사이에서 질투의 감정이 생기지 않을 수 없었고, 특히나 더 근무를 오래하고 승진을 기다리던 직원들 사이에서는 불만이 적지 않았다. 데이비드 드 로스차일드와 프랑수아 앙로처럼 은행의 최상부에 후원자가 있었던 마크롱은 때로는 바로 위의 상관을 건너뛰고 일을 처리하기도 했다. 필요하다면 그 상관의 상관을 찾아가 원하는 바를 관철시켰고, 아무런 의논 없이 독단으로 의뢰인에게 직접 연락을 취하는 경우도 종종 있었다. 최상부의 비호를 받으며 이렇게 위계질서를 어지럽히는 행동은 2014년 장관에 임명된 후에도 계속해서 반복이 되었다.

"이렇게 질투심을 유발하게 만든 유일한 잘못이 있다면 바로 그의 야망이었어요." 소피 자바리의 말이다. "마크롱이 야심이 넘치는 사람이었던 건 틀림없는 사실이죠." 그녀는 마크롱이 은행에 입사하면서 정치나 정부 쪽에서 일하는 걸 포기한 것이 아닌가 추측했다. "제 생각으로는 마크롱이 마흔이 되기 전에 뭔가 아주 대단한 일을 해낼 것 같았습니다. 예컨대 프랑스 재계 40대 기업 중 한 곳의 최고 경영자 정도는 해낼 거라고 속으로 확신했어요."

고티에 다니엘은 자신과 동료들이 2010년부터 마크롱의 미래가 어떻게 될지 이런저런 추측을 하기 시작했다고 말했다. "우리는 언젠가 그가 대통령도 할 수 있을 거라고 농담을 하곤 했습니다. 투자은행 같은 건 그저 스쳐지나가는 곳일 뿐이라고 말이죠. 마크롱의 배경이나 성향을 생각하면 당연한 결론이었습니다."

2010년부터 이어진 올랑드와 그의 인연도 은행에서의 고속 승진에 도움이 되었을까? 로스차일드 은행의 운영 방식을 생각한다면 충분히 가능한 이야기다. 프랑스의 언론인 마르틴 오랑주는 2012년 로스차일드 은행을 추적한 결과를 책으로 펴냈다. 이 책을 살펴보면 이 은행과 정계와의 관계가 자세하게 나와 있는데, 로스차일드 은행은 정부와 이익이 크게 남는 계약을 많이 체결한 것을 알 수 있다. 또한 에마뉘엘 마크롱이라는 이름의 영민하지만 특이한 새로운 직원을 어떻게 찾아냈는가에 대한 내용도 나오며, 사회당 대통령 후보 경선의 승리자를 예상하는 데이비드 드 로스차일드와의 대담도 들어 있다. "올랑드라고 생각하지 않습니까?" 데이비드는 이 대담 중에 당시로서는 아무도 예상하지 못했던 인물을 지목했다.

EMMANUEL
MACRON

제7장

'꼬마 마크롱', 은행을 떠나
더 큰 세상으로 나아가다

마크롱이 이십 대에 탐독했던 마키아벨리의 《군주론》을 보면, 16세기 이탈리아를 서로 차지하기 위해 싸우던 군주들의 운명을 통해, 이 이탈리아 출신의 저술가가 덕성과 행운의 역할에 대해서 심사숙고하고 있음을 알 수 있다. "나는 행운은 우리가 하고자 하는 일의 절반 정도만 좌우할 수 있고, 나머지 절반 이상은 우리 자신이 책임지는 것이 사실이라고 생각한다. 따라서 어떤 상황에서는 머뭇거리기보다는 앞으로 나아가는 것이 더 나을 수 있다."

그간 마크롱은 확실하게 드러나 있는 자신의 능력 이외에 행운의 도움도 많이 받았지만, 정말로 행운이 그를 도운 시기는 2017년 대통령 선거 전의 몇 년간이라고 할 수 있을 것이다.

2011년 5월 14일 정오 무렵 도미니크 스트로스칸은 뉴욕 소피텔 호텔의 최고급 객실인 2806호실 욕실에서 벌거벗은 채 걸어 나오다가 청소를 하러 들어온 여직원 나피사투 다이알로와 마주쳤다. 나피사투 다이알로는 서른두 살의 아프리카 출신 이민자였다. 이후 성적인 접촉이 있었고 도미니크 스트로스칸 측은 합의에 의한 성관계를, 그리고 다이알로 측은 강압에 의한 성폭행을 주장했다. 하룻밤 숙박요금이 3,000달러나 하는 VIP 객실 바닥에서는 타액과 정액의 흔적이 발견되었다. 은발의 국제 통화 기금 총재는 30분도 되지 않아 서둘러 호텔을 떠났고, 딸과 점심 식사를 한 후 파리행 여객기에 올라탔다. 파리에서는 자신의 갑작스러운 대통령 출마 선언을 위한 회의가 있을 예정이었다. 여론 조사에서는 그가 사회당 후보가 되어 이듬해 있을 대통령 선거에서 사르코지를 이길 수 있을 거라는 전망이 여전히 우세했다.

그가 탄 여객기가 케네디 국제공항을 이륙하기 10분 전, 두 명의 경찰관이 들이닥쳐 도미니크 스트로스칸을 체포했고, 뉴욕 할렘에 있는 경찰서로 압송해서 성추행과 강간 시도 혐의로 그를 기소했다. 그는 모든 혐의를 부인했다. 경찰서에서 그날 저녁을 보낸 유력한 프랑스 대선 후보는 양손을 등 뒤로 묶인 채 초췌한 얼굴로 전 세계 언론 앞에 모습을 드러냈고, 이 모습을 본 프랑스 국민들은 큰 충격을 받았다.

사실 그는 처음 국제 통화 기금의 총재 임기를 시작했을 때도 비슷한 일을 겪은 적이 있었다. 통화 기금에서 일하던 한 헝가리 출신 경제학자가 2008년 스위스 다보스에서 있었던 세계 경제 포럼에서 총재로부터 성관계를 강요받았다고 주장한 것이다. 당시는 유야무야 넘어갔지만 이번에는 리커스 아일랜드 교도소에 구금되어 있는 동안, 거의 즉시라고 해도 좋을 만큼 서둘러 총재직에서 자진 사퇴하고 말았다.

비록 그로부터 며칠 뒤에 실시한 여론 조사에서 프랑스 국민의 57%는 그가 무죄라는 답을 했지만 그의 정치 이력은 이것으로 끝장이 났다. 이 사건과 관련된 음모론도 몇 년 동안 계속해서 흘러나왔다. 언론들은 모두 합세해서 그를 공격했고 일부만 그를 옹호했는데, 그중에는 철학자인 베르나르앙리 레비도 있었다. 그는 친구이기도 한 도미니크 스트로스칸과 관련해 그를 "잔혹하고 폭력적인 개인, 야만스러운 짐승, 그리고 야만인 등으로 규정하는 행위가 참으로 부조리하다"고 말했다.

결국 이 사건은 정식으로 법정까지는 가지 않았다. 뉴욕 검찰은 다이알로가 몇 가지 세부 사항에 대해 거짓말을 했다고 판단하고 몇 개월 뒤 기소중지 처분을 내렸다. 도미니크 스트로스칸은 2012년 다이알로에게 민사소송을 제기했는데 그 정확한 청구 액수는 알려지지 않았다.

그렇지만 이번에는 프랑스에서 법적인 문제가 몇 년 동안 계속해서 이어졌다. 미국에서의 사건과는 별개로 프랑스 북동부 지역에서 매춘 조직을 조사하는 과정에서 그의 이름이 불거져 나온 것이다. 재판이 진행되는 과정에서 도미니크 스트로스칸이 거친 형태의 성관계와 난교를 즐기는 취향이 있다는 사실이 전 세계에 폭로되었다. 2015년 6월, 그는 결국 이 매춘 조직과 관련해서는 무죄 판결을 받았으나, 그 밖에도 여러 여성들이 그의 성생활에 대해 폭로했다.

소피텔 호텔에서 발생한 추문에 관해 올랑드는 침착한 어조로 자신은 이번 사건으로 이득을 보는 사람은 아무도 없다고 생각한다는 반응을 보였다. 국제적으로 보자면 국제 통화 기금은 물론 프랑스의 명예가 크게 훼손되었고, 프랑스 정치계에서는 그동안 있었던 정치인들의 엽색적인 행각에 대한 새로운 질문이 터져 나오는 계기가 되었다.

사건이 있기 몇 주 전부터 대통령 후보 경선 지지도에서 올랑드는 도미니크 스트로스칸과의 격차를 조금씩 줄여나가고 있던 중이었지만 이제는 상황이 크게 달라지고 말았다. 여론 조사 기관인 오피니언웨이 피두시알이 5월 18일 발표한 여론 조사 결과에 따르면 올랑드의 지지율은 4월에 비해 27% 포인트나 올랐고, 응답자의 62%는 사회당 경선에서 올랑드를 찍을 계획이라고 대답했다.

그로부터 얼마 지나지 않아 수백 장의 이력서와 자기 소개서가 올랑드의 선거 운동 본부로 밀려들었다. 침몰하는 도미니크 스트로스칸으로부터 탈출한 사람들이 새로운 구명정에 올라타려고 애를 쓰는 상황에서 그들 중 일부는 실제로 채용이 되었다. 그렇지만 마크롱은 처음부터 올랑드 곁에 있었고, 이미 올랑드와 특별한 관계를 만들어놓은 상태였다. 이 젊은 은행가는 저명한 경제학자들과의 회의를 주최하며 유력 후보의 자문으로서 자신의 입지를 더욱 강화해나갔다. 여기 모인 경제학자들 중에는 장 피자니 페리 등이 포함되어 있었는데, 그들은 주로 마크롱이 좋아하는 좌안의 식당들 중 라 로통즈 같은 곳에서 모이곤 했다.

10월이 되자 올랑드는 마침내 사회당 대통령 후보로 선출이 되었다. 2차 투표에서 좌파 성향의 마르틴 오브리를 57 대 43으로 누른 것이다. "마크롱은 경선 과정에서 올랑드의 공약 중에서 거시경제 분야와 재정 문제를 지원하는 부서를 조직해 이끌었습니다." 올랑드의 최측근 보좌관들 중 한 명이며 연설문 작성자이기도 한 아 퀼리노 모렐이 한 말이다. "올랑드가 후보로 선출되자 마크롱은 홀 연히 자취를 감췄고 그해 가을과 2012년 봄까지 공식적인 주요 선 거 운동원들 사이에 모습을 드러내지 않았습니다. 그렇지만 그는 외각에서 따로 올랑드를 지원했지요. 우리는 그가 사라지지 않고 어딘가에 있다는 사실을 잘 알고 있었습니다."

마크롱은 은행에서 굵직한 거래를 찾기 위해 노력하고 있었다. 거기서 성공을 한다면 은행에서 자신의 운을 찾겠다는 자신의 결 정은 정당성을 획득하게 될 터였다. 그렇지만 그런 모든 일은 결국 예전 자크 아탈리 시절의 인맥으로 해결될 수 있었다.

마크롱은 스위스의 브베에 있는 네슬레 본사를 정기적으로 방문 하면서 막대한 현금을 보유하고 있는 식품계의 거물 피터 브라벡 을 설득하기 위해 애를 썼다. 미국의 제약회사인 화이자의 분유 사 업 부문을 사들이는 문제를 생각해보라는 것이었다. 제네바 호수 근처의 식당에서 값비싼 점심을 먹으며 진행된 이야기의 내용은, 만일 네슬레가 화이자의 분유 사업 부문을 손에 넣게 된다면 중국 처럼 빠르게 성장하는 신흥 시장을 선점할 수 있다는 것이었다. 지 금까지 네슬레는 신흥 시장에서 큰 재미를 보지 못하고 있었다.

네슬레는 지금까지 마크롱이 제안하고 있는 정도의 큰 규모의 거래를 해본 적이 없었고, 또한 로스차일드 은행과도 한 번도 일을 같이 해 본 적이 없었다. 그런데도 무뚝뚝하고 사람들을 가까이 하 지 않는 피터 브라벡이 마크롱의 제안에 관심을 보였다. 4년 전 자 크 아탈리 위원회에서 함께했던 이후로 마크롱에 대해 좋은 기억 을 간직하고 있었기 때문이었다.

논의가 열기를 더해 가고 있을 무렵, 화이자의 분유 사업에 관심을 보이는 또 다른 경쟁자들이 나타났다. 미국 회사인 미드 존슨과 프랑스의 식품 회사인 다농이었다. 특히 다농에 조언을 하고 있던 것은 라자흐 투자은행과 마티유 피가스로, 마크롱의 계획을 무너트릴 정도의 위협적인 상대였다. 미드 존슨은 인수 가격이 올라가기 시작하자 일찌감치 이 일에서 빠져버렸고, 네슬레는 90억 달러를 제시하며 인수를 결정했다. 이런 사실은 〈월스트리트 저널〉을 통해 세상에 공개되었다.

협상의 열기로 뜨거운 주말 내내 네슬레가 가격을 제시하면 다농이 또 다른 가격을 제시하는 혈전이 계속되었다. 뒤에서 실질적으로 이 일을 진두지휘하고 있는 것은 다름 아닌 마크롱과 마티유 피가스였다. 두 사람은 각각의 의뢰인들에게 가격을 올리라고 종용을 했다.

2012년 4월 23일, 프랑스 대통령 선거 제1차 투표가 끝난 다음 날, 네슬레는 언론과 주주들에게 자신들이 이번 인수전에서 승리를 거두었으며 예상보다 훨씬 더 많은 금액인 110억 8,500만 달러를 지불하기로 했다고 발표했다. 이번 합병을 통해 네슬레가 "유아용 식품과 관련된 자사의 사업 분야에서 부족한 부분을 완벽하게 보완할 수 있게 되었다"는 것이 발표 내용의 요지였다.

마크롱의 동료인 고티에 다니엘은 다른 사람들과 마찬가지로 깊은 감명을 받았다. "솔직히 말해, 마크롱은 이와 같은 거래를 성사시키는 데 있어 기술적으로 최고의 능력을 갖고 있는 사람은 아니었습니다. 그렇지만 그는 자신감뿐만 아니라 피터 브라벡과 같은 인맥을 갖고 있었습니다. 다시 말해, 그런 관계와 인맥을 다루는 데 필요한 감정적 지성을 가지고 이 일에 뛰어든 것이었죠." 고티에 다니엘의 설명이다. "그는 또한 재정적인 부문을 잘 다루는 등, 그의 약점을 보완해줄 수 있는 아주 뛰어난 사람들을 주변에 끌어 모았습니다." 마크롱은 더할 나위 없이 깔끔하게 일을 처리했다. 은행에서의 경력을 마무리하면서 엄청난 거래를 성사시켰다는 훈장을 달게 되었으며, 이제는 올랑드와 함께 정부의 일을 맡을 수 있는 가능성도 보였다. 그렇지만 정계로 뛰어들기 전에 꼭 필요하다고 생각했던 경제적인 독립도 이룰 수 있었을까?

2009년에서 2012년에 걸쳐 마크롱은 자신이 로스차일드 은행으로부터 모두 합쳐 세전 300만 유로의 급여를 지급받았다고 밝혔다. 특히 자신의 이력에서 가장 큰 거래를 성사시켰던 2012년의 경우 그 수입은 세전 99만 1,000유로에 달했다. 5개월 정도만 근무한 것을 생각하면 결코 적은 금액은 아니었지만, 새로운 고객을 끌어오고 국경을 넘나드는 엄청난 거래를 성사시킨 일에 대해서는 특별한 상여금 같은 것은 전혀 없었다. 대신 그는 은행의 전체 수익에서 자신의 몫을 챙겼고, 2011년의 수입은 4년 동안 제일 높은 140만 유로였다.

어쨌든 마크롱은 부유했다. 때문에 프랑스에서, 그것도 특히 좌파 정치인으로서 본인의 의지만으로 정치계에 뛰어들기에는 어려움이 있었다. 어쩌면 현재의 자산으로 남은 일생을 먹고살기에는 충분치 않은 듯 보일 수도 있었지만, 평균적인 삼십 대 초반의 프랑스 국민들과 비교했을 때 그가 대부분의 사람들이 감히 올려다보지도 못할 부자라는 사실에는 변함이 없었다.

올랑드는 29%의 득표율로 1차 투표를 1위로 통과했다. 사르코지는 27%였다. 2주 후에 치러진 대통령 선거 2차 결선 투표에서는 올랑드가 52%의 득표율로 마침내 최종 승자가 되었다.

거래를 성사시키는 마크롱의 기술도 다시 한 번 빛을 발했다. 그는 승리를 거둔 선거 운동 본부의 공식적인 일원이 아니라 비공식적인 고문이었고, 자신이 나서서 새로운 정부의 요직을 차지하기 위해 애를 쓰지는 않았다. 그렇지만 올랑드와 확실한 교감을 나눈 마크롱은 이제 로스차일드 은행을 떠나 더 큰 세상으로 나아가게 되었다.

"올랑드의 주변 인물들 중에서 마크롱만이 유일하게 자신이 어떤 일을 하게 될지 잘 알고 있었습니다." 올랑드의 보좌관 중 한 사람이었던 아퀼리노 모렐의 회고다. "그는 대통령의 길잡이 역할을 하는 보좌관들 중 가장 높은 자리에 임명될 것을 이미 알고 있었죠."

투자은행 출신에게 이런 중요한 자리를 맡기는 것은 올랑드에게 어울리지 않는 선택이었다. 올랑드 대통령은 선거 운동 기간 동안 그 성향이 조금씩 좌파 쪽으로 기울었으며, 그런 사실은 지난 1월 파리 근교의 르 부르제에서 환호하던 수천 명의 지지들 앞에서 한 연설에서 분명히 드러났다.

"감히 말하건데, 앞으로 치를 이 전쟁에서 저의 적은, 저의 진짜 적은……" 올랑드는 이렇게 인상 깊은 말로 연설을 시작했다. "그 적에게는 이름이 없습니다. 그리고 얼굴도, 당적黨籍도 없습니다. 저의 적은 대통령 후보로 나선 적도 없고 더더군다나 뽑힌 적도 없지만 여전히 이 프랑스를 지배하고 있습니다."

2만 5,000명이 넘는 강성 지지자들이 운집한 가운데 긴장감이

고조되자, 올랑드는 기다렸다는 듯 결정적인 한마디를 날렸다. "그 적이란 다름 아닌 금융계입니다. 금융계가 경제와 사회, 그리고 심지어는 우리의 삶까지 모든 것을 다 지배하고 있는 것입니다." 이렇게 올랑드는 "이제는 변해야 한다"라는 자신의 구호를 다시 한 번 상기시키며 포효했다.

2월에는 사회당의 이름으로 또다시 새로운 공약이 발표되었다. 연 수입 100만 유로가 넘는 부자들에게는 최대 75%까지 세금을 부과하겠다는 것이었다. "저는 그동안 프랑스 40대 기업의 대표들이 터무니없이 높게 자신들의 연봉을 올려가는 모습을 목격해왔습니다. 평균 200만 유로가 넘는 그들의 연봉을 여러분들은 이해할 수 있습니까?" 한 방송국과의 대담에서 올랑드가 프랑스 재벌들에 대해 한 말이다.

이런 발언은 예산 문제를 담당하는 대변인을 깜짝 놀라게 했을 것이며 아마도 마크롱 역시 올랑드가 이런 식의 발언을 할 것이라고는 눈치채지 못했을 것이다. "프랑스를 암흑천지로 만들려고 하시는 겁니까?" 마크롱이 올랑드에게 오만한 어조로 보낸 이메일의 일부다. 이를 통해 우리는 두 사람 사이의 격의 없는 관계를 다시 한 번 확인할 수 있다. 사르코지는 이런 올랑드를 보며 그때그때 상황에 따라 정책이 바뀐다며 조롱했다.

당시 유럽연합 내에서 가장 높은 세율이 적용되던 국가는 스웨덴으로 56.4%였다. 올랑드는 이런 세금 정책에 직접적으로 해당되는 사람이 전국적으로 3,000에서 3,500명 정도이며, 이를 통해 예상되는 정부의 추가 세입은 2억에서 3억 유로에 달한다고 말하며 부자들에게 애국심을 보여달라고 호소했다. 그렇지만 프랑스의 부자들은 세금을 피해 벨기에나 스위스, 그리고 영국 등지로 떠나 버렸다.

올랑드가 유권자를 대했던 태도는 대통령의 모습도 바꾸게 되었다. 사르코지의 활동적이며 과시하는 듯한 행동과는 달리, 올랑드는 《운명을 꿈꾸다Changer de destin》라는 제목으로 대통령 선거 전에 펴낸 책에서 자신은 '친근한 대통령'이 되겠다고 약속했다. 그리고 대통령에 당선된 후 그가 처음 한 일은 대통령의 급여에 대한 삭감이었다.

그가 한 또 다른 약속 중에는 2012년 독일의 지원 아래 실제로 체결이 된 유럽연합의 새로운 긴축 예산 협정 재협상을 비롯해 국회의원들에게 균형 예산에 대한 법률 제정을 위임하되, 적자 준칙을 위반하는 경우 이에 대한 재재를 가하겠다는 내용 등이 포함되어 있다. 유럽은 성장과 금융 거래에 대한 세금 부과를 원하고 있다는 것이 올랑드의 주장이었다.

1월에 올랑드는 직장 폐쇄에 맞서 파업을 벌이고 있는 프랑스 북부 한 원유 정제 시설 노동자들을 방문했다. 그리고 "이들이 지금 하는 일은 바로 국가의 산업을 보호하는 일"이라며 이들의 파업을 지지했다. 거의 대부분의 대통령 선거전에서 이처럼 폐쇄 위기에 몰린 프랑스의 공장의 노동자들은 대통령 후보자들을 불러들였다. 그러고는 타이어를 불태우고 구호를 외치는 자신들 옆에 함께 서 있을 수 있는 기회를 제공해왔다. 2007년에는 에어버스 공장이었고, 그보다 5년 전에는 비스킷 제조 공장이었다. 이 정제 시설의 파업은 이후 프랑스 동부 플로랑주 제철소에서 벌어질 훨씬 더 심각한 대립의 전초전에 불과했다. 이 제철소 역시 소유주인 인도의 억만장자 철강왕 락시미 미탈에 의해 문을 닫을 위험에 처해 있었다. 자신의 뒤로 펄럭이는 노조의 깃발을 배경으로 트럭 위에 올라탄 올랑드는 노동자들의 해고를 막고 기업들로 하여금 공장을 폐쇄하고자 할 때는 반드시 새로운 인수자를 먼저 찾도록 강제하는 새로운 법안을 통과시키겠다고 약속했다. 불황을 겪고 있는 산업 중심지들이 사회당 선거 전략의 주요 관심 지역이 된 것은, 이 지역에서 사회당과 공화당이 르 펜 부녀가 이끄는 극우 정당인 국민전선에 계속해서 밀리고 있었기 때문이었다.

"올랑드로서는 큰 정체성의 혼란을 보여주고 있는 셈이었습니다." 올랑드의 보좌관 출신이자, 2014년 모든 공직에서 물러난 후 자신이 겪었던 대통령 선거전에 대한 책을 쓰기도 했던 좌파 인사 아퀼리노 모렐의 말이다. "올랑드는 금융계에 할 말을 하고 독일과의 잘못된 관계를 바로잡으며 금융 거래에 대한 세금을 물리겠다는 공약으로 대통령에 당선되었죠. 그렇지만 그는 실제로는 자신이 한 말을 하나도 지키지 않았습니다."

올랑드는 대통령이 되자마자 확실한 좌파 인사인 아퀼리노 모렐을 비롯해 역시 좌파 선동가로 유명한 아르노 몽테부르를 재정경제부 장관으로 영입했다. 신입 재정경제부 장관은 '메이드 인 프랑스' 정책의 선봉장 역을 맡아 기업 소유주들에 대한 공격으로 계속해서 논란을 일으켰다. 플로랑주 제철소를 구하기 위한 협상의 와중에서는 "우리는 프랑스를 전혀 존중하지 않는 미탈의 회사 같은 건 필요 없다"며 마치 인종혐오 발언으로도 비칠 수 있는 선언을 하기도 해 인도 국민들의 분노를 사기도 했다.

올랑드는 자신의 전통적 지지기반인 사회당 내 중도좌파 인사들도 장관에 임명해 균형을 이루려 했다. 다시 말해, 정부는 1980년 대 이후 사회당 내에서 자주 분출되었던 이념적 갈등에 취약한 입장을 선택한 셈이었다. 정부의 개입과 국유화 정책을 열렬히 지지하는 이른바 '콜베르주의자Colbertiste'부터 자유 시장을 옹호하는 자유주의자들까지 모두가 한데 뒤섞이게 된 것이다. 비록 공평하고 균형 잡힌 인사를 하겠다는 의도에서 시작한 일이긴 했지만, 올랑드가 장차 직면하게 될 문제들의 씨앗은 이미 이때 뿌려졌다고 볼 수 있다.

그렇지만 마크롱의 심중이 어디로 향하고 있었는지는 처음부터 분명했다. 서른네 살의 마크롱은 엘리제궁의 경제 담당 비서실 차장의 자리에 올랐다. 급여는 로스차일드 은행 시절과 비교해 1/10 가까이 줄어들었다. 마크롱은 엘리제궁 뒤편 아름다운 정원이 보이는 구석의 사무실로 옮겨갔다. 이곳은 사르코지 대통령 시절, 역시 같은 일을 하던 프랑수아 페롤이 쓰던 사무실이었는데 공교롭게 그 역시도 로스차일드 은행 출신이었다. 내각과 비서진을 포함해 가장 나이가 어렸던 마크롱은 종종 '꼬마 마크롱'이라는 애칭으로도 불리게 됐다.

비록 아퀼리노 모렐과 마크롱이 마치 자석의 N극과 S극처럼 이념적으로는 완전히 상반된 입장을 가지고 있었지만 모렐의 말처럼 두 사람은 빠르게 상호 존중의 관계를 발전시켜 나갔다. "마크롱의 자기 나름대로의 생각을 갖고 있었고 그게 그의 장점이었습니다. 정치에서는 보기 드물게 매우 일관된 자유주의적 관점이 그 실제 기반이었지요." 모렐의 설명이다. "거기에 그런 생각과 관점을 관철시킬 만한 용기도 있었어요. 마크롱은 자기가 먼저 생각을 바꿔가며 대통령의 눈치를 살피는 그런 행동은 하지 않았습니다. 그리고 대통령과 생각이 다르면 당당하게 자기 소신을 밝혔습니다."

몇 개월이 지나지 않아 마크롱은 언론의 집중적인 관심을 받게 되었다. 그는 좌파 성향의 일간지 〈르 리베라시옹〉과의 대담에서 햇볕에 탄 피부에 가는 세로 줄무늬가 있는 바지, 그리고 하얀색 셔츠와 넥타이를 맨 편안한 모습으로 사진 촬영에 응했다. 다음 날 나온 기사의 제목은 '엘리제궁의 작은 천재'였으며 기사 내용 중에는 친구들과 은행 시절 동료들의 평가도 포함되어 있었다. "마치 외계인 같았다"는 평가도 있었다.

마크롱이 특이한 사람이라는 평가는 친구와 동료들이 그에 대해 이야기할 때마다 빠지지 않고 계속 등장했다. 심지어 브리지트조차도 남편을 "다른 세상에서 온 존재"라고 부를 정도였다. 마치 마크롱과 가장 가까운 사람들조차 그에 대해 완전하게 알고 있다고 절대 확신할 수 없다는 고백을 하는 것 같았다. 아미앵과 파리에서 교육을 받고 투자은행에서 근무하다 사회당 출신 대통령의 측근이 된 한 사람의 정체성은 정의 내리기 쉽지 않은 것이었다. 게다가 그 사람은 젊은 나이임에도 취향이 예스러웠다.

엘리제궁에 입성한 지 얼마 지나지 않아 마크롱이 일찌감치 올랑드의 중요한 수문장 역을 자처하게 되면서, 새벽 2시나 3시에도 장관들이 전화 통화나 문자를 통해 마크롱과 깊은 대화를 나누는 일이 잦아졌다. 그렇지만 동료 비서관이자 유럽 문제를 맡고 있던 필립 레글리스코스타와는 서로 견제하는 상황에서 이미 문제가 불거져 나오기 시작했는데, 유럽연합과의 협상에 대해 서로 다른 관점을 가지고 있었기 때문이었다. 유럽연합 본부에 파견되었던 고위직 외교관 출신인 필립 레글리스코스타는 '성격은 급하지만 경험이 풍부한' 사람인 반면, 마크롱은 '침착하고 전략적이지만 유럽의 역학 관계에 대해서는 아직 잘 모르는' 사람이라는 것이 당시 〈르 리베라시옹〉을 통해 익명으로 투고한 어떤 인사의 평가였다. 그렇지만 전체적으로 볼 때 마크롱은 자신이 맡은 새로운 일을 마음에 들어 하는 것 같았다. "저는 특별한 의미가 있는 일을 위한 집단적 노력에 참여하는 기회를 얻었습니다." 마크롱이 〈르 리베라시옹〉에 한 말이다.

물론 다른 평가를 하는 사람들도 있었는데 그들이 생각하는 마크롱은 도무지 그 속내를 알 수 없는, 때로는 말만 번지르르한 모리배謀利輩에 가까웠다. "마크롱은 어떤 진짜 신념을 가지고 이야기를 하지는 않았지만, 대신 사람들 사이의 역학 관계에 대해서는 귀신같이 잘 알고 있었습니다." 사회당 소속 국회의원 카린 베르제의 말이다. 두 사람은 나중에 올랑드의 또 다른 선거 공약에 따라 프랑스의 대형 금융 기관들이 벌이는 영업과 투자 활동을 구분하는 법안에 대해 함께 일하며 갈등을 빚기도 했다.

〈르 리베라시옹〉의 기사는 익명을 요구한 한 친구의 언급으로 끝을 맺는데, 어쩌면 그 친구는 미래를 예측하고 그런 말을 한 것인지도 몰랐다. "저는 그가 내심 프랑스 대통령이 되는 꿈을 꾸고 있다고 확신합니다." 뒤이어 〈르 몽드〉와 경제지인 〈레제코〉에도 그에 관한 기사가 실렸다. 이렇게 마크롱이 일반 대중들에게 과도하게 노출이 되자 마침내 동료들과 올랑드도 이런 마크롱을 귀찮게 여기기 시작했다.

마크롱이 맡은 주요 임무는 중요한 경제 현안에 대한 처리, 그리고 유로 지역의 위기와 관련해 각국의 경제 및 외무부 장관들과 연락을 취하는 것이었다. 당시 유로 지역은 그리스가 또다시 새로운 구제 금융을 요청함으로써 위기를 맞고 있었다. 마크롱은 또한 관련 법안에 대해 염려하거나 혹은 도움을 필요로 하는 투자자들과 기업들을 안내하고 안심시키는 일도 맡아서 했다. 올랑드 대통령과의 사적인 식사나 비밀회의에서 마크롱은 기업에 대한 세금을 낮추거나 혹은 노동관계법 완화를 통해 프랑스의 경쟁력을 강화시켜야 한다고 계속해서 강조를 했다.

마크롱과 올랑드는 "아주 끈끈한 관계였고 매우 친밀하면서도 정치문제에 대해 손발이 아주 잘 맞았습니다. 무엇보다도 비슷하게 생각하는 면이 아주 많았기 때문이었습니다." 아퀼리노 모렐의 말이다.

그렇지만 사회당 당수 시절부터 우유부단했던 걸로 유명했던 올랑드는 이제 자신이 했던 공약들을 최소한 지키는 시늉이라도 해야 하는 어려움에 직면하게 되었다. 마크롱에 대한 신뢰가 얼마나 큰가에 상관없이 그에게는 일반 대중들과 사회당 소속 국회의원들의 지지가 필요했다.

부자들에 대한 75% 과세안이 마침내 발표가 되었지만 이 법안은 2012년 말에 결국 프랑스 대법원에서 무효로 처리되고 말았다. 그 사이 올랑드는 베를린으로 가서 독일이 주도하는 유럽연합의 엄격한 예산 집행을 완화하기 위해 애를 썼는데, 독일 총리 앙겔라 메르켈의 반발에 부딪치자 그만 무력하게 뒤로 물러서고 말았다.

폴로랑주에서는 아르노 몽테부르가 제철소를 구하기 위한 해결책을 찾기 위해 노력하고 있었다. 세계 철강 산업은 금융 위기 이후 그 수요가 줄어들면서 만성적인 생산 과잉 문제로 곤란을 겪고 있었고, 플로랑주 제철소를 구하기 위해 선뜻 투자를 해줄 곳은 어디에도 찾을 수 없었다.

노조들의 지지를 등에 업은 아르노 몽테부르는 제철소 시설의 현대화를 위해 국유화를 제안했다. 올랑드는 우선은 그럴 가능성도 있음을 시사한 후, 미탈과의 협상 타결에 나섰다. 미탈은 주조 시설은 폐쇄하는 대신 강제적인 정리 해고는 하지 않겠다는 의중을 내비친 상태였다. 조합과 노동자들은 공장에서 철강 제품 생산이 중단되는 것은 결국 사업을 접겠다는 뜻으로 받아들였고 정부가 자신들을 배신했다며 분개했다. "이 사건은 저로서는 정치적 패배인 동시에 인간적인 모욕이었습니다." 아르노 몽테부르가 한 말이다. 아르노 몽테부르는 필요한 경우 공장의 국유화에 대해 대통령의 지원이 가능하다고 자신이 믿은 건 바로 마크롱 때문이었다며 그를 비난하고 나섰다. "분명히 마크롱은 다 함께 같이 가자고 말했습니다." 몽테부르는 씁쓸한 듯 이렇게 덧붙였다. "그래 놓고 저만 다른 방향으로 떠민 것이죠. 그런 식으로 저를 빼고 다들 각자 유리한 방향으로 흩어졌습니다."

경제와 정치 관련 분위기는 더욱 경색되었다. 올랑드는 집권 초 9.3%에 달하던 높은 실업률이라는 프랑스의 만성적 문제를 해결하겠다고 공언했지만 금융계를 '적敵'으로 규정하고 세금과 국유화 문제를 들고 나와 기업가들을 크게 움츠러들게 했다. 그러니 민간 부문의 투자가 제대로 이루어질 리가 없었다.

이 무렵 지금은 고인이 된 프랑스의 거대 에너지 기업인 토탈의 수장 크리스토프 드 마르주리가 많은 기업 대표들을 대신해 입을 열었다. 그는 국가 개입주의가 다시 시작됨으로써 프랑스가 "스스로의 꼴을 우습게 만들고 있다"고 주장했다. 그는 〈레제쿠〉와의 대담에서 "우유부단한 것은 물론, 자신이 한 말도 지키지 못하는 지도자들의 언행은 더 이상 누구에도 신뢰를 얻지 못하고 있습니다"라고 말했다.

올랑드가 집권하고 6개월이 지난 2012년 말, 프랑스의 실업률은 9.7%까지 올라갔고, 그 후로도 분기별로 계속해서 올라가 2013년 중반에는 10%에 달했다.

사회적으로는 좌파가 지지하는 동성결혼, 그리고 동성부부의 입양을 인정해주는 새로운 법안이 별 탈 없이 통과될 것처럼 보이다가 뜻하지 않은 암초를 만나게 됐다. 올랑드가 대통령 선거전에 약속한 60개 공약 중 31번째 공약에 해당하는 이 법안이 국민들의 거센 반발에 부딪히게 될 거라고 예상한 사람은 거의 없었다. 에스파냐와 포르투갈을 포함한 유럽의 아홉 개 국가에서 이미 가톨릭교도들의 별다른 반발 없이 비슷한 법안을 통과시킨 후였기 때문이다. 그렇지만 평소에는 교회도 잘 나가지 않던 교인들과 극우파 지지 세력들이 전국적으로 준동을 하면서 수십만 명의 사람들이 거리로 쏟아져 나와 법안에 반대하는 시위를 벌였고, 그 과정에서 폭력 행위가 빈번하게 발생했다. "작금의 사회 분위기와 분노는 모두 다 국민의 뜻에 귀를 기울이지 않는 대통령 및 정부의 책임입니다." 전통적인 가족의 가치를 지키기 위해 전국적으로 일어난 이른바 '만인을 위한 시위Manif pour Tous' 운동의 지휘자인 프리지드 바르도는 이렇게 말했다. 국회에서는 130시간 넘게 토론과 법안 상정 과정이 이어졌고, 그 사이 시위대는 국회 밖에서 소란을 피우며 의사진행을 가로막았다. 동성애자 지지 단체에서는 동성애 혐오와 관련된 사건 사고가 급증하고 있다고 보고했다.

마치 이 정도로는 충분하지 않은 듯, 예산 담당 장관인 제롬 카후작이 사임을 하자 올랑드의 신뢰도는 더욱 바닥을 치게 되었다. 제롬 카후작은 성형외과 의사 출신으로, 그동안 탈세에 대해 엄격하게 대응하겠다는 의지를 밝혀왔었다. 그런데 언론에서 예산 담당 장관에게 스위스 은행 계좌가 있으며, 아내의 도움을 받아 고가의 모발 이식 사업을 통해 얻은 수익 수백만 유로를 몰래 빼돌려왔다고 폭로한 것이다.

집권한 지 불과 1년여 만에 대통령에 대한 지지도는 26%로 급락했다. 집권 1년차를 기준으로 역대 최저의 지지율이었다. "1년 내내 어려움 속에서 지내왔습니다." 4월이 되어 엘리제궁을 찾아온 방문객들에게 올랑드가 자신이 직면하고 있는 문제들을 열거하며 토로한 말이다. 유럽 내에서 겪고 있는 어려움과 문제들에 더해, 올랑드는 1월에 프랑스군을 아프리카 말리의 북부에 파병해 이슬람성전주의자들의 진격을 막아보고자 했다. "이런 예외적인 시기에 책임감 있는 대통령으로서 내린 결단"이라는 것이 올랑드의 말이었다.

마크롱의 실망은 커져만 갔다. 그가 프랑스에 필요하다고 생각하는 강력한 지도력은 찾아볼 수 없었고, 국민들이 변화를 대비할 수 있게끔 정책을 설명하고 설득시키는 일을 맡아 하는 사람도 없었다. 사적인 신변잡기에 더 몰두하는 올랑드의 성향도 걱정거리였다. 무엇보다도 대통령 자신이 구조개혁에 착수하는 일에 미온적인 태도를 보였고, 이 일을 맡아 책임을 질 사람도 임명하지 않았다. 2012년 말, 마크롱은 법인세 인하를 밀어붙인 끝에 200억 유로에 달하는 기업들의 감세 조치가 이루어졌다. 이는 곧 기업경쟁력으로 이어질 것이라는 기대도 생겼다. 이런 감세조치가 가능했던 건 판매세 인상도 영향을 미쳤는데, 판매세는 공교롭게 올랑드가 올리지 않겠다고 약속했던 세금 항목이었다. 그렇지만 당시의 기업 환경과 허약하고 우유부단한 올랑드의 지도력 때문에 이런 정책들은 기대했던 효과를 거두지 못했고, 이 판매세 인상과 감세 조치는 올랑드 집권 후반기까지 문젯거리로만 남아있게 되었다. 많은 사람들은 정부 정책의 실효성을 의심했고, 기업들은 기업들대로 세금 혜택을 받기 위해 준비해야 하는 복잡한 과정에 대해 불만을 늘어놓았다.

"마크롱은 정책에 영향력을 미칠 수 있는 자신의 능력과 관련해 좌절감을 느끼는 단계까지 이르렀습니다. 능력이나 재주가 있어도 실제로 발휘할 수 있는 범위가 한정되어 있었던 것입니다." 마크롱의 친구 마르크 페라치는 당시의 분위기에 대해 이렇게 말했다. "그리고 무엇보다 올랑드 대통령은 함께 일하기 쉬운 상대가 아니었어요. 그가 무슨 생각을 하고 있는지 알기란 매우 어려운 일이었습니다."

2013년에 있었던 개인적인 사건들도 마크롱이 대통령과 자신의 관계를 다시 생각하게 만드는 계기가 되어주었다. 마크롱의 인생에 있어 브리지트와 더불어 가장 중요한 사람이었던 외할머니 마네트의 건강이 4월부터 악화되기 시작했다. 마크롱은 매일 저녁 전화를 걸었고 나중에는 아미앵으로 달려가 외할머니의 마지막을 함께했다. 2013년 4월 마네트는 아흔일곱 살의 나이로 세상을 떠났고 마크롱은 큰 충격을 받았다. 외할머니는 어린 마크롱을 가르치고 또 응석도 받아주었으며, 자신의 좌파적 정치성향과 문학에 대한 사랑도 손자에게 아울러 물려주었다. 그녀는 다른 대부분의 사람들이 반대하던 브리지트와의 관계도 응원했다. 사랑하는 외손자는 점점 성장했지만 정기적인 전화 통화는 계속해서 이어졌고, 손자에게 도움이 될 만한 신문 기사를 오려 우편으로 부치는 일도 쉬지 않고 계속했다.

"올랑드는 마네트의 죽음에 대해 대단히 불친절하고 무뚝뚝하게 반응했습니다. 그는 마크롱에게 외할머니가 얼마나 중요한 존재였는지 너무나도 잘 알고 있었으면서도 말이지요." 아퀼리노 모렐의 회상이다. "마크롱은 정말로 큰 충격을 받았습니다."

마크롱은 이 순간이 자신과 올랑드 사이의 관계에서 일종의 분기점이 되었음을 깨달았고 이를 안느 풀다와의 대담에서 털어놓았다. 올랑드는 위로의 말이랍시고 "그래, 나도 외할머니가 돌아가셨을 때 굉장히 슬펐지"라고 말했고, 후에 마크롱은 아퀼리노 모렐에게 "그를 절대로 용서하지 않겠다"고 말했다.

장례식이 끝난 후 마네트는 피레네 산맥에 있는 고향 마을에 묻혔다. 추모식은 나중에 아미앵에서 치렀다. 외손자를 격려하며 커다란 꿈을 품게 했던 그녀는 이렇게 세상을 떠났지만, 마크롱의 진로 결정에 계속해서 영향을 미치는 존재로 남았다.

2014년 초, 엘리제궁은 또다시 혼란에 휩싸였다. 대통령과 여배우 쥘리 가예의 추문이 모터바이크를 타고 애인에게 달려가는 올랑드의 사진 한 장으로 만천하에 드러나게 되었기 때문이다. 1월 말이 되어 올랑드는 짤막한 성명서를 통해 동거녀였던 발레리 트리에르바일레와의 '함께했던 관계가 끝이 났음'을 발표했다. 발레리 트리에르바일레는 나중에 《지금 이 순간에 감사해Merci Pource Moment》라는 제목의 책을 쓰게 되는데, 그 책에는 다른 무엇보다도 올랑드가 가난한 사람들을 "치아도 없는 사람들sans dents"이라고 부르며 멸시했다는 충격적인 내용이 실려 있었다. 너무 가난해서 치과 치료조차 받지 못한다는 식으로 야유를 했다는 것이다.

2014년 말에 출간되어 엄청난 인기를 끈 이 책은 대통령과 동거녀 사이의 관계에 대해 충격적일 정도로 자세하게 묘사하고 있었다. 발레리 트리에르바일레는 올랑드가 권력의 맛을 알게 되면서 '비인간적'으로 변해갔으며, 심지어 별로 내세울 것 없었던 자신의 가족들까지 조롱했다고 폭로했다. 올랑드의 외도 사실을 알게 된 그녀는 수면제를 계속해서 과다 복용했다. 그러다가 침실에서 싸우기도 하고 태블릿 컴퓨터를 내던지기도 하다가, 결국 병원에 실려 가게 됐다.

이런 주장들이 얼마나 충격적이었는지, 오히려 올랑드에 대한 동정의 여론까지 일기 시작했을 정도였다. 극우파의 수장인 마린 르펜은 이 사태를 두고 "개인적인 보복을 위해 벌이는 정말로 꼴사나운 짓"이라고 말하기도 했다. 일간지 〈르 파리지엥〉은 1면에 두 사람의 사진 한 장을 싣고 '애처롭다'라는 제목의 기사를 올리기도 했다. 이것은 발레리 트리에르바일레의 책에 대해 프랑스 언론이 많은 기사를 실었지만 결국은 냉소로 일관하고 있음을 요약해서 보여주는 것이었다. 영국의 일간지 〈더 가디언〉의 한 평론가는 이 책을 두고 "끊임없이 이어지는 엄살 섞인 비명"이라고 묘사하며 마치 철

없는 십 대 소녀의 일기를 보는 듯하다고 말하기도 했다.

3월이 되자 올랑드는 집권 이후 처음으로 지방 선거라는 전국적인 첫 시험대에 오르게 되었다. 사회당은 이 선거에서 대패를 했고 마린 르 펜이 이끄는 극우파 국민전선은 프랑스 11개 지역을 손에 넣으며 큰 성공을 거두게 되었다. 사회당의 지도부 중 한 사람은 이 날의 참패를 두고 "검은 일요일"이라고 말하기도 했다.

그 이후로도 사회당의 불운은 도무지 끝날 것 같지가 않았다. 선거 참패 후 1개월이 지나자 이번에는 사회 문제를 파헤치는 프랑스의 인터넷 독립 언론 〈미디어파트〉가 아퀼리노 모렐이 고위 공직자로 일하며 제약 회사들을 위해 불법적으로 편의를 봐주었다고 주장하고 나선 것이다. 물론 아퀼리노 모렐은 이런 사실을 부인했지만 더 놀라운 주장도 나왔다. 그가 2개월에 한 번씩 철저하게 점검을 받는 엘리제궁 안에 서른 켤레의 수제 구두를 개인적으로 보관하고 있었다는 것이다. 그동안 좌파 정부를 뒤흔들려는 음모에 따라 자신을 강제로 밀어내려는 가짜 폭로가 이어지고 있다고 확신하던 아퀼리노 모렐도 이번에는 아무 말 하지 못하고 사임을 하고 말았다. 이른바 '구두닦이 추문'이었다.

이러한 상황이 이어지자 마크롱도 탈출구를 생각해야 했다. 2017년 대통령 선거 유세 기간 동안 마크롱은 엘리제궁을 떠난 자신의 결정을 '좋은 대우를 받던 고위 공직자 자리까지 박차고 나서야 했던 어쩔 수 없었던 일'로 포장했다. 엘리제궁의 직속상관인 비서실장 피에르르네 르마 역시 마크롱과 비슷한 시기에 프랑스 국립 은행장으로 자리를 옮겼다.

마크롱을 비롯해 그의 가까운 친구들은 마크롱이 처음부터 엘리제궁에는 2년 정도 머무를 계획을 가지고 있었다고 주장했다. 표면적으로 마크롱이 떠날 결정을 하게 된 것은 외할머니 마네트의 사망 이후 냉각된 올랑드와의 관계를 비롯해, 마크롱과 올랑드의 개인적인 문제들이 복합적으로 작용한 것으로 알려졌다. 하지만 실제로는 더 이상 성장할 수 있는 기회가 제한적이라는 사실을 마크롱 자신이 깨닫게 되었기 때문이었다.

3월에 올랑드는 젊은 중도좌파 개혁가인 마뉘엘 발스를 내무부 장관에서 승진시켜 국무총리로 임명했다. 마크롱도 예산부 장관 물망에 올랐지만 올랑드는 이를 거부했고 마크롱의 실망은 더 커져만 갔다. 올랑드의 생각은 마크롱이 선출직 공무원을 해본 경험이 없기 때문에 정부 내각에 장관으로 기용할 수 없다는 것이었고 이런 생각은 마크롱의 출세를 가로막는 것처럼 보였다. 아퀼리노 모렐에 따르면, 2014년 봄 마크롱이 엘리제궁을 떠날 생각을 하고 있을 때도 올랑드는 마크롱이 기대하고 있던 자리를 절대로 내어줄 것 같지 않았다고 한다. "마크롱은 대통령에게 가서 사직을 생각하고 있다고 말했을 때 비로소 현실을 깨달은 것 같았습니다. 올랑드는 아예 그가 떠나기를 바라고 있었고 그를 붙잡을 노력 같은 건 아무것도 하지 않았어요."

2014년 6월 16일 마크롱은 엘리제궁을 떠날 준비를 하면서 "마음껏 하고 싶은 말을 할 수 있는 자유를 다시 찾을 수 있어서 기뻤다"고 생각했다. 훗날 여러 언론과의 대담에서 그가 한 말이다. 마크롱은 현대 프랑스 역사에서 가장 인기가 없었던 대통령 밑에서 2년을 일한 후 엘리제궁을 떠나게 되었다. 당시 올랑드를 지지하던 사람들은 전체 유권자의 21%뿐이었다.

정말로 얄궂은 일이지만 마크롱이 떠날 준비를 하고 있던 때, 마침 정부에 건의한 그의 주장이 받아들여지기 시작했다. 올랑드는 마뉘엘 발스와 함께 중도좌파로 방향을 선회했다. 구조개혁과 공공비용 지출에서 500억 유로를 줄이기로 약속한 올랑드의 결심은 사회당을 분열시켰고 국회의 반발을 불러일으켰다. 엘리제궁을 떠나며 했던 언론과의 대담 중에서 마크롱은 사회당이 과거에만 사로잡혀 있다고 일축했다. "그들의 사고방식에서 근본적인 개선은 결코 찾아볼 수 없습니다."

마크롱은 미래에 대한 다양한 계획을 갖고 있었다. 그는 런던정치경제대학에서 교편을 잡거나 혹은 한때 구체적인 실천의 모습이 부족하다고 생각하기도 했던 학계로 돌아가려는 생각도 했다. 마크롱은 이스마엘 에밀리앙과 함께 온라인 학습과 관련된 창업을 해볼 생각으로 캘리포니아에 가보기도 했다. 이스마엘 에밀리앙은 이십 대에 이미 홍보 전문가와 자문역으로 이름을 날렸고, 재무부장관인 피에르 모스코비치의 고문으로 일한 적도 있었다.

이스마엘 에밀리앙과 마크롱은 파리에 있는 좌파 성향 정책 연구소인 장조레스 재단에서 처음 만났다. 그는 파리정치대학을 졸업한 후 그 재단에서 일하고 있었고, 이후에는 하바스 월드와이드로 알려져 있는 유로 RSCG 정보 교류처로 자리를 옮겼다. 이 일을 계기로 외각에서 피에르 모스코비치의 자문역도 수행하게 된 그는 2013년에 베네수엘라로 건너가 니콜라스 마두로의 대선 운동을 돕기도 했다. 마두로는 고인이 된 우고 차베스의 뒤를 이어 그해 대통령의 자리에 올랐다.

온라인 학습 사업 외에도 마크롱은 알랭 멩크가 하는 사업을 흉내 내어 정치 및 투자 문제 자문역을 시작해보려는 생각도 했다. 마크롱은 '마크롱 파트너'라는 회사 이름을 만들어 스마트폰으로 가까운 친구 몇 사람에게만 보여주기도 했다.

"고급스러운 정보를 제공하는 자문 사업을 시작하는 게 굉장히 좋은 생각이라고 여겨졌습니다. 그래서 마크롱에게 필요한 운영 자금 조달을 위해 의뢰인을 먼저 찾을 필요가 있다고 말했지요. 그렇지만 그는 자금 문제에 대해서는 아주 느긋한 태도를 보였는데, 아마 내가 본 모습이 맞을 겁니다." 런던에서 활동한 경력이 오래된 영국 은행가 사이먼 로버트슨은 마크롱이 도움을 요청해왔을 때 이런 대화를 나눴다고 한다.

"저는 그런 일이 마크롱에게 완전한 직업이 될 수도 있고, 또 잠시 머물렀다 가는 자리가 될 수도 있다고 생각했습니다. 뭔가 다른 기회가 왔을 때 독립성과 자율성을 보장해줄 수 있는 자리 말이지요." 골드만 삭스 투자은행과 HSBC에서 고위직으로 일을 하다 지금은 독립해 자문회사를 운영하고 있는 로버트슨은 이렇게 덧붙였다.

로버트슨은 마크롱이 엘리제궁에 있을 무렵 이미 몇 차례 만난 적이 있었다. 알랭 멩크의 소개로 의뢰인들을 대신해 찾아간 자리였다. 엘리제궁 근처에 있는 5성급 브리스톨 호텔 안 찻집에서 그를 다시 만났을 때, 로버트슨은 마크롱의 넓은 인맥에 크게 놀랐다고 말했다. 마크롱은 찻집 안을 이리저리 돌아다니며 사람들과 악수를 하고 있었다. "그 모습을 보니 1970년대 이란의 모습이 떠올랐습니다. 우리 은행가들이 앞다투어 이란으로 몰려가 국왕이나 그 측근들과 거래를 트려고 애를 쓰고 있을 때 말이지요." 로버트슨의 회고다. "외국의 은행가들이 큰 방 안에 모두 모여 있으면 이란의 고위층들이 들어와 우리와 한 사람씩 이야기를 나누곤 했는데, 그때 모습과 비슷했습니다. 어쨌거나 마크롱은 정말로 인기가 높은 사람이었어요."

마크롱과 함께 사업을 할 뻔했던 이스마엘 에밀리앙은 자문 사업이란 자본을 끌어 모으기 위한 일이라고 설명했다.

"자문업은 자본을 끌어 모으기 위한 일이었고, 주력 사업은 온라인 학습 사업이었습니다." 프랑스 언어권 사람들을 위한 학습용 인터넷 웹 사이트를 시작하는 것이 그들의 계획이었다.

그렇지만 두 사람이 계획을 진행시키기도 전, 올랑드 행정부에서 일어난 격변이 그들의 운명을 바꾸어놓고 말았다.

제8장

정치 놀음의 희생양이 된
국가를 위한 일

마크롱이 엘리제궁을 떠난 지 6주째가 되던 2014년 8월 26일, 잠시 투케에서 휴가를 보내고 있던 마크롱의 전화기가 울렸다. 전화를 걸어온 곳은 올랑드의 비서실이었다. 대통령이 다시 난처한 지경에 빠진 모양이었다. 전화기에서는 "혹시 다시 돌아와 이번에는 재정경제부 장관 자리를 맡아줄 마음이 있는가"라는 질문이 들려왔다.

엘리제궁에서 열렸던 마크롱의 송별회가 마무리될 때 올랑드는 저 젊은 비서실 차장이 곧 정치계로 돌아오게 될 거라는 농담을 던졌었다. "분명히 말하건데 우리는 마크롱을 다시 만나게 될 겁니다." 올랑드는 웃으며 송별회를 이렇게 마무리 지었다. 그렇지만 여름휴가를 다 마치기도 전에 서른여섯 살의 마크롱을 다시 보게 될 거라고 예상했던 사람은 아무도 없었다.

전화 통화를 하면서 마크롱은 확답 대신 두 가지 조건을 내걸었다. 먼저, 자신이 중요한 경제 개혁을 수행할 수 있도록 보장을 해 주어야 하며, 둘째, 장관직을 수락하기 전에 브리지트와 의논을 해 봐야겠다는 것이었다. 올랑드가 첫 번째 요구조건을 수락하자 마크롱은 아내에게로 가서 이 일을 의논했다. 마크롱으로서는 한 걸음 더 크게 나아갈 수 있는 기회였다.

마뉘엘 발스 총리가 이끄는 정부의 긴장상태는 2014년 봄 이후 계속 악화되고 있었다. 3월에 있었던 마뉘엘 발스의 총리 임명은 경제 정책에 분명한 변화가 있을 것이라는 신호탄이었다. 2년 전 올랑드가 좌파 대통령 후보로서 약속했던 정책들은 이제 친기업 성향의 정책들로 확실하게 선회하게 되었고, 올랑드가 별 성과 없이 우유부단하게 임했던 유럽연합 내의 긴축 재정 협상 역시 그대로 끝이 나게 될 터였다. 반대편에 서 있는 독일 총리 앙겔라 메르켈과 보수적인 동맹국들은 그 어느 때보다도 유럽연합의 적자 재정을 줄이기 위해 사력을 다하고 있었다.

올랑드는 대통령으로서 2년, 그리고 사회당 당수로서 11년간 경제 문제와 유럽에 대한 문제, 그리고 불평등을 해결하거나 국가의 역할을 규정하는 문제 등에 대해 사회당 내의 다양한 의견들을 수렴하려는 노력을 해왔다. 그러는 동안 사소한 충돌들이 연이어 발생했으며 이따금씩 큰 다툼이 공개적으로 불거지기도 했다. 그렇지만 이념의 충돌이란 일종의 소모전과 같은 것으로 어느 한쪽도 확실하게 다른 쪽을 압도할 수는 없었다.

엄격하게 원칙을 따지는 마뉘엘 발스의 프랑스 행정부는 그 상황이 시한폭탄과 비슷했다. 새로운 중도파 총리는 과도한 지출을 줄이고 실업률을 잡는다는 올랑드의 이른바 '책임 협약' 정책의 일부로, 국가 지출 내역에서 500억 유로를 줄이고 법인세도 400억 유로가량 감면하고자 했다. 그렇지만 강성 좌파 출신으로 계속해서 기업 수장들과 다툼을 벌여온 아르노 몽테부르 재정경제부 장관은 소비자들을 독려해 지출을 늘리게 하고 싶어 했고, 정부의 긴축재정에 대해서는 격렬하게 반대하는 것으로 알려졌다. 그는 한때 메르켈이 유럽에서 '비스마르크 방식'의 정책을 펼치고 싶어 한다고 비난하기도 했는데, 철혈재상鐵血宰相으로 유명했던 독일 제국의 총리 오토 폰 비스마르크는 1870년 발발했던 프랑스와의 전쟁에서 프랑스에게 씻을 수 없는 치욕을 안긴 것으로 유명하다.

8월의 마지막 주말이 되자 끓어오르던 긴장감이 공개적으로 폭발했다. 아르노 몽테부르는 토요일 자 〈르 몽드〉를 통해 정부에 대해 먼저 공개적으로 공격을 퍼부었다. "할 말은 해야 합니다. 독일은 지금 긴축재정이라는 덫에 사로잡혀 있으면서 그 정책을 전 유럽에 실시하려고 합니다." 올랑드는 아프리카 연안에서 멀리 떨어져 있는 코모로로 휴가를 가다가 이 기사를 읽고 불같이 화를 냈다. 불과 며칠 전 그는 독일과의 갈등을 피하려 한다고 발표를 했던 것이다.

때를 노리던 대통령에게 기회를 준 것은 대통령의 권위에 도전한 장관이었다. 프랑스의 긴 8월 휴가를 마치고 일터로 돌아오자 이미 상황은 악화되어 있었다. 프랑스 정부는 그해의 경제 성장률을 절반가량으로 줄인 0.5%로 예상했고 실업률은 최고 수준을 기록했다. 유럽에서의 공공 부문 지출에 대한 논의는 여전히 답보 상태였다. 노벨 경제학상 수상자인 폴 크루그먼 같은 영향력 있는 경제학자들의 지지를 받았던 사회당 내 좌파는 긴축예산은 독일이

억지로 진행하는 정책이며 남부 유럽, 특히 그리스에 불필요한 피해를 줄 것이라고 생각했다. 이들은 경제 성장을 견인하기 위해 공공 부문의 지출을 더 늘리고자 했지만 프랑스의 경우 지금까지 긴축재정으로 인해 크게 피해를 본 적은 없었다. 프랑스의 공공 부문 지출은 연간 국내 총생산의 56% 정도의 수준이었고 핀란드에 이어 유럽에서는 두 번째 규모였으며 10년 전 경제가 호황이던 시기와 비교하면 4% 포인트 정도 더 높았다. 2014년 프랑스의 재정 적자는 거의 4%에 달했는데, 추가 지출은 이미 국내 총생산의 95%까지 치솟은 공적 부채를 더 늘리게 될 터였다.

아르노 몽테부르의 대통령에 대한 두 번째 저항은 바로 다음 날 프랑스 서부 부르고뉴 지방 그의 선거구에서 있었던 사회당 행사에서 터져나왔다. 프랑지앙브레스라는 마을에서 열린 장미 축제에는 매년 수백 명이 넘는 지역의 활동가들이 모여 오후 내내 연설과 놀이, 그리고 지역 특산품인 소시지나 닭고기 요리를 먹으며 보낸 다음 유명한 부르고뉴 포도주를 진탕 마시는 풍습이 있었다. 아르노 몽테부르는 2007년 이곳에서 국회의원에 당선된 이후 이 지역의 유명 인사가 되었다. 아르노 몽테부르는 청바지와 흰색 셔츠를 차려 입고 누가 보아도 한껏 고무된 표정으로 기자들 앞에 도착했다. 그의 옆에는 불과 4개월 전 교육부 장관에 오른, 사회당 내의 같은 좌파 동료인 브누아 아몽이 있었다. 늦여름의 열기를 머금은 커다란 천막 아래에서 아르노 몽테부르는 차게 식힌 백포도주의 병마개를 호쾌하게 열어젖히며 사람들과 식사를 함께했다. "대통령께 맛좋은 경제 회복주酒 한 병을 보내드려야겠군요." 그는 이미 술에 취해 조금 쉬어야 할 것 같은 목소리로 기자들에게 농담을 던졌다.

그렇지만 그는 이내 목소리를 가다듬고 연단으로 올라갔다. 그리고 〈르 몽드〉를 통해 보여주었던 선동적인 언급들의 일부를 되풀이했다. 연설은 그대로 생방송 뉴스를 통해 방영이 되었고, 올랑드는 엘리제궁의 집무실 안에서 실시간으로 그의 연설을 보고 들을 수 있었다. 자신이 하고 싶은 말을 전하러 연단 위에 오른 아르노 몽테부르는 거침이 없었다. "프랑스는 유럽연합의 기초를 세운 국가들 중 하나이며 독일 우파의 망상을 따르는 건 프랑스의 이익과는 전혀 상관이 없습니다." 그는 올랑드의 유럽연합 정책에 대해 공개적으로 공격을 한 것이다.

그런 다음 그는 두 번째 공격을 날렸다. "저는 대통령께 프랑스 경제 정책에 근본적인 변화를 줄 것을 요청합니다. 기업 경쟁력을 위해 기업들을 도왔다면 이제는 프랑스의 가족과 가정들을 돕는 일도 똑같이 중요하다는 사실을 알아주셨으면 합니다."

그를 돕기 위해 나선 브누아 아몽도 이런 주장에 동조하며 정부에서 일하는 것이 사슬이나 족쇄가 될 수 없으며 자신들의 의견을 내세울 자유가 있다고 덧붙였다.

정부 내에서 벌어지는 이런 저항은 올랑드의 정치적 경쟁자들에게는 호재가 될 수밖에 없었다. 그날 저녁, 마뉘엘 발스는 비서를 통해 언론에 짤막한 논평을 내보냈다. 아르노 몽테부르가 '선을 넘었다'는 것이었다. 대통령과 총리는 정부에 대한 이러한 도전을 문제 삼지 않고 넘어갈 수는 없다는 분명한 태도를 보였다. 그리고 새로운 재정경제부 장관 후보를 찾는 작업이 그 즉시 시작되었다.

제일 처음 물망에 오른 후보는 국영 철도회사인 SNCF와 범유럽

항공 방위 산업체인 EADS의 수장이기도 했던 루이 갈루아였다. 역시 국립행정학교 출신인 루이 갈루아는 올랑드 집권 초기에 쇠퇴해가는 프랑스 산업을 다시 되살리기 위해 기업들의 법인세에 대한 충격적인 감세 조치가 필요하다는 보고서를 올린 바 있었다. 그렇지만 그는 이미 불과 몇 개월 전 고액의 연봉을 받는 푸조 자동차 회사의 이사회 의장으로 자리를 옮긴 후였다.

그렇다면 마크롱은 어떤가? 그는 젊고 역동적인 인재임에는 분명했다. 그라면 올랑드 대통령이 잘못된 시작은 잊고 진지하게 경제 개혁을 염두에 두고 있다는 강력한 신호를 경제계에 보낼 수 있지 않을까? 마크롱이 재정경제부 장관이 될 거라고는 아무도 예상하지 못할 것이며 아마도 분명 긍정적인 반응이 나올 터였다. 마뉘엘 발스도 장피에르 쥬예가 그랬듯 마크롱을 후원했다. 재정 감독청에서 마크롱과 함께 있었고 오랜 세월 그의 동지이자 친구로 함께해온 장피에르 쥬예는 올해 초 마크롱이 엘리제궁을 떠나는 것과 거의 비슷한 시기에 비서실장으로 자리를 옮겨왔다.

선출직 공무원직을 수행해본 적이 없었다는 이유로 지난 3월 예산부 장관 후보에서 탈락하긴 했지만 이번만큼은 올랑드도 자신의 원칙을 굽힐 준비가 되어 있었다. 아르노 몽테부르와 브누아 아몽이 정부에 직격탄을 쏘고, 언론과 그들의 우파 정적들이 환호한 지 48시간가량이 지났을 무렵이었다.

장관직을 제의받은 마크롱은 빨리 결정을 내려야 한다는 압박을 느꼈다. 그리고 아내 브리지트와 의논한 끝에 그 요청을 수락하기로 했다. "우리는 정말로 이런 일이 일어날 것이라고는 기대하지 않았어요." 브리지트가 지역 일간지인 〈레제코 두 투케〉에 한 말이다. 다음 날 아침, 장관으로서 출근하기 위해 마크롱은 관용차와 정장 구두가 필요했다. 이런 휴가용 별장에 새로운 장관에게 어울릴 만한 구두가 있을 리는 만무했다.

"그 정도 나이에 경제와 기업, 산업 전반에 걸쳐 책임을 지게 되었다는 사실이 정말 즐겁지 않나?" 마크롱이 결단을 내린 후 장피에르 쥬예가 전화를 걸어와 따뜻한 목소리로 이렇게 물었다. "전부터 이런 일을 꿈꾸어왔지. 재정 감독청에서는 내가 우두머리였지만 이제는 자네가 우두머리가 되겠군." 그는 또 이렇게 덧붙였다.

같은 날 저녁에 새로운 인사 조치가 발표되었다. 아르노 몽테부르의 경질이 확정되었고 브누아 아몽도 마찬가지였다. 특히 브누아 아몽 같은 경우는 새로운 학기가 시작되는 것을 보지도 못하고 경질된 교육부 장관이라는 불명예도 안았다. 같은 좌파로 역시 정부의 정책에 반발했던 오렐리 필리페티 문화부 장관도 경질되었다.

마뉘엘 발스 총리는 저녁 황금 시간대 텔레비전 대담에 출연해 이번 개각을 일컬어 '권위의 행사'라고 말했고, 장관들에게는 정부 정책에 발맞추어 줄 것을 다시 한 번 다짐시켰다. 마크롱의 기용은 언론으로부터 기대했던 반응을 이끌어냈다. 뉴스 속보에도 등장했을 뿐더러, 모든 주요 웹 사이트에서는 서둘러 작성한 경력과 함께 마크롱의 이름을 웹 사이트 제일 상단에 띄우며 그의 배경과 영민함에 대한 평판을 언급했다. 그렇지만 동시에 그의 로스차일드 은행 경력도 함께 조명이 되었다. 마뉘엘 발스는 마크롱의 은행 근무 이력에 대한 질문을 받자 이렇게 반응했다. "그게 무슨 문제입니까? 프랑스에 직장 생활 한 번 안 해본 사람이 있나요? 그리고 그 직장이 은행이면 무슨 문제가 된다는 겁니까?"

마크롱의 기용은 안 그래도 사이가 소원하던 정부와 사회당 좌파 국회의원들 사이를 더욱 멀어지게 만들었다. 로랑 바우멜 의원은 이번 개각을 "분명한 도발 행위"라고까지 말했다. 아르노 몽테부르는 아주 자랑스럽게 정부를 떠나며 긴축재정은 '부조리한 재정'이며 프랑스와 유럽의 경제 위기를 가중시킬 것이라고 말했다. 그리고 그 위기는 1929년 대공황 이후 가장 심각한 상황이 될 것이라는 말도 했다.

　　떠나기 전 마지막 회의에서 아르노 몽테부르는 마뉘엘 발스에게 개인적인 충고를 남겼다. 바르셀로나에서 태어난 쉰한 살의 총리는 이제 프랑스에서 가장 인기 높은 정치인으로 자리 잡았다. 내무부 장관 시절의 확실한 실적뿐만 아니라 그 이국적인 외모는 그를 프랑스에서 가장 잘생긴 정치인으로도 유명하게 했다. 이 잘생긴 총리는 또 고집이 센 것으로도 유명해서 만화《아스테릭스》에 등장하는 고집스러운 이베리아 소년 '페페'로 불리우기도 했다. 마뉘엘 발스의 야심은 이미 널리 알려져 있었다. 그는 2011년 사회당 대통령 후보 경선에 나선 적이 있었고 아마도 2017년에는 국가의 수장이 될 수 있다고 생각하는 듯했다. "당신은 지금 심각한 실수를 저지르고 있어요." 아르노 몽테부르는 마크롱에 대해 경고하며 총리에게 이렇게 말했다. "마크롱은 당신을 가만두지 않을 겁니다. 그가 새로운 얼굴로 등장해 총리 자리를 빼앗으면 당신은 빈손으로 여길 떠날 수밖에 없어요." 아르노 몽테부르는 엘리제궁 시절부터 마크롱에 대해서 파악하고 있었고 프랑스 정부에 물불 안 가리는 젊은 개혁가는 한 사람이면 충분하다는 사실도 정확히 꿰뚫어보고 있었던 것이다. 마크롱과 마뉘엘 발스는 프랑스 경제를 되살리려면 공공 부문 지출을 더 낮추고 사기업에 대한 활로를 더 터주어야 할 필요가 있다는 점에서 아주 비슷한 관점을 갖고 있었다. 또한 두 사람 모두 프랑스의 대표적 온건파 사회주의 개혁가이자 전 총리인 미셸 로카르와도 가까운 사이였다.

마크롱이 장관으로 복귀한 것은 정말 아무도 예상치 못했던 기회였고 이전의 역사가 증명하듯 여러 사건과 상황을 통해 만들어진 우연한 결과였다. 마크롱은 도미니크 스트로스칸이 성추문으로 대통령 후보에서 멀어지기 전인 2010년에 이미 올랑드를 지지하고 나섰듯, 그는 마침 적당한 때를 맞춰 적당한 장소에 있는 사람이었고 영향력 있는 거물들의 확실한 지지를 기대할 수 있는 사람이었다. 그야말로 덕성과 행운이 함께하는 사람인 셈이었다.

재정경제부는 파리 동쪽 센강변에 위치한 멋없는 현대식 건물 안에 있었다. 바로 이곳에서 마크롱은 최초로 국가 단위의 행정 업무를 맡아 오랫동안 생각해오던 개혁을 실행에 옮길 수 있는 기회를 잡게 되었다. 마크롱은 경제 전반에 걸친 다양한 이해관계를 조율하며 인터넷 규제까지 관장하는 각종 산업 정책을 책임졌다. 그렇지만 지금까지 새로운 일을 맡을 때마다 늘 그러했듯이 그는 새로 부여된 임무를 부담이나 압박으로 여기지 않았다. 마크롱은 대통령과 직접 대면하고 보고할 수 있었는데, 이런 특권을 남용해 절차를 무시하고 다른 관료들을 곤란하게 한다면 자신에게도 좋지 않은 영향을 줄 수 있었다.

그런데 처음 출근하고 보니 상황이 아주 좋지 않게 돌아가고 있었다. 아르노 몽테부르가 과장된 선동을 하던 바로 그날, 마크롱은 시사주간지인 〈르 포앙〉의 기자들과 프랑스에 필요한 경제 개혁 방안에 대해 이야기를 나누기로 되어 있었다. 자신이 곧 장관에 임명될 것이라는 사실을 꿈에도 몰랐던 그는 아무 거리낌 없이 엘리제궁에서 일하던 시절의 경험담을 솔직하게 털어놓았던 것이다.

마크롱의 기사는 장관직을 권유받고 아직 고민을 하고 있을 무렵인 바로 그 주 목요일 지면에 실렸다. 기사를 보면 마크롱은 좌파의 상징과도 같은 정책 하나를 겨냥해 공격을 하고 있었는데, 바로 지난 2000년 사회당 소속 총리였던 리오넬 조스팽이 도입한 주 35시간 노동제였다. 그는 기업들이 노동 시간과 환경을 노동자들과 직접 협상하도록 하는 것이 노동 시간부터 정수기 위치까지 모든 일을 다 간섭하는 국가 정책을 무조건 따르는 것보다 더 낫다고 말했다. 지금 프랑스에 필요한 것은 이런 족쇄에서 풀려나는 일이라는 것이 그의 주장이었고, 거기에는 "지금 좌파에 있는 사람들에게는 아마도 설명하기 어려운 개념일 것"이라는 단서가 붙었다.

마크롱을 장관에 임명한 일이 사회당 내 많은 인사들의 눈에 '도발 행위'로 비쳤다면, 그의 이런 주장은 그야말로 불에 기름을 붓는 일이나 다름없었다. 친기업 성향의 협의체인 프랑스 산업 연맹은 환영의 뜻을 표했지만 노조들은 즉시 마크롱이 노동자의 권리를 해치려 한다고 공격했다. "과거의 유산과 성과들을 부정하려고 시작하는 순간 좌파는 신뢰를 잃게 됩니다." 사회당 소속으로 국회의장을 맡고 있던 클로드 바르톨론은 이렇게 경고했다.

정부는 재빨리 진화에 나섰다. 총리 관저에서는 성명서를 내고 35시간 노동법은 존중될 것이며 마크롱의 발언은 그가 장관으로 기용되기 사흘 전, 충분한 시간 차를 두고 나온 것임으로 별 문제가 없다고 발표했다. 이러한 첫 번째 갈등은 분명 우연히 비롯된 것이지만, 그럼에도 불구하고 마크롱은 장관으로 재직하는 동안 언론의 관심을 끄는 언행을 그만두지 않았다. 때로는 사회당의 원칙이나 정부 정책을 대담하게 공격하는 등 의도적으로 그럴 때도 있었고, 또 때로는 정말 우연한 실수나 실책으로 그렇게 되는 경우도 있었다. 그렇지만 취임 첫날부터 시작된 이런 구설수의 효과는 범상치 않은 사생활에 대한 대중의 관심과는 또 별개로 마크롱을 정치계의 유명 인사로 만들어주었다. 어쨌든 그는 언론 매체에 정기적으로 기삿거리를 제공해주는 역할을 했다. 마뉘엘 발스로서는 황당하다고 할 수밖에 없는 것이, 마크롱은 2017년 대통령에 당선이 되자 장관들과 함께한 첫 번째 회의에서 자신은 규율과 책임을 중요시한다며, 장관들에게 언론과 일정 거리를 둘 것을 주문한 것이다.

장관으로 임명된 지 3주가 지난 후 처음 가진 언론과의 공식적인 만남은 재앙 그 자체였다. 유럽 1 라디오 방송국과의 대담에서 마크롱은 브르타뉴 서부의 한 마을에 있던 도축장의 파산을 예로 들며 직장을 잃은 노동자들이 다시 직장을 구하는 일의 어려움에 대해 설명했다.

"이 도축장은 주로 여성들이 일하던 곳이었고, 대부분이 교육을 많이 받지 못한 사람들이었습니다. 우리는 그들에게 여기 도축장에서는 더 이상의 미래가 없으며 여기서 오육십 킬로미터 떨어진 곳에 가야 일자리를 구할 수 있다고 설명했습니다." 그러면서 마크롱은 그들 중 대다수가 제대로 읽고 이해할 능력이 떨어지고 운전도 못했기 때문에 결국 운전면허 시험을 통과하지 못했으며, 면허가 없이는 멀리 떨어진 다른 공장까지 출퇴근하기가 어렵다고 설명했다.

마크롱의 이런 이야기는 즉시 인터넷 사회관계망을 타고 퍼졌고 곧 뜨거운 반응이 쏟아졌다. 마크롱은 도축장 노동자들 중 글을 읽지 못하는 사람들에게 공개적으로 모욕을 준 것이며, 글을 읽을 줄 아는 노동자들 역시 무시하거나 멸시한 것이나 다름이 없게 되어 버렸다. 마크롱이 특정 사람들을 지칭하며 저런 이야기를 꺼낸 것은 이미 실업으로 고통받고 있는 사람들에게 모욕을 더한 것이었고, 그의 정적들이 의심하고 있던 바를 확인시켜주는 계기가 되어 버렸다. 다시 말해 마크롱은 국립행정학교를 나오고 높은 연봉을 받으며 투자은행에서 일한 거만한 특권층으로, 서민들의 생활에 대해서는 아무런 이해가 없다는 것이었다. "아무것도 모르면 그냥 닥치고 있으라고 해요!" 직접 운전을 해 출근을 하던 도축장의 한 여성 노동자가 기자들에게 한 말이다. "명백한 경멸 그 자체였습니다." 지역 노동조합원인 장 마르크 데티벨도 이렇게 거들었다.

내각의 다른 동료들과 언론 담당 보좌관들은 발등에 불이 떨어졌다는 사실을 재빨리 알아차렸다. 이 불을 끄기 위해 마크롱은 오후에 국회로 나가 사과 성명을 발표하는 데 동의했다. "해당 노동자들에게 진심으로 후회와 사죄의 말씀을 드립니다. 부적절한 언행으로 인해 상처받은 모든 사람들께 아무리 사과를 드려도 부족하다는 사실을 잘 알고 있습니다. 저는 그저 그분들을 돕고자 했을 뿐이라는 사실만은 꼭 말씀드리고 싶습니다."

그렇지만 마크롱의 사과는 야유 소리에 묻혀 거의 들리지 않았다. 브르타뉴 출신의 의원이 자리에서 일어나 양팔을 흔들며 야유를 유도했고, 그 야유와 함성은 다른 누구도 아닌 이제 임명된 지 3주밖에 되지 않은 서른여섯 살의 젊은 장관에게는 협박이나 마찬가지처럼 느껴졌다. 하지만 마크롱은 이내 마음을 다잡고 자신을 공격하는 의원들에 대항해 스스로를 변호했다. 그는 올랑드의 이른바 '치아도 없는 사람들'이라는 발언이 보도되었을 때와 같은 심정이라면서 이렇게 말했다. "오늘 정말 유감스러운 건 의원 여러분들이 말 한마디에는 그렇게 분개하면서 진실에 대해서는 아무런 반응이 없다는 사실입니다." 의원들의 야유와 함성에 떠밀리듯 연단에서 내려오기 전 마크롱이 남긴 말이다.

마크롱은 이제 자신의 말 한마디 한마디에 사람들이 어떻게 반응을 하는지 큰 교훈을 깨달은 셈이었다. 지금까지 겪어보지 못한 도무지 익숙하지 않은 상황이었다. 마크롱은 어떤 문제에 대해 자신의 눈에 비친 그대로 정직하게 말하는 것에 자부심을 갖고 있던 사람이었다. 프랑스의 문맹 문제는 실제로도 대단히 심각해서 2012년 정부 통계에 따르면 전체 노동 인구 중 약 250만 명이 문맹으로 고통받고 있었다. 마크롱은 이 문제를 부각시킨 것이 옳은 결정이었다는 생각에는 변함이 없었지만, 이후에 있었던 언론과의 대담에서는 이런 일로 인해 모욕감을 느낄 수 있는 사람들에게 단지 개인적인 판단으로만 이야기를 꺼낸 것은 실수였다고 인정했다.

이 사건은 마크롱 개인에 대해 지속적으로 제기되는 문제들 중 하나를 다시 부각시켰다. 그는 노동자 계층에 대해 과연 얼마나 알고 이해하는 것일까? 프랑스의 직업 정치인들 중에는 진정한 고난이나 궁핍을 경험해보았다고 말할 수 있는 사람은 거의 없었다. 비록 집안은 보통의 중산층 가정이었지만 열여섯 살에 파리의 명문 고등학교로 진학한 마크롱은 분명히 부와 영향력이 있는 특권층들의 세상에서 살아온 사람이었다. 마크롱은 태어나면서부터 여러 계층의 사람들에게 관심이 있었고, 개인적으로 마주했을 때 상대방이 스스로를 중요한 사람으로 여기게끔 만드는 데도 일가견이 있었다. 그러나 그는 결국 인생의 승자들 사이에서 사회생활과 직장 생활을 한 사람이라고 볼 수 있었다.

물론 높은 수준의 교육을 받은 성공한 사람들과 함께했다는 사실에 근본적인 잘못은 없다. 그렇지만 재정경제부 장관 시절이나 대통령 취임 초기 기간, 마크롱은 계속해서 자신을 비난하는 사람들에게 그럴 만한 원인을 제공해주고 말았다. 결국 사람들은 프랑스의 상류층들에게서 널리 찾아볼 수 있는 속물의 모습을 마크롱에게서도 보고 만 것이었다.

2017년 대선 당시 마크롱은 이 문제에 대해 잘 알고 있는 듯 보였다. 그는 서둘러 마련된 노동조합원들과의 만남의 자리에서 "우리는 중산층 출신입니다"라는 말을 카메라 앞에서 하며 공격을 비껴나가는 듯한 모습을 보이기도 했다. 선거 운동원들을 다독이면서 "나는 더 이상 은행원 출신으로 보이고 싶지 않습니다"라는 말도 덧붙였다.

그러나 마크롱은 재정경제부 장관 말년에 또다시 큰 실수를 저질렀다. 2016년 5월 포도 생산지로 유명한 프랑스 남부 랑그도크의 루넬을 방문했을 때의 일이다. 좁은 거리와 낡은 콘크리트 주택가들이 그림처럼 펼쳐져 있는 이곳은 지난 2003년 이후로 약 20명이 넘는 청소년들이 시리아 내전에 참전하기 위해 떠나면서 이슬람 원리주의자들의 온상으로 악명을 얻게 되었다.

마크롱은 이곳에 있는 IT 훈련원을 방문한 참이었다. 이 훈련원은 이 지역에 널리 퍼져 살고 있는 이슬람교도들을 포함해 실업률이 40%에 달하는 청소년들을 돕기 위해 설립된 곳이었다. 이 무렵 마크롱이 방문하는 곳에서는 으레 그렇듯, 여기에서도 소수의 시위대가 모여들어 확성기 등을 사용해 정부를 공격했다. 말쑥한 맞춤 양복을 차려입고 경호원들을 대동한 마크롱은 시위대 앞으로 나가 그들과 대화를 나누기로 결정했다. 마크롱에게 이런 행동은 '직접적인 접촉'에 나서는 것으로, 그가 평소에 즐겨 해오던 방식이었다. 무슨 수를 써서라도 시위대를 피하려고 하는 것은 마크롱으로서는 '도망쳐서 숨는 행위'에 불과했다.

그런데 이번에는 상황이 심각하게 돌아갔다. 예순 살의 지역 활동가, 그리고 직업이 없는 스물한 살의 젊은이와 정부의 노동개혁 계획에 대해 장시간 논쟁을 벌인 끝에 마크롱은 그만 이성을 잃고 말았다. 그는 자신의 행동이 사람들이 자신을 '장관님'이라고 부르지 않았기 때문에 발생했다고 주장했다. 동료들과 있을 때는 격식을 따지지 않고 편하게 지내던 마크롱도 결국은 일반 대중들 앞에 나설 때는 계층이나 지위에 따른 예의범절이 지켜지기를 바랐던 모양이었다.

'팔레스타인 해방'이라는 글귀가 적힌 검은색과 흰색으로 된 티셔츠를 입고 논쟁에 참여했던 청년 조르단 미슈는 노동개혁 문제, 그리고 자신과 같은 사람들에게 일자리가 부족한 문제에 대해 마크롱에게 장광설을 늘어놓았다. 조르단은 자신이 외식 사업 교육과정을 시작했지만 제대로 끝마치지 못했으며, 그래서 허드렛일이나 막노동만 전전하고 있다고 말했다. "이런 상황에 신물이 난다는 말을 마크롱 장관에게 하고 싶었습니다. 이런 식으로 임시직만 전전하는 사람들이 있는 한 이 사회는 분열이 되고 말 것입니다." 조르단이 일간지 〈르 리베라시옹〉과의 대담에서 한 말이다. 그날 밤 있었던 일이 뉴스에는 자세히 보도되지 않았지만 한 목격자의 증언에 따르면 조르단은 마크롱에게 "그렇게 비싼 옷이나 사서 입을 정도로 돈이 많으시군요" 같은 말을 했다고 한다. 마크롱은 누구나 알아볼 수 있을 정도로 불같이 화를 냈고 이성을 잃은 듯 되는 대로 소리를 내질렀다. "그 따위 티셔츠를 입고 있다고 해서 내가 눈이나 깜짝할 줄 아나! 나처럼 좋은 옷이 입고 싶거든 가서 일이나 해!" 그리고 이 말은 그 즉시 인터넷을 뜨겁게 달구게 되었다. 마크롱의 말에 조르단은 "그렇지만 나는 꿈만 꿀 뿐 실제로 가서 일할 곳이 없어요"라고 대꾸했다고 한다.

이후에 트위터에는 #atshirtforMacron 같은 해시태그가 달리고 마크롱을 조롱하는 티셔츠가 선을 보이며 큰 인기를 끌게 되었다. 또한 마크롱이 프랑스 정부뿐만 아니라 자기 자신의 명성에도 피해를 주는 논평이 물밀듯이 쏟아지기 시작했다. "좌파 정부의 재정경제부 장관이, 그것도 의원 생활 한 번 해본 적 없는 부자 은행가 출신이 내뱉은 말에는 계급에 대한 경멸이 은연중에 숨어 있다." 좌파 성향의 일간지 〈르 리베라시옹〉에 실린 논평이다. "이것은 맞춤 정장과 티셔츠의 대결, 상류층과 서민층의 대결, 그리고 노동자와 실업자 사이의 대결입니다." 강성 좌파인 프랑스 노동자 총연맹의 수장 필리프 마르티네즈의 말이다. 그는 마크롱을 프랑스 광고계의 귀재 자크 세귀엘라와 비교하기도 했는데, 자크 세귀엘라는 지난 2009년 "나이 쉰이 넘어서도 명품 시계 하나 없다면 그 인생은 망한 인생이다"라는 유명한 망언을 남겼다. 조르단은 돈이 아무리 많아도 맞춤 정장 같은 건 사지 않을 거라고 말하며 이렇게 덧붙였다. "우리 모두가 은행가가 되기를 원하는 건 아닙니다." 한편 마크롱은 이번 충돌에 대해 "완전히 논점을 벗어난 이야기가 오고갔고 저는 제가 한 말에 대해 전혀 후회하지 않습니다. 앞으로도 실수는 있을 것이며 저는 때로는 흥분도 하고 화도 낼 것입니다. 그렇지만 정치의 미학美學은 사람들을 만나서 설득하는 데 있고, 저는 그 일을 쉬지 않고 계속할 것입니다"라고 밝혔다.

장관으로 임명된 후 한 달이 지날 무렵, 35시간 노동제에 대한 그의 비판, 그리고 도축장 노동자들을 둘러싼 다툼에 대한 뜨거운 여론도 가라앉자 마크롱은 재정경제부 내의 업무 처리 방식을 위계질서를 덜 따지는 방향으로 재구성하며 일에 몰두하기 시작했다. "현장의 모든 의견이 장관에게 빠르고 분명하게 전달되도록 처리되었습니다." 당시 재정경제부에서 일하던 에릭 뒤파레고의 회고다. 마크롱의 집무실 문은 열려 있는 경우가 많았고, 적어도 재정경제부 내에서는 장관에게 특별한 격식을 차리지 않고 대하는 일이 일상이 되었다.

영국의 〈파이낸셜 타임스〉나 〈이코노미스트〉, 그리고 미국의 〈월스트리트 저널〉 등과 같은 경제 전문지들과의 대담이 이루어지는 사이에 마크롱과 수석 정책 보좌관들은 새로운 개혁 법안을 준비하기 시작했다. 올랑드로서는 끔찍했던 한 해가 저물고 있었지만 어쨌든 정부 경제 정책의 핵심적인 내용이 준비되고 있었던 것이다. 2014년이 지나갈 무렵 프랑스의 실업률은 5%를 넘어 무려 350만 명이 일자리 없이 지내고 있었다.

12월 10일 그 모습을 드러낸 새로운 법안은 '프랑스 국민의 생활을 구체적으로 빠르게 안정시키는 것'을 목표로 하고 있다는 것이 총리 마뉘엘 발스의 설명이었다. '성장과 활동, 그리고 기회 균등을 위한 법'이라고 다소 무미건조하게 명명된 이 법은 얼마 지나지 않아 언론에 의해 '마크롱법'으로 바뀌어 불리게 되었다.

이로 인해 불거진 모든 소란과 문제에도 불구하고, 실제로 이 법의 범위와 목표는 상대적으로 적당한 수준이었다. 이 법은 '천지창조' 수준의 구조적 개혁이 아니라 경제 특정 분야의 규제를 푸는 것을 목적으로 한 일련의 내용들로 구성되어 있었다. 예컨대 장거리 운행 버스 회사를 개인이 쉽게 차릴 수 있도록 허가하는 일, 저렴한 가격으로 더 많은 경쟁을 유도할 수 있도록 그동안 엄격하게 규제를 받던 법률 지원 사업을 개방하는 일, 일요일에 상점들이 근무시간을 적당하게 늘릴 수 있도록 하고 근로기준법을 수정하며 또 노동법원의 기능이나 운전학원의 규제를 손보는 일 등이 바로 그것이었다. 그리고 새로운 창업을 지원하는 내용도 포함이 되어 있었는데, 마크롱은 버스 회사 허가에 대해 '가난한 사람들'이 더 쉽게 여행을 할 수 있도록 도울 수 있다고 말했다가 다시 한 번 구설수에 오르기도 했다. 올랑드 대통령은 나중에 이 법을 일컬어 '프랑스의 미래를 위한 법'이라고 말했다.

그럼에도 불구하고 수만 명에 달하는 변호사들이 그 즉시 거리로 쏟아져 나와 정부가 실시하려는 개혁안에 반대했다. 마크롱은 살해 위협까지 받았고 각 지역의 노동 및 상업법원에서는 파업이 이어졌다. 시위대는 "마크롱이 장관이 되어도 달라진 건 없다!"라는 구호를 외쳐댔다.

"마크롱이 원하는 변화는 모두 유럽연합 집행위원회에서 이미 오래전부터 요구하던 것들입니다." 유럽 통합에 찬성하지 않는 극우파 수장 마린 르 펜은 이렇게 말했다. 극좌파 논평가인 장뤽 멜랑숑은 일요일에도 상점 문을 열자는 제안에 대해서 "신성불가침의 소비 사회가 시작되었다"고 논평했다. 사회당 내 좌파들은 법안이 지나치게 우파 성향으로 치우쳐 있다고 말했고 우파들은 법안이 너무 미흡하다고 주장했다. 뉴스 전문 인터넷 웹 사이트 미디어파르트는 이를 '신자유주의 정책'이라고 선언했는데, 이 말은 프랑스 정치계에서 여전히 받아들이기 힘든 개념이었다.

이렇게 격한 반응이 쏟아져 나온 이유는 법안이 목표로 하고 있는 대상들을 통해 어느 정도 이해할 수 있는 것이었다. 일요일 거래 자유화는 지난 수십 년 동안 프랑스 정치계의 뜨거운 감자였으며 좌파는 종교 문제가 아닌 사회적 이유로 이를 극렬하게 반대해왔다. 모든 노동자가 반드시 하루는 쉬어야 한다는 것이었다. 이 문제가 프랑스 가정의 가치를 약화시킨다고 보는 사람들도 있었다. 그런 사람들은 강제적으로라도 사람들을 일요일에 집에 머물도록 해야 불필요한 소비에 대한 유혹을 떨쳐버리고 가족들과 행복한 시간을 보낼 수 있다고 생각했다.

그러는 사이 새로운 버스 회사들이 등장해 국영철도회사인 SNCF와 경쟁을 벌이게 되었다. 제2차 세계대전 당시 SNCF의 직원들은 나치 독일에 대한 저항 운동을 벌이는 데 큰 역할을 했으며 SNCF는 국가가 지원하는 산업의 상징적인 가치를 보여주는 기업이었다. 때문에 프랑스 사람들은 이 회사에 특별한 의미를 두고 있었다. 또한 SNCF는 프랑스 최대의 기업 중 하나로 고용하고 있는 노동자의 숫자만 15만 명에 달했다.

마크롱은 12월과 1월에 변호사 단체의 대표들과 의견이 다른 사회당 국회의원들을 연달아 만나며 법안 초안에 수정을 가하는 등 쉬지 않고 일했다. 법안을 국회에서 정식으로 통과시키기 위해서는 찬성 여론을 조성하고 다수 의원들의 지지를 확보해야만 했던 것이다.

2015년 1월 초, 마크롱은 사회당의 도움 없이 이 일을 성사해내려고 했다. 그는 일간지 〈레제코〉와의 대담을 통해 인터넷을 일컬어 '최고의 산업'이라고 언급했다. "우리는 장차 억만장자가 되려는 꿈을 갖고 있는 프랑스 젊은이들이 필요합니다." 마크롱의 이 말은 그 즉시 좌파들을 자극했지만 이것이야말로 마크롱의 장기로, 사람들의 관심을 끌면서 동시에 상대방을 압박하는 전술이었다. 그렇지만 전술이라고는 해도 마크롱은 진심으로 프랑스에서 부에 대한 미심쩍은 시선이 거두어지고 성공을 축하하는 분위기가 만들어져야 한다고 믿었다. 이러한 모습은 영국의 전 수상 토니 블레어가 영국의 소득불평등 문제를 두고 자신이 이끄는 노동당과 갈등을 벌였던 과거를 떠올리게 했다. 마크롱의 주장은 넓은 의미에서 블레어의 오른팔이었던 피터 만델슨의 주장과 그 궤를 같이한다고 정리할 수 있다. 피터 만델슨은 "국민들이 세금을 납부하는 이상 어떤 식으로 부자가 되건 최대한 이해해줘야 한다"고 말했다. 사회당 당수 장크리스토프 캉바델리는 이에 대해 "억만장자들이 얼마를 벌어들이건 그건 나와는 전혀 상관없는 일이다"라고 코웃음을 치며 마크롱이 정말로 젊은 세대에게 올바른 충고를 던지고 있는지 의문이라고 주장했다.

1월 26일 국회에서 법안을 상정하게 되었을 때, 마크롱과 총리 마뉘엘 발스는 2주간의 논의 기간이 끝나면 과반수 찬성으로 법안을 통과시킬 수 있을 거라고 자신했다. "이 나라는 지금 궁지에 몰려 있습니다. 지금의 상황을 유지하는 것은 더 이상 우리가 선택할 수 있는 길이 아닙니다." 마크롱은 의원들 대부분이 자리를 비운 국회에서 이렇게 외쳤다. "이 법안은 우리에게 아직 전진할 수 있는 역량이 남아 있다는 것을 증명해줄 것입니다."

젊은 개혁가의 행보를 예의 주시하던 사회당 소속 의원들은 브르타뉴 서부 출신의 좌파 의원 리샤르 페르낭에게 마크롱을 도와 법안의 최종 손질을 맡도록 했다. 마크롱에게 호의적이지 않던 페르낭도 얼마 지나지 않아 그의 매력에 빠져 앞장서서 법안을 찬성하게 되었다. 심지어 우파인 대중운동연합 소속 반대파 의원들 일부까지 국회에서 몇 시간이고 의원들의 질문에 대답하는 마크롱의 역량을 인정하게 되었다. 어떤 회의는 다음 날 새벽까지 이어지기도 했으며 수천 개에 달하는 수정안이 올라왔다. 협상과 설득을 통해 조목조목 점검이 이루어지면서 법안은 예정된 기한을 지나 3주 가까이 의원들의 논의를 거친 끝에 마침내 국회를 통과하게 되었다. 마크롱의 어머니 프랑수아즈는 집에서 텔레비전을 통해 의사당 생중계를 보며 아들에게 문자 메시지로 격려와 충고의 말을 보냈다.

2월 15일 일요일, 최종 수정안에 대한 점검이 오전 6시까지 이어졌다. 이에 반대하는 사회당 좌파의 우두머리인 브누아 아몽은 반대표를 던지겠다고 선언했다. 마크롱의 전임자인 아르노 몽테부르와 함께 경질된 전 교육부 장관 브누아 아몽은 이 법안이 일요일 노동 시간에 대한 충분한 협의를 담고 있지 못하다고 주장했다. 우파 정당인 대중운동연합의 당수이자 전 대통령인 니콜라 사르코지 역시 자기 당 소속 의원들에게 반대표를 던지라는 지령을 내렸다. 사르코지는 2012년 대통령 선거에서 올랑드에게 패한 후 각종 국제 강연회 등에서 연사로 활약하다가, 2014년 11월 당내 투표에서 당수로 선출 된 후 정계 일선에 복귀했다.

"마크롱은 누군가 잠그는 것을 잊어버린 수도꼭지에서 그냥 하릴없이 줄줄 흘러나오는 온수 같다." 대중운동연합의 원내 대표인 크리스티앙 쟈콥은 마크롱이 법안 상정을 위해 국회에서 보여준 모습을 두고 이렇게 혹평했다. 법안 역시 '아무것도 아닌 것과 그저 그런 것'의 중간 정도 가치밖에 없다고 덧붙이기도 했다.

최종 투표가 2월 17일로 예정되자 총리 마뉘엘 발스는 진퇴양난의 궁지에 몰리게 되었다. 올랑드 집권 후 정부 측은 지금까지 한 번도 국회 투표에서 밀려본 적이 없었다. 그러나 이번 경우 불과 3표에서 6표 차이로 법안 통과가 결정될 것으로 예측되었고, 그 성공 여부조차도 10여 명의 반대파 의원들이 자신들의 뜻을 접고 정부 편을 들 것인가에 달려 있었다. 대략 25명의 사회당 소속 국회의원들은 브누아 아몽을 따라 반대표를 던질 준비를 하고 있었으며, 또 다른 12명에서 13명은 기권할 것이라는 게 총리측의 예측이었다.

결국 올랑드와 면담을 마친 마뉘엘 발스는 프랑스 헌법 제49조 3항, 줄여서 49.3이라고 알려진 내용에 따라 총리령으로 법안을 통과시키기로 결정했다. 다시 말해 헌법에서 보장된 권리에 따라 국회의 표결 없이 법안을 통과시키겠다는 것이었다. 49.3을 마지막으로 이용한 것은 지난 2006년 자크 시라크 대통령이 이끌던 우파 정부였는데, 당시 사회당 당수였던 올랑드는 이를 두고 '야만적인 처사'라고 비판했다.

마크롱에게 이런 상황은 정당 정치에 대한 치욕이었다. 법안이란 국회를 통과해 정식으로 입법화되어야 하는데, 49.3을 이용하면 수많은 유권자들의 눈에는 적법성이 떨어지는 행태로 보일 수밖에 없었다. "국회에 나와 앉아 있는 아들의 얼굴을 보고 저는 아들이 그날 밤 장관직을 사임할 것이라고 생각했어요." 마크롱의 어머니 프랑수아즈의 회고다. 그토록 오랜 시간 동안 거의 텅 비어버린 국회에 나와 끈기 있게 의원들을 한 사람씩 만나 설득했던 일들은 다 무엇이었을까. 잠자는 시간조차 줄여가며 노력했던 것은 민주주의와 개혁이라는 고귀한 이상을 위해서가 아니었던가. 지금까지 살아오면서 그의 앞길이 가로막힌 일은 거의 없었다. 마크롱은 《고리오 영감》 속 젊은 라스티냑처럼 자기 혼자 힘으로 파리에 뿌리를 내렸으며, 고등학교 시절 선생님을 설득해 남편을 떠나 자신의 곁으로 오도록 만들었다. 로스차일드 은행에서는 대부분의 사람들이 불가능하다고 여겼던 수십억 유로의 거래를 성사시키기도 했다. 그러나 49.3이 사용되면, 설사 법안이 통과된다 하더라도 마크롱이 느낄 감정은 성취감이 아니라 패배감일 터였다. 그리고 이런 기분은 마크롱이 그동안 파리 고등사범학교 낙방이나 사회당 의원 후보 도전 실패 등을 포함해 인생에서 겨우 몇 번밖에 겪어보지 못했던 씁쓸한 경험이었다.

발언을 위해 일어선 마크롱의 두 눈은 평소의 그 번쩍이는 푸른 눈이 아니었다. 푸른 색이 사라진 두 눈은 그저 어둡고 피곤하게만 보였다. 그의 자신감과 우월감이 사그라지는 것이 모두에게 전해졌다. 그렇지만 여기서 멈출 수는 없었다. 한 번도 의원 생활을 경험해보지 못한 젊은 장관은 의원들 앞에서 민주주의란 무엇인지 역설하기 시작했다. "여러분 모두에게 말합니다. 우리의 조국이 우리에게 기대하는 것은 바로 진보와 발전입니다." 마크롱에게는 야유가 쏟아졌다. 그는 그날 밤 장관 집무실로 돌아와 아무 말 없이 피아노를 연주했다고 브리지트는 회고했다.

마크롱 자신의 분석에 따르면 대중운동연합 소속의 다수 의원들을 포함해 분명 법안을 지지하는 의원들이 상당수 있었다고 한다. 그렇지만 사르코지는 전략적인 이유로 반대표를 던지라는 지령을 내렸다. 앞으로 있을 지방 선거를 대비해 그전에 사회당의 세력을 약화시키려 한 것이다. 그리고 사회당 내 반대파인 브누아 아몽과 그의 지지자들은 다가오는 사회당 총회에만 더 신경 쓰고 있었다. 바로 브누아 아몽 자신이 당의 좌파를 이끄는 수장이 되려고 벼르고 있던 총회였다. 그는 또한 혜성처럼 나타난 마크롱의 콧대를 꺾을 수 있는 기회를 노리고 있었는지도 몰랐다. "이 법안은 마치 볼모처럼 붙들려 정치 놀음의 희생양이 되고 말았습니다." 그로부터 며칠이 지난 후 마크롱은 〈르 몽드〉에 이렇게 토로했다.

마크롱의 기억 속에 이 사건은 무엇이 프랑스를 이 지경으로 만들었는지, 그리고 왜 그렇게 프랑스가 변화를 싫어하고 복지부동의 자세만 고집하는지에 대해 생각하게 만든 중요한 순간이었다. "49.3은 실패였습니다. 마크롱은 그렇게 해서 법안이 통과된 것 자체를 실패라고 여겼습니다." 마크롱의 오랜 친구인 마르크 페라치의 말이다.

마크롱이 자신만의 정치 활동을 시작하겠다는 결심은 2015년

2월 중순의 바로 이날로 거슬러 올라간다. 그의 상처받은 자존심은 오히려 그를 이끄는 힘이 되었다. 그리고 대통령 후보로 나섰을 때 마크롱은 자신이 기존 정치 체제의 '허망함'을 보았으며 자신은 그런 체제를 변화시키기를 원한다고 말했다. 다시 말해, 그는 정치 놀음과 개인의 야심이 적법한 절차를 어떻게 망칠 수 있는지 처음 경험한 것이다. 마크롱은 브누아 아몽과 사르코지가 오직 자신들의 이익만을 위해서 일하는 반면, 자신은 국가의 이익을 위해서 일하고 있다고 확신했다.

EMMANUEL
MACRON

제9장

살기 위해 애쓰는 사람들 편에 선
새로운 정치

'마크롱법'은 정부와 국회 내 사회당 소속 의원들 사이에 전쟁이 시작되었음을 공개적으로 알리는 신호탄이었다. 그리고 그때문에 총리 마뉘엘 발스는 결국 '49.3'을 모두 합쳐 여섯 차례나 사용하게 되었다. 마크롱 자신은 비록 이런 과정을 실패라고 생각했지만, 덕분에 그의 대중적 인지도는 올라갔고 법안 상정이 적법하게 이루어져야 한다고 생각하는 많은 우파 유권자들의 지지도 받을 수 있었다. 일주일 후 치러진 여론 조사에서 마크롱은 프랑스에서 열네 번째로 인기가 많은 정치인으로 이름을 올렸다. 그리고 조사에 응한 프랑스 국민들 중 45%가 그를 긍정적으로 바라보고 있다고 밝혔다. 이는 한 달 만에 6%나 올라간 수치였다. 반면에 마뉘엘 발스는 지지도에서 마크롱에게 5위 자리를 내주고 6위로 내려앉고 말았다.

게다가 법안이 통과되고 실생활에 적용이 되기 시작하자 많은 유권자들은 마크롱의 생각처럼 상점들의 일요일 영업시간 연장이 더 편리하다고 느끼기 시작했다. 또한 2015년 여름부터는 화사한 색으로 치장한 수천 대의 버스가 '마크롱 버스'로 불리며 그동안 대중교통이 불편했던 도시와 마을들을 이어주기 시작했다.

"사람들이 이런 새로운 기회가 어디서부터 비롯되었는지 잘 알고 있다고 생각합니다." 한 버스 회사의 중역인 롤랑 드 바르벵탕이 2017년 1월 마크롱을 지지하는 선거 유세 도중 한 말이다. "지금 당장 인터넷에 접속하면 마크롱에 대한 긍정적인 반응을 눈으로 확인할 수 있습니다." 그는 계속해서 "마크롱이 지지한 법안이 그토록 짧은 시간 내에 어떻게 새로운 일자리와 자유로운 기회를 만들어주었는지 알게 되면 아마 놀랄 것입니다"라고 말했다. 법안이 시행된 지 첫해에만 거의 500만 명에 달하는 사람들이 '마크롱 버스'를 이용했으며, 이는 새로운 대중교통 수단에 대한 소비자들의 잠재적인 수요가 어느 정도였는지를 보여주었다. 이들은 자신의 집을 떠나 프랑스 각지를 싸고 편리하게 돌아다닐 수 있다는 점에 크게 매료되었다. 그리고 새로운 버스 회사들이 전적으로 소비자들을 위한다는 점에서는 더할 나위 없는 성공이었으며 엄청난 관심을 끌어 모았다. 그렇지만 일자리 창출 문제는 기대치를 크게 밑돌았는데, 시행 첫해가 저물 때까지 이 버스 회사들이 직접 고용한 인원은 1,430명에 불과했으며 이는 모두 합쳐 2만 2,000개의 새로운 일자리가 창출될 것이라던 정부의 예측과는 크게 비교가 되었다.

마크롱 재정경제부 장관의 1년 반은 새로운 법안을 통과시키는 일에만 소모된 것이 아니었다. 그는 이른바 '프렌치 테크La French

Tech'라는 국책 사업을 열렬하게 지지하고 나섰다. 프렌치 테크란 신기술을 기반으로 한 새로운 창업을 지원하는 정책으로, 이를 통해 탄생한 회사들 중에는 세계 유수의 온라인 광고 그룹인 크리테오와 자동차 공유 사업체인 블라블라카 등이 포함되어 있다. 마크롱은 프랑스 전역은 물론 미국 뉴욕까지도 기술 혁신 전시회가 있는 곳은 어디든 쫓아다녔으며, 특히 2016년에는 미국 라스베이거스에서 열린 대규모 산업 박람회에도 참가를 했다. 마크롱은 이 자리에 수수한 차림새로 그 모습을 드러냈는데, 굳이 사흘이나 면도를 하지 않은 것은 아마도 자유로운 정신의 젊은 창업자들과 편하게 어울리려고 했던 의도로 보였다. 마크롱은 또한 각 기업들이 참여하는 경진 대회를 후원해 올랑드 집권 초기에 만들어진 정부 공공 투자은행을 통해 기업들이 필요로 하는 자금을 지원하기도 했다.

마크롱은 프랑스가 1980년대에 시작된 첫 번째 세계화의 물결에 제대로 적응하지 못했으며, 1990년대에 시작된 산업 선진국들의 대규모 설비 자동화 투자에도 동참하지 못했다고 생각했다. 이제는 더 이상 공유 경제와 대체 에너지, 온라인 학습이나 인공 지능과 같은 미래 산업에서 뒤쳐질 여유가 프랑스에게는 없다는 것이 마크롱의 생각이었다.

모바일 앱을 기반으로 하는 택시 회사 우버가 프랑스에서 사업을 확장하며 벌어진 갈등은 현대화를 지향하는 마크롱의 의지를 상징적으로 보여주는 사건이었다. 마크롱이 주장하는 핵심은 이제 프랑스가 미래를 향할 필요가 있다는 것이었다. 미국 기업인 우버는 2015년 프랑스에 진출하면서 엄격하게 규제를 받는 프랑스의 택시 산업을 심각하게 뒤흔들기 시작했다. 특히 지금은 금지된 우버팝UberPOP 사업은 누구든 상관없이 자신의 차로 손님을 태울 수 있도록 했기에 더 큰 문제가 되었다. 이 때문에 그해 6월이 되자 기존의 택시 기사들이 파리 국제공항 주변을 가로막고 타이어를 불태우며, 우버 사업에 이용되는 차들에 불을 지르는 일들이 벌어지기도 했다.

마크롱도 우버팝 사업은 금지되어야 한다는 데 동의했지만, 우버 자체가 프랑스에서 계속 사업할 수 있는 권리를 지켜주기 위해 기존 택시 회사들의 강력한 압력에 맞섰다. "운수 사업에도 새로운 방식과 혁신이 있어야 한다는 건 너무도 당연한 일입니다." 택시 기사들은 이런 마크롱을 두고 '우버의 대변인'이라고 불렀다. 대도시의 택시 기사들 중에는 택시 면허를 취득하는 데 지금까지 수십만 유로를 썼는데 그게 다 무용지물이 되었다고 불만을 토로하는 이들이 속출했다.

마흔두 살의 택시 기사 파스칼 베네가노스는 프랑스 남부 도시 니스에서 택시 면허 비용 35만 유로를 충당하기 위해 2012년에 10년 상환으로 융자를 신청했다. "내가 택시 면허를 취득한 건 규정에 따라 일을 할 수 있었기 때문인데 갑자기 모든 게 다 무용지물이 되어버렸어요." 2017년 대통령 선거 기간 동안 그가 한 말이다. "멀쩡한 담배 가게가 있는데 누가 바로 그 앞에 가판대를 놓고 담배를 싸게 판다고 하면 그게 말이 되겠습니까?" 그는 마크롱에게 투표를 할 택시 기사가 있을지 의문이라고도 했다. "마크롱은 우리에게 있어 재앙이에요. 이제 법에 따른 제대로 된 직업을 가진 사람들은 모두 다 사라져버리는 게 아닙니까? 변호사랑 약사가 그랬던 것처럼 말이요." 그는 이전에 '마크롱법'의 통과로 인해 타격을 받은 직업군들을 언급하며 이렇게 말했다.

기존의 택시 기사들의 반발 말고도 문제는 또 있었다. 우버는 회계상의 허점을 이용해 자사의 이윤을 0에 가깝게 산정해 프랑스 정부에 세금을 거의 납부하지 않았다. 또한 임시 계약으로 이루어지는 이 새로운 '긱 경제gig economy, 필요할 때마다 단기 계약직이나 프리랜서 등을 활용해 일을 맡기는 경제'에서 우버의 기사들은 고용에 대해서 아무런 보장을 받지 못했다. 기사들 중 일부는 법이 정한 최소 시급도 받지 못한 채 일주일에 60시간에서 70시간 이상을 일하고 있다고 불평하기도 했다.

그렇지만 이런 문제와 상관없는 여유 있는 소비자들은 우버 택시의 출현으로 인한 변화를 금방 느낄 수 있었다. 파리의 경우 불친절하기로 악명 높은 택시 기사들이 갑자기 친절해졌으며 교통 체증이 있거나 날씨가 궂은 날, 혹은 이른 아침 시간에 거리 모퉁이에 길게 늘어서 택시를 기다리던 풍경도 이제는 옛날이야기가 되어버렸다. 또 우버는 실업 계층이나 비정규직 계층에서 대부분의 운전기사를 모집했고 주로 아프리카 출신 이민자들이 그 대상이 되었다.

마크롱은 특히 이런 점에 대해 특유의 솔직한 어법으로 이야기했다. "파리 북부 빈민가로 가서 젊은이들을 붙들고 우버에서 일하겠느냐고 물어보십시오. 아무것도 안하거나 마약을 거래하는 것보다 훨씬 나은 일이 아닙니까. 이런 젊은이들에게 아무것도 제공해주지 못한 것은 우리 모두의 잘못입니다. 그렇지만 우버는 이들에게 자존감을 심어주었습니다. 이들에게는 이제 정장과 넥타이를 차려입고 출근할 직장이 생겼습니다. 지난 30년 동안 우리가 이들에게 이보다 더 나은 것을 제공해준 적이 있었습니까?"

마크롱이 자꾸 반복해서 정장을 언급하며 집착하는 것은 그가 정장을 어떤 지위의 상징으로 보고 있기 때문이라고 해석할 수 있다. 마크롱은 대중들 앞에 나설 때는 거의 언제나 정장을 차려입기를 고집한다. 대부분의 젊은 사람들처럼 그가 정장을 차려입는 솜씨도 해를 거듭할수록 더욱 나아졌다. 직장 생활을 처음 시작하며 입었던 몸에 안 맞는 기성복은 사라졌고, 로스차일드 은행에서 일하면서부터는 짙은 색 맞춤 정장이 그 자리를 대신했다. 이제는 주로 파리 중심부에 있는 조나스 에 시에라는 양복점에서 적당한 가격으로 옷을 맞춰 입는 것으로 알려졌다. 이곳의 맞춤 정장 가격은 상의의 경우 350유로 안팎인데, 주인인 로랑 투불에 따르면 옷감과 색을 결정하는 건 마크롱이 아니라 부인인 브리지트라고 한다.

"마크롱은 자신의 체형을 그대로 유지하고 있습니다. 지난 2년 동안 옷의 치수는 1인치도 늘거나 줄지 않았어요." 그가 주간지 〈렉스프레스〉에 한 말이다.

대통령 선거 기간 동안 주변 참모들은 마크롱에게 사람들에게 보여지는 인상을 바꾸기 위해 좀 편한 옷차림도 해보라고 권유했지만 성공하지 못했다. "마크롱에게는 일종의 1등 증후군, 우등생 증후군 같은 것이 있습니다." 가까운 참모 중 한 사람인 루도빅 샤케르의 말이다. "마크롱이 프랑스의 대통령이 되고 싶어 하는 것은 어쩌면 당연한 일일 것입니다. 마크롱에게는 정장과 넥타이가 자신의 제복이나 마찬가지라는 생각이 깊이 박혀 있습니다."

혁신을 부르짖는 친기업 성향의 재정경제부 장관 마크롱은 자연스럽게 프랑스 첨단 기술 기업가들의 우상이 되었다. 그런 기업가들 중에는 통신과 인터넷 사업의 거물 자비에 니엘이 있었는데, 그의 아내 델핀 아르노는 명품 제국으로 유명한 LVMH 가문 출신이었다. 그녀의 아버지인 베르나르 아르노는 2017년 기준으로 개인 재산만 500억 유로에 달하는 프랑스 제일의 갑부이기도 하다. 자비에 니엘과 델핀 아르노는 마크롱의 친구가 되었고, 선거 기간 동안 브리지트의 옷차림을 돌봐주는가 하면 루이뷔통의 명품들을 선물하거나 빌려주기도 했다.

재정경제부 장관이라는 자리는 사람들과 인맥을 쌓아올리는 데 아주 유용했다. 브리지트는 2015년 생루이 드 곤자그에서의 교사 생활을 그만두고 마크롱과 함께 센강이 내려다보이는 정부 사택 건물 꼭대기 층으로 옮겨왔다. 브리지트는 마크롱의 사적인 인맥을 관리하는 역할을 맡았으나 부하 직원들과도 지속적인 만남을 가졌다. 장관의 아내가 남편의 업무에 그렇게 관여하는 건 매우 이례적인 경우였다. 그렇지만 마크롱이 계속해서 언급했던 것처럼 그의 아내 브리지트는 자신의 인생에서 '절대로 타협할 수 없는' 부분이며, 개인적으로는 충실한 조언자이자 영감을 주는 안식처였다. 또한 브리지트 역시 남편의 업무와 관련해서 주제넘지 않으면서도 아주 세심하게 파고들어, 남편의 건강을 챙기고 직원들과 의논해 너무 무리하게 일을 하지 않도록 신경을 썼다.

브리지트는 마크롱이 장관으로 승진한 이후 본인도 유명 인사가 되었다. 유명인들을 주로 다루는 언론에서는 두 사람의 범상치 않은 결혼 사정을 재빨리 눈치챘다. 두 사람은 특종을 노리는 사진기자들의 부담스러운 주목도 받게 되었다. 마크롱이 장관에 임명이 된 후 〈클로저〉 1면에는 두 사람의 사진이 실렸는데 그 제목은 '엠마뉘엘 마크롱, 과거 고등학교 시절 은사와 결혼하다!'였다. 사진

속에서 두 사람은 손을 잡고 거리를 걸어가고 있었고, 마크롱은 청바지에 웃옷을 걸치고 하얀색 셔츠 단추는 몇 개 풀어 젖힌 채였다. '특종 보도: 스물네 살 연상의 아내와 함께 하다!'라는 추가 제목도 있었는데, 마크롱 부부의 변호사는 이 사진이 부부의 사생활을 침해했음을 지적하는 경고의 편지를 보냈다.

브리지트는 마크롱이 장관이 된 이듬해인 2015년 6월 처음 공식적으로 모습을 드러냈다. 에스파냐의 국왕 필리페 5세와 레티지아 왕비가 함께하는 엘리제궁의 국빈 초대 만찬회 자리였다. 마크롱 부부가 완벽하게 잘 관리된 엘리제궁 앞마당을 걸어가고 있는 사진 속에서 브리지트는 짧은 검은색 옷에 붉은색과 황금색이 어우러진 굽 높은 구두를 신었고, 마크롱은 점잖은 보통의 짙은 색 정장 차림이었다. 이런 두 사람의 모습은 언론의 큰 관심을 끌었다.

"평생 그런 종류의 잡지는 사본 적도 없고 특별한 관심도 없지만, 어쨌든 이제는 가끔은 보게 됩니다. 물론 왜 그 사람들이 제 사생활에 그토록 관심을 갖고 있는지는 지금도 전혀 이해할 수는 없지만 말이지요." 마크롱이 12월에 기자인 프랑수아자비에 부르무에게 한 말이다. 이런 요란스러운 잡지들을 통해 가정주부들이나 직장 여성들 사이에 큰 인기를 끌게 된 것에 대해 적지 않게 당황스러워 보이기도 했다. 그러나 마크롱은 보통의 일간지나 텔레비전 뉴스를 보지 않는 유권자들에게 다가가는 데에 그 같은 잡지들이 얼마나 도움이 되는지 이내 알아차리게 되었다. 그리고 마크롱 부부는 같이 잡지에 등장하는 다른 사람들과 친분을 쌓는 일에도 관심을 두게 되었다.

문학과 연극에 대한 사랑을 공유하며 결혼 생활을 포함해 이미

20여 년을 함께해온 마크롱 부부는 파리에서 열리는 각종 공연에 꾸준히 참석했으며, 때로는 공연이 끝난 후 무대 뒤로 찾아가서 음악가나 배우들을 직접 만나기도 했다. 이런 만남 속에는 얼마 지나지 않아 파브리스 루치니 같은 유명 배우도 포함되었다. 국제적으로 성공을 거둔 여러 편의 프랑스 예술 영화에 출연해 명성을 쌓은 루치니는 마크롱에게 프랑스 서부 해안에서 멀리 떨어진 일 드 레 섬에 있는 자신의 별장을 빌려주었고, 마크롱은 2016년 그 별장에서 대통령 선거 전 자신의 첫 책을 집필했다. 마크롱 부부는 또한 배우이자 가수인 조니 할러데이와 그의 아내, 그리고 소설가인 미셸 우엘베크 같은 명사들과도 친분을 쌓게 되었다.

카롤린 데리앙과 칸디스 네들렉이 함께 쓴 책《마크롱의 기적 같은 사랑》을 보면 마크롱 부부가 두 사람과 아주 친밀한 사이가 된 연예계 인사 스테판 베른을 처음에 어떻게 만나게 되었는지 자세히 알 수 있다. 어느 날 마크롱의 차가 파리 번화가 식당에서 점심을 먹고 돌아가던 스테판 베른을 거의 칠 뻔한 사고가 있었다. 창문을 열고 사과를 하는 가운데 마크롱은 그 사람이 유명한 텔레비전의 사회자 겸 역사가로, 프랑스 2 텔레비전의 인기 있는 방송 〈역사의 비밀〉을 진행하는 스테판 베른이라는 사실을 알게 되었다. "아, 스테판! 제 아내가 당신을 너무나 좋아해요" 마크롱이 이렇게 소리쳤다. "저한테 당신에 대한 이야기만 할 정도예요. 정말이지 당신과 꼭 한 번 식사를 하고 싶어 한답니다!" 여기에서 알 수 있듯이 마크롱 부부의 인맥은 개인적으로 시도하는 과감한 초대나 혹은 브리지트가 요청하는 신중하고 예의 바른 식사 초대 등으로 구축이 된 것이었다.

브리지트는 파리 패션 위크 같은 행사에도 참가하기 시작했으며, 재정경제부에서는 대단한 유명 인사들이 정기적으로 모여 저녁 만찬을 나누는 자리가 마련되었다. 이 자리에는 기업가와 언론인, 학자들과 저술가들이 초대되었고, 이 상냥하고 호감 가는 부부의 사적인 친구들과의 만남도 종종 이루어져 두 사람의 넓고도 다양한 인맥에 대한 놀라움이 표출되는 자리가 되기도 했다. 밤이 늦어 몇몇 손님들이 양해를 구하고 자리를 떠날 때도 마크롱은 끝까지 남아 이야기를 계속했다.《베르시의 지옥에서Dans L'Enfer de Bercy》라는 책을 통해 프랑스 정부 산하 재정부와 재정경제부의 숨은 속사정을 파헤쳤던 언론인 프레데릭 세이즈와 마리옹 뢰외의 주장에 따르면, 마크롱은 2016년 1월부터 8월까지 자신에게 1년 동안 배정된 문화 예산 18만 유로 중 12만 유로를 사용했다고 한다. 재정경제부 직원들은 어느 날 밤에 서로 모르는 사이인 손님이 두 사람만 초대된 것을 보고 놀란 적도 있었다.

"마크롱은 저녁 만찬에 수많은 사람들을 불러들였습니다. 대부분 파리를 중심으로 활동하는 각계각층의 실력자들이었으며 재정경제부 업무와 특별한 관계가 없는 사람들도 많았습니다." 함께 내각에서 활동했던 예산부 장관 크리스티앙 에케르트의 회고다. 그와 마크롱의 집무실은 파리 동부 센강변에 있는 거대한 베르시 행정부 건물 안에 재무부 장관인 미셸 사팽의 사무실과 나란히 있었다. "그의 집무실과 근처에 있는 사택에서는 수많은 사람들과 마주치는 일이 흔했고 모두들 그런 사정을 알고 있었습니다." 크리스티앙 에케르트는 이렇게 덧붙였다.

처음에는 마크롱도 파리의 상류층에 자신을 소개해주고 이끌어줄 스승들이 필요했다. 중도좌파 성향의 억만장자 기업가 앙리 에르망, 전 총리인 미셸 로카르, 그리고 최고의 중개인인 알랭 멩크가 바로 그런 사람들이었다. 그렇지만 자크 아탈리 위원회에 참여하고 로스차일드 은행에서 4년, 그리고 엘리제궁에서 2년을 일한 마크롱은 이제 자신의 명성에 힘입어 스스로 직접 인맥을 구축할 수 있게 되었다. 그의 또 다른 후원자이자 장관 출신인 장피에르 쥬예는 재정경제부 장관이 된 마크롱에게 이렇게 말했었다. "이제는 자네가 우두머리일세." 서른일곱 살의 젊은 장관 마크롱은 이제 자신의 이름을 걸고 개혁 법안을 추진하고 재계와 연예계를 넘나드는 영향력 있는 후원자로 언론이 주목하는 인물이 되어 있었다.

장관이라는 그의 위치는 자신의 역량을 발휘할 만한 또 다른 무대를 제공해주었다. 바로 프랑스를 넘어서는 국제적인 무대였다. 장관 취임 후 몇 개월 동안 마크롱은 브뤼셀과 베를린, 그리고 도쿄를 방문해 개혁을 향한 프랑스의 새로운 의지와 역시 새롭게 시작된 친기업 성향의 정책들을 과시했다. 또한 마드리드와 로마, 런던도 빠지지 않고 찾아갔는데, 마크롱의 명성은 장관이 되기 전부터도 유명했는지 지난해 7월 엘리제궁 비서실 차장 자리를 사임했을 때 올랑드는 고별인사를 하는 그를 두고 "외국에 나가면 종종 나 자신을 에마뉘엘 마크롱과 함께 일하던 사람이라고 소개할 때가 있소"라는 농담을 던졌다는 일화가 있다. 이제 장관이 된 마크롱은 그저 인기 있는 보좌관 그 이상의 인물이 되었다. 해외 순방을 갈 때마다 그는 각국의 언론과 대담을 가졌으며 종종 자신의 업무를 넘어서 외교 정책에 대한 의견까지 피력하기도 했다. 전체적인 주제는 물론 유럽에 필요한 개혁에 관한 것이었으며, 특히 유럽연합을 재정비하는 데 있어서 프랑스와 독일의 역할에 대한 이야기가 많이 나왔다.

2014년 10월 20일, 장관에 임명된 지 2개월이 지난 마크롱은 재무부 장관 미셸 사팽과 함께 베를린을 방문했다. 예순다섯 살로 올랑드와 국립행정학교 동창인 미셸 사팽은 마크롱이 언론의 관심을 지나치게 좋아하고, 자신의 업무와 상관없는 발언들을 자주해 정부 정책과 마찰을 빚는 모습을 보고 결국 나중에는 크게 화를 내게 된다. 하지만 적어도 이런 업무에 있어서는 여전히 친밀한 관계를 유지했다. 〈르 리베라시옹〉의 보도에 따르면 미셸 사팽은 사적으로 마크롱을 '멍청한 자식'이라고 부르곤 했다는데 물론 그는 이 보도를 부인했다.

두 장관이 독일의 수도를 찾아온 것은 그럴 만한 이유가 있어서였다. 프랑스 정부가 공공 부문 지출을 500억 유로 줄이는 대신 독일은 반대로 그만큼 공공 부문 지출을 늘려달라는 것이었다. 그렇게 되면 유럽에서 침체를 겪고 있는 다른 지역의 경제 성장에 도움이 될 것이며, 특히 유로 지역 안에서 독일과 가장 많은 거래를 하는 프랑스에는 큰 도움이 될 터였다. 독일은 2012년 이후 연방 정부 예산의 균형을 맞춰오고 있었고 차입을 통해 더 많은 지출을 할 수 있는 역량이 있었다. 프랑스는 지출을 줄이고 독일은 지출을 늘리면 "균형이 맞게 된다"고 마크롱은 독일의 일간지 〈프랑크푸르터 알게마이네 차이퉁〉에 말했다. 독일은 그렇게 지출을 늘려도 "여전히 중요한 예산 정책에는 무리가 없을 것"이라는 게 마크롱의 주장이었다.

그렇지만 독일의 총리 앙겔라 메르켈과 보수적이며 강경한 성격의 재무부 장관 볼프강 쇼이블레는 꿈쩍도 하지 않았다. 낭비벽이 심한 프랑스는 GDP의 4.0% 가까운 예산 적자를 유지하고 있었는데, 이는 유럽연합 내에서 정한 3.0%의 기준을 상회하는 수치였다. 그동안 프랑스에서는 여러 정부가 돌아가며 몇 번이나 지출을 줄이겠다고 약속을 해놓고 결국 자신들의 무능함을 증명해오지 않았던가? 프랑스는 또다시 방만하게 운영해온 자국의 공공 부문을 핑계 삼아 유럽연합의 합의를 뭉개려는 협상을 벌이려고 하는 것이었다.

볼프강 쇼이블레는 "협정서에 서명부터 하라"는 말과 함께 프랑스 장관들의 제의를 일축했다. 그는 이미 상대편이 도착하기 전에 분명하게 자신의 입장을 정해두었다. 독일은 2015년에도 역시 국가 예산을 균형에 맞춰 꾸려나갈 것이며 '채무를 통한 성장'은 필요 없다는 것이었다. 유럽은 투자자들의 신뢰를 회복하기 위해 공공 재정 부문을 깨끗하게 정리할 필요가 있으며, 독일은 긴축재정을 그대로 유지한다는 것이 볼프강 쇼이블레의 입장이었다.

마크롱은 자신에게 주어진 시간 내내 별 성과 없는 주장을 계속했다. 유럽의 새로운 출발을 위해서는 독일이 공공 부문 지출을 늘려 다른 국가들의 성장을 견인해야 한다는 것이 주장의 요지였다.

그로부터 2년이 지난 후 벌어진 대통령 선거전에서 마크롱은 같은 주장을 펼치지만, 강경파인 볼프강 쇼이블레와 협상을 벌이면서 겪은 힘든 경험을 통해 배운 교훈이 하나 있었다. "정말로 춤을 추고 싶다면 지난 15년간 무슨 일이 있었든 상관없이 우선 발부터 내딛고 봐야 합니다." 2017년 3월, 마크롱은 청중들 앞에서 이렇게 말했다. 프랑스는 독일에게 공공 부문 지출을 줄이고 경제를 개혁하겠다고 반복해서 약속을 해왔지만 지키지는 못했다. 그렇지만 마크롱의 말대로 "그저 우리의 잘못만 생각하고 첫 발을 내딛지 못한다면 우리는 결코 독일을 설득해 변화를 이끌어내지 못할 것"이었다.

다음 정부는 2017년 여름에 노동법 개정과 같은 중요한 경제 개혁을 해내야 했다. 그래서 9월에 독일이 연방 선거를 끝내기 전까지 프랑스의 신뢰성을 회복해야 한다는 것이 마크롱의 주장이었다.

재정경제부 장관 시절 마크롱은 그리스 문제에 대해서도 볼프강 쇼이블레와 계속해서 의견을 좁히지 못했다. 그리스는 1월 총선에서 좌파 성향의 알렉시스 치프라스가 국제 구제 금융의 재협상을 주장하며 총리가 된 후에도 2015년 상반기까지 경제 위기에서 벗어나지 못하고 있었다.

그리스는 2010년 유로 지역 국가 중 최초로 금융 지원을 신청한 국가가 되었다. 전 세계적인 금융 위기로 인해 국제 시장에서는 더 이상 자금을 융통할 수 없었기 때문이다. 그리스는 2009년의 공공 부문 재정 적자가 유럽연합 기준의 두 배 이상인 GDP의 6.0%라는 사실을 마지못해 인정하고 공식적으로 발표해야 했다. 그 때문에 투자자들은 지급 능력을 의심하고 더 이상의 대출을 꺼리게 되었다.

첫 긴급 구제 금융 자금이 도착한 것은 2010년 5월의 일로, 유럽연합과 유럽 중앙은행, 그리고 국제 통화 기금에서 1,100억 유로의 자금이 지원되었다. 그 대신 그리스 정부는 혹독한 공공 부문 지출 삭감과 복지 제도 및 부패로 얼룩진 민간 부문에 대한 강도 높은 경제 개혁을 약속했다. 덕분에 그리스 국내 경제는 붕괴 직전까지

가게 되었으며 이전보다 훨씬 더 많은 복지비용이 지출되었다.

2011년에 또다시 위기가 닥치고 지원금을 상환할 수 없게 되자 그리스는 두 번째로 도움을 요청했다. 3개 기관이 또다시 1,300억 유로를 지원했으며, 그리스 공채를 소유하고 있는 민간 투자자들은 추가로 1,000억 유로를 탕감해주는 데 동의했다.

2015년이 되자 경제 침체로 인해 그리스 경제규모는 1/4 정도로 줄어들었다. 실업률은 25%에 달했고 공공 부문 채무는 GDP의 177%에 달했으며, 수십만 명의 그리스 젊은이들이 일자리를 찾아 해외로 떠났다. 국가 예산에서 적자의 폭은 조금씩 줄어들었고 국제 시장에서도 다시 한 번 필요한 자금을 융통할 수 있을 정도가 되었지만, 알렉시스 치프라스 총리와 그가 이끄는 극좌 성향의 시리자당은 국민들의 분노를 이용하려고 들었다. 그리스 국민들이 고통을 겪는 것은 과거 정부의 실수 때문이며 해외 채권단의 과도한 요구 때문에 어쩔 수 없이 그런 실수가 발생했다는 것이다. 그리고 그 채권단의 중심에는 바로 독일이 있었다. 시리자당과 연계한 언론들은 메르켈과 볼프강 쇼이블레에게 나치 독일의 군복을 입힌 합성 사진을 싣기도 했다. 알렉시스 치프라스는 또한 나치의 제3제국이 그리스 점령 기간 당시 그리스 중앙은행에서 강제로 차용해간 자금에 대해 공공연히 문제를 제기하기도 했다. 이에 대한 적절한 보상이 이루어진다면 그리스의 심각한 재정 문제를 완화하는 데 도움이 될 수 있을 거라는 논리였다.

독일의 입장에서 그리스 사태는 정부가 뿌린 씨앗으로 인한 자신들의 자업자득이었다. 그리스 정부는 공공 부문 재정을 속이고 부진한 산업에 대한 개혁에 실패했으며 정부가 더 이상 감당할 수 없을 정도로 방만한 복지 제도를 그대로 유지하고 있었다. 독일의 시사 주간지 〈데어 슈피겔〉은 알렉시스 치프라스가 다시 총선에서 승리하자 표지에 그의 사진을 싣고 '유럽의 악몽'이라는 제목을 붙였다.

그리스의 총리가 채무를 탕감해달라는 목소리를 높일 때마다 독일에서는 도덕적 해이의 위험성을 지적했다. 그리스의 채무를 탕감해주면 비슷한 상황의 다른 국가들도 무책임한 행태를 보일 수 있다는 것이었다. 독일어로 채무를 뜻하는 '슈엘딘Schulden'은 범죄나 잘못을 뜻하는 단어 '슐드Schuld'의 복수형이기도 하다.

마크롱이 2인자 역할을 하고 있던 프랑스는 재정 문제에 관해 독일과 그리스 사이의 의견 차이를 좁히기 위해 노력했다. 2015년 상반기까지 계속되어 극한 상황까지 치달았던 양측의 줄다리기에서 그리스는 유로존에서 퇴출되고 국가 채무 불이행을 선언하게 될지도 모를 위험에 처하게 됐다. 알렉시스 치프라스는 그리스가 강제로 유로존에서 쫓겨나게 되면 역시 비슷한 처지에 있던 이탈리아나 에스파냐도 다음 차례가 되지 않을까 많은 투자자들이 우려하고 있다는 사실을 잘 알고 있었다. 그러면 유로화를 사용하는 지역 전체에 대한 신뢰도가 떨어지게 되는 상황이었다. 그렇지만 그리스는 분명하게 약자의 위치였다. 갑작스러운 유로존 퇴출은 결국 그리스 경제를 파탄으로 몰고 가게 될 것이며, 반면에 남은 유로존은 전체적으로 10년 전 처음 시작이 되었을 때보다 훨씬 더 안정된 상태로 접어들게 될 것이 자명했다. "돈을 내놓지 않으면 자살하겠다!" 독일 최대의 경제 전문지인 〈한델스블라트〉의 1면에는 알렉시스 치프라스가 권총을 자기 머리에 겨누고 있는 그림이 실렸다. 결국 꼬리를 내린 건 그리스 총리였다. 그는 7월에 세 번째로 860억 유로의 자금을 지원받는 대가로 새로운 경제 개혁을 실시하는 데 동의했던 것이다.

그리스의 재무부 장관이자 강경 좌파인 야니스 바루파키스는 수개월에 걸친 협상 과정에서 많은 유로존 국가들을 적으로 돌렸고, 2017년 총선 기간 동안에 자신은 마크롱의 자유주의 정치에 동의하지 않지만 어느 정도 존경심이 생겼다고 밝히기도 했다. "유럽의 장관들 중 유일하게 마크롱만이 도움의 손길을 내밀기 위해 애를 썼습니다." 대학에서 경제학을 가르치기도 했던 야니스 바루파키스의 말이다.

로스차일드 투자은행에서 채무 재구성 작업을 하기도 했던 마크롱은 이 분야에 대해 어느 정도 경험이 있었다. 그는 그리스의 채무가 감당할 수 없을 정도의 수준이며 어느 정도 탕감을 해줄 필요가 있다고 오래전부터 생각해오고 있었다. 국제 통화 기금을 비롯해 여러 저명한 경제학자들도 비슷한 생각을 하고 있었지만 독일이 워낙 강하게 반발하고 있었던 것이다. 6월이 되자 투자자들과 유럽 연합 내 각국 정부들 사이에서는 독일이 그리스를 유로존 내에서 강제로 몰아내려는 준비를 하고 있는 것이 아닌가 하는 우려가 커지고 있었다. 마크롱은 야니스 바루파키스에게 메일을 보냈다. "저는 우리 세대가 그리스를 유럽에서 몰아낸 장본인으로 기록되는 것을 원하지 않습니다."

야니스 바루파키스는 2017년 펴낸 자신의 저서 《방 속의 어른들Adults in the Room》에서 마크롱이 어떻게 일방적으로 자기 자신을 중재자로 내세웠는지 소상하게 밝히고 있다. 필요하다면 그리스를 찾아가 알렉시스 치프라스와 대화하며 해결책을 찾겠다고 제안했다는 것이다. 마크롱은 올랑드 대통령이나 프랑스의 협상 대표인 재무부 장관 미셸 사팽이 이런 제안을 어떻게 생각할지는 전혀 신경 쓰지 않고, 자신의 비공식 연락책을 통해 야니스 바루파키스에게 접촉을 해왔다. 알렉시스 치프라스가 엘리제궁에 연락을 해 협상에 나설 준비가 되었다고 확인만 해주면 된다는 게 그의 제안이었다. 그런데 막상 알렉시스 치프라스가 그렇게 하고 보니 예상했던 것과는 상황이 전혀 달랐다. "올랑드 측에서는 프랑스는 마크롱을 그리스로 보내는 문제에 대해 한 번도 생각해본 적이 없다고 대답했습니다. 그리고 협상 대표는 미셸 사팽이라고 했습니다." 그러자 알렉시스 치프라스가 야니스 바루파키스에게 화를 내며 이렇게 물었다고 한다. "마크롱이 지금 우리를 상대로 장난을 치고 있는 것인가?"

그해 10월, 이런 소란이 있은 지 4개월이 지나 마크롱은 야니스 바루파키스에게 그때 일에 대해 설명을 했다. 자신은 협상 과정에서 배척을 당했으며 아마도 메르켈의 개입으로 그렇게 된 것 같다는 게 마크롱의 주장이었다. 마크롱을 좋지 않게 생각하던 독일 총리는 그리스와의 부채 협상이 또 다른 '베르사유 조약Traité de Versailles'이 될 위험이 있다는 경고를 했다. 제1차 세계대전이 끝난 후 맺어진 이 일방적인 조약 때문에 패전국 독일에서는 결국 전체주의가 대두되었다. 마크롱은 또한 자신이 민감한 다자간 협상을 적극적으로 추진하려 했으며, 채무 탕감 문제를 협상 주제로 올려야 한다는 자신의 의견이 올랑드는 물론 독일 정부의 의견과 엇갈

렸기 때문에 일이 틀어진 것 같다는 말도 덧붙였다.

알렉시스 치프라스가 조건부로 협상단의 조건을 받아들이고 유럽연합의 요구를 수용한 후 새로운 구제책에 서명을 하고 나자 마크롱은 이 최종 협의안을 '할 수 있는 최선의 결과'라고 자평했다. "우리는 그리스의 채무 문제를 중요한 주제로 올리는 데 성공했으며, 처음 이 문제를 논의하기 시작했을 때를 생각하면 분명한 진전을 이룬 것입니다."

한편, 2015년 여름이 지나가고 기존의 유럽 정당과 지도자들이 유럽 통합을 반대하는 좌파와 우파의 정당들이 천천히 세력을 얻어가는 상황을 보고 두려워하고 있을 때, 마크롱은 지금보다 '더 큰 유럽'이 필요하다는 자신의 주장을 구체화하고 있었다. 이 젊은 이상주의자는 기존의 조약들을 허물 필요가 있다는 주장을 대담하게 내놓았다. 이는 2005년 유럽연합 헌법 비준 문제가 국민투표로 부결된 이후 처음으로 다시 유럽연합 집행부를 흥분하게 만들었다. 그렇지만 프랑스와 독일의 지도층들 중에는 더 이상의 유럽 통합에 대한 논의에 관심을 갖는 사람들이 거의 없었다.

각자 한 걸음씩 양보하지 않는다면 유럽은 인기 영합주의와 국가 이기주의라는 덫에 걸리게 될 것이라는 게 마크롱의 주장이었다. 마크롱은 또 유럽연합에는 자체적인 의회와 재무 담당 장관이 필요하며 그 장관이 부유한 국가에서 예산을 끌어와 그리스처럼 도움이 필요한 국가에게 예산을 지원하는 일을 감독할 수 있도록 하자고도 말했다. 그리스에 대한 세 번째 지원에 대한 논의가 그토록 지지부진하고 어렵게 진행된 이유는 지원 자체를 반대하는 의견이 있었기 때문이었다. 다른 경로를 통한 지원들은 이른바 유럽연합 구조 기금이라는 형태로 이미 진행되고 있었고, 형편이 어려운 국가의 도로 건설에서 직업 교육까지 모든 분야에 그 기금을 사용하는 것이 가능했다. 하지만 마크롱은 그보다 더 적극적인 대책이 필요하다고 주장하고 있었다.

2015년 8월 마크롱은 그를 지지하는 독일 중도우파의 사회민주당 당수이자 부총리인 지그마 가브리엘과 함께 작성한 글을 통해 이런 의견을 피력했다. 독일 사회민주당은 메르켈과 볼프강 쇼이블레가 이끄는 보수적인 기독민주연합CDU, Christlich-Demokratische Union Deutschlands과 함께 독일 정부를 공동으로 이끌고 있었다. "유로 지역은 각국 정부로부터 더 많은 권한을 위임받은 새로운 기관을 필요로 한다. 강력한 권한을 가진 경제 담당 기관이 유럽연합 전체의 예산을 관장하는 것이다." 두 사람은 그러나 이런 새로운 협정에 대한 논의는 프랑스와 독일의 선거가 끝나는 2017년 이후에 이루어져야 한다고 주장했다.

마크롱은 2015년 9월 런던에서 다시 한 번 같은 주장을 했다. "우리는 새로운 협정에 대해 무슨 금기나 충격으로 받아들여서는 안 됩니다." 그는 프랑스 언론에게 이렇게 말했지만 영국의 수상 데이비드 캐머런에게 더 이상 별다른 독려는 하지 않았다. 캐머런은 영국이 유럽연합 안에 남는 문제를 결정하는 국민투표를 앞두고 유럽연합 내의 대규모 개혁의 필요성에 대해 다른 국가들을 설득하려 애쓰고 있었다.

캐머런은 유럽연합을 구성하는 네 가지 중요한 협정 중 한 가지를 바꾸고 싶어 했다. 바로 노동자들이 자유롭게 이동을 할 수 있는 권리에 관한 것이었다. 공식적인 통계에 따르면 이 협정에 따라 2015년 한 해에만 300만 명이 넘는 외국인 노동자들이 영국에 머물고 있었다. 보수당 정부는 세금 공제나 자녀 양육비 보조금 등을 노리고 영국으로 들어오는 외국인 노동자들의 숫자를 제한하고 싶어 했다.

브렉시트Brexit, 즉 영국의 유럽연합 탈퇴에 대한 협상은 유럽연합에 대한 마크롱과 캐머런의 관점이 근본적으로 다르다는 사실을 보여주고 있었다. 캐머런은 유럽연합 국가들이 더 긴밀한 통합을 이루는 문제에 대해 의심을 거두지 않고 있었으며, 유로화를 쓰지 않는 영국이 주변부로 밀리지 않는다는 보장을 원했다. 그는 또한 유럽연합은 자유 무역을 위한 조직이지 주권을 공유하는 정치적인 연합은 아니라는 영국의 전통적인 입장도 고수했다. 캐머런은 영국이 '더 가까운 연합'이라는 유럽연합의 공식적인 목표를 강제로 수용하지 않아도 된다는 보장을 원했으며, 사실 그렇게 해야만 영국은 앞으로도 유럽연합의 다른 국가들에게 지원을 할 의무를 지지 않을 수 있었다.

2016년 봄, 6월 23일에 있을 국민투표를 앞두고 캐머런 총리는 별다른 성의 없이 영국 국민들에게 유럽연합이 영국에 양보한 사항들을 홍보하고 있었다. 여기에는 유럽연합 소속 이주민들 때문에 영국의 공공복지가 제대로 기능하지 못할 정도의 과도한 압박을 받고 있는 것이 확인 될 경우, 영국 정부는 이들에 대한 지원을 중단할 수 있다는 내용과 영국은 완전한 유럽연합의 일원이지만 장차 있을 더 큰 통합 과정에 반드시 참여하지 않아도 된다는 보장 등이 포함되어 있었다.

국민투표가 실시되기 전 〈파이낸셜 타임스〉가 주최한 한 회의에서 마크롱은 영국이 적당한 거리를 두는 협력 국가가 아닌 완전한 유럽연합의 일원이 되어야 더 큰 이익을 볼 수 있다고 주장했다. "유럽연합과의 더 효과적이고 강력한 관계를 원한다면서 왜 유럽연합에서 빠져나가려고 하는 겁니까?" 그는 이렇게 되물었다. "2년이나 걸려 새로운 협상을 한다니 어떤 결과를 원하는 겁니까? 겨우 노르웨이나 스위스 정도의 관계를 원하는 겁니까?"

결국 브렉시트를 찬성하는 충격적인 투표 결과가 나오고 말았다. 이 결과를 미국의 대통령 후보 도널드 트럼프와 프랑스 극우파 수장 마린 르 펜이 지지하면서 마크롱은 자신의 신념을 더욱 굳히게 되었다. 지금 정치인들에게 필요한 것은 더 큰 확신과 열정으로 새로운 유럽을 지지하려는 용기였다. 그리고 유럽 사람들은 정치 문제가 자신들의 삶에 밀접한 영향을 줄 수 있음을 깨달을 필요가 있었다. 그동안 정치는 그들에게는 너무나 먼, 관료적이면서 고압적인 존재로 살기 위해 애쓰는 사람들 편에 서기를 꺼려하는 존재였던 것이다. 마크롱은 '새로운 정치'가 필요하다고 역설했다. 브렉시트에 대한 관점과 브렉시트를 찬성하는 사람들에 대한 그의 경멸감은 대통령 선거를 치르면서 더욱 분명해졌다.

제10장

비밀스러운 밤 모임의 마크롱과
'마크롱의 아이들'

마크롱이 2017년 대선에 대해 정확히 언제부터 생각해왔는지는 알려지지 않았다. 2015년 여름에 실시된 여론 조사에 따르면 마크롱은 그때부터 이미 대단히 중요한 영향력을 갖고 있는 인사 중 하나였다. 8월의 끝자락, 사회당의 여름 총회가 열리기 바로 직전에 너무 솔직하게, 혹은 의도적인 도발을 통해 세간의 관심을 끄는 마크롱의 능력을 보여주는 또 다른 사건이 있었다. 바로 그가 좌파가 주장하는 주 35시간 노동은 "그럴듯하지만 틀린 생각" 중 하나라는 선언을 했을 때다.

지난 2000년 사회당 소속 총리인 리오넬 조스팽은 노동자 1인당 노동 시간을 줄여서 더 많은 일자리를 창출하자는 취지로 주 35시간 노동 제도를 도입했다. 이는 기업들이 더 많은 노동자들을 고용하거나 더 많은 초과 근무 수당을 지급하도록 하여 전체 급여를 올리자는 의도였다. 좌파 측에서는 노동자들의 여가 시간이 늘어나기 때문에 이 제도를 노동자의 권리를 지켜주는 또 다른 승리라고 생각했다.

정부 정책이 마크롱의 주장을 따라가는 듯하자 이 문제는 사회당 내부에서 뜨거운 감자로 떠오르게 되었다. 분노한 사회당 내 좌파들은 마크롱의 발언에 대해 뜨겁게 반응했고 언론에서는 사회당 총회 자체보다도 마크롱에 대한 이야기에만 깊은 관심을 보였다. 분노한 마뉘엘 발스 총리는 "정부 각료라면 말 한마디, 행동 하나, 그리고 심지어 표현까지도 주의를 기울여야 한다"며 또다시 마크롱에게 주의를 주었다.

마뉘엘 발스의 입지는 점점 더 좁아지고 있었다. 최근 들어 프랑스에서 가장 인기 높은 정치인 소리는 듣고 있었지만 실질적인 지지율은 몇 개월 동안 계속 떨어지고 있었다. 6월에는 독일 베를린에서 열린 유럽 축구 챔피언스 리그 결승전 관람을 위해 자녀들을 정부 전용기에 태워 보낸 사실이 알려지며 그의 지지율은 다시 한 번 타격을 입었다. 9월이 시작되어 다시 실시된 여론 조사에서는 뜻밖에도 인기도를 바탕으로 한 지지율에서 마크롱이 마뉘엘 발스를 앞서는 결과가 나오기도 했다. 프랑스 시청각 규제 위원회에서 실시한 여론 조사에 따르면 마크롱은 프랑스에서 두 번째로 인기 높은 정치인이었으며, 특히 우파의 유권자들이 그에게 호감을 가진 것으로 드러났다.

바로 이 무렵, 사회당 당수인 장크리스토프 캉바델리가 올랑드의 부탁으로 마크롱을 찾아왔다. 캉바델리는 최근 사회당 내에서 일어나고 있는 갈등에 대해 이야기하면서 마크롱의 정치적 야심을 떠보려고 했다. 파리 중심부에 있는 사회당의 거대한 당사 안 자신의 집무실에서 안락의자에 앉아 당시의 만남을 회고하던 캉바델리는 마크롱이 크게 반가워하는 바람에 대단히 놀랐다고 한다. "마크롱은 대단히 따뜻하고 개방적인 모습이었고, 특히 감성적인 면을 파고들며 모든 것을 다 받아들이는 듯한 자세를 취했습니다. 마치 서로가 유치원 시절부터 잘 알고 지낸 사이인 것처럼 굴었죠. 물론 그런 모습이 제게 어떤 영향을 준 것은 아닙니다. 다만 저는 지금 제 앞에 대단히 복잡한 존재가 있다는 사실을 깨달았습니다. 그리고 곧 그의 미래에 관해 이야기를 시작했습니다."

예순다섯 살의 나이에도 거구를 자랑하는 장크리스토프 캉바델리는 2017년에 치러질 대통령 선거와 총선 결과를 예상하며 마크롱을 사회당의 미래를 책임질 인재로 생각했다. 리옹이나 마르세유처럼 사회당이 강세인 지역에 그를 출마시켜 수월하게 국회의원을 만들어줄 수도 있다는 생각이었다. 아니면 프랑스 북부에 있는 어느 지방 정부를 맡기는 것도 괜찮을 것 같았다. 10년 전 투케에서 사회당 국회의원 후보로 나서려다가 쓴맛을 봤던 마크롱에게 그 사회당의 당수가 직접 집무실로 찾아와 직접 선택을 할 수 있는 기회를 주고 있는 것이었다.

"마크롱은 제가 하는 제안에 대해 고심을 하는 듯했지만 분명 제 말을 완벽하게 확신하는 것 같지는 않았습니다." 캉바델리는 이렇게 덧붙였다. 그렇게 대화가 이어지다가 캉바델리는 마크롱에게 사회당 내에서 새로운 중도좌파 정치 운동을 시작할 의사가 있는지에 대해 물어보았다. 중도좌파 세력은 올랑드의 재선 출마 선언을 위한 힘이 되어줄 수 있을 터였다. "기존의 사회당 내부 인사들과 전통적 정치 세력이 아닌 신인 정치인을 이어주는 건 그리 쉽지가 않았습니다." 캉바델리의 회고다.

마크롱은 그 문제도 고민하고 있다고 대답했다. "저는 세 차례나 그에게 물었습니다. '지금 대통령의 재선을 지지하는가?' 그렇지만 마크롱은 한 번도 그렇다고 대답하지는 않았습니다." 캉바델리의 말이다. "그로부터 며칠이 지난 후 저는 올랑드 대통령을 만나 이렇게 말했지요. '마크롱은 뭔가 다른 꿍꿍이가 있다. 그를 조심해라.' 그렇지만 올랑드는 손을 저으며 제 말을 일축했어요."

올랑드는 여전히 마크롱의 충성심을 의심하지 않았다. '그래, 아직 경험이 일천한 젊은 장관이 좀 가식 없이 말하는 경향도 있고 어쩌면 사람들의 관심을 지나치게 즐기기도 하겠지.' 마크롱에 대한 올랑드의 생각은 그 정도였지만, 마크롱은 자신의 위치를 잘 알고 있었고 자신의 후원자가 누구인지도 잘 알고 있었다. 올랑드는 그저 마크롱이 가장 최근에 만난 연장자일 뿐이었고, 마크롱의 재치와 지성, 그리고 배우려는 열정과 거짓된 순수함에 매료되어 그를 '정신적인 아들'로 생각하고 있을 따름이었다. 어쩌면 올랑드는 자신의 부하에 대해 자긍심과 보호 본능이 뒤섞인 부성애를 키워왔는지도 모른다. 주변 사람들은 올랑드가 자신이 정치에 막 입문했을 때 당시 대통령이던 미테랑과 가졌던 그런 관계를 마크롱과 다시 쌓고 싶어 하는 것이 아닌가 생각하기도 했다.

"마크롱은 정부를 위태롭게 하면서까지 자신의 정치적 입지를 구축하려는 사람이 아닙니다. 그건 정말 사실이 아니에요." 올랑드가 《대통령이 하지 말아야 할 말Un President Ne Devrait Pas Dire Ca》이라는 제목의 책을 준비하고 있던 제라르 다베와 파브리스 롬에게 한 말이다. "다소 서투른 면도 있지만 나쁜 의도가 있는 사람은 결코 아닙니다."

마크롱의 잦은 구설수로 인해 불만을 토로하던 내각의 동료 장관들은 프랑스 기자들에게 자신들이 받은 마크롱의 사과 문자를 공개하기도 했다. 그 문자에는 마크롱이 자신의 '바보 같은 실수'를 사과하는 내용이 담겨 있었다. 올랑드 역시 마크롱을 징계하려고 할 때마다 개인적으로 비굴함에 가까운 사과를 받았다. 늘 그렇듯 마크롱의 특징이기도 한 직접적인 대면을 회피하는 간접적인 방식을 통해서였다. 마크롱은 언제나 자신은 선을 넘을 의도가 전혀 없었으며 자신이 한 말은 언론에 의해 왜곡되어 전달된 것이라고 주장했다. 올랑드는《대통령이 하지 말아야 할 말》에서 "마크롱에게는 덜 자란 어린애 같은 면이 있었다"고 회고했다.

10월이 되자 마크롱은 극비리에 재정경제부 내부에 있는 가장 충성스러운 부하 직원 두 사람에게 새로운 정치 운동을 시작하는 문제에 대해 물어보았다. 장관으로 재직한 지 불과 14개월이 지났을 무렵의 일이었다.

스물여덟 살의 이스마엘 에밀리앙은 마크롱이 제일 신뢰하는 참모로 정치 전략과 상호 소통에 관한 전문가였으며, 미국의 정치 드라마〈웨스트 윙〉과 권투 경기를 아주 좋아했다. 그는 2014년 마크롱과 함께 온라인 교육 사업을 시작하려다 그만 둔 후 재정경제부로 와서 마크롱의 자문역으로 일을 하고 있었다.

마크롱이 신임하는 또 다른 직원은 서른네 살의 쥘리앵 디노르만디였다. 그는 이스마엘 에밀리앙과 마찬가지로 재무부 장관 피에르 모스코비치의 보좌관이었으며 마크롱과는 그가 엘리제궁에서 비서실 차장으로 근무할 때 처음 만났다.

두 사람은 2017년 대통령 선거가 시작되기 전에 마크롱이 이제 막 싹트고 있는 자신의 대중적 위상과 인기를 어떻게 활용할 수 있을지 먼저 살펴보았고, 거기에 몇 가지 선택의 여지가 있다는 사실을 깨달았다. 두 사람 중 익명을 요구한 한 사람은 언론과의 대담에서 "먼저 사회당에 참여해 새로운 정치 운동을 시작하거나 정치적 기반이나 세력을 구축하는 것, 또는 지금 현재 유력한 후보라고 생각되는 사람에게 접근해 모종의 제안과 약속을 받아내는 방법 등이 있었습니다"라고 털어놓았다.

10월이 되자 이스마엘 에밀리앙과 쥘리앵 디노르만디는 조금씩 마크롱의 참모진 숫자를 늘려갔다. 두 사람은 10년 전쯤 처음 만났던 친구들을 끌어모았다. 당시 그들은 2007년의 대선에서 사회당 후보가 되기 위해 나섰다가 실패한 도미니크 스트로스칸 밑에서 일했던 전력이 있었다.

정치적 목적으로 하나가 된 이 모임은 그동안에도 연락을 계속해왔고, 식사를 함께하거나 가족들을 동반해 주말이나 휴가도 자주 함께 보내는 사이가 되었다. 이스마엘 에밀리앙을 제외하고 모두 삼십 대 후반이 된 그들은 파리정치대학이나 파리국립경영대학원같은 유수의 경영 전문 대학원을 나왔고 모두 중도좌파 정치 운동이나 사업 방면에 경험이 있었다. 이들은 훗날 프랑스 언론에 의해 '마크롱의 아이들'로 불리게 되었으며, 자신들을 이끌고 있는 우두머리인 마크롱과 놀랍도록 닮은 점들이 많았다.

이 은밀한 내부 모임에는 벤자맹 그리보도 포함되어 있었다. 그도 파리국립경영대학원을 졸업했으며 부르고뉴 지역에서 정치 활동을 했고 이후 프랑스 최대의 부동산 개발 업체인 위니바일에서 높은 급여를 받으며 홍보 활동을 했다. 그 모임에는 방위 산업 업체인 사프란에서 일하다 2014년 재정경제부 보좌관으로 발탁된 세드릭 오도 있었다. 세드릭 오와 함께 역시 파리국립경영대학원을 졸업한 스타니슬라스 게리니는 자신이 직접 재생 에너지 회사를 차리기 전에는 도미니크 스트로스칸 밑에서 일을 했다. 이스마엘 에밀리앙과 쥘리앙 디노르만디의 주선으로 모인 이들은 저녁이면 각자의 집에서 돌아가며 모임을 가졌고, 종종 밤 9시가 넘은 시간에 모여 피자나 배달 음식에 적당한 가격의 포도주를 곁들이기도 했다. "우리는 모두 열심히 일했고 각자 다 분주한 삶을 살고 있었습니다." 디노르만디나 그리보처럼 어린 자녀가 있던 스타니슬라스 게리니의 말이다. "우리 모임의 특징 중 하나는 함께 있을 때 사교와 업무를 구분할 수 있었다는 점입니다. 업무를 위해 만났을 때는 다들 아주 진지해졌어요."

마크롱은 중요한 결정을 할 때나 결론이 필요할 때만 이 모임에 참석했다. 그 외에는 재정경제부로 출근하며 매일 그를 만나는 에밀리앙과 디노르만디가 중간에서 의견을 전달했다.

이 비밀 모임은 사회당 내부로 들어가 새로운 정치 운동을 시작하자는 계획을 포기했다. 당수인 장크리스토프 캉바델리가 지난여름 마크롱을 찾아와 했던 제안이었다. 모임의 주제는 곧 마크롱 자신이 직접 정치 활동을 시작하는 것으로 모아졌으며, 그 결과 마크롱이 해야 할 것은 실질적인 정당의 창당과 정치 활동이라는 결론이 내려졌다. 그렇지만 그 전에 우선 분명한 이념적 정체성과 일을 할 일꾼들과 자금, 그리고 선거 전략이 필요했다.

11월이 되자 소통 및 마케팅 전문가 아드리안 타케가 새롭게 참가한 회의에서 자신들의 조직에 어울릴 만한 이름을 아주 우연히 떠올리게 되었다. 모두들 위스키를 마셔대며 나름 진지하게, 그렇지만 여유도 가져가며 부드럽게 회의가 진행하고 있던 도중, 유로스타와 마르텔 코냑, 그리고 미카도 제과 등에서 홍보 업무를 맡아왔던 아드리안 타케가 갑자기 영감이라도 얻은 듯 이렇게 말했다. "앙 마르슈En Marche."

보통은 '움직이다' 정도로 해석될 수 있는 이 말은 때로는 문맥에 따라 '전진'이라는 뜻으로도 생각해볼 수 있다. 거기에 '활동'이나 '진보'라는 뜻도 담을 수 있을 뿐만 아니라 '함께 걸어가다'라는 느낌도 줄 수 있었다. 무엇보다도 그 머리글자인 'EM'은 에마뉘엘 마크롱의 머리글자와 같았다. 거기에 느낌표를 더해 한층 더 강한 느낌을 주었다.

'앙 마르슈!'는 가을이 지나면서 저녁과 주말마다 모임과 회의를 열었고 재정경제부 역시 매우 분주해졌다. 마크롱과 비밀 모임은 국회에서 마크롱이 또다시 개혁파로서의 인상을 심어줄 만한 것이 무엇이 있을까 생각해보았다. '새로운 경제적 기회Nouveau occasions économiques를 위한 법', 줄여서 'Noe'는 이렇게 탄생하게 되었으며 이후 언론에서는 이 법을 '마크롱Ⅱ'라고 부르게 되었다.

11월 9일 자동차 공유 사업체인 블라블라카와 생물공학 기업 엘리고 바이오사이언스 등과 함께한 기자 회견 자리에서 마크롱은 '마크롱Ⅱ'를 위한 계획을 공개했다. 이 법안에는 창업 및 자금 조달 지원 등을 위한 새로운 제안들뿐 아니라 미용사를 비롯한 수십여 개의 직업에 대해 그동안 요구되었던 필수 자격을 폐지하는 내용도 있었다. 마크롱은 이런 필수 자격이 새로운 일을 시작하는 데 있어 장애가 되며 불필요한 것이라 여겼다. 이 법안에는 노동자들이 디지털 시대에 발맞춰 새로운 직장에 적응할 수 있도록 직업 교육의 기회를 넓히는 등 프랑스 경제를 현대화하려는 계획이 포함되어 있었다. 그러나 마크롱의 이런 시도에 대해 진지한 논의가 이루어지기도 전에 프랑스는 엄청난 재앙을 맞닥트리게 되었다.

프랑스에서는 지난 2015년 1월 7일, 삼십 대 초반의 두 형제가 AK 자동소총으로 무장한 채 풍자 주간지인 〈샤를리 에브도〉의 사무실을 공격했던 사건이 있었다. 프랑스 국민들은 시간이 흘러도 여전히 그때의 충격을 잊지 못하고 있었다. "알라후 아크바르Allahu Akbar, 알라는 위대하시다"라고 외치며 편집 회의 중이던 사무실을 습격한 형제는 프랑스에서 제일 유명한 풍자만화가인 카부와 볼린스키, 샤르브, 팅뉴, 그리고 오노르 등을 포함한 11명을 그 자리에서 사살했다. 이들은 총격 후 도주하는 과정에서 잡지사 건물 밖에서 마주친 이슬람교도 경찰관을 총으로 쏴죽이기도 했다. "사람들이 죽었어. 다 죽었다고. 빨리 와줘!" 의사이자 잡지의 정기 기고자이기도 한 패트릭 펠루는 현장에 도착한 후 친구인 올랑드 대통령에게 전화를 해 이렇게 소리쳤다.

이들의 공격은 〈샤를리 에브도〉가 이슬람교의 예언자 무함마드를 풍자한 그림을 계속해서 연재하기로 결정한 것에 대한 보복이었다. 이 그림은 수많은 이슬람교도들에게 있어 매우 불경한 것이었다. 2011년 〈샤를리 에브도〉는 무함마드를 이번 주의 '초청 편집자'라고 소개하며 "웃다가 죽지 않으면 채찍 100대"라는 말풍선을 덧붙인 그림을 표지에 실었다. 이 그림은 언론의 자유를 주장하기 위해 고의적으로 기획된 수많은 도발 중 하나였다. 이후 이 일과 관련해서 〈샤를리 에브도〉는 법적인 다툼에 휘말리게 되었고 화염병 공격과 살해 협박까지 이어졌다.

2015년의 이 총격전은 전 프랑스를 공포로 몰아넣었으며 〈샤를리 에브도〉는 언론의 자유를 대표하는 국제적인 상징이 되었다. 전 세계의 인터넷 사회관계망 이용자들은 자신도 〈샤를리 에브도〉의 의지를 따르겠다는 의미로 #JeSuisCharlie나는 샤를리다라는 해시태그를 붙였고 수십만 명의 인파가 프랑스 거리를 행진했다.

또한 〈샤를리 에브도〉가 여러 종교와 그 경전에서도 비슷하게 잔혹한 묘사나 행위들을 찾아볼 수 있음에도 불구하고 굳이 이슬람교만 공격한 것에 대해 그 옳고 그름을 가리는 논쟁에도 불이 붙기 시작했다. 프랑스의 일부 이슬람교도들은 자신들을 일컬어 "우리는 샤를리가 아니다"라고 선언하기도 했으며 해외의 이슬람교도들도 이전에는 그리 큰 주목을 받지 못했던 이 괴상한 프랑스식 풍자에 대해 앞으로 어떻게 받아들여야 할지 고민하게 되었다. 그동안 〈샤를리 에브도〉는 모든 것이 풍자의 대상이 될 수 있다는 높은 이상을 전한다는 미명하에 종종 불쾌하고 눈살이 찌푸려지는 내용을 담은 적도 있었다. 이후 이어진 대중의 지지 속에서 어떤 지지자는 프랑스의 계몽주의 철학자 볼테르가 쓴 《관용론Treatise on Tolerance》을 치켜들기도 했다. 볼테르가 1763년 펴낸 이 책의 내용은 그의 전기 작가들 중 한 사람이 찾아낸 말로 요약될 수 있다. "나는 당신의 말에는 동의하지 않지만 당신이 그렇게 말할 수 있는 권리를 위해서 죽을 때까지 싸우겠다."

테러를 감행한 이들은 자신들이 이슬람 과격파 테러 단체인 알카에다AI Qaeda의 예맨 지부에서 자금을 지원받았다고 주장했으며, 공격이 있은 후 경찰의 총격으로 사망했다. 전과자이면서 세 번째 가담자로 알려진 남자는 유대인이 운영하는 슈퍼마켓에서 인질들을 잡고 저항하다 결국 인질 네 사람을 죽였다. 그는 BFM 방송을 통한 생방송 중계를 요구하며 자신은 ISIslamic State, 이슬람 국가 소속의 테러리스트라고 주장했다. 이 남자도 특수부대의 공격으로 총상을 입고 사망했다.

마크롱은 국가 안보에 관해 연이어진 공청회와는 일정한 거리를 두었다. 당시 이슬람교에 대한 근본주의적 해석이 전국 각지의 이슬람 회당과 공동체에서 유행하면서 교도소 등지에서는 극단주의적인 분위기가 퍼져나가고 있었고 프랑스 사회는 크게 경직되었다. 범인 중 한 사람은 알제리 출신의 부모에게 버림받은 고아였는데 교도소에서 이슬람 극단주자들과 접촉하여 파리에 본부를 둔 이슬람성전주의자들의 일원이 되었다. 이 단체는 2003년 미군 주도의 이라크 공격이 시작되었을 때 성전을 위한 전사들을 파견한·것으로 알려져 있다.

마크롱이 자신의 두 번째 개혁 법안을 선보인 지 며칠이 지난 후, 프랑스 각지에서 〈샤를리 에브도〉 사건보다 훨씬 더 규모가 크고 끔찍한 테러가 일어났으며, 이 잔악한 공격으로 인해 혼란스러운 논쟁이 벌어졌다. 〈샤를리 에브도〉 테러 이후 전국적인 단합의 모습은 그만 사라져버린 것이다. 또한 이 사건으로 인해 마침 독립을 꿈꾸고 있던 마크롱과 마뉘엘 발스 국무총리와의 관계 역시 돌이킬 수 없는 타격을 입게 되었다.

11월 13일 밤 일어난 대학살은 파리의 프랑스 국립 경기장인 스타드 드 프랑스에서 친선 축구대회가 한창인 가운데 시작되었다. VIP 관람석에서 올랑드 대통령이 프랑스와 독일의 친선 경기를 관전하는 도중 경기장 밖에서 엄청난 폭발음이 들려왔다. 당시 텔레비전을 보고 있던 수백만 명의 시청자들에게까지 그 소리가 전해졌다. 경기 중이었던 선수들도 깜짝 놀랐지만 8만여 명의 관중이 운집해 열렬한 응원을 벌이고 있었던 터라 많은 사람들은 그것을 폭죽소리로 생각했다. 첫 번째 자살폭탄 공격자는 경기장에 들어가지 못하자 입구 근처에서 폭탄을 터트렸고 지나가던 행인 한 사람이 그 자리에서 사망했다.

　　첫 번째 폭탄 공격과 거의 동시에 파리 제10구역에서는 검은색 세아트 승용차에서 자동소총 공격이 시작되었다. 차가 서 있던 곳은 칼리옹이라는 이름의 술집과 캄보디아 식당이 있는 곳이었다. 두 곳 모두 언제나처럼 금요일 밤을 즐기러 나온 파리 사람들이 먹고 마시며 즐거운 시간을 보내고 있던 중이었다. 이 총격으로 열다섯 명이 사망했으며 근처 다른 찻집에서 다섯 명이 살해되었다. 그 이후 두 번째, 세 번째, 그리고 네 번째 술집이 공격을 받아 수십 명의 사상자가 발생했다.

　　파리 제11구역의 바타클랑 극장에서는 세 명의 무장 괴한이 자살용 폭탄을 몸에 두르고 1,500명의 관중들로 가득 찬 극장 안으로 뛰어들었다. 미국의 록그룹 이글스 오브 데스 메탈이 공연을 하던 극장 안에서 자동소총으로 무차별 난사를 벌인 괴한들은 곧 인질들을 붙잡았고 경찰 측 협상전문가와의 전화 통화를 통해 이번 공격은 시리아와 이라크에서 IS 테러 단체를 공격한 프랑스군에 대한 보복이라는 말을 전했다. 그로부터 세 시간이 지나 괴한들이 인질들을 죽이겠다고 위협을 하자 대테러 특수부대가 진입해 인질극을 끝냈다. 극장 내부에서는 총 여든아홉 명이 사망했는데 그 인질극 현장의 참상이 얼마나 끔찍했는지 그날 늦게 경찰 측 조사관이 안으로 들어갔다가 그 참상을 보고 구토를 하고 말았다고 한다.

이날 밤 벌어진 테러 공격으로 총 130명이 사망하고 300명 이상이 부상을 입었다. 제2차 세계대전 이후 프랑스 땅에서 벌어진 최악의 폭력 사태였다. 밤을 즐기러 나온 젊은이들을 겨냥한 이 동시다발적인 공격에는 아홉 명의 범인이 연루되었으며 시리아로부터 지령을 받아 수행된 것으로 확인되었다.

〈샤를리 에브도〉에 대한 공격이 혐오감과 함께 거센 저항을 불러일으켰다면 11월 13일의 공격은 프랑스를 공포 상태로 몰아갔다. 사람들은 거리에 놓인 임시 추모대를 보고 눈물을 훔쳤다. 거기에는 꽃과 촛불들 사이로 환하게 웃고 있는 젊은 희생자들의 사진이 놓여 있었다. 식당과 술집의 매출은 곤두박질쳤다. 이번 폭력 사태는 일종의 분기점이 되어 프랑스 국민들은 시리아 내전이 프랑스에 직접적인 위협이 되었음을 깨달았을 뿐만 아니라, 이제 국가 안보를 장담할 수 없는 새로운 시대로 접어들었다는 사실도 깨닫게 되었다. 프랑스 정부는 왜 하필이면 자신들의 조국이 이런 공격의 대상이 되었는지, 그리고 왜 프랑스의 이슬람교도들, 그러니까 이민 2세대들이 조국에 등을 돌리고 이런 공격에 가담하게 되었는지 그 해답을 찾기 위해 고심했다.

올랑드 대통령은 축구 경기 도중에 무사히 피신했고, 곧 국가 비상사태를 선포한 후 이번 공격을 '전쟁 행위'로 규정했다. 사흘 후에는 파리 외각 베르사유 궁전에서 국회의원들이 모두 참석한 특별 회의를 소집하여 자신의 재임기간 중 가장 중요한 순간 중 하나로 남는 연설을 남겼다.

이 연설에서 올랑드는 단호한 어조로 IS를 '멸망'시킬 것을 약속하고 이를 위해 항공모함 샤를 드골호의 출동을 명령했다. 그리고 수천 명의 새로운 경찰과 세관, 그리고 사법 인력의 증원도 약속했다. 올랑드는 국가 비상사태를 3개월까지 연장하겠다는 계획을 가지고 있었고, 이는 곧 사법 절차가 일시적으로 사라지며 경찰 업무가 간소화되는 것을 의미했다. 이런 모든 조치들은 상황에 따라 더 광범위한 지원도 받을 수 있었다. 또한 올랑드는 이중 국적, 예를 들어 프랑스와 모로코의 이중 국적을 가지고 테러 공격과 관련된 유죄 판결을 받은 모든 프랑스 국민은 프랑스 국적을 반납해야 할 것이라고 말하기도 했다.

다만 실제로 이를 실행하려면 프랑스 헌법을 개정할 필요가 있었는데, 이에 대해 사회당과 내각에서는 그 즉시 곤혹스러운 목소리가 터져 나왔다. 이런 상황은 필리프 페탱이 이끌던 비시Vichy 정부가 점령군인 나치 독일에 협력하며 드골 장군을 포함한 협력 반대파 1만 5,000명의 프랑스 국적을 박탈했던 일을 연상시킬 뿐만 아니라, 극우파가 오랫동안 요구해왔던 사항들과 일치했기 때문이었다.

마크롱은 대통령 선거 기간 동안 한 대담에서 "그 당시 저는 정부를 떠나고 싶은 유혹을 느꼈습니다. 그렇지만 국적 박탈 문제는 제가 맡고 있던 재정경제부의 관할 업무가 아니었습니다"라고 말했다. 그는 법무부 장관 크리스티앙 토비라, 내무부 장관 베르나르 카즈뇌브 등 내각의 다른 동료들과 함께 헌법 개정을 반대하기 위해 노력했다.

반면에 프랑스 국민들은 이런 국적 박탈 조치를 크게 환영했으며 일부 여론 조사에서는 국민의 90%가 지지를 한다는 결과가 나오기도 했다. 극우파인 국민전선은 자신들은 이미 오래전부터 비슷한 조치를 제안해왔다고 주장하며 나섰고, 부당수인 플로리안 필리포는 테러와 무관한 일반 범죄자들까지도 그 죄목의 심각성을 고려해 국적을 박탈해야 한다고 덧붙이기도 했다.

그렇지만 이를 반대하는 목소리도 만만치 않았다. 마크롱은 지극히 이성적인 이유를 언급하며 반대 입장을 취했다. 국적의 박탈은 사람들이 그런 행동을 한 이유조차 이해하려 하지 않고 단순히 프랑스 사회에서 그들을 추방하는 행위라는 것이었다. 또한 그 효과에 대한 심각한 의문도 제기되었다. 애초에 자살폭탄 공격을 감행하는 사람들이라면 분명 국적 박탈 같은 문제는 처음부터 신경을 쓰지 않을 것이 틀림없었고, 실질적인 부분에서도 프랑스 태생의 이런 테러리스트들을 추방한다는 일에는 어려움이 있었다. 프랑스가 추방을 한다면 다른 나라가 그들을 떠맡아야 된다는 뜻인가? 심지어 마뉘엘 발스조차도 "그저 서너 사람을 추방해서 상징적인 효과 정도만 거두는 것 말고 무슨 소용이 있겠는가?"라고 생각했지만 대통령에 대한 충성심을 잃지 않고 내각과 국회를 통해 이 일을 진행하는 데 동의했다.

고위 공직자 중 유일한 아프리카계인 법무장관 크리스티앙 토비라는 자신은 현 정부와 "정치적으로 중대한 의견의 불일치"가 있으며 "내 자신과 나의 신념, 나의 싸움과 다른 사람들과의 관계 앞에 진실되고 싶다"고 말하며 1월 말에 사임을 하고 말았다. 그러자 제안된 법안에 대한 여러 가지 다른 수정안이 제대로 된 의견 일치를 보지 못한 채 국회 안에서만 맴돌게 되었고, 결국 올랑드는 4개월에 걸친 격렬한 논의 끝에 2016년 3월 자신이 제안한 조치를 포기했다. 훗날 그는 이에 대해 "임기 중 유일하게 후회되는 일"이라는 소회를 밝히며 "나는 그 일이 우리를 갈라놓는 것이 아니라 하나로 묶어줄 줄 알았다"고 인정했다.

파리 시내에서 공격이 자행된 지 일주일이 지난 후 마크롱은 좌파 성향의 연구단체인 리 그라크에서 연설을 하게 되었다. 이는 자신이 가진 신념의 모든 부분을 설명하겠다는 그의 의지에 대한 또다른 표현이었다. 프랑스는 비탄에 잠겼고 수많은 사람들은 복수를 부르짖었다. 문을 박차고 들어가 테러 용의자들을 체포하고 급진적 성향의 이슬람 회당을 폐쇄하는 경찰의 조치에 사람들의 관심이 집중되었다. 마크롱은 올랑드가 선포한 국가 비상사태에는 동의를 했지만 "일시적인 조치여야만 한다"는 것이 그의 입장이었다. 그렇지만 훗날 그가 대통령에 당선된 후 처음 취했던 조치들에는 이 비상사태를 2017년 7월까지 여섯 차례 연장하고 이와 관련하여 제안된 여러 법안들을 영구적 국가 안전 보장법으로 만드는 일들이 포함되어 있었다.

하지만 마크롱은 리 그라크에서의 연설을 통해 프랑스는 국가 내부를 돌아볼 필요가 있으며 '책임져야 할 몫'을 회피하지 말고 마주해야 한다고 주장했다. 왜 프랑스 젊은이들이, 그중에서도 가난한 이슬람교도들이 IS 등의 테러 단체에 합류하고 있는지 돌아봐야 한다는 것이었다. 대략 1,500명 정도의 프랑스 젊은이들이 시리아와 이라크 내 IS 점령 지역을 돌아보고 온 것은 분명한 사실이었다.

'평등^{egalite}'은 프랑스라는 국가 정체성의 핵심이며, 비록 가장 최근에 프랑스에 정착한 사람들, 특히 이슬람교도들에게 제대로 된 기회를 제공하는 데 실패했다 하더라도 그 사실은 변함이 없다는 것이 마크롱의 설명이었다. "누군가 턱수염을 기르고 또 누군가 이슬람교도를 연상시키는 이름을 가졌기 때문에 다른 사람들이 그들을 제치고 일자리를 얻을 기회를 네 배나 더 많이 얻고 있습니다." 마크롱은 이렇게 말했다. "나는 지금 이런 일련의 모든 상황이 이슬람성전주의로 인해 비롯되었다고 말하려는 것은 아닙니다. 인간의 광기와 전체주의에 의한 교묘한 선동이 그 원인이지만, 결국 이런 일들을 키워내는 온상이 있으며 그 온상은 바로 우리의 책임입니다."

마크롱은 프랑스 내부에 거대 공동체로 자리 잡고 있는 아프리카 출신 이슬람교도들이 느끼는 소외감을 공개적으로 언급했다. 이들은 제2차 세계대전이 끝난 후 프랑스 국내의 부족한 노동력을 채우기 위해, 특히 1950년대와 1960년대에 대규모로 이주를 해온 사람들이었다. 이들이 느끼는 소외감은 수많은 이슬람교도 후손들의 발목을 잡았고, 인종주의와 차별을 경험한 이들은 50여 년이 지난 지금도 스스로를 2등 국민으로 생각했다. 가장 가난한 사람들이 모여 사는 도시 외곽의 버려진 고층 건물과 황폐한 주택가 주변은 경찰과 소방대원, 그리고 심지어 우편배달원들조차 국가 권력의 상징으로 취급을 받아 늘 폭력의 위협에 시달렸다. 공화국 프랑스에 대한 증오는 프랑스 랩 음악에서 빠지지 않는 주제가 되었다. 1995년 감독 겸 배우 마티유 카소비치는 이런 원한과 분노를 생생하게 묘사한 영화 〈증오La Haine〉를 만들었고, 정확히 10년 후 프랑스 도심지를 휩쓴 대규모 폭동 속에서 그 원한과 분노는 다시 불타 올랐다. 2016년에는 테러와 선동이라는 최악의 조합이 인터넷을 통해 전 세계로 퍼져 나갔고, 사회와 종교의 근원적인 불안과 결합하여 참혹한 결과를 빚어냈다.

상호 간의 몰이해로 야기된 파괴의 악순환 속에서 극우파인 국민전선은 폭력과 반사회적 행위, 그리고 그것을 목도한 많은 프랑스 백인들의 혐오감을 먹고 점점 더 성장해갔다. 프랑스 백인들과 적대적이며 국가를 향한 분노를 표출하는 사람들은 주로 도심 변두리 지역에 살며 무상 교육과 무상 의료, 공영 주택 등과 같은 혜택에도 불구하고 국가에 대한 적개심으로 가득 차 있는 사람들이었다.

이러한 민감한 시국에 프랑스에서 벌어진 일련의 사건들의 중심에 있는 깊고도 복잡한 사회적 문제를 파헤쳐보려는 마크롱의 시도는 총리인 마뉘엘 발스의 반발에 부딪히게 되었다. 마뉘엘 발스는 얼마 뒤 국회에서 "지금까지 수많은 사람들이 지치지도 않고 변명거리나 문화적, 그리고 사회적인 설명을 찾으려고 애를 써 왔습니다"고 말했고, 1월이 되자 "이런 상황에 대한 적절한 설명 같은 건 있을 수 없습니다. 설명하겠다는 것 자체가 변명을 하겠다는 말과 다름없습니다"며 자신의 생각을 좀 더 분명하게 말했다.

마크롱을 재정경제부 장관에 임명하기 위해 다른 누구 못지않게 애를 써주었던 총리도 이제 인내심이 바닥이 난 모양이었다. 개인적으로 보면 자리에서 물러난 전 장관 아르노 몽테부르가 했던 예언이 들어맞는 모양새였다. 그것은 마크롱이 사회당 내부의 개혁적 성향을 가진 인물로서 마뉘엘 발스의 자리를 차지하게 될 것이라는 예언이었는데, 실제로 아르노 몽테부르는 마크롱이 언젠가 마뉘엘 발스를 "죽일 것"이라는 말을 했다고 한다. 그리고 마크롱은 규칙이나 단합 같은 것은 무시한 채 계속해서 내각과 국회에서 긴장감을 조성하며 총리의 업무 수행을 어렵게 만들었다.

《대통령이 하지 말아야 할 말》에 따르면 마뉘엘 발스는 올랑드에게 "나는 규칙을 따르는데 마크롱은 그렇게 하지 않는다"고 불평을 토로했다고 한다.

그러나 마뉘엘 발스는 여전히 올랑드와 함께 정부가 의회에 상정하려고 준비 중인 법안들에 대한 통제를 잃지 않고 있었다. 테러 공격이 있은 후에 마크롱은 그의 '마크롱Ⅱ'를 다시 손보기 시작해 기업들이 좀 더 쉽게 고용이나 해고를 할 수 있는 내용들을 노동법 개혁안에 덧붙였다. "테러 공격으로 야기된 경제적, 그리고 사회적 국가 비상사태에 대응하기 위한 일련의 제안들이었습니다." 익명을 요구한 가까운 참모진 중 한 사람의 설명이다. "굉장히 파격적인 내용들이 있었지만 마뉘엘 발스에 의해 거부당했습니다."

마크롱은 프랑스 경제를 개혁할 수 있는 자격을 확실히 보장받는다는 전제하에 내각에 합류했다. 그러나 18개월이 채 지나지 않아 그의 첫 번째 개혁안은 국회의 동의 없이 강제로 통과가 되어 개인적인 패배의 기억으로 남게 되었으며, 이제는 마뉘엘 발스가 나서서 자신의 두 번째 개혁안을 무시했다. 결국 두 남자 사이에는 분명한 선이 그어지고 말았고, 마크롱은 이제 엘리제궁에서 올랑드의 측근으로 있을 때와 똑같은 상황에 직면했다. 앞으로 나아갈 수 있는 길은 모조리 막힌 것처럼 보였고 이제는 새로운 길을 모색해

봐야 할 때였다.

그러는 사이 마크롱은 무대 뒤에서 언론계와 연예계, 그리고 재계와의 인맥을 더 깊고 넓게 다져나갔다. 비밀스러운 밤 모임에서 마크롱과 '마크롱의 아이들'은 그의 눈부신 비상을 위한 다음 단계를 준비하느라 여념이 없었다.

국가주의자이며 좌파인 장피에르 슈벤느망이나 알랭 멩크 같은 나이 많은 다른 스승들은 마크롱에게 전통적인 방법으로 경력을 쌓아가는 데에 신경을 쓰라고 충고했다.

"나는 마크롱에게 2022년 대통령 선거를 위해서는 밑바닥부터 다져나가야 한다고 말했고, 우선 대도시 시장에 출마해야 한다고 권했습니다." 알랭 멩크의 말이다. "그렇지만 마크롱은 이렇게 대답했죠. '천만의 말씀입니다. 세상은 이제 변했습니다. 지금의 세상은 그런 식으로는 아무런 효과를 거둘 수 없어요.'"

제11장

새로운 정치 운동, 앙 마르슈!
그 시작을 알리다

2016년 1월 7일, 전직 외교관 출신이자 중국 전문가인 루도빅 샤케르가 앙 마르슈의 첫 번째 공식 당직자로 영입되었다. 루도빅 샤케르는 재정경제부에서 마크롱의 수석 보좌관 역할을 하고 있던 이스마엘 에밀리앙의 오랜 친구였다. 2015년 말, 이라크에 파병된 프랑스군을 지원하는 임무를 마친 서른여섯 살의 루도빅 샤케르는 마크롱을 만나 새로운 임무를 받아들였다. 무술 유단자이며 땅딸막하고 단정한 체구인 그는 새로운 정치 운동이 본 궤도로 접어드는 데 필요한 초기 작업과 더불어 상세한 계획의 관리를 맡게 되었다. 그는 여전히 정기적으로 계속되고 있는 늦은 밤의 식사 자리와 주말 모임에도 기존의 참석자들과 함께 어울렸으며, 이들은 때로 파리 북동부에 있는 최신 유행 술집이나 르 스콰 가르데트 같은 유명한 식당도 찾아갔다.

"우리는 각기 다른 장소를 찾아갔고 흔적을 남기지 않았습니다."
루도빅 샤케르의 말이다. "당시 우리는 약간 과대망상이 있다 싶을
정도로 매사에 주의를 기울였어요."

이들은 가장 중요한 주제에 대한 정의를 내리는 데에 큰 진전을
이루었다. "우리는 우리가 하는 정치 운동이 매우 포괄적인 것이
되기를 바랐고 그에 따른 두 가지 결론을 내렸습니다." 중요 참모
중 한 사람인 스타니슬라스 게리니는 이렇게 말했다. "먼저 우리가
하는 운동에는 누구나 참여할 수 있으며 경제적인 문제로 참여를
꺼리는 일은 전혀 없어야 합니다. 둘째, 다른 정치 단체에 소속이
되어 있더라도 우리의 운동에 참여할 수 있어야 합니다." 앙 마르
슈에 참여하기 위해서는 그저 인터넷 웹 사이트에 올라와 있는 신
청서만 작성하면 되었고, 이것은 인터넷으로 열차표를 예매하거나
책을 사는 일보다 훨씬 더 쉬웠다.

모임에 처음부터 참여한 사람들은 각자 다른 역할들을 맡았다.
이스마엘 에밀리앙과 쥘리앵 디노르망디가 핵심 전략가라면 인사
관리를 맡은 벤자멩 그리보와 스타니슬라스 게리니가 그 뒤를 거
들며 조직이 필요로 하는 인재와 그들의 재능을 점검했다. 루도빅
샤케르는 운영 전반을 맡았으며 세드릭 오는 자금 조달을 맡았다.
나중에 합류하게 된 에마뉘엘 미켈은 역시 국립경영대학원 출신으
로 프랑스의 비공개 기업투자 업체인 아드리안에서 경력을 쌓은
인물이었다. "우리는 모두 같은 세대입니다." 루도빅 샤케르의 말
이다. "우리는 각자 친구들에게 하듯 편하게 말을 했습니다. 격식
같은 것도 없었고 관계 자체가 아주 단순했어요."

재정경제부에서 마크롱을 보좌하던 스테판 세주헌은 일단 이들

의 활동이 시작된 이후에 정치적으로 지원을 해줄 만한 인사들을 찾아 연결하는 임무를 맡았다. 마크롱 역시 재정경제부에서 비서실장으로 일했던 알렉시 콜러와 정기적으로 접촉을 했다. 알렉시 콜러는 재정경제부를 떠난 후 제네바에 있는 해운회사에서 일하고 있었다. "알렉시는 마크롱이 매일 이야기를 나누는 유일한 사람이었죠." 익명을 요구했던 한 인사의 말이다.

그다음 단계는 앙 마르슈에 참여하기 위해 웹 사이트로 신청을 완료한 사람들이 다음 할 일을 정해주는 것이었다. 비밀 모임에서는 사람들이 일종의 '가치 헌장憲章'에 서명하기를 바랐다. "우리는 사람들에게 분명한 약속을 받고 싶었습니다. 이 헌장의 목적은 기존의 정당들이 놓치고 있는 문제점들을 정확하게 밝히는 것이었습니다." 스타니슬라스 게리니의 말이다.

"우리는 앙 마르슈가 하나 된 유럽을 지향한다는 사실을 분명하게 밝혔죠. 그리고 노동의 가치를 강조했는데, 일부 좌파 성향의 사람들에게는 문제가 될 만한 내용이었습니다. 그들에게 노동의 가치는 이미 중요한 주제가 아니었기 때문이었어요. 노동은 인간을 자유롭게 만들며 그 자유는 평등만큼이나 중요하다는 것이 우리의 주장이었습니다." 스타니슬라스 게리니는 이렇게 덧붙였다. "우리는 또한 우리가 진보를 믿는다는 사실을 알리고 싶었어요. 우리는 보수와는 반대되는 개념으로 진보적인 성향을 띠고 있었고 또한 관용 역시 기본적인 중요한 가치라고 믿었습니다."

그럼에도 불구하고 앙 마르슈는 정확한 계획이나 내용 없이 모호함으로 일관한다는 비판을 끊임없이 받았다. 스타니슬라스 게리니는 이에 동의하지 않았다. "우리의 헌장이 뜻하는 바는 매우 분명합니다." 그것은 바로 하나 된 유럽과 노동의 가치, 그리고 사회적 문제와 혁신의 중요성에 대한 진보적인 견해였다. 그리고 이들이 주장하는 마지막 가치는 바로 관용이었다. 관용은 모호하긴 하지만 매력적인 개념으로 구글의 창립자들이 회사의 사훈社訓으로 삼은 "사악해지지 말자Don't be evil"라는 말을 연상시킨다. 이 말을 부정하는 것은 불가능하지만 실질적으로 어떤 의미인지 정확하게 정의를 내리는 일 역시 쉬운 것은 아니다. "지나치게 자만하는 일만 없다면 관용이야말로 우리의 정체성을 나타낸다고 생각합니다. 우리는 모두 정치의 세계가 어떤지 잘 알고 있으며 용서나 자비심을 전혀 찾아볼 수 없다는 사실도 알게 되었습니다." 스타니슬라스 게리니의 말이다. "우리들 모두는 이에 대해 각자 느끼는 바가 있었습니다."

선거 본부에서 가진 한 언론과의 대담에서 "앙 마르슈는 2017년 대통령 선거에 승리할 수 있다고 보는가?"라는 질문에 루도빅 샤케르는 "당연합니다"고 대답했다. "우리는 처음부터 선거에서 이긴다는 생각으로 새로운 정치 운동을 시작했습니다."

앙 마르슈가 주장하는 내용들이 실제 선거전에서 위력을 발휘할 수 있을지 분명치 않다고 주장하는 사람들도 있었지만, 어쨌든 마크롱을 전국적인 주요 인물로 부상시키기 위한 수단이라는 점에는 모두들 동의하고 있었다. 결국 마크롱은 직접 후보로 나서던지 혹은 자기 대신 정책을 잘 수행할 사람을 지원하는 방식으로 투표에 영향력을 미치게 될 터였다. 마크롱이 야망을 달성하는 과정에서 참으로 놀라운 진전이 이루어진 것이다. 불과 18개월 전만 해도 그는 특별한 소속도 없이 정치 세계에 입문했다가 그 일을 그만두고 창업을 준비하거나 대학에서 자리를 알아보려 했었다. 그러나 지금, 선거에 출마한 경험도 없는 마크롱이 프랑스에서 가장 높은 자리를 바라보고 있었다.

사실 2016년 초만 해도 대통령 선거에 나선다는 건 완전한 공상처럼 보였다. 2017년 프랑스 대통령 선거의 1차 투표는 4월 23일에 치러질 예정이었다. 프랑스는 선출직 공무원 500인 이상의 추천서를 받으면 누구든지 대통령 후보로 등록할 수 있다. 1차 투표에서 득표율 50%를 넘긴 후보가 대통령에 당선되며, 아무도 과반이 넘는 지지를 얻지 못했을 경우는 득표율 1위와 2위 후보가 5월 7일 2차 결선 투표를 치르게 된다.

이런 상황에서 여론 조사에서는 극우파의 수장 마린 르 펜과 중도좌파로 총리 출신인 일흔한 살의 알랭 쥐페가 1차 투표를 무난히 통과할 것으로 내다보았다. 그리고 2차 투표에서는 현재 프랑스에서 가장 인기 있는 정치인인 알랭 쥐페가 쉽게 대권을 거머쥘 것이 예상되었다.

그렇지만 알랭 쥐페가 대통령이 되려면 우선 11월에 있을 공화당 경선에서 후보로 선출이 되어야 했다. 당수인 전 대통령 니콜라 사르코지와 경쟁하게 될 것은 거의 확실한 일이었다. 그리고 또 한 가지 변수가 있다면 현 대통령인 올랑드가 재앙에 가까운 현재 지지율을 극복하고 재선에 도전하려 할지도 모른다는 사실이었다. 만일 그렇게 된다면 올랑드 역시 1월에 사회당 내에서 치러질 경선부터 승리해야 했는데, 중도파의 거두인 프랑수아 바이루가 네 번째로 대통령 선거에 도전장을 내밀 것이라 예상하는 사람들도 많았다.

지난 몇 개월간, 마크롱의 숨은 속내는 언론에 드러난 적이 없었다. 그렇지만 3월 초가 되자 권위 있는 시사 주간지 〈르 누벨 옵세르바퇴르〉에 마크롱이 자신의 정당을 창당할 준비를 하고 있다는 기사가 실렸다. 마크롱은 그 즉시 이런 기사 내용을 부인하며 '기자가 쓴 소설'에 불과하다고 일축했다. 그리고 그 기사를 쓴 기자에게 전화를 걸어 소문의 진원지를 캐물었다고 하는데 물론 그 질문에 대한 답은 듣지 못했다.

　2016년 초의 주요 정치 소식은 새 노동부 장관인 미리암 엘 콤리의 새로운 노동법이었다. 여기에는 기존의 법 내용을 바꾸기 위한 마크롱의 제안도 일부 포함되어 있었다. 이 법안은 노조의 반발에 부딪혀 즉시 내용에 수정이 가해졌으나, 국회에 상정이 되자 엄청난 규모의 거리 시위가 시작되었다.

　노동법 개정은 프랑스에서도 가장 민감한 개혁 중 하나다. 그것은 이른바 프랑스의 '사회적 업적les acquis sociaux'으로 알려져 있는 사회적 편익과 보호의 핵심을 건드리는 문제이기 때문이다. 프랑스 노동자들은 강압적인 기업가들과 200년에 걸친 투쟁 끝에 지금의 노동법을 얻어냈다. 노동법에는 당시로서는 혁신적인 내용인 아동의 노동 금지와 함께 점진적인 노동 시간 감소, 유급 휴가의 보장, 연금, 정리 해고에 대한 보상, 노동 계약 준수, 보건 및 안전 대책 개선 등 모든 노동자들을 위한 노동 환경 개선을 위한 조치들도 있었다. 노조원과 좌파들에게 있어 노동자의 해고가 이전보다 쉬워지는 등의 사안은 그동안 힘들게 싸워 얻은 노동자의 권리를 침해하는 일이었고, 이는 진보에 대한 공격이나 다름없었다.

4월 초가 되자 앙 마르슈는 파리 남쪽 디 플랑트 거리에 있는 1층의 좁은 공간에 첫 사무실을 마련했다. 루도빅 샤케르는 보안을 이유로 바깥쪽을 향하고 있는 넓은 창을 가려버렸다. 이 사무실의 소유주는 친기업적 성향의 정책 연구소인 몽테뉴 연구소 소장의 아내였으며, 몽테뉴 연구소는 AXA 보험사를 세운 클로드 베베아의 후원으로 지난 2000년 설립이 되었다. 이들의 관계를 밝혀낸 것은 좌파 성향의 뉴스 전문 인터넷 웹 사이트인 미디어파트였다. 이 웹 사이트는 앙 마르슈가 "가장 영향력 있는 기업 중 한 곳으로부터 매우 귀중한, 그러나 조심스러운 물적 지원을 받았다"고 보도했고 이에 대해 앙 마르슈 측에서는 사무실 주인인 로랑 비고뉴의 아내가 단지 마크롱의 '개인적인 친구'일 뿐이라고 일축했다.

루도빅 샤케르는 사무실을 꾸려나가는 일에 착수하면서 먼저 제대로 일을 도와줄 자원봉사자들을 찾아야 했다. "저는 먼저 약속 장소를 정한 다음 봉사자들에게 주소를 알려주지 않고 제가 가서 그들을 데려왔습니다"라고 회고했다. "마치 무슨 007 작전 같았죠."

해야 할 업무는 산더미처럼 많았다. 마크롱과 참모들은 앙 마르슈 운동이 자발적인 조직으로 발전해야 한다고 생각했다. 앙 마르슈에 가입한 회원들은 그 즉시 지역 위원회 소속이 되었고, 지역 위원회 밑의 소小 위원회는 다시 회원들을 끌어 모으는 일을 했다. 각 지역을 대표하는 지도자들과 운영 위원들을 선별하는 건 본부의 몫이었지만, 그 이후에는 각 지역 위원회가 스스로 알아서 조직을 운영해나갔다.

마크롱은 4월 초에 이 사실이 어떻게 받아들여질지 확실히 알 수 없는 상황에서 올랑드 대통령을 찾아가 앙 마르슈의 시작을 알렸다. 그리고 그다음 주에는 언론에 이 사실을 공표할 예정이었다. 아무리 대통령이라 하더라도 인기 없는 정부의 가장 인기 있는 장관이 하는 일을 가로막기는 어려울 것 같았으나, 대통령과의 관계가 완전히 끊어진다면 장관으로서 누리고 있는 배경이나 이점도 다 잃게 될 것이 분명했다.

"뭔가를 하려고 하는데, 사람들이 같이하자고 부탁한 일입니다." 올랑드는 마크롱이 앙 마르슈에 대해 이렇게 설명했다고 기억하고 있다. "나는 기존의 정치로부터 소외된 유권자들과 접촉하려 합니다."

올랑드는 마크롱의 이야기를 듣고 이렇게 대답했다. "그러면 그렇게 하게. 하지만 다른 정치인들을 데려가지 않도록 주의해야 하네. 그렇지 않으면 사회당 내에 다른 운동이 벌어진다는 의심을 살 수도 있고 분열이 일어날 수도 있어."

"아니요, 이건 기존의 정치와는 다른 시민들의 자발적인 참여로 이루어지는 운동입니다." 마크롱은 이렇게 올랑드를 다시 안심시켰다.

루도빅 샤케르는 이후 앙 마르슈 내부의 분위기를 이렇게 기억하고 있다. "올랑드의 반응은 대단히 긍정적이었고 우리는 '그것 참 별일이군'이라고 생각했지요. 이후에 나온 어떤 보도들을 보면 올랑드가 마크롱을 전면에 내세웠고 뒤의 실세는 올랑드라는 말도 있었는데 그건 전혀 사실이 아닙니다."

9개월 전 올랑드와 사회당 당수인 장크리스토프 캉바델리가 이미 마크롱이 정치 운동을 하는 문제에 대해 논의를 했고, 그 일이 올랑드의 재선에 도움이 되지 않을까 생각한 것은 분명한 사실이다. 다만 장크리스토프 캉바델리는 올랑드에게 그 일이 궁극적으로는 이득이 되지는 않을 거라고 경고를 했지만, 올랑드는 마크롱이 자신에게 계속해서 충성을 바치거나 적어도 그의 노력이 어느 시점에서는 자신에게 도움이 될 거라고 확신하고 있었다.

루도빅 샤케르에 따르면 앙 마르슈가 공식적으로 출범하는 날이 4월 7일로 정해졌고 이는 '매우 빠듯한 예산'으로 진행되었다고 한다. 본부에서는 마크롱의 고향인 아미앵에 있는 다목적 회관인 메가시트의 강당 하나를 빌렸는데, 이는 마크롱이 파리 상류층이 아닌 지방 출신임을 강조하기 위한 조치였다. 마크롱은 브리지트와 함께 자신의 검은색 르노 승용차를 타고 오후에 파리에서 출발했고, 중간에 멈춰서 준비해간 샌드위치를 먹기도 했다. 앙 마르슈의 출범 행사를 기록한 것은 프랑스의 영상 기록물 제작자인 피에르 위렐이다. 마크롱과의 인연으로 이 일에 참여하게 된 그는 이후 6개월간에 걸쳐 그를 그림자처럼 따라다녔다.

피에르 위렐의 등장은 마크롱이 대중들이 바라보는 자신의 모습에 대한 관리를 본격적으로 시작했다는 신호탄이었으며, 이 관리 작업은 이후 대통령 선거전에서 매우 중요한 역할을 하게 되었다. 위렐을 대동함으로써 마크롱은 다른 정치인들과는 달리 기자들에게 무대 뒤의 모습을 공개하면서 자신은 아무것도 거리낄 것이 없다는 인상을 심어주었다. 물론 이런 전략이 완전히 새로운 것은 아니었다. 1974년 발레리 지스카르 데스탱도 유명한 영화제작자인 레이몽 드파르동과 함께 같은 전략을 활용했다. 레이몽 드파르동 본인은 케네디 대통령의 당선을 다룬 〈프라이머리Primary〉라는 기록

영상을 보고 영감을 얻었다고 하는데, 다만 최종 편집물에 당황한 데스텡 대통령은 자신이 등장한 영상 기록물인 〈시골에서의 하루 Une Partie de Campagne〉의 상영을 2002년까지 금지시켰다.

피에르 위렐이 마크롱을 한껏 추켜세운 영상 기록물인 〈마크롱, 혜성 같은 사나이Macron, la Strategie du Meteore〉는 그해 11월 주요 텔레비전 방송국 중 한 곳에서 방영이 되었고, 마크롱이 대통령 출마를 선언했을 때 못지않은 큰 반향을 불러일으켰다. 마크롱은 심지어 이 다큐멘터리에 자신의 결혼식 촬영 영상까지 첨부했는데, 거기에는 마크롱의 인사말이며 부부가 피로연에서 춤을 추는 장면까지 포함되어 있었다.

이렇게 영상을 통해 자신을 공개하는 일은 카메라 앞에서 가감 없이 드러나게 되는 언행이 큰 재앙으로 돌아올 수 있다는 사실을 알면서도 강행한 것이었다. 이것은 자신을 통제하는 일에 대한 그의 자신감을 보여주는 결심이었다. 마크롱은 대통령 선거를 치르면서 또 다른 영상 기록물 담당을 뒤따르게 해 비슷한 일을 반복했고, 앞서와 유사하게 자신을 한껏 띄워주는 결과물들이 만들어졌다.

행사를 위해 아미앵에 도착한 마크롱은 브리지트와 함께 강당에 먼저 모인 수백 명의 청중들 앞에서 예행연습을 했다. 출범 행사는 페이스북을 통해 홍보가 되었으며 개인적으로 참석할 지원자들을 선별해 뽑았다. 브리지트와 그녀의 막내딸 티팬 부부, 그리고 마크롱의 어머니 프랑수아즈가 강당 제일 앞줄에 자리를 잡았다. 이미 언론을 통해 행사가 개최된다는 사실이 알려지며 관심이 집중되었지만, 새로 구성된 마크롱의 참모진은 의도적으로 기자들을 배제시켰다. 행사를 기록한 것은 신중하게 골라 불러들인 개인 촬영기사였는데, 아마도 기자들이 성가신 질문을 할지 몰라서였기 때문이었을 것이다. 행사 내용은 인터넷을 통해 그대로 생중계되었다.

소박한 회색 영사막을 배경으로 등장한 마크롱은 정장에 넥타이를 매지 않은 평소의 옷차림을 한 채 마이크를 들고 대본 같은 것도 없이 무대 위를 한 바퀴 돌았다. 그 모습은 마치 비영리 무료 강연으로 유명한 TEDTechnology, Entertainment, Design 강연회의 한 장면 같았다. 그 자리에 기존의 전통적인 좌파나 우파 정치는 더 이상 아무런 의미를 가지지 못했다. 마크롱은 청중들에게 이렇게 말했다. "분열은 여러 가지 방면으로 우리를 가로막고 있습니다. 저는 국회에서 법안을 상정하는 과정에서 바로 그런 장면을 목도했습니다." 유럽연합에 대한 정책과 세계화에 대한 대비, 이민자나 혁신 등 작금의 프랑스가 마주하고 있는 가장 큰 문제들에 대해 지난 수십 년 동안 프랑스 정치를 지탱해온 기존의 주요 정당들은 절망적인 상태로 분열이 되어 있다고 마크롱은 말했다.

그런 다음 마크롱은 자신의 생각과 제안을 설명하기 위한 동영상 하나를 소개했다. 기타 연주를 배경 음악으로 다양한 인종의 젊은이들이 등장하면서 이런 해설이 깔리는 동영상이었다. "어디를 가든 똑같은 이야기가 들려온다. '프랑스는 변화가 필요하다. 우리는 새로운 생각을 가지고 앞으로 전진해야 한다. 두려워하지 말고 지금의 정체된 상황을 끝장내야 한다.' 전혀 새로울 것 없는 이런 이야기가 프랑스의 지금의 상황을 보여주는 것이다. 이제는 우리가 직접 앞장서 행동으로 보여야 할 때다."

그리고 처음이자 마지막으로 '앙 마르슈'라는 이름이 화면에 나타났다. "앙 마르슈는 새로운 정치 운동입니다. 저는 솔직히 이 일이 제대로 진행될지 확신할 수 없습니다." 마크롱은 이렇게 말했다. 그는 정말로 알 수 없다는 듯 거의 주눅이 들고 멍한 표정까지 지어보였다. 행사는 전반적으로 절제된 분위기 속에 진행되었다. 사람들을 자극하는 어법이나 우레와 같은 환호도 없었다. 소박해 보이는 무대 위로 그저 정장 차림의 한 사내가 올라와 자신은 지금 이 나라의 변화를 원한다고 이야기하는 것이었다.

이 일을 시작하게 된 계기는 국회에서의 굴욕적인 그날 때문이라고 마크롱은 다시 한 번 강조했다. 자신이 상정한 법안이 사회당 내 반대파들에 의해 거부당한 바로 그날을 말하는 것이었다. 물론 그 때문에 사람들이 직접 참여하는 운동을 계획하게 된 것이지만 마크롱은 앙 마르슈가 자기 자신, 그리고 자신이 생각하는 정책을 실현하기 위해 시작된 운동임을 분명히 밝혔다. "나는 내가 할 수 없는 일들을 모두 다 잘 알고 있습니다. 길은 막혀 있습니다. 그렇지만 이 운동을 통해 그 막혀 있는 길을 뚫고 지나갈 것입니다."

마크롱의 설명은 계속해서 이어졌다. "이 운동은 좌파도 아니고 우파도 아닙니다. 다소 급진적으로 들릴 수도, 또 어쩌면 미친 소리로 들릴 수도 있을 것입니다. 그렇지만 이 나라는 분명한 저력이 있습니다. 내 귀에는 분노와 저항의 소리가 들려오지만 내가 원하는 것은 긍정적인 힘입니다. 자신의 생각을 말하고 싶다면 한 걸음 앞으로 나오십시오. 그리고 이 운동에 동참해 다 함께 나아갑시다. 바로 지금부터 시작입니다. 모든 것은 여러분들 손에 달려 있습니다."

프랑스 서부의 도시 낭트에서 피자헛 체인점 두 곳을 운영하는 서른 살의 모르건 시몽이라는 사업가가 인터넷 방송으로 이 현장을 지켜보고 있었다. 모르건 시몽은 한 번도 정치 활동에 참여해본 적이 없었지만, 인터넷 중계를 본 바로 그날 저녁 앙 마르슈 웹 사이트로 들어가 간단한 개인 사항을 기입하고 아주 손쉽게 회원 등록까지 마쳤다. "나는 이미 마크롱에게 호감을 느꼈습니다." 야구 모자에 스웨터를 즐겨 입는 덥수룩한 수염의 덩치 큰 사내는 이렇게 말했다. "'마크롱법'과 관련된 그의 이야기를 들으니 프랑스를 바꾸려는 그의 노력에 대해 알 것 같았어요. 나는 마크롱을 지지하며 지금 프랑스에 변화가 일어나고 있다고 생각합니다."

파리의 앙 마르슈 본부에서는 참모진들이 사람들의 반응을 기다리고 있었다. 마크롱은 사람들의 지지를 이끌어낼 만큼의 대중성과 지도력을 갖추고 있을까? 그의 젊음과 행동, 그리고 낙관주의는 사람들의 관심을 끌 수 있을까? "너무 빨리 반응이 오기 시작해서 놀라지 않을 수 없었습니다. 정말로 빠른 관심과 반응이었습니다." 스타니슬라스 게리니의 말이었다. "행사가 끝난 지 몇 시간 지나지 않아 1초에 한 명꼴로 회원이 늘기 시작했습니다. 정말로 놀라운 광경이었어요."

언론에서는 그 즉시 앙 마르슈의 출범이 마크롱의 대통령 출마 선언 준비로 해석되어 보도되었다. 사실 마크롱은 마뉘엘 발스나 올랑드 같은 이름은 입에 올리지도 않았으며 정치 문제에 대해서는 정부의 개혁 정책을 지지한다는 정도의 언급만 했을 뿐이었다. 좌파도 아니고 우파도 아니라는 앙 마르슈의 정치적 입장은 분명 마크롱 자신에게 새로운 활동 영역을 만들어주려는 시도였다. 마뉘엘 발스는 기존의 좌파와 우파의 구분을 구시대의 유물로 규정한 마크롱의 발언을 "터무니없이 부조리한 것"이라고 지적하기도 했다. "우리의 민주주의가 바로 그런 식으로 움직여왔습니다." 한편 올랑드는 그보다는 좀 더 협조적인 태도였다. "우리의 장관이 국민들과 대화를 시작하고 자신의 신념을 전파하고 싶어 하는 듯하군요. 정치란 바로 그런 것이죠."

앙 마르슈의 출범 행사를 마치고 돌아온 브리지트는 생애 처음으로 언론과의 대담을 진행했다. 브리지트와 대담을 진행한 〈파리 마치〉는 진지한 내용과 연예가 및 유명 인사들의 소식들을 화려한 사진들과 함께 전하며 매주 50만부 이상이 팔려나가는 유명한 잡지다. 브리지트의 기사는 '다 함께 앞을 향해 전진하자'라는 제목과 함께 〈파리 마치〉 표지 기사로 실렸다. 브리지트는 일반 대중들에게는 처음으로 부부의 지난 이야기들을 공개했는데, 총 네 쪽에 걸쳐 함께 실린 사진에는 스키를 타거나 집에서 기르는 반려견 피가로와 함께 노는 사진이 있었다. 그리고 투케의 별장 등 가족 사진첩에서 가져온 사진과 함께 마크롱이 직접 브리지트의 손자와 손녀들에게 젖병을 물리고 있는 사진도 포함되어 있었다.

그날 저녁 중요한 대담을 위해 텔레비전 출연이 예정되어 있던 올랑드는 자신의 재정경제부 장관에게 적지 않게 격분했다. 마크롱은 브리지트가 언론의 생태를 잘 알지 못하기 때문에 그런 대담에 응했으며 그것은 어리석은 결정이었다고 설명했다. "가족의 사생활은 노출시키지 않기로 했기 때문에 그런 행동은 아마 실수였을 것이고, 다시는 그런 일이 없을 겁니다." 그러나 2016년 4월부터 대통령 선거가 치러지는 날까지 마크롱과 브리지트 부부는 다섯 차례 더 표지를 장식했다. 브리지트의 수영복 차림 사진도 실린 적이 있었다. 물론 부부의 동의를 받은 기사들이었다.

2016년 여름 프랑스 서남부의 휴양지 비아리츠에서 찍힌 수영복 사진은 걸걸한 목소리가 인상적인 특종 사진의 일인자 미셸 마르숑의 권고로 잡지에 실리게 되었다. 부부는 지난봄 이동통신 재벌인 자비에 니엘의 소개로 홍보와 관련된 자문을 얻기 위해 미셸 마르숑을 만났다.

"한 번 생각해보세요." 미셸 마르숑은 수영복 사진에 대해 브리지트에게 이렇게 충고했다. "프랑스 국민 모두가 두 사람의 나이 차이에 대해 입방아를 찧고 있어요. 그걸 한 방에 날려버리는 겁니다. 사진 같은 건 마음대로 실으라고 해요. 당신은 충분히 아름다우니까." 그녀는 당시를 회상하며 연예 전문지 〈베니티 페어〉에 자신이 했던 말을 그대로 전해주었다.

업계에서 '미미'라는 애칭으로 통하는 일흔 살의 골초 미셸 마르숑은 기계 수리공 출신에 밤무대도 운영한 특이한 경력의 소유자다. 이 업계로 뛰어든 후에는 가수이자 사르코지의 부인인 카를라 부르니 등과 같은 유명인이나 정치인들과도 작업을 함께했다. 의도적으로 특종이 될 만한 사진을 제공하거나 아니면 반대로 의뢰인을 위해 문제가 되는 사진이나 영상을 처리하는 일도 하는 미셸 마르숑은, 베스트이미지라는 이름의 중개업체를 운영하며 특종에 목마른 프랑스의 연예 매체들과 끈끈한 관계를 유지하고 있다.

그녀는 2017년 4월에는 재벌이나 유명 인사들을 고객으로 '대중들과의 관계 관리' 사업에 대해 이야기하다가 이렇게 털어놓기도 했다. "저는 아마도 유명인들의 비밀을 앞으로도 계속해서 더 많이 알게 될 것 같군요."

〈파리 마치〉에 처음 등장한 마크롱 부부의 모습은 엄청난 반향을 불러일으켰다. "우리는 그냥 잡지가 아니라 여론을 가늠하는 나침반 구실을 한다고 볼 수 있습니다. 엄청난 양의 잡지를 매주 전국에서 판매하고 있으니 그때마다 사람들의 반응을 살펴볼 수 있잖아요?" 〈파리 마치〉의 편집장인 올리비에 로양의 말이다. "마크롱 부부에 대한 기사를 처음 실었을 때 판매 부수가 크게 늘어났어요. 그때 저는 '뭔가 일이 벌어지고 있다'고 생각했습니다. 뭔가 남들과는 다르고 거기에 특별한 연애사까지 갖고 있기 때문에 사람들의 진짜 관심을 끌게 되었다는 게 제 생각이에요. 독자들은 이들의 진심을 알아차린 것이 아닐까요? 그리고 마크롱의 재발견까지 덧붙여진 결과라고 봅니다."

마크롱이 처음에 브리지트가 언론의 요청에 응한 것이 실수였다고 말한 것은 "올랑드에게는 그런 식으로 말해야만 했기 때문일 것"이라는 것이 올리비에 로양의 의견이었다. 그러면서 마크롱 부부의 행복한 가족생활은 당시 복잡한 사생활로 구설수에 오르며 엘리제궁에서 혼자 지내고 있던 대통령과 크게 비교가 되었을 것이라는 말도 덧붙였다. 브리지트가 마크롱의 고등학교 시절 함께 연극 대본을 쓰다가 그의 지적인 모습에 매료된 과정, 또 그 이후 마크롱이 파리로 가면서 헤어졌던 일 등이 처음으로 밝혀지자 연예 및 여성 잡지들은 큰 관심을 보였다. 그렇지만 뉴스를 전문적으로 다루는 주류 언론의 몇몇 평론가들은 뻔뻔스럽고 진부한 내용에 불과하다며 비웃고, 브리지트가 전통적인 정치인 아내의 모든 전형적인 모습을 따라하려는 것뿐이라고 지적하기도 했다. "저는 모든 것을 다 두루 살펴야 하고 남편을 보호하기 위해서라면 무엇이든 다 해야 해요." 브리지트는 남편에게 오는 전화를 놓치지 않기 위해 전화기를 손에서 놓지 않으며 이렇게 말했다.

"마크롱 장관의 아내는 세상 사람들의 원하는 바와 자신이 해야할 일이 무엇인지 잘 이해하고 있었다." 〈르 누벨 옵세르바퇴르〉의 한 평론가는 이렇게 썼다. "문학과 라틴어를 가르치던 박학다식한 교사 출신이 자신의 남편을 위해 다가가기 쉽고 편안한 사람으로 변신을 한 것이다."

2016년 봄부터 초여름까지 프랑스에서는 굵직한 시위가 잇달아 일어났다. 거대 노조들의 지원을 받아 정부의 노동 시장 개혁에 반대하는 시위가 연이어 일어났는데, 그 사이로 무정부주의자나 폭력배들이 등장해 경찰들에게 빈 병과 돌, 그리고 화염병 등을 집어던졌다. 격렬한 충돌이 발생하며 300명이 넘는 경찰들이 부상을 입었고 1,000명이 넘는 사람들이 연행이 되었는데, 일부에서는 과잉 진압이 일어나기도 했다. 유럽 축구 대항전 개막을 코앞에 둔 6월, 철도에서는 파업이, 정유 공장에서는 불법 봉쇄가, 그리고 환경 미화원들은 태업怠業에 들어가면서 개최국 프랑스는 당혹감을 감추지 못했다. 프랑스는 도저히 개혁이 진행될 수 없는 나라라는 국제적 평가가 굳어져버리고 만 것이다. '쓰레기 악취가 진동하는 유럽 축구 대항전'이라는 제목을 화면에 띄운 미국의 뉴스 전문 채널 CNN의 파리 특파원은 이렇게 설명했다. "프랑스 사람들은 왜 그렇게 불평만 늘어놓고 일은 하지 않는지 많은 사람들이 궁금해하고 있습니다."

이른바 '잠들지 않는 밤Nuit Debout'이라는 이름의 새로운 좌파 풀뿌리 운동도 시작이 되었다. 수천 명의 학생들과 청년들이 한밤중에 자발적으로 파리의 드넓은 혁명 광장에 모여든 것이다. 프랑스 전국의 대도시에서는 이를 흉내 낸 시위가 연이어 일어나며 마뉘엘 발스와 올랑드를 당혹스럽게 만들었다. 누군가는 이런 시위를 2011년 미국에서 일어난 세계화 반대 운동인 '월가를 점령하라Occupy Wall Street' 시위나, 같은 해 에스파냐에서 일어났던 '분노한 사람들Los Indignados' 시위와 연관 지어 보기도 했다. 또 다른 프랑스 평론가들은 1968년 5월에 있었던 파리의 대규모 학생 소요를 연상시킨다고 생각하기도 했다. 평론가 피에르 하스키는 세간의 평가가 어떻든 간에 이번 소요 사태는 "프랑스의 정치 체제가 대다수의 젊은이들과는 절망적일 정도로 괴리되어 있다"는 사실을 분명히 보여준다고 썼다.

좌파의 '잠들지 않는 밤' 시위대는 대마초를 피워대며 토론을 위해 모여들었다. 이들이 특별한 지도자가 없는 유동적이며 유기적인 구조로 자생하고 있을 때, 앙 마르슈 역시 프랑스 사회 전체는 물론 다른 서구 민주주의 국가에서도 분명하게 드러나고 있는 반상류층과 반체제의 정서를 어떻게 극복해야 할지에 대한 계획을 세우고 있었다. 2016년 6월에 있었던 영국의 유럽연합 탈퇴와 11월에 이어진 도널드 트럼프의 미국 대통령 당선은 광범위하게 퍼진 불만스러운 분위기의 일부일 뿐이었다. 이 '잠들지 않는 밤'의 등장은 젊은이들과 극우파 사이에서 일어나고 있던 분노의 신호였다. 마린 르 펜의 국민전선이 이 틈을 타 노동자 계층의 불만을 자극하고 있었던 반면에, 앙 마르슈는 미래에 대한 다른 전망을 보여주는 데 주력했다. 이 역시 기존의 체제에 반하는 것이었지만 중산층과 소상공인, 그리고 전문직에 종사하는 유권자들에게 깊은 인상을 심어주는 것이었다. 능수능란하면서도 손발이 척척 맞는 젊은 정치 운동가들이 빚어내는 전략은 어느새 그 형태를 갖춰가고 있었다.

앙 마르슈가 출범한 지 채 몇 개월도 지나지 않은 4월 7일, 수만 명이 넘는 사람들이 앙 마르슈의 회원이 되었다. 가입을 완료한 회원들은 각 지역의 운영자와 접촉하여 회의에 초대받았다. 새로운 회원들 중 일부는 해당 지역의 새로운 위원회 위원으로 발탁이 되었다. 다시 말해 소규모 집단으로 시작한 연결망이 프랑스 전체로 천천히 퍼져나가기 시작한 것이었다.

그렇지만 앙 마르슈는 기존의 정치 세력과는 다른 모습이 되기를 원했다. 정치 조직이면서도 단순한 당원의 개념을 넘어서는 무엇인가를 제공해주고자 했다. 자신들이 세운 계획을 구체화하기 위해 이들은 파리에 있는 LMP라는 자문 회사에 도움을 요청했다. LMP는 풀뿌리 운동을 조직하는 일을 전문으로 하는 회사로 삼십 대의 하버드 출신 프랑스인 세 사람이 이끌고 있었다. 이들은 2008년 미국에서 버락 오바마 대통령의 선거 운동을 자원해서 도운 전력도 있었다.

"버락 오바마 선거 운동 본부에서의 경험은 회사 전체에 큰 영향을 미쳤습니다." 회사 창업자 중 한 사람인 기욤 리제의 말이다. "앙 마르슈는 자신들이 그저 단순한 언론 행사나 기존의 것들과 비슷한 정치 운동을 하고 싶지 않다는 사실을 잘 알고 있었습니다. 그들은 앞으로 함께할 국민들에게 뭔가 구체적인 것을 제공하고 싶어 했습니다."

앙 마르슈는 LMP의 도움을 받는 동시에 오바마 대통령의 선거 전략 전문가였던 데이비드 플러프와 짐 메시나와도 접촉을 시도했다. 오바마 자신도 선거 직후 개인적으로 마크롱을 지지한다는 뜻을 전해오기도 했다. 마크롱은 또한 비공식적으로 조언을 듣기 위해 자신의 정치 인맥과 정기적인 접촉을 가졌는데, 영국의 전 수상인 토니 블레어와 그의 가장 가까운 동지이자 오른팔인 피터 만델슨, 그리고 알라스테어 캠벨 등이 바로 그들이었다.

협력 관계가 된 LMP와 앙 마르슈의 참모진은 최초로 모집한 회원들을 직접 집집마다 보내 스마트폰 어플리케이션으로 간단한 설문조사를 하도록 하는 계획을 세웠다. 설문 내용은 프랑스에서 일을 하는 것에 대한 불만 사항과 기타 걱정거리 및 그럼에도 불구하고 희망을 갖는 이유 등이었다. '마르슈'라고 불리는 초창기 회원 가입자이자 자원봉사자들은 해당 지역과 답변자의 나이 및 직업 등 필요한 자료를 모아 정리했다. 이 활동은 '라 그랑데 마르슈La Grande Marche', 즉 '더 큰 전진'이라고 불렸고 프랑스의 위기를 진단하는 전국적인 규모의 설문 조사로 알려졌다. 다만 마크롱이 어떤 정책을 펼쳤으면 좋겠다고 생각하는지는 절대로 묻지 않기로 했는데, "그런 건 바보 같은 생각"이라는 것이 기욤 리제의 말이었다. "만일 누군가 갑자기 우리 집 문을 두드리고 프랑스의 산업 정책이 나아갈 방향 같은 거창한 질문을 한다면 거기에 무슨 할 말이 있겠습니까?"

어쨌든 이 설문조사는 사회 각 분야에 걸쳐 어떤 변화가 제일 먼저 필요하다고 생각하는지에 대한 유권자들의 생각을 이해하는 데 도움이 되었다. LMP의 전문적인 지도와 함께 앙 마르슈의 자발적인 운동원들은 구체적인 목표로 삼은 거리와 마을, 혹은 주택 단지에 투입이 되어, 프랑스의 일반 국민들을 대표한다고 생각되는 사람들이라면 극우파에서 공산당에 이르기까지 가리지 않고 찾아가 그들의 의견을 물었다.

또한 이 설문조사로 인해 이제 막 시작한 앙 마르슈의 수백여 개 위원회가 제대로 자리를 잡는 데 도움이 되었다. 그리고 앙 마르슈라는 단어를 유권자들에게 알릴 수 있었다는 것도 또 다른 중요한 수확이었다. 본부에는 장차 본격적으로 정치 활동을 할 때 그 목표 대상이 될 사람들, 즉 미래의 유권자들에 대한 귀중한 정보가 쌓이게 되었다.

아미앵 행사에서 마크롱의 연설을 보고 앙 마르슈에 동참하기로 한 피자헛 주인 모르건 시몽은 자신이 살고 있는 마을 주변의 다른 회원들과 활동을 시작했고, 얼마 지나지 않아 앙 마르슈 지역 운영자로부터 훈련 과정에 참여해보지 않겠냐는 권유를 받았다. 이 과정은 2008년 오바마 선거 운동 본부의 훈련 과정을 바탕으로 한 것으로, 그는 곧 지역 조직의 지도자가 되었고 다른 사람들을 훈련하게 되었다.

"우리는 마크롱을 선전하려고 노력하지 않았고 정말로 사람들의 이야기에 귀를 기울이기만 했습니다." 주말 오후 집집마다 방문을 했던 그의 회고다. "인간 대 인간으로 진지하게 귀를 기울였더니 사람들과 아주 즐거운 만남을 많이 가질 수 있었지요."

2016년 여름이 저물 무렵에는 앙 마르슈의 운동원들이 찾아간 집이 대략 10만여 곳에 달하게 되었고 네 곳 중 한 곳은 흔쾌히 설문에 응해주었다. 기욤 리제는 이러한 접근 방식을 기존 정당들이 여섯에서 열 명으로 구성된 소수 집단들과 소통하는 접근 방식과 비교하며 이렇게 말했다. "따지고 보면 라 그랑데 마르슈는 2만 5,000명과 대화를 한 것입니다. 완전히 다른 규모라고 볼 수 있습니다."

사람들의 반응은 대조와 분석 작업을 거쳐 180쪽의 보고서로 완성되었다. 그렇다면 그 결론은 무엇인가? "프랑스의 문제가 무엇이냐고 사람들에게 묻자 제일 먼저 나온 대답이 바로 정치인이었습니다." 익명을 요구한 마크롱의 한 수석 참모의 말이다. "그래서 우리는 그 점을 중심으로 우리의 활동을 구체화시켜 나가기로 했습니다. 그리고 그것이 결국 우리가 정치 운동을 시작한 진짜 이유가 되었습니다."

그렇지만 본격적인 대통령 선거전에서 진짜 중요한 역할을 하기 위해서는 자금이, 그것도 아주 막대한 자금이 필요했다. 사무실을 운영하고 인터넷 웹 사이트를 구축하며 외부에 자문을 구하고 당 직자들에게는 급여를 주어야 했다. 또한 장차 관련 자료 정리와 장소 섭외, 그리고 운송이나 보안을 위한 비용도 들어가게 될 예정이었다. 사회당과 공화당 같은 거대 정당들은 당원들의 연간 회비와 개인 기부금, 또 각 당 소속 국회의원들에게 배당되는 정부 보조금 등으로 이러한 비용을 충당하고 있었다.

앙 마르슈가 가능한 한 아주 쉬운 방법으로 등록을 유도하고 별도의 기부 같은 것은 받지 않았지만, 얼마 지나지 않아 결국 모든 사람들이 현금을 지원하게 되었다. 2017년 4월이 되어 대통령 선거 운동을 마무리 지을 무렵에는 이런 소액의 기부금들만으로 충분히 조직을 꾸려나갈 수 있을 정도가 되긴 했지만, 2016년 여름만 해도 앙 마르슈는 막대한 양의 자금이 당장 절실한 신생 기업이나 마찬가지였다.

이런 중요한 순간에 마크롱이 그동안 국립행정학교와 자크 아탈리 위원회, 엘리제궁, 로스차일드 투자은행, 그리고 재정경제부에서 일하며 열심히 쌓아놓은 부유층과의 인맥이 아주 중요한 역할을 했다. 2016년 4월, 처음 조직이 시작되었을 때 대략 서른 명쯤 되는 사람들이 평균 미화 5,500달러에 해당하는 돈을 기부했다. 이 사실은 좌파 성향의 뉴스 전문 인터넷 웹 사이트 미디어파트가 보도한 내부 예산 문건에 의해 확인이 되었다. 이제는 투자한 자본에 대한 결과물을 여기저기에서 수확하는 일만 남았다.

세드릭 오와 에마뉘엘 미켈, 마크롱의 최측근인 이 두 사람은 앙 마르슈의 고위 당직자로 국립경영대학원 시절 쌓아놓은 인맥을 십분 활용했다. 두 사람은 또한 프랑스 최대 은행인 BNP 파리바에서 개인 투자 업무를 총괄하며, 수년 동안 프랑스에서 제일 부유한 투자자들을 상대해온 크리스티앙 다르네를 영입했다. 그는 이후 은행 일을 그만두고 앙 마르슈 업무에 전력을 다하게 되었다.

신중하게 조직된 운영 방식에 따라 그들은 마크롱과 앙 마르슈의 모든 관계자들에게 지인들 중에서 법에 정해진 대로 개인당 최대 7,500유로까지 기부를 할 만한 사람들에 관한 모든 자료를 넘겨달라고 요청했다. 프랑스에서는 기업으로부터 정치 후원금을 받을 수가 없기 때문이었다. 이렇게 알음알음 연결된 사람들은 아침이나 점심, 혹은 저녁 식사에 초대되거나 자기들이 직접 이런 만남을 기획해 다른 사람들을 끌어모아 달라는 요청을 받게 되었다. 당연한 일이겠지만 이렇게 연결된 사람들은 모두 형편이 넉넉했고 대부분 은행과 금융, 법률, 그리고 기타 개인 사업에 종사하는 사람

들이었으며, 대다수가 마크롱과 그의 측근들이 사회생활을 하면서
직업상 알게 된 사람들이었다.

그런 사람들 중에는 파리에 본사를 둔 투자 기금 회사를 이끌던
기욤 람부르가 있었다. 그는 지난 2013년 엘리제궁에서 일하고 있
던 마크롱을 아는 사람을 통해서 만난 적이 있었고 두 사람은 대략
한 시간 가량을 사업에 대해 이야기를 나누었다. "2012년 런던을
떠나 파리로 돌아와 보니 올랑드의 당선 이후 프랑스 사람들이 조
국을 등지는 일이 대유행하고 있었습니다." 기욤 람부르의 말이다.
"반대로 저는 프랑스로 돌아왔어요. 당시 그런 환경에서 75%까지
치솟은 부유세에다 사람들의 부정적인 시선까지 견디며 일하기란
쉽지가 않았지요. 미국 친구들은 '공산주의' 국가로 돌아가다니 제
정신이 아니라는 말까지 했답니다."

기욤 람부르는 2016년 7월 유대인 원외 운동모임이 마련한 후
원회 행사에 처음 참석을 했고, 그 자리에서 마크롱은 약 45분에
걸쳐 자신의 계획을 설명했다. "당시 모인 사람들은 우익 성향이
강했고 마크롱의 뜻에 전혀 동의하지 않을 것 같았습니다"는 것이
그의 회고다. "저는 그날 밤 그리 많은 후원금이 모일 것 같지는 않
다고 생각했습니다." 기욤 람부르는 자신이 좌익 성향이 있다고 생
각했지만 지금까지 정치 활동에 참여한 적인 한 번도 없었다. 그는
1만 5,000유로를 자신과 아내의 이름으로 후원하고는 파리에 있
는 자신의 아파트에서 가벼운 사교 모임을 여는 것이 어떻겠느냐
고 제안했다.

"형식은 똑같았습니다. 간단하게 마실 것과 먹을거리를 준비했
고 사람들이 도착하자 서로 인사를 나누었어요. 그러다가 앙 마르

슈의 자금 담당인 크리스티앙 다르네가 등장해 이날의 모임이 어떻게 해서 이루어진 것인지 설명을 했습니다. 처음부터 후원금을 모으기 위해 기획된 모임이었습니다."

그렇게 모인 사람들은 기욤 람부르가 파리와 런던을 오가며 알게 된 은행가와 투자 전문가들이었다. 밤 9시가 되자 마크롱이 도착해서 모든 사람들과 다 악수를 나누고는 약 20여 분에 걸쳐 인사말을 전했다. 그런 다음 자유롭게 질문을 받았다.

"마크롱은 진심으로 그런 만남이나 모임을 즐겼고 처음 만나는 사이인데도 참으로 편안하고 자연스러운 분위기가 연출되었습니다. 정말로 가식 없이 얼굴을 마주보고 악수하는 것을 즐기는 것 같았습니다." 기욤 람부르의 말이다.

그런 행사가 몇 차례 진행되고 10월 말이 되었을 무렵에는 그와 뜻을 같이하는 사람들의 도움으로 모인 후원금이 20만 유로나 되었다. "그때 모였던 사람들 중 일부는 자기가 직접 다른 사람들을 초대하는 경우도 있었습니다."

이런 식의 꼬리에 꼬리를 무는 입소문은 마크롱이 대통령 선거를 준비하는 데 결정적인 도움이 되어주었다. 그 덕분에 수천 명이 넘는 사람들이 라 그랑데 마르슈에 새롭게 동참하게 되었고 조직을 유지할 만한 후원금도 꾸준하게 모이기 시작했다. 대통령 선거까지 목표로 한 금액은 1,300만 유로였고 거기에 은행에서 빌린 900만 유로를 더해 법이 정한 최대 선거자금 2,200만 유로를 채운 후, 앙 마르슈는 대통령 선거전에 참전하게 될 계획이었다.

영국으로 이주한 프랑스인들도 앙 마르슈의 관심 대상이었는데, 이들 중 상당수가 런던금융가에서 중요한 직책을 맡고 있었기 때문이었다. 마크롱은 2016년 9월 런던을 방문해 레바논계 프랑스 인이자 HSBC 은행의 해외 영업 담당인 사미르 아사프의 집에서 열린 저녁 식사 모임에 참석했다. 사미르 아사프는 이후 앙 마르슈의 중요한 후원자 중 한 사람이 되었다. 런던에서 열린 또 다른 모임에서는 온라인 거래업체의 한 중역이 한 번에 28만 1,000유로를 모아 준적도 있었다고 뉴스 전문 인터넷 웹 사이트 미디어파트가 보도했다. 마크롱은 런던 외에도 제네바와 브뤼셀, 그리고 뉴욕 등지를 12월에 방문했다. 뉴욕에서 후원회를 조직해준 것은 HSBC의 또 다른 고위 간부 중 한 사람인 크리스티앙 드세글리즈였다.

"민주주의는 그 가치를 매길 수 없지만 민주주의를 실현하는 데는 비용이 들어갑니다." 마크롱은 뉴욕에서 만난 기자들에게 뉴욕까지 날아와 이런저런 모임에 참석하는 이유에 대한 질문을 받자 이렇게 대답했다. "나는 새로운 정치 운동을 시작했습니다. 그리고 합법적인 통로로 거기에 필요한 자금을 모으는 유일한 방법은 개인 후원금뿐입니다. 그게 무슨 문제가 있다고는 전혀 생각하지 않습니다."

앙 마르슈는 대통령 선거전을 치르면서 이 조직이 개인의 후원으로 운영되는 것임을 사람들에게 분명하게 각인시켰다. 마크롱뿐만 아니라 앙 마르슈의 대변인들도 1인당 평균 후원 액수가 50에서 60유로 정도라는 점을 계속해서 강조했다. 5,000유로 이상의 기부금을 후원해준 사람들은 전체의 2% 정도였다. 그렇지만 9월까지 그런 '큰손'들이 모아준 돈은 전체 후원금의 60%에 달했다고 앙 마르슈의 내부 문서를 인용해 〈르 리베라시옹〉이 보도했다. 마크롱의 정적들은 그를 일컬어 '은행가 출신 후보'라고 불렀고 적어도 그 말은 거짓이 아니었다. 마크롱의 첫인상은 실제로 부유한 은행에서 일했던 친기업 성향의 개혁가였으며 금융 분야의 전문가 정도로 인식되었다. 2008년 일어났던 전 세계적인 금융 위기 이후 또 어떤 조치가 있을지 촉각을 곤두세우고 있었던 은행과 금융업계에서는 마크롱이 관련 규제를 풀려 했던 사실을 기억하며 호감을 표시했다.

필요한 운영자금을 본격적으로 모으기 시작하면서 서로의 이해관계가 엇갈리는 경우도 있었다. 마크롱은 여전히 프랑스의 재정경제부 장관이었다. 미디어파트는 후원자가 마크롱과의 일대일 면담을 요청했고 비서실장을 통해 그 내용이 전달된 경우가 적어도 한 번 이상 있었다는 사실을 밝혀냈다. 마크롱이 그런 후원자와 관련된 업무를 관장하는 직책에 있었기 때문에 구설수에 휘말리지 않기 위해 후원금을 거절한 경우도 있었다는 것이 미디어파트의 주장이었다.

어떤 사람들은 앙 마르슈에 적지 않은 금액을 후원하려다가도 장관 마크롱이 대통령 올랑드와 가까운 관계라는 사실 때문에 의혹의 눈초리를 보내기도 했다. 그런 이유 때문에 3월이 지나면서부터는 언제 장관직을 사임하느냐가 앙 마르슈 내부의 중요한 관심사가 되었다. 루도빅 샤케르 같은 경우는 될 수 있는 한 빨리 사임을 하자고 주장하는 쪽이었다. 마크롱은 5월 말에 루넬의 시위대 앞에 직접 나섰다가 "나처럼 좋은 옷이 입고 싶거든 가서 일이나 해라"라는 말을 내뱉는 큰 실수를 저질렀으며, 투케의 별장 가격을 실제보다 낮은 가격인 25만 유로로 신고해 세금 혜택을 받으려다가 벌금을 물어야 했다는 사실이 인터넷 웹 사이트 미디어파트와 시사주간지 〈르 카나르 앙셰네〉에 의해 밝혀지기도 했다. 마크롱은 5월 말이 되어서야 나온 이 벌금 관련 보도를 자신에게 타격을 입히기 위해 치밀하게 준비된 폭로라고 생각했다.

예산부 장관 크리스티앙 에케르트는 자신을 비롯한 내각의 다른 장관들이 2016년 3월부터 마크롱의 의도에 대해 궁금하게 생각하기 시작했다고 말했다. 그가 직접 당을 창당할 준비를 하고 있다는 보도가 처음 흘러나오던 시기였다. "제가 주목한 건 재정경제부 직속 인원이 엄청나게 불어나 있다는 사실이었습니다. 그 무렵에는 대략 25명 정도로 불어나 있었어요. 그리고 마크롱이 뭔가 다른 일에 정신이 팔리기 시작했다는 사실도 눈치챌 수 있었습니다. 우리는 이제 그가 떠나겠구나, 하고 속으로 생각했습니다. 여기서 나가 자기 일을 시작하겠구나. 그렇지만 솔직히 진짜로 믿어지지는 않았어요. 너무 불가능하고 말도 안 되는 일이라고 생각한 거죠."

마크롱은 계속해서 정부 안에 머물면서 앙 마르슈의 세력을 확장해나가는 데 필요한 식견을 기를 수 있었다. 정부 안에서 앙 마르슈는 신파극에나 나올 법한 질투의 대상이 되었으며, 다른 장관들은 계속해서 언론에 오르내리는 마크롱을 공격했다. "정부라는 조직 내에서 대통령이 축구 감독이라면 총리는 선수들을 이끄는 주장입니다." 국방부 장관 장이브 르 드리앙의 말이다. "그리고 선수 한 사람이 제아무리 재주가 뛰어나다고 해도 혼자서는 득점을 할 수가 없습니다. 그러니 다들 팀 전체를 위해 뛰어야 합니다."

마크롱은 7월 중순에 파리 좌안, 자신이 졸업한 앙리 4세 학교와 파리정치대학 근처에 있는 메종 드 라 뮤투알리떼 극장의 강당에서 자신의 심경을 밝힌 후 장관직을 떠나기로 결심했다. 이 극장은 오랫동안 많은 중요한 정치 행사가 치러진 곳이었고, 이스마엘 에밀리앙은 앙 마르슈의 큰 인기를 과시하기 위해서라도 중요한 행사를 열고 싶었다. "모두들 이제 회원 가입 절차가 어느 정도 다 마무리가 되었다고 말했습니다. 어쨌든 사람들은 그냥 인터넷 웹 사이트에 들어와 클릭만 하면 되었던 것이죠. 그렇지만 우리는 뭔가 다른 분위기도 느꼈습니다. 사람들은 단순히 회원 가입만 한 것이 아니라 헌장에 서명을 하고 자신들에 대한 자세한 소개도 남기고 있었습니다." 스타니슬라스 게리니의 설명이었다. "따라서 메종 드 라 뮤투알리떼에서의 행사는 정말로 중요했습니다. 그야말로 앙 마르슈가 실제로 출범하는 시간이 될 수 있었습니다."

지지자들은 3,000석 규모의 강당을 가득 메웠고 밖에서는 미처 들어오지 못한 사람들만 수백여 명이었는데, 그들 전부가 지지자들은 아니었다. "부자에 은행가들만 저기로 들어간다." 시위를 위해 모인 사람들 중 하나가 강당 입구를 가리키며 이렇게 소리쳤다.

강당 제일 앞자리에는 리옹 시장인 제라르 콜롱브와 국회의원 리샤르 페르낭 같은 사회당 인사들이 자리하고 있었다. 올랑드가 사회당 인사들에게 앙 마르슈의 정치 활동에 참여하지 말아달라고 요청했지만 소용이 없었다. 이윽고 마크롱이 모습을 드러내 프랑스는 "지켜지지 않는 약속들에 의해 무너지고 있다"고 선언했다.

"오늘 밤부터 우리는 우리의 진실한 모습을 되찾아야 합니다. 바로 새로운 희망을 위한 운동을 통해서 말입니다." 사람들의 환호성이 터져 나왔다. 이 말은 마뉘엘 발스와 올랑드에 대한 노골적인 도전인 동시에 세력의 과시였고 두 사람은 반박할 기회조차 가지지 못했다.

마크롱을 한 번도 비난하지 않았던 올랑드의 관용과 애정은 이제 오랜 시간을 지나 끝을 향해 달려가고 있었다. 관록의 정치인이자 사회당 내에서의 정치 역학에도 흰했던 그였지만, 브루투스가 꾸민 암살 계획을 알아차리지 못했던 율리우스 카이사르처럼 배반의 기운을 너무 늦게 알아차린 것이었다. "올랑드는 그저 다른 사람들에게 늘 그래왔던 것처럼 마크롱을 충분히 조종할 수 있다고 생각했던 것 같습니다." 엘리제궁에서 대통령 연설문을 담당했던 아퀼리노 모렐이 분개하며 이렇게 말했다. "그는 마크롱이 그저 자신에게 말한 대로만 행동할 거라고 기대한 거죠."

마크롱은 항상 자신이 대통령을 배신하지 않았다고 주장했다. 지난 2014년 파격적인 인사로 자신을 발탁해준 대통령에 대해서 그는 대통령 선거 기간 동안 한 대담에서 이렇게 말했다. "프랑수아 올랑드와 나는 어떤 관계입니까? 나는 그에게 충성을 바쳐야 할 의무나 책임 같은 것이 없습니다. 우리는 지금 봉건시대에 살고 있는 것이 아닙니다." 다시 말해, 정치는 권력을 추구하는 과정에서 벌어지는 배신의 연속이라는 말이며, 이 사실은 단 한 번도 변한 적이 없었다.

그렇지만 마크롱이 장관직을 사임하기 전, 프랑스는 불과 1년 반 만에 세 번째의 대규모 테러라는 비극을 맞이하게 되었다. 2016년 7월 14일, 프랑스 대혁명 기념일 밤에 프랑스 남부의 유명 휴양지 니스에서 튀니지 출신의 한 남자가 배달용 트럭을 몰고 불꽃놀이를 구경나온 인파들을 향해 돌진했다. 이 죽음의 질주로 여든여섯명이 사망했다. 그중 1/3가량이 이슬람교도였으며 사람들의 시신이 도로를 따라 2킬로미터 가까이 흩어져 있었다. 운전자는 이른바 '자생적 이슬람 급진주의자'로 폭력 전과가 있는 사람이었다. "7월 14일의 공격 이후 나는 이렇게 위기에 빠진 정부를 그대로 내버려 두고 떠날 수는 없다고 생각하게 되었습니다." 마크롱은 훗날 한 대담에서 이렇게 설명했다.

재정경제부 장관으로서의 마지막 1개월을 장식한 것은 이른바 '부르키니burkini'로 촉발된 또 다른 분열과 갈등이었다. 여름이 되자 초보수적 경향의 이슬람교도 여성들 몇 명이 전신을 가리는 이슬람식 수영복을 입고 수영장과 바닷가에 나타난 것이다. 이 사태는 8월 11일 니스 근처의 또 다른 유명 휴양지인 칸의 시장이 사람들이 많이 모이는 휴양지에서 종교적 색채를 강하게 드러내는 모든 복장을 금지하면서 시작되었다. 정부 당국이 그런 복장은 공공질서를 어지럽힐 수 있다는 명분을 내세운 후 2주일 동안 또 다른 도시 서른 곳에서도 이와 유사한 금지 규정이 발표되었다. 한 시장은 이런 조치를 정당화하기 위해 '위생상의 이유'까지 들먹이기도 했다. 이 사태가 더욱 커지게 된 것은 한 사진기자가 찍은 사진 때문이었다. 니스 해안에서 머리와 얼굴을 두건으로 가리고 긴팔 웃옷을 걸친 한 여성이 규정을 어겼다는 이유로 경찰들에게 둘러싸여 있는 사진이었다.

총리인 마뉘엘 발스는 부르키니 금지법을 지지하고 나서며, 행동주의자들이 프랑스의 세속주의 법률을 이슬람교의 억압으로부터 여성들을 자유롭게 해주는 국가의 역할로 보는 해석에 찬성했다. 부르키니는 "특히 여성의 노예화를 바탕으로 또 다른 사회를 지향하는 정치적 의도의 표현"이라는 것이었다. 부르키니 금지법은 8월 26일 프랑스 대법원에서 위헌 판결을 받게 되었다.

이른바 세속주의에 대한 마크롱의 생각은 마뉘엘 발스와는 달랐고 심지어 아내인 브리지트와도 달랐다. 브리지트는 종교적 상징물을 금지하는 현재의 조치가 프랑스의 모든 교육 기관에 확대 적용되는 것을 지지했다. 마크롱은 프랑스가 부르키니에 대해 정치적으로, 그리고 이념적으로 대응하기를 바랐다. 그러나 마크롱은 1905년 제3공화국 정교분리법의 기본 이념을 국가가 나서서 준수해야 한다고 주장했다. 정교분리법의 기본 이념이란 종교 단체는 공공의 영역을 침해할 수 없으며 국가는 개인의 종교적 자유를 보호해야 한다는 것이었다. "우리는 개인의 자유와 공공의 질서 모두를 보호할 필요가 있습니다. 그렇지만 국가가 정당한 방법으로 대응한다는 사실을 확신하는 일이 가장 중요합니다." 마크롱은 〈르1〉과의 대담에서 프랑스의 이슬람교 공동체가 이슬람 신앙과 그에 대한 정부의 대응 때문에 소외나 차별을 느낄 가능성에 대해 경고하며 이렇게 말했다.

뒤숭숭한 소문들과 함께 몇 주의 시간이 흘렀고, 마크롱이 8월 30일에 장관직을 사임한다는 소식이 아침 뉴스에 유출되었다. 마크롱은 재정경제부 직속 직원들을 소집하여 악수를 나누고 작별의 인사를 나누었다. 그는 자신의 뒤를 따르는 동영상 촬영 담당자 앞에서 그동안 있었던 직원들의 부단한 노력에 대해 감사의 말을 전했다. 또한 그동안 보이지 않는 곳에서 애써온 아내 브리지트의 역할에 대해 언급하는 것도 잊지 않았다. "제 아내도 이렇게 감사의 마음을 전하기 위해 이 자리에 섰습니다. 왜냐하면 아내 역시 저의 장관 생활의 일부였기 때문입니다." 마크롱은 바로 옆에 서 있는 아내 브리지트를 가리키며 이렇게 말했다. "이런 말을 전할 수 있는 기회를 주셔서 감사합니다." 브리지트가 사람들과 서로 미소를 나누며 말했다. 마크롱은 장관의 아내가 이렇게 나서는 것이 흔치 않은 일이라는 사실을 인정했다. "그렇지만 우리 모두에게 중요한 일이었습니다." 마크롱은 아내를 돌아보고 서로 눈을 마주치며 말했다.

방송을 통해 실시간으로 방영이 된 마지막 인사말 속에서 마크롱은 "프랑스 정치 제도의 한계를 가장 가까운 곳에서 볼 수 있었습니다"고 말했다. 그리고 자신은 이제 프랑스를 바꿀 새로운 정치 운동에 헌신하겠다는 뜻도 밝혔다. 마크롱은 자신감의 결여와 테러 공격에 의한 새로운 공포로 프랑스가 제대로 돌아가고 있지 않다는 것을 인정했다. 그러면서 국가의 안위보다는 자신들의 이익을 먼저 챙기는 정치인들을 비판했다. "오늘부터 나의 싸움은 새로운 단계로 접어들게 됩니다. 오직 공공의 이익을 위해서만 존재하는 국가를 건설하기 위해서입니다." 마크롱은 사직서를 제출하기 위해 장관 전용선을 타고 센강을 따라 엘리제궁으로 향했다. 방송국 카메라가 그런 그의 뒤를 좇았다. 엘리제궁의 올랑드 대통령은 정치적으로 타격을 입었을 뿐만 아니라 개인적으로 깊은 상처를 받았다.

"나는 마크롱에게 '나를 배신한 자네는 결국 8%, 잘해봤자 10% 정도의 지지율로 끝나버릴 것'이라고 말했다." 올랑드는 훗날 이렇게 회상했다. "마크롱은 그저 '두고 보면 알 것'이라고만 대꾸했다."

쓸쓸하면서도 유쾌하지 못한 순간을 통해 마크롱은 마침내 옛 스승의 그늘로부터 벗어나 자유로워졌다. 대통령 선거전부터 시작하여 올랑드와 함께 6년의 세월을 보낸 뒤였다. 마크롱은 그중 2년을 재정경제부 장관으로서 온갖 혼란과 한 치 앞을 내다볼 수 없는 상황들을 겪으며 강해져 있었다.

제12장

대통령 출마 선언,
그러나 아직은 부족한 앙 마르슈 세력

〈미디어파트〉가 입수한 앙 마르슈 내부 회계 문서에 따르면, 앙 마르슈로 들어오는 후원금의 액수는 마크롱이 재정경제부 장관직을 사임하자마자 폭발적으로 늘어났다. 4월부터 계산하면 월 평균 24만 유로 정도였던 후원금이 9월이 되자 네 배가 늘어난 월 평균 90만 유로에 달하게 된 것이다. 앙 마르슈의 인터넷 웹 사이트를 찾아와 회원 가입을 한 사람은 출범했을 당시는 1만 3,000명 정도였으나 이제 월 8만 명가량으로 늘어났다. "우리는 이제 일이 제대로 굴러가고 있구나 하는 느낌을 받았습니다. 단순히 회원들의 숫자만 늘어난 것이 아니라 사람들이 앙 마르슈에 진심으로 동참하고 싶어 한다는 사실을 알 수 있었어요." 익명을 요구한 어느 지도부 인사의 증언이다.

앙 마르슈의 규모는 이제 파리 남부 디 플랑크 거리의 본부로는 감당할 수 없을 정도로 커졌다. 여름 동안은 보통 열다섯에서 스무 명 정도의 인원이 본부를 지켰다. 상당수가 자발적으로 참여한 이십 대의 상주 봉사자들은 18평 남짓한 환기도 제대로 되지 않는 공간에 모여 있었다. 그들은 처음에는 옷을 제대로 갖춰 입었지만 나중에는 티셔츠와 반바지에 슬리퍼 바람으로 노트북과 씨름을 했고, 이윽고 더 넓은 공간이 필요하다는 사실을 깨닫게 되었다. 결국 앙 마르슈는 파리 전경과 에펠탑이 보이는 파리 남부 몽파르나스 타워 14층에 더 넓은 사무실을 마련했다. 조직도 개편되었다.

벤자멩 그리보는 원래 하던 부동산 개발 홍보 일을 그만두고 1/3로 줄어든 봉급도 감수하면서 앙 마르슈의 정식 당직자로 들어왔다. 재정경제부에서 마크롱의 언론 담당 고문으로 일했던 시베스 엔디아예는 꽤 유명한 세네갈 정치인의 딸이기도 했는데, 역시 하던 일을 그만두고 9월부터 앙 마르슈로 옮겨와 언론 홍보를 담당했다. 편한 운동화 차림에 레게 스타일로 땋은 머리의 시베스 엔디아예는 거의 항상 마크롱 옆에 붙어 다녔고, 그가 공식 행사에 나설 때는 언제나 바로 곁에서 보좌를 했다. "앙 마르슈에 합류할 때 선거에서 반드시 승리한다는 생각 같은 건 없었습니다. 다만 우리가 프랑스의 정치 풍토를 뒤바꿀 수 있다는 진짜 확신이 있었지요." 그녀가 어느 언론과의 대담에서 한 말이다. 홍보 총괄을 맡은 실뱅 포르를 포함한 몇몇 인사들도 앙 마르슈에 새롭게 합류했다.

마크롱은 프랑스 전역을 돌아다니며 앙 마르슈 소모임에 참석해 연설을 하는 한편, 대통령 선거전을 위한 자신의 책 《혁명》을 마무리하는 데도 박차를 가했다. 이렇게 중요한 선거에 나서기 전 책을 한 권 펴내는 일은 프랑스의 모든 주요 정치인들의 전통이자 반드시 치러야 하는 과정이었다. 책은 XO출판사에서 출간되어 11월에서 2017년 5월 말까지 15만부 정도가 팔려나갔다. 주요 독자층은 마크롱 개인과 프랑스 정치에 관심이 많은 유권자들이었다. 2016년 인세 현황에 따르면 마크롱은 책의 판매로 27만 유로를 벌어들였다고 한다. 프랑스 정치인들에게는 책을 펴낼 만한 소재들이 넘쳐나는 듯, 전 대통령인 니콜라 사르코지도 2016년에만 회고록 성격의 《내 인생의 프랑스La France Pour la Vie》와 선거를 겨냥한 《프랑스를 위한 모든 것Tout pour la France》이라는 두 권의 책을 펴냈고, 그중 《내 인생의 프랑스》는 15만권이나 팔려나갔다. 법무부 장관 크리스티앙 토비라 역시 장관 시절의 경험담을 책으로 펴내 2016년에만 16만권을 팔았다.

마크롱이 학생 시절에 썼던 소설들은 한 번도 출간이 된 적은 없지만 그는 그 후로도 꾸준히 글 쓰는 일을 계속했고, 브리지트가 그의 수많은 미출간 원고들을 관리해왔다. 마크롱은 처음 책을 출간하는 과정에서 자신이 쓴 단어나 표현들에 대해 다시 한 번 생각하고 계속해서 내용이며 구성을 바꾸다가, 이윽고는 글 쓰는 일이 행복하지 않다고 선언하기에 이르렀다. "힘들면 힘든 대로, 그런 과정까지 그대로 다 싣기로 했습니다." 그 지난한 과정을 옆에서 지켜보며 충고를 해주었던 마르크 페라치의 회고다.

마크롱의 책은 아주 우아한 문체로 되어 있으며 앞부분에는 아미앵 시절의 어린 시절과 외할머니, 그리고 브리지트와의 관계가 나와 있다. 그런 다음 그의 정치적 꿈에 관한 내용으로 넘어가 왜 유권자들이 지도자에 대한 믿음을 잃어버렸다고 생각하게 되었는지, 왜 프랑스는 기업가에게 더 유리한 정책을 펼칠 필요가 있는지,

그리고 왜 공공 부문의 지출을 줄여야 하는지에 대해 설명했다.

마크롱은 처음에는 2016년 여름휴가를 이용해 프랑스 서부 해안에 있는 일 드 레 섬으로 가서 친구인 파브리스 루치니가 빌려준 별장에서 책을 쓰기 시작했다. 나중에는 주말이나 저녁 시간을 이용해 투케에서 작업을 마쳤다.

《혁명》을 쓰는 와중에도 마크롱의 2017년 대통령 선거 승리의 가능성은 여전히 아주 희박해 보였다. 9월 말에 실시된 여론 조사에서는 만일 지금 당장 1차 투표를 실시한다면 마크롱은 14%에서 15%의 득표가 가능할 것이라는 전망이 나왔다. 이는 올랑드와 비슷한 수치로, 아직 재선에 도전할 것인지 마음을 정하지 않은 올랑드의 예상 득표율은 12%에서 16% 정도였다.

만일 여론 조사 결과가 실제로 반영이 된다면 마크롱과 올랑드 모두 대통령에 당선될 가능성은 거의 없는 것이나 마찬가지였다. 마크롱이 장관직을 사임하겠다고 했을 때 올랑드가 마크롱에 대해 예측했던 지지율도 딱 이 정도였다. 여론 조사에 따르면 극우파 수장인 마린 르 펜이 1차 투표에서 얻을 수 있는 득표율은 27%에서 28%였다.

마린 르 펜은 지금은 비록 국제적인 웃음거리로 전락하긴 했지만 한때 프랑스 극우파의 대부라 불렸던 장마리 르 펜의 딸이다. 그는 육군 공수부대 출신으로 반유대주의자이기도 하다. 딸 마린 르 펜은 변호사 출신으로 2002년 대통령 선거에서 아버지가 1차 투표를 통과했을 때 처음으로 텔레비전에 모습을 드러냈다. 1984년 장마리 르 펜과 헤어진 친어머니의 증언에 따르면 마린과 자매들은 완벽하고 철저하게 인종차별주의적인 환경에서 성장했다고 한다.

2011년 국민전선의 당수가 된 마린 르 펜은 5년 동안 당을 재정비하고 좋지 않은 인상을 씻어내기 위해 노력했다. 그리고 공공 부문 지출의 확대라는 좌파의 기본 이념에 발맞추어, 아버지가 지지했던 자유 시장 경제와는 또 다른 국유화와 보호무역주의를 주장하며 프랑스 노동자들을 돕겠다고 나섰다. 국민전선이 전통적 지지 기반인 프랑스 남부를 넘어서 공산당의 아성이던 북동부의 사양화된 산업지대까지 세력을 확장할 수 있었던 것은 바로 이런 이유 때문이었다. 그러면서도 극우파의 핵심 이념인 반이민주의, 사형제도 부활을 포함한 강력한 법 집행, 그리고 '프랑스 문화'에 대한 보호주의 등은 그대로 국민전선의 강령으로 남겨두었다.

공식적으로는 마린 르 펜 역시 국민전선 내에서 반유대주의나 인종차별주의적 행위가 분명하게 적발되는 경우 이를 철저하게 문책하겠다는 입장을 취하고 있으며 실제로 관련자들을 축출했다. 2015년에는 제2차 세계대전 당시의 유대인 가스 학살은 '역사적으로 대수롭지 않은 일'이라는 주장을 되풀이하던 그녀의 아버지를 당에서 제명하기도 했다. 이렇게 해서 국민전선은 사회적으로 좀 더 인정을 받기 시작했으며, 여성과 동성애자들의 인권을 옹호하는 듯한 발언도 마린 르 펜의 입지를 넓혀 가는 데 도움이 되었다. 그렇지만 지난 2010년 있었던 편파적인 혐오 발언으로 기소가 되고 이 사건의 재판이 진행이 되면서 사람들은 과거에 있었던 그녀의 또 다른 선동적 언행들을 다시금 되새기게 되었다. 마린 르 펜은 2010년 프랑스 거리에서 기도를 올리는 이슬람교도들을 나치 독일군의 프랑스 점령에 빗대어 말한 적이 있었다.

11월이 되자 마린 르 펜은 자신의 선거 운동 표어에 사회당을 연상시키는 장미와 공화당을 연상시키는 파란색을 사용하는 전략을 썼다. '민중의 이름으로 나선 마린'이라는 표어에는 국민전선이라는 당명과 듣기만 해도 끔찍한 '르 펜'이라는 성도 완전히 빠져 있었다. 마린 르 펜은 또한 엘리제궁에서 2킬로미터도 채 되지 않는 곳에 새로운 선거 운동 본부를 차렸는데, "이러면 대통령 선거가 끝나고 이사 가기가 더 쉬우니까"라고 측근 중 한 사람이 농담을 했다고 한다.

정치 분석가들과 언론의 평론가들, 그리고 여론 조사 전문가들은 모두 2차 투표에서 그녀를 상대할 사람으로 알랭 쥐페를 예상하고 있었다. 또한 만일 2차 투표가 예상대로 진행된다면 손쉽게 극우파 후보를 꺾고 알랭 쥐페가 대통령이 될 수 있을 거라고 전망했다. 영국의 경우는 대부분의 전문가들이 자국의 6월 국민투표 결과를 알아맞히지 못했는데, 모두들 영국이 유럽연합에 잔류하게 될 것으로 예상했던 것이다. 거기에 비하면 프랑스의 대통령 선거 결과는 예상하기가 훨씬 더 쉬워 보였다.

총리를 역임했던 알랭 쥐페는 지난 2년 동안 실시된 여론 조사에서 프랑스에서 가장 인기 있는 정치인 자리를 놓치지 않았던 공화당의 중도우파 인사였다. 그는 보르도의 시장직도 성공적으로 수행하며 20년이 넘는 세월 동안 변신과 개혁을 이루어내는 데 일조를 했다. 알랭 쥐페는 또한 면도날처럼 날카로운 지성으로 유명했고 그 때문에 종종 교만하고 냉정하다는 평가도 받았다. 일흔두 살의 이 노정치인은 프랑스 정치가 그동안 각기 다른 선거를 똑같은 인물들로 어떻게 돌려막아 왔는지를 보여주는 완벽한 사례였다. 지난 2004년 알랭 쥐페는 자크 시라크 전 대통령이 파리 시장을 역임하던 1990년대에 그의 오른팔로 일하며 불법 정치 자금을 받았다는 혐의를 받게 되었는데, 이 사건은 그의 정치 인생을 거의 끝장낼 것처럼 보이기도 했었다. "언제나 부활의 희망은 있다." 그는 훗날 이렇게 말했고 그 말처럼 2011년에 사르코지 대통령의 외무부 장관으로 그는 다시 부활했다.

공화당은 사상 처음으로 미국 방식의 경선을 치러 11월 20일과 27일에 대통령 후보를 선출하기로 결정했다. 소정의 등록비를 지불할 수 있는 사람은 누구나 이 투표에 참여할 수 있었고, 이 투표를 통해 비로소 2017년 대통령 선거전의 막이 오른다고 볼 수 있었다. 이런 방식은 공화당에 대한 관심을 끌어올릴 수 있다는 장점도 있었지만, 한편으로는 심각한 부채에 허덕이고 있는 상황에서 숨통이 트일 만한 자금을 끌어모을 수 있을 거라는 기대도 있었다.

알랭 쥐페이 먼저 경선 후보로 나섰고, 전 대통령이자 현 공화당 당수인 니콜라 사르코지도 모습을 드러냈다. 재임 시절 갖가지 부정부패를 저질렀다는 혐의를 받고 있기는 했지만, 그로서는 2012년 대선에서 올랑드에게 패했던 일에 대한 복수전으로 볼 수 있었다. 신장 165센티미터의 단신을 감춰줄 키높이 구두를 신은 이 지도자는 여전히 활력이 넘치고 흥분을 가라앉히지 못했으며, 최근 있었던 테러 공격과 관련해 프랑스의 국가적 정체성이라는 민감한 문제를 들고 나올 준비가 되어 있었다. 헝가리와 프랑스, 그리고 그리스계 유대인의 피가 섞인 사르코지는 이렇게 주장했다. "우리는 다문화의 수용과 인정이라는 아무 쓸모없는 지금의 체제를 더 이상 용납할 수 없다. 따라서 모두들 프랑스 국민으로 하나가 될 것을 요구하며, 그렇게 되어야만 우리는 진정한 하나의 프랑스가 될 수 있을 것이다." 다시 말해 프랑스로 들어온 모든 이민자들은 자신들의 문화를 버리고 프랑스의 문화를 받아들여 한다는 게 이 터무니없는 주장의 요점이었다. 사르코지는 또한 소수의 횡포에 대한 이야기도 했는데, 이는 결국 프랑스에 거주하는 이슬람교도를 겨냥한 말이었다. 사르코지가 하나의 프랑스를 강조하기 위해 언급했던 고대 갈리아Gallia인들은 프랑스인의 조상이라고는 하지만 별다른 역사적 의미가 없어 그냥 웃음거리가 되었으며, '사르코직스Sarkozix'라는 유행어와 농담만 만들어졌다. 사르코직스는 사르코지와 가상의 갈리아 영웅 아스테릭스Asterix를 합친 말로, 로마가 갈리아를 침공했던 기원전 50년을 배경으로 한 만화의 주인공이었다.

알랭 쥐페는 분명 마크롱이 가장 두려워해야 할 적수였다. 그는 앙 마르슈도 지지를 기대하고 있는 온건한 중도우파 유권자들 사이에서 큰 인기를 끌고 있었다. 게다가 공공 부문의 지출을 줄이고 노동 시장을 개혁하겠다는 경제 관련 공약을, 프랑스의 다양성을 고려해 '누구나 만족할 수 있는 정체성'으로 발전시키겠다는 약속과 연결시켜 홍보하고 있었다. 또한 알랭 쥐페는 보르도 시장에 도전했을 때 자신에게 적대감을 보이던 이슬람교도 공동체에게 화해의 손을 내밀었던 전력도 있었다. 또 다른 후보 도전자로는 공화당 의장을 지낸 장프랑수아 코페가 있었다. 그는 사르코지의 만만치 않은 정적이었으나 프랑스 사람들이 즐겨 먹는 초콜릿 빵의 가격에 대해 "잘 모르겠다…… 아마 10에서 15상팀centime쯤 하지 않을까?"라는 실언을 하면서 그나마 있던 승리의 기회를 날려버렸다. 그가 아침 시간 라디오 방송에 나와 이렇게 실제 가격의 1/10쯤 되는 가격을 말하는 바람에 아침을 먹고 있던 수백만 명의 프랑스 청취자들은 그야말로 먹고 있던 '빵'이 입 밖으로 튀어나올 만큼 실소를 터트렸다. 어쨌든 그의 실수는 실제 대중들의 생활은 전혀 모르는 다른 정치인들의 실수에도 사람들의 관심을 집중시키는 또 다른 불행한 결과를 낳았다. 또 다른 우파 후보인 온건파 나탈리 코시슈코모리제는 사르코지 대통령 재임 시절 장관과 대변인을 역임했으나, 역시 몇 년 전 파리 지하철 운임에 대한 질문을 받고 엉뚱한 대답을 하는 실수를 저질렀었다.

10월 말에 실시된 여론 조사에서 사르코지나 알랭 쥐페보다 훨씬 뒤쳐진 경선 후보 3위는 전 총리 프랑수아 피용이었다. 프랑수아 피용은 독실한 가톨릭 신자로 지난 2년 동안 프랑스 전국을 돌아다니며 조용히 지지 세력을 끌어모았다. 그는 추문으로 얼룩진 사르코지나 알랭 쥐페에 비해 특히 깨끗했던 자신의 과거를 강조하는 데 주력했다.

마크롱은 진퇴양난의 궁지에 빠졌다. 당시 언론의 관심은 우파의 경선과 특히 쉬지 않고 터져 나오는 사르코지의 선동에 집중이 되어 있었다. 사르코지는 국민전선을 지지하는 수많은 유권자들의 관심을 끌기 위해 강경한 우파 후보로 선거 운동을 진행했다. 11월 초, 파리 북서부 교외의 뇌이쉬르센에서 선거 운동이 벌어졌는데, 사르코지는 그 자리에서 학교 급식 문제를 걸고 넘어졌다. 유대교와 이슬람교도 단체들은 종교적인 이유로 돼지고기를 먹지 않는 학생들이 있는데도 선택의 자유 없이 한 가지 식단으로 통일되어 실시되는 급식에 대해 오랫동안 문제제기를 해왔다. 사실은 종교를 떠나 채식주의자 학생들 역시 숫자가 적다는 이유로 무시를 당해온 것도 사실이었다. 문제는 프랑스 당국이 이런 문화적 차이에 대해 어느 정도의 관용을 보여야 하는지에 대한 논란으로 확대되었는데, 이에 대해 사르코지는 과연 기대를 저버리지 않는 모습을 보여주었다. "급식에 돼지고기가 나왔다면 같이 나온 다른 음식을 더 먹으면 되는 것이 아닙니까!" 사르코지는 박수를 받으며 이렇게 외쳤다. "이것이 프랑스 공화국입니다! 누구나 다 같은 급식을 먹고 같은 규칙을 지켜야 합니다!"

비슷한 무렵인 11월 8일 실시된 미국의 대통령 선거 역시 서구 민주주의 사회에 커다란 충격을 안겨주었다. 도널드 트럼프의 승리는 미국 공화당의 주류파와 최고의 여론 조사 기관들, 그리고 가장 노련한 언론 계통 전문가들의 도전과 예측을 물리치고 얻어낸 승리였으며, 새로운 시대의 시작을 알리는 신호탄이었다. 한편 6월에 있었던 영국의 유럽연합 탈퇴 국민 투표는 지난 수십 년 동안 서구 민주주의 사회에 드리어온 대량 이민과 산업지역의 쇠락과 실직, 그리고 세계화의 바람 속에 사라져가는 국가 정체성에 대한 우려 등과 같은 두려움과 긴장감을 사람들 눈앞에 적나라하게 드러낸 사건이었다. 거기에 세계화 체제를 반대하며 이민자와 소수 단체를 배격하는 인종차별적 언행을 선거 운동 기간 내내 보여준 도널드 트럼프가 결국 승리함으로써, 세계 초강대국 지도자 자리를 신뢰할 수 없는 우파 국수주의자가 차지하는 지각 변동이 일어나고 만 것이다. 서구의 자유주의는 '당연하게' 계속해서 발전할 것이라는 오랜 믿음이 희미해지면서 프랑스의 언론과 전문가들은 지금까지 뻔한 결과가 나올 것으로만 생각되던 대통령 선거에 대해 다시금 진지하게 생각해보기 시작했다. 유권자들의 의견을 묻는 여론 조사 결과는 믿을 만한가? 알랭 쥐페는 여전히 승승장구 하고 있는가? 프랑스만의 결선투표 제도는 어떤가? 누구든 50%의 득표율을 넘겨야 대통령이 될 수 있는 지금의 제도는 여전히 극우파나 선동주의자들이 넘을 수 없는 난공불락의 방어벽인가? 이런 상황에서 극우파의 수장 마린 르 펜은 도널드 트럼프를 향해 "전에는 도저히 불가능해 보이던 일을 가능으로 바꾼 사람"이라는 말을 했다.

유럽연합 소속의 다른 소국小國들이 치러야 할 선거들은 갑자기 정치인과 각 분야 전문가들의 주목을 새롭게 받게 되었다. 각국의 국수주의 물결이 어느 정도 성과를 얻어낼 수 있을지가 많은 사람들의 관심사가 된 것이다. 2016년 12월에 대통령 선거를 앞두고 있었던 오스트리아는 극우파의 수장 노르베트 호퍼가 지지율 1위를 달리고 있었다. 2017년 3월 치러질 네덜란드의 국회의원 선거에서는 공공연하게 이슬람 혐오를 외치고 있는 헤이르트 빌더르스의 자유당이 가장 많은 의석을 확보할 것이라는 전망이 나오고 있었다. 그리고 이제 정말 큰 선거가 하나 남아 있었다. 2017년 4월에서 5월에 걸쳐 치러질 프랑스의 대통령 선거였다.

2016년 11월 16일, 공화당 후보 선출 1차 경선이 치러지기 나흘 전, 마크롱은 지난 몇 개월 동안 공공연히 사람들에게 알려져 있던 사실을 공식적으로 선언했다. 올랑드 대통령의 재선 도전 여부에 상관없이 대통령 선거에 출마하겠다는 것이었다. 마크롱과 측근들은 충분한 선거 자금이 모였다고 판단했으며, 앙 마르슈를 지지하는 풀뿌리 운동 역시 모험을 감수할 만큼의 세력을 갖춘 것 같았다. 그렇지만 마크롱을 가장 열렬히 지지하는 사람들조차 그의 당선 가능성에는 회의적이었다. "우리가 승리할 가능성은 20%에서 30% 정도입니다." 이스마엘 에밀리앙은 그 무렵 앙 마르슈 본부를 찾아온 한 손님에게 이렇게 말했다고 한다.

마크롱의 대통령 출마 선언은 보비니에 있는 한 청소년 회관에서 이루어졌다. 파리 북쪽 변두리의 여러 인종들이 섞여 살고 있는 이 가난한 지역에서 마크롱은 자신의 뒤에 프랑스와 유럽연합의 깃발을 영상으로 띄우고 연설을 시작했다. 그 시기는 알랭 쥐페와 사르코지에게 쏠린 관심을 끌어오려는 목적으로 공화당 경선 시점에 맞춘 것이다.

"누군가가 프랑스는 이제 몰락하고 있다고 말하는 소리를 들었습니다. 최악의 순간이 다가오고 있으며, 우리의 문명은 이제 설 자리가 없다는 것입니다. 그리고 내전이니 도망이니 하는, 지난 세기의 낡은 처방전을 해결책으로 내밀고 있는 것도 보았습니다." 이 말은 확실히 마린 르 펜을 겨냥하고 있었다. 마크롱은 이어 우파의 후보들에게 화살을 돌렸다. "똑같은 인물들이 수십 년째 돌아가며 자리를 차지하려고 합니다." 그리고 그는 오래된 두 정당이 이끄는 정치 체제의 공허감을 언급하며 "프랑스의 변화를 가로막는 가장 큰 장애물"이라고 말했다. 마크롱에 따르면 "프랑스는 앞으로 전진할 수 있는 저력과 욕망과 숙명을 가지고 있으며, 그 전진을 향해 헌신하는 역사와 국민이 있기에 언제나 진보의 선봉장 역을 해왔다"는 것이다

그로부터 나흘 후에 열린 공화당 경선은 이후 프랑스 대통령 선거에서 벌어진 많은 놀라운 사건들의 시작이 되었다. 세 차례에 걸친 길고도 치열한 토론회가 끝나자 전 총리인 프랑수아 피용이 자신의 침착한 성정, 그리고 극단적으로 보수적인 공약과 함께 느리

게나마 공화당의 실질적인 대안으로 떠오른 것이다. 현재 프랑스의 가장 큰 문제를 막대한 액수의 공공 부문 적자로 보고, 이를 해결하겠다는 마음으로 경선에 뛰어든 이 예순두 살의 정치인은 자신에게는 프랑스의 짐을 덜어낼 계획이 있다고 자신 있게 외쳤다. 50만 명이나 되는 공무원을 정리했던 영국의 전 총리 마거릿 대처를 따라, 공공 부문 지출에서 1,000억 유로를 줄이고 은퇴 연령은 예순두 살에서 예순다섯 살로 올리겠다는 게 그의 주장이었다. 그는 또 노동 시간 역시 주당 35시간에서 39시간으로 늘어날 것이며, 기본적인 의료비는 이제 사회보장 제도가 아닌 개인 건강 보험으로 해결해야 한다고 주장했다. 또한 풀뿌리 우파들의 지지를 받기 위해 이민자들의 숫자도 최소한으로 줄이겠다고 약속했다. 동성애자 가족의 입양에 관해 보수적 견해를 유지하고 있는 프랑수아 피용은《이슬람 전체주의의 극복Vaincre le totalitarisme islamique》이라는 책을 써서 2016년에만 5만 부 이상을 판매했다.

한편 사르코지는 아직도 해결되지 않은 법적 문제에 발목이 잡혀 허우적거리고 있었다. 자드 타키딘이라는 이름의 한 레바논 사업가가 지난 2007년 리비아의 독재자 무아마르 알 카다피에게서 받은 현금 500만 유로를 가방 세 개에 담아 사르코지에게 전달했다고 언론에 폭로한 것이다. "이런 터무니없는 소리가 어디 있습니까!" 사르코지는 세 번째와 네 번째 텔레비전 토론회에서 분노한 목소리로 관련 사실을 부인했지만, 실패로 돌아간 2012년 재선 도전 당시 마치 미국을 연상시키는 어마어마한 규모의 선거전을 치르며 선거법을 피해 영수증을 조작하는 방식으로 자금을 조달했다는 혐의는 이미 사실로 밝혀진 바 있었다.

피용은 자신도 인정한 지루한 인상에서 탈피하기 위해 노력 중이었다. 그는 인기를 끌고 있는 새로운 정치 대담 방송인 〈은밀한 야망Une ambition intime〉에 출연해 전직 모델 출신의 사회자 카린 르 마르숑과 함께 자신의 요리 실력이며 국회의사당에서 긴장하는 버릇, 그리고 심지어 짙은 눈썹에 이르기까지 시종일관 가벼운 신변잡기 중심의 주제로 이야기를 나눴다. 시사 풍자가인 안느 로마노프는 이 방송을 두고 르 마르숑과 정치인들이 마치 "데이트 어플을 통해 방금 만난 사람들처럼 군다"라고 농담을 던지기도 했지만 피용은 방송 출연 효과를 단단히 믿고 있었다. "단순히 사람들의 반응만으로 판단한다면 정말 대단한 효과가 있었습니다." 일간지 〈르 파리지엥〉과의 대담에서 그가 한 말이다. 풀뿌리 운동의 중요성과 인터넷 사회관계망 서비스의 영향력에도 불구하고, 텔레비전이라는 구식 매체는 여전히 2017년 대통령 선거 기간 전체를 통해 가장 큰 영향력을 미쳤다.

여름에 실시된 여론 조사에서 프랑수아 피용의 경선 지지율은 10%를 밑돌았고, 11월 20일의 첫 투표가 가까워지면서 가파른 상승세를 보이기는 했으나 여전히 알랭 쥐페와 사르코지의 뒤를 쫓아가는 형국이었다. 그리고 마침내 결전의 날이 되자 프랑수아 피용은 44%의 득표율로 28%에 그친 알랭 쥐페를 큰 차이로 누르고 1위를 차지하는 기염을 토했다. 과반수 득표자를 가리는 2차 결선 투표의 참여 여부를 놓고 고심하던 알랭 쥐페는 결국 끝까지 싸울 결심을 했다.

공화당의 경선 결과는 프랑스의 여론 조사 기관들이 미국이나 영국과 똑같은 문제점을 가지고 있음을 보여주었다. 그렇지만 마크롱의 입장에서 그보다 더 중요한 것은 가장 위험스러운 적인 알랭 쥐페가 과연 정말로 탈락하게 되느냐의 문제였다. 그동안 공화당 당원들은 공화당 내에서 인기가 있는 사람을 선택해왔으나 꼭 대중적으로 더 인기 있는 사람을 선택했던 것은 아니었다.

알랭 쥐페는 같은 날 저녁 치러진 2차 결선 투표에 참여했다. 그는 프랑수아 피용의 공약을 두고 경제적인 관점에서 잔인하다고 폄하했고, 그가 여성과 가족, 그리고 결혼의 역할에 대해 극단적으로 전통적인, 그리고 심지어 시류에 역행하는 듯한 관점을 가지고 있다고 공격했다. 그렇지만 알랭 쥐페는 결국 자신이 보낸 71년의 세월을 실감하게 되었다. 그의 동지이며 선거 운동 전략가인 질 보이어는 알랭 쥐페의 열광적인 지지자들이 그동안 많이 사라졌다고 인정했다. 그는 그동안 너무 일찍, 너무 높은 자리를 누렸고, 이제 자신의 지지자들이 조금씩 와해되고 사라지는 광경을 목도해야 했다.

피용의 기세는 순풍에 돛을 단 것 같았다. 11월 25일 파리 남부의 거대한 회의장에서 그는 지지자들과 경선 과정을 마무리하는 모임을 가졌다. 깃발을 흔들며 모여 든 수천 명의 지지자들은 대부분 중산층 이상의 나이 들고 보수적인 백인들이었다. 피용은 귀청이 떠나갈 듯 울려 퍼지는 테크노 음악 속에 그 모습을 드러냈고 상당수 사람들이 놀라서 보청기 소리 크기를 조정해야만 했다. 피용은 먼저 자신을 온갖 부정적 평가와 시선을 딛고 일어선 비주류로 소개를 했다. "청소년 범죄자는 정체성에 대한 위기를 겪고 있는 미성숙한 인간이 아니라 그저 범죄자일 뿐"이라는 법과 질서에 대한 강경한 발언이 나온 후, 그는 프랑스 사회의 '다문화주의'라는 개념을 포기하겠다고 말했다. 추운 금요일 밤, 거대한 창고와도 같은 공간에 모여든 사람들이 보내는 환호성의 크기는 그들의 주된 관심사가 어떤 것인지 잘 알 수 있게 했다. 피용은 이슬람교도들은 그 이전에 가톨릭교도와 유대인들이 그러했듯 프랑스 공화국의 법과 질서에 도전하는 일을 멈춰야 한다고 환호하는 지지자들 앞에서 사자후를 토했다. "누군가 다른 사람의 집에 들어갔다면, 그 집이 자기 집인 것처럼 행동해서는 안 되는 것입니다." 그렇게 환호하는 사람들 중에는 은퇴한 재무 담당 이사인 장클로드 에지도 있었다. "프랑수아 피용이 말하는 이민자 제한은 국민전선과 비슷하지만 경제문제 관련 공약은 확실히 더 낫습니다." 그에게 깊은 인상을 받은 예순다섯 살 은퇴자의 말이었다. 어쨌든 알랭 쥐페는 결선 투표에서 33%밖에 안 되는 득표율로 공화당의 대통령 후보가 되지 못했고, 프랑수아 피용은 가장 강력한 대통령 후보 겸 극우파 수장의 자리를 이어받을 만한 인물로 급부상하게 되었다. 알랭 쥐페가 나중에 말했던 것처럼 당시만 해도 피용 앞에는 탄탄대로만 놓여 있는 것 같았다.

프랑수아 피용의 승리는 앙 마르슈 본부에게 커다란 기회로 여겨졌다. 앙 마르슈는 11월 말, 옮겨 온 지 불과 몇 개월밖에 되지 않은 몽파르나스 마천루를 떠나서 다시 파리 제15구역에 있는 건물의 세 개 층을 빌려 자리를 옮겼다. 이 3층에 걸쳐 있는 사무실도 얼마 지나지 않아 새로운 자원봉사자들과 당직자들로 가득 차게 되었고, 밤새 야근을 하는 직원들을 위해 조용한 방과 침대가 제공되었다. 또한 이 프랑스의 '새로운 정치 창업'에 지원한 젊고 유행에 민감한 사람들을 위한 요가 강좌도 있었다. 사무실이 있는 건물

6층 꼭대기에는 마크롱과 핵심 참모들을 위한 공간이 마련되어 있었는데, 건물 전체를 덮을 듯이 거대한 마크롱의 사진들로 도배가 되어 있었다.

"프랑수아 피용의 극적인 부상은 그동안 생각만 해오던 이론이 실제로 아주 분명하게 증명이 된 사건이었습니다. 경선 과정에서는 예상외의 후보가 선전을 하고, 기존의 정당들은 점점 더 극단적인 방향으로 나아가곤 합니다." 마크롱의 대변인인 시베스 엔디야에의 회고다. "다시 말해 그 한복판에는 진보적인 성향을 가진 후보가 파고들 수 있는 공간이 남아 있다는 뜻이었지요." 마크롱의 승리를 장담하지 못하는 상황에서 앙 마르슈에 참여했던 그녀는 이제 그 가능성을 심각하게 고려해보기 시작했다.

피용의 공화당 후보 당선은 앞으로 일어날 많은 놀라운 사건들의 시작에 불과했으며, 이번 대통령 선거가 완전히 다른 양상으로 펼쳐질 것이라는 최초의 신호였다. 러시아 역시 피용의 후보 당선을 환영했다. 대통령 블라디미르 푸틴은 경선 기간 동안 피용을 위대한 전문가이자 대단히 원칙적인 인물로 추켜세워 왔다. 두 사람은 2008년부터 2012년까지 각자의 나라에서 총리로 일하면서 알게 된 사이였다.

피용은 계속해서 푸틴을 지지해왔으며, 2014년 러시아가 우크라이나를 침공한 이후 유럽연합과 미국이 제재 조치에 들어갔을 때도 이를 비난했었다. "문제는, 우리가 과연 계속해서 러시아를 자극할 필요가 있느냐는 것입니다. 그들과의 대화를 거부하고 점점 더 폭력적이고 공격적으로 몰아가서 유럽과 척을 지게 만들어도 상관이 없는 겁니까?" 피용이 10월에 한 말이다.

2016년이 되자 서방西方은 그 어느 때보다도 무기력해 보였고 모든 것이 이 러시아 독재자가 원하는 방식대로 흘러가는 것 같았다. 푸틴은 시리아 대통령인 바샤르 알아사드를 지원하기 위해 시리아 내전에 개입했고, 러시아의 무력과 영향력이 중동 지역에서 미국을 능가하고 있음을 과시했다. 반면에 오바마 대통령이 이끄는 미국은 중동 문제에 선뜻 관여하기를 꺼리고 있었다. 영국의 유럽연합 탈퇴는 유럽연합 자체를 심각하게 위축시켰으며 푸틴이 오랜 세월 동안 다양한 부류의 유럽 통합 회의론자들을 지원하며 기대했던 일이 결실을 맺었다고도 볼 수 있었다. 그리고 도널드 트럼프가 미국 대통령에 당선되면서 공공연히 러시아를 지지하는 인물이 마침내 백악관에 자리를 잡게 되었다. 프랑스의 경우 프랑수아 피용과 마린 르 펜의 마지막 대결이 예상되면서 푸틴으로서는 누가 이기든 상관이 없는 만족스러운 상황이 되어버렸다. 둘 다 열렬히 러시아를 지지하기 때문이었다.

그렇지만 피용에 대한 이런 낙관적인 전망에도 불구하고, 피용 자신과 그의 공약에는 분명한 약점이 있었다. 일단 그와 마거릿 대처와의 연결고리가 프랑스의 노조와 좌파 성향의 유권자들을 아연실색하게 만들었다. 또한 예산을 줄이겠다는 경제 관련 공약은 이미 그 무렵 침체기를 겪고 있던 프랑스 국내 경제에 더 혹독한 타격을 줄 수 있었다. 사회 문제에 대한 피용의 관점과 그의 노골적인 기독교적 성향 역시 대부분의 프랑스 유권자들의 정서와는 맞지 않는 것처럼 보였다.

대통령 선거라는 그림을 완성하는 가장 중요한 부분 역시 그해 말이 되자 제자리를 찾아가는 것 같았다. 그동안 올랑드는 대통령 재선에 도전하는 문제를 두고 고심을 거듭해왔는데, 재선에 도전하려면 우선 2017년 1월로 예정된 사회당 경선부터 통과를 해야만 했다. 그러면 아무래도 사회당 내 좌파 세력으로 자신을 괴롭혀온 전 장관인 몽테부르나 브누아 아몽 같은 경쟁자들과 마주해야 했다. 그들은 모두 올랑드의 앞길을 가로막는 일에는 기꺼이 나설 만한 인물들이었다. 게다가 올랑드의 지지율은 처참한 수준이었다.

그러다 결국 그의 약점들 중 하나가 올랑드를 완전히 주저앉히고 말았다. 바로 언론과의 지나친 밀착이었다. 많은 기자나 언론인들이야 이런 점을 대통령의 또 다른 자질로 높이 평가했지만, 그는 정치 전문 언론들과 사적인 이야기를 나누는 걸 지나칠 정도로 좋아했다. 올랑드는 재임 기간 동안 〈르 몽드〉의 제라르 다베, 그리고 파브리스 롬과 함께 엘리제궁이나 그들의 집에서 저녁 식사를 하며 60여 차례가 넘는 대담 시간을 가졌다. 두 기자는 이런 내용들을 660여 쪽이 넘는 책으로 정리해 2016년 말 출간했다.《대통령이 하지 말아야 할 말》이라는 제목이었다. 올랑드는 자신이 대통령직에서 물러난 후에야 이 책이 출간될 것이라고 생각했을 것이다.

이 책은 가슴 아픈 이야기들을 많이 담고 있다. 예컨대 대통령이 예전에 가족들과 함께 지내던 시간들을 몹시 그리워했으며 엘리제궁에서 자신이 유령과 비슷한 존재라고 종종 느끼곤 했다는 사실 등이었다. 하지만 그런 이야기들 외에도 책에는 올랑드가 판사들과 내각의 일부 장관들, 그리고 프랑스 축구 선수들과 이민자들에 대해 서슴없이 한 악평도 실려 있었다. 축구 선수들에게는 "근본도 없는 빈민가 출신들", 그리고 이민자들에게는 "프랑스어를 가르쳐 놓으면 또 새로운 이민자들이 몰려오고 그러면 모든 과정을 또 다시 반복해야 한다"고 말하기도 했다. 사회당 소속 한 국회의원은 이 책이 불러온 여파를 두고 '자살 폭탄'에 비유했으며, 올랑드의 지지율은 그야말로 바닥이 어딘지 모를 정도로 추락했다. 겨우 4%의 국민만이 그의 대통령직 수행 능력에 만족한다고 대답을 할 정도였다.

12월 1일이 되자 올랑드는 총리 마뉘엘 발스의 강력한 권고에 따라 대국민 기자 회견에 나섰다. 처음에는 자신의 치적治積에 관한 이야기만 늘어놓았기 때문에 시청하던 국민들은 회견이 끝날 때까지 올랑드가 무슨 이유로 회견을 열었는지 잘 알 수 없었다. 올랑드는 우선 자신이 테러 공격의 위협 앞에 프랑스를 하나로 뭉치게 만들었으며, 비록 시기가 늦어지기는 했지만 약속했던 경제 개혁을 이루어 마침내 새로운 일자리를 창출할 수 있었다고 말했다. "저는 그야말로 성심을 다해 4년 반이라는 시간 동안 봉사해왔습니다." 그렇지만 대통령 선거 출마가 좌파에게 득보다는 실이 될 위험이 크다는 점을 강조하고 마침내 이렇게 선언했다. "저는 이번 대통령 선거에 출마하지 않겠습니다." 올랑드는 1958년 지금의 대통령제가 실시된 이후 재선에 도전하지 않겠다고 선언한 최초의 프랑스 대통령으로 남게 되었다.

마크롱은 지난여름부터 올랑드가 재선에 도전하기 어려울 것 같다는 이야기를 주변에 해왔었다. 그리고 언론인들과의 지나친 친분이 터무니없는 자해 행위로 돌아와 결국 그에게 마지막 일격이 된 것도 별로 놀랄 것 없는 사실이었다. "마크롱은 장관 시절 올랑드가 하루 종일 트위터를 하거나 문자를 보내는 걸 보고는 정말 섬뜩할 정도로 놀란 적이 많았었다고 합니다." 마크롱의 친구이자 철학자인 올리비에 몽젱의 회고다. "마크롱으로서는 왜 대통령이 언론인들에게 인정을 받으려고 애를 쓰는지 이해할 수 없었던 것이죠." 올랑드의 지지자들은 그의 출마 포기 선언을 '위엄을 지키는 행동'이라며 크게 환영했다.

모든 일은 앙 마르슈가 예상했던 대로 척척 진행되는 것 같았다. 공화당은 갑작스럽게 우파로 기울고 있었고 이제 올랑드는 재선 도전을 포기했다. 앙 마르슈는 2016년이 저물기 전에 파리에서 대규모의 행사를 진행할 계획을 세웠다. 12만 명에 달한다는 회원들의 숫자가 거품이거나 과장된 것이라고 끊임없이 공격해오는 언론에 대항하여 앙 마르슈의 지지자들이 그 실체가 분명하다는 사실을 과시하는 대규모 집회였다. 앙 마르슈 본부에서는 파리 남부에 있는 1만 5,000석 규모의 포르테 드 베르사유 대회의장을 빌렸고, 인터넷 웹 사이트나 페이스북을 통해 참가 신청을 받았다. "대단한 규모의 행사가 될 것이라고 예상할 수 있었습니다." 본부 출신의 한 인사가 언론과의 대담 중에 회고한 내용이다.

행사가 진행된 밤, 회의장은 지지자들로 가득 찼고 마크롱이 연단에 오르기도 전부터 "마크롱! 대통령!"이라는 환호성이 가득 터져 나왔다. 그는 두 시간 가까이 이어지는 긴 연설을 했고 대부분의 시간을 모호한 정치 공약들로 채워나갔다. "일하는 후보"나 "정의로운 후보"가 되겠다거나 혹은 "프랑스는 위기를 딛고 다시 일어서야 한다"는 등의 말도 덧붙여졌다. 연설에는 그를 비판하는 사람들에 대한 대응이 일절 없었는데, 그때까지도 그에게는 아무런 계획도 없는 데다가 자신이 '좌파인지 우파인지' 그 정체성마저 헷갈리는 사람이라는 혹평이 쏟아지고 있었다.

그렇지만 그날 밤 그의 마지막 모습은 영원히 기억될 만했다. 마크롱은 그 어느 때보다도 많은 사람들이 내지르는 환호성과 지지의 목소리를 한 몸에 받으며 연설을 마무리 하려 했고 그야말로 목소리가 갈라질 때까지 소리를 내질렀다. "제가 원하는 것은! …… 바로 여러분들입니다! ……여러분이 있는 곳이 어디든! ……앞으로 나아가! ……승리를 쟁취합시다! ……여러분들이 바로 우리의 꿈이니까! ……공화국 만세! 프랑스 만세!"

이 마지막 말을 남기고 마크롱은 두 팔을 높이 치켜들며 하늘을 바라보았다. 마치 구세주와 같은 모습이었다. 이 장면은 그대로 녹화되어 텔레비전과 인터넷을 통해 수백만 번 이상 사람들이 시청했다. 자세히 보면 마크롱 뒤에 서 있는 검은색 머리에 밝은 노란색 웃옷을 입은 한 여성이 매우 당혹스러운 표정으로 옆 사람을 돌아보는 장면이 찍혀 있는 것을 볼 수 있다.

무대 뒤에서는 브리지트가 기다리고 있었다. "다 쏟아부었어." 마크롱은 브리지트에게 지친 모습으로 말했다. "하지만 사람들 덕분에 큰 힘을 얻었어. 환상적이야."

인터넷에서는 그날 밤 연설이 절정에 달했을 때의 마크롱 모습이 인터넷 사회관계망을 따라 마치 들불처럼 번져나가기 시작했다. "정말 스스로를 이 세상의 왕이라고 생각하지 않는다면 그날 밤처럼 그렇게 모든 걸 내던질 수 있으려나." 한 코미디언이 자신의 트위터 계정을 통해 수만 명의 팔로워들에게 전한 말이다.

혹시 마크롱은 '하워드 딘의 절규Howard Dean scream'를 뒤따르게 되는 것이 아닐까? 하워드 딘은 2004년 민주당 대통령 후보 경선의 유력 주자였는데 아이오와 주에서 열린 지지대회에서 연설을 하다가 그만 목이 갈라지며 미국 정치사에 길이 남을 "야야아아!"라는 괴성을 내지르고 말았다. 딘의 괴성은 사람들의 쓴웃음을 샀고 그 때문인지는 몰라도 결국 그는 경선에서 탈락했다.

올해 쉰일곱 살의 아미앵 출신 공무원 로랑스 다비드모알릭은 연단이 내려다보이는 자리에 앉아 마크롱이 괴성을 내지르는 모습을 보았고 잠시 당황했다. 마크롱이 조금 흥분했다고 생각했지만, 곧 초보자의 실수쯤으로 생각하기로 했다. "그도 사람입니다. 약점이 없을 수는 없죠. 그리고 다행스럽게도 우리는 그런 것 정도는 이해할 수 있는 마음을 가졌어요." 로랑스 다비드모알릭의 말이다.

앙 마르슈 운영의 총 책임자인 루도빅 샤케르는 이런 일이 발생하게 된 것은 회의장이 음향과 방음 설비가 제대로 되어 있지 않았고, 연단 위에서 연설을 하는 마크롱은 자신의 목소리가 어떻게 들리는지 전혀 알 수 없었기 때문이라고 설명했다. "사람들이 그런 식으로 다들 큰 소리를 질러대면 정작 연설하는 사람 귀에는 아무 소리도 들리지 않습니다. 저도 그 자리에서 마크롱과 5미터쯤 떨어진 곳에 서 있었는데 그 절정의 순간에 마크롱이 소리를 질렀지만 제대로 잘 전달이 되지는 않았습니다. 하지만 꼭 나쁜 일만은 아니었다고 생각합니다. 어쨌든 그런 상황에서 자신의 목소리를 어떻게 조절해야 하는지는 배웠을 테니까 말이지요."

마크롱은 선거 운동을 마무리 짓는 연설에서 인터넷 사회관계망의 반응이 자못 흥미롭다는 사실을 배우게 되었다고 말했다. "내가 전하고자 하는 뜻을 퍼트리는 데 도움을 줄 뿐만 아니라 나에 대해 들어본 적이 없거나 모르는 사람들에게 나를 알리는 데도 도움이 되었습니다."

마크롱의 비서실장 격인 소피 페라치는 학창 시절부터 마크롱의 가장 친한 친구였던 마르크 페라치의 아내로, 2016년 말에 있었던 앙 마르슈의 행사들이 자신의 생각을 어떻게 바꾸어 놓았는지 이렇게 밝혔다. "12월 무렵부터 우리는 어쩌면 승리할 수도 있겠다는 생각을 하게 되었습니다."

그렇지만 앙 마르슈 내에서 확산되는 낙관론과 대부분의 사람들이 생각하는 선거 결과 사이에는 아직도 큰 격차가 있었다. 이제 막 서른아홉 살이 된 마크롱은 여전히 지나칠 정도로 젊은 정치 초년생이었다. 그는 경험이 현저히 부족한 재정경제부 장관과 은행가 출신이면서 출범한 지 고작 9개월밖에 되지 않은 당의 당수로서 자신의 첫 번째 선거를 치르려 하고 있는 참이었다. 해가 바뀔 무렵 영국의 도박업체들은 마크롱이 대통령에 당선될 가능성을 7대1에서 6대1 정도로 예측했다. 파리에서의 대규모 행사로 마크롱의 정적들과 회의론자들은 잠시 마크롱을 주목하게 되었지만, 지금의 앙 마르슈의 세력으로는 전국적인 관심을 끄는 데는 아직 부족했다.

제13장

마크롱을 위한 근사한 선물,
정치계의 추문

2017년 1월 중순의 어느 날 저녁 8시, 부드러운 비가 내리는 캥페르의 한 시민 회관 밖에서는 아주 진기한 장면이 펼쳐지고 있었다. 회관 입구부터 시작된 수많은 사람들의 줄이 구불구불하게 이어져 건물을 지나 150미터나 떨어진 주차장까지 이어져 있었던 것이다. "여기 브르타뉴 지방에는 이런 속담이 있어요. '바보들만 비를 맞는다'는 속담이죠." 장 이바르는 추위 때문인지 옷깃을 올리고 어깨를 움츠리며 이렇게 우스갯소리를 던졌다. 그것은 보통 이곳을 찾아온 관광객들이 날씨에 대해 불평을 할 때면 해주는 농담이라고 했다. 대서양과 가까운 프랑스 북서부 한 구석의 이 확 트인 지역은 거센 바람과 축축한 날씨로 악명이 높았다. 그리고 오늘 밤에는 관광객이 아닌 지역 주민들이 그런 '바보들'이 되어 비를 맞으며 무엇인가를 간절히 기다리고 있었다.

"그 사람이 일종의 사회적 현상이라고 생각되어 이렇게 찾아왔습니다. 뭔가 일이 벌어지고 있기는 한데 그게 뭔지는 아직 모르겠군요. 오늘 밤 알게 되겠죠." 금속 관련 사업을 하고 있다는 쉰세 살의 장 이바르의 말이다. "그가 무엇을 우리에게 주려는지 여전히 정확히는 알 수 없습니다. 그렇지만 그의 태도나 인상이 아주 흥미로워요. 뭔가 새롭고 현대적인 것은 분명한데, 사실 나는 지금껏 좌파에게 표를 던진 적이 한 번도 없었답니다!"

그의 친구인 마흔다섯 살의 프랑크 루페롱은 그보다는 조금 회의적이었다. 그는 친구인 장에게 떠밀려 왔고 마크롱의 '좌도 아니고 우도 아니라는' 주장도 그리 크게 와닿지 않는다고 말했다. 그도 역시 친구와 마찬가지로 보통은 우파에게 투표를 해왔다고 한다. "모든 사람들이 다 피용이 마거릿 대처를 닮았다고 하는데, 프랑스에서는 마거릿 대처라도 제대로 힘을 쓸 수 없다는 게 바로 문제예요." 프랑크 루페롱의 말이다.

"프랑스에 마거릿 대처라니? 그러면 바로 혁명이 일어날 겁니다!" 친구인 장 이바르도 이렇게 거들었다.

좀 더 앞쪽에서는 예순세 살의 퇴직자인 도미니크 쇼블레가 벌써 1시간이나 기다리는 중이라고 말했다. "사람들이 잔뜩 모인다고 해서 와봤습니다. 궁금증이 생기더군요. 이런 걸 마크롱 현상이라고 하나요? 그렇지만 저는 여전히 그가 실제로 무슨 말을 하고 있는지는 잘 모르겠습니다."

길게 늘어서 있는 사람들에게서는 이렇게 다양한 반응과 의견들이 쏟아져 나왔다. 사람들의 나이는 천차만별이었으나 상당수가 중산층에 소규모지만 자기 사업체를 꾸려가는 사람들이었으며, 그들은 그런 업체들을 도와 일자리를 창출하겠다는 마크롱의 계획과 생각을 지지하고 있었다. 또한 마크롱의 낙관주의에 마음이 끌린 사람들도 있었는데, 마크롱이 대통령 후보 중에서 유일하게 침체된 프랑스에 활기찬 꿈을 심어줄 수 있는 사람처럼 보인다는 것이었다. 그리고 단순히 마크롱이라는 새로운 인물 자체가 좋다는 사람들도 있었다. 선거 때마다 똑같은 사람들이 되풀이해서 나오는 이 고인 물 같은 프랑스 정치판에 마크롱은 신선하고 새로운 인물이었던 것이다. 스물세 살의 상점 직원인 마린 고니두는 마크롱의 매력을 젊음과 활력, 그리고 신선함이라고 정리했다.

전문직 종사자들이 많은 수도 파리에서 수많은 사람들이 마크롱의 전문성을 눈여겨보면서도, 그것보다는 역시 그의 신선한 매력에 이끌렸던 것과 같은 맥락이었다. 인구 6만의 작은 도시 캥페르에서 비가 내리는 1월의 평일에 수천 명의 사람들을 몰려들게 한 것도 역시 그의 매력이었다. 마크롱은 열흘 전 파리 중앙에 있는 클레르몽페르낭에서도 그렇게 사람들을 끌어모았었다.

이바르와 루페롱이 들어갈 차례가 되기도 전에 경비원들이 나와 더 이상 자리가 없다고 말하며 회관 입구를 가로막았다. 밖에는 여전히 500여 명이 넘는 사람들이 기다리고 있는 상황이었다.

사람들의 항의와 말다툼이 이어지자 회관 앞 어둠 속에서 마크롱이 그 모습을 드러냈다. 손에는 이동용 스피커와 연결된 마이크가 들려 있었다. "개인적으로 사과의 말을 전하기 위해 이렇게 나섰습니다. 실내가 꽉 들어차서 더 이상 사람들을 들여보낼 수 없다고 합니다."

마크롱은 만 하루 동안 이 지역의 농장들을 둘러보았고 낙농업자들이 이야기하는 고충을 들으며 집에서 만든 샴페인과 음식을 맛보았다. 그는 가격 변동이나 대형 슈퍼마켓의 매출 위협으로부터 낙농업자들을 보호할 방안을 강구해보겠노라 약속했다. 나중에 그는 번쩍이는 가죽 구두를 신고 진흙구덩이를 밟으며 외양간을 둘러보았는데, 요란스러운 방송용 카메라들이 그 뒤를 바짝 붙어 따르고 있었다.

한 돼지 사육 농장에서는 주인인 장마르크 오노가 마크롱에게 자신이 설치한 배설물 재활용 설비에 대해 설명을 해주었다. 돼지 배설물에서 발생하는 메탄가스를 끌어모아 팔아서 부수입을 올린다는 것이었다. 많은 프랑스 농부들이 점점 더 마린 르 펜에게 기우는 상황에 대해서는 이렇게 말했다. "일주일에 85시간 일하면서도 800유로도 못 버는 사람들의 심정을 말해주는 현실입니다. 당신이 그들 입장이라면 기분이 어떨지 한 번 상상해보세요."

한 여행사 사무실에서는 지역의 소규모 사업가들과의 만남이 있었다. "프랑스는 누구든 이런 상황을 타개할 인물에게 언제든 투표할 준비가 되어 있습니다." 회계사무소를 경영하는 파트릭 모네지의 말이었다. 근처에 있는 브레스트라는 도시에서 100명 정도의 직원을 고용해 사업을 꾸려가고 있는 육십 대 후반의 이 남자는 뜻밖에도 프랑스 상류층이나 지도층에 거부감을 가지고 있었다. 하지만 그러면서도 딱히 뾰족한 수는 없는 것 같았다. "저도 어느 정도 성공한 부류에 들어가지만 그것보다도 늘 똑같은 사람들이 정치를 하는 것에 신물이 난 것뿐입니다."

캠페르의 시민 회관 안에서는 하얀색 앙 마르슈 티셔츠를 입은 친절한 도우미들이 사람들을 의자로 안내하고 있었다. 회관의 수용 가능한 인원은 2,000명가량으로, 자리가 다 차고 나자 남은 수백 명의 사람들은 그냥 옆에 서서 행사를 지켜보았다. 놀라울 정도로 매우 절제된 형식으로 진행된 행사에는 음악도 없고 그 밖의 특별한 조명이나 사람들을 흥분시키는 사전 행사도 없었다. 르 펜이나 피용의 선거 운동과는 달리 휘날리는 깃발도 거의 보이지 않았다. 다만 유럽연합 깃발 하나와 프랑스 삼색기 하나가 무대 위에 걸려 있을 뿐이었다.

마크롱은 캥페르와 주변 브르타뉴 지방을 찬양하는 다소 긴 인사말로 90분짜리 연설을 시작했다. 그는 르 스테이어강과 로데강의 합류 지점을 손으로 가리켰는데, 이는 좌와 우를 모두 통합하겠다는 자신의 의도를 상징하는 손짓이었다. 관중들은 때로는 적당히 박수를 치다가 또 때로는 크게 환호를 보냈다. 특히 소상공업자들을 위해 세금을 감면해주겠다는 계획에 호응이 많았는데, 그래도 12월 파리에서 있었던 대규모 행사만큼의 뜨거운 반응은 찾아볼 수 없었다.

마크롱은 유권자들과의 일대일 만남이나 즉석에서 묻고 대답하는 순서에는 항상 능숙한 모습을 보였지만, 연단에 서서 연설을 할 때는 어색하고 부자연스러울 때가 종종 있었다. 그는 소설이나 시의 한 구절을 프랑스의 문제에 대한 자신의 견해와 섞어 연설을 했다. "유럽연합을 보호할 수 있는 건 우리뿐이며 우리는 그 일을 아주 자랑스럽게 생각합니다." 캥페르 사람들을 향한 마크롱의 연설은 별다른 선동이나 과정 없이도 사람들의 관심을 끄는 데 성공한 듯 보였다.

정치 관련 의사소통 분야의 권위자인 데이먼 마야프르에 따르면 마크롱이 관중들과 교감할 때 보이는 문제점은 추상적인 말의 반복이라고 한다. 예를 들어 '변신'과 '혁신' 그리고 '개혁'이나 '희망' 같은 말들이다. "마크롱의 연설에는 이런 말들이 빠지지 않고 등장합니다. 그렇지만 결국 다 듣고 나면 그저 일종의 이념적 공허감만 남을 뿐이지요."

그렇지만 행사에 참석한 후 집으로 돌아온 사회당 골수 지지자인 나딘 그리퐁은 마크롱에게서 깊은 인상을 받았다. 그녀는 1981년 프랑수아 미테랑의 극적인 승리 이후 선거를 치르면서 이런 흥분을 느껴본 적이 없다고 했다. 물론 미테랑에 대한 흥분이 실망으로 바뀌는 데는 그리 오랜 시간이 걸리지 않았다고 덧붙이긴 했지만. "마크롱은 우리가 조금이나마 꿈을 가질 수 있게 해요. 누구나 꿈을 가질 필요가 있지 않아요? 특히 미국에서 일어난 일을 보면 꿈이 현실이 되는 것도 가능할 것 같거든요." 쉰여섯 살의 상점 주인이 한 말이다.

캥페르 행사가 끝난 후 며칠이 지나 수많은 선거 운동 관련 기사가 쏟아져 나오는 가운데 처음으로 외국 언론들이 마크롱의 저력에 갑자기 관심을 보이기 시작했다. 〈더 파이낸셜 타임스〉, 〈더 가디언〉, 〈이코노미스트〉 그리고 국제 통신사인 〈로이터〉와 〈AFP〉, 〈블룸버그〉 등이 마크롱의 선거 운동과 상승하는 지지율에 대해 속보로 소식을 전하기 시작한 것이다. "저는 1월이 시작되면서부터 우리에게 정말로 힘이 모이고 있다는 사실을 알 수 있었습니다." 마크롱의 회고다. "1월에 치른 행사들은 우리의 선거 운동을 이끈 원동력 중 하나였지요. 저는 우파, 그러니까 프랑수아 피용의 선거 운동 내용이 매우 급진적이고 과격하다는 사실을 깨달았습니다. 그리고 바로 그 시점에서 저는 제가 내세울 수 있는 중도의 길이 일반 대중들 사이에서 점차 인정을 받고 있다는 사실을 확신하게 되었습니다."

좌파의 선거 운동 계획은 아직 알려지지 않았고 사회당의 경선은 1월 말 실시될 예정이었다. 마크롱의 비서실장 소피 페라치는 분명히 마뉘엘 발스가 후보로 선출될 것이라고 예상했다. 이것은 12월 초에 총리를 사임한 마뉘엘 발스가 곧 출마를 선언할 것 같다는 의미였다.

그렇지만 마뉘엘 발스도 고민이 많았다. 온건한 중도좌파인 그는 총리 재직 시절 올랑드의 경제 개혁을 돕는 과정에서 사회당 좌파 세력 상당수를 따돌린 전력이 있었다. 이른바 '49.3'을 이용해 국회에서 개혁법을 강제로 통과시킨 사건이다. 마뉘엘 발스는 또한 이슬람교도들에 대해서도 강경한 태도를 취해왔으며 부르키니 수영복 반대에 찬성했고, 여성의 권리를 내세우며 대학에서 이슬람교도 여성들의 얼굴가리개 사용을 불법으로 규정하고 싶어 했다. 무엇보다도 그는 정말로 인기가 없었던 올랑드 행정부의 총리였으며 그와의 관계를 부정할 수 없었다. 다행히 마크롱은 6개월 전 이미 그곳을 탈출한 상태였다.

마뉘엘 발스도 선거 관련 행사를 여러 번 치렀지만 모인 사람들은 수백 명도 채 되지 않았고 긴장한 표정으로 입을 꽉 다무는 일이 더 잦아졌다. 그를 반대하는 사람에게 얻어맞는 일도 있었고 밀가루 세례를 받기도 했다. 미국의 정치 전문 일간지 〈폴리티코〉는 웹 사이트를 통해 마뉘엘 발스의 정치 활동을 일컬어 "맞지 않는 운동화를 신고 장거리 달리기를 지금 막 끝낸 사람의 기분"이라고 표현하기도 했다.

12월과 이듬해 1월 초만 해도 확실히 인기 가도를 달렸던 마뉘엘 발스는 자신의 텃밭을 전 재정경제부 장관이자 좌파인 아르노 몽테부르에게 넘겨주게 되었다. 그리고 교육부 장관을 역임했고 '마크롱법'을 앞장서 반대했던 브누아 아몽도 1월 22일로 예정된 사회당 경선 1차 투표에서 깜짝 도전자로 부상했다.

마흔아홉 살의 브누아 아몽은 평생 정치의 길을 걸어왔다. 그는 자동화와 인공지능으로 인해 각 일터에서 벌어지고 있는 위기 상황을 타개할 만한 미래지향적 계획을 제시했다. 그는 우선 젊은층이나 실업자부터 시작해 모든 사람들에게 기본 소득제를 적용할 것을 제안했으며 그 액수는 최고 월 750유로에 달할 것이라고 했다. "디지털 혁명으로 인해 결국 일자리가 줄어들 것이며 그에 대한 준비를 할 필요가 있다"는 것이 그의 생각이었다.

모든 국민들에게 매달 일정 액수의 생활비를 지급하자는 이른바 기본 소득제의 개념은 그동안 전 세계적으로 공감을 얻어왔다. 핀란드는 실업자들에게 매월 2,000유로씩 지급하는 제도를 2년의 기한을 두고 실험적으로 실시하고 있으며, 미국의 선도적 기업가이자 전기 자동차 회사 테슬라의 CEO 앨런 머스크와 프랑스의 좌파 경제학자 토마 피케티 같은 유명 인사들도 이를 긍정적으로 보고 지지하고 있다. 특히 지난 250년 동안 일어났던 부의 재분배 사례를 소개한 피케티의 책은 2013년에 출간되어 큰 인기를 끌기도 했다.

그렇지만 전면적인 기본 소득제 실시는 눈물이 날 만큼 어마어마한 재원을 필요로 한다. 파리정치대학 산하의 일급 정책 연구소인 프랑스 경제현황 연구소의 연구원들은 브누아 아농의 계획을 실현하려면 연간 프랑스 국방 예산의 10배인 4,800억 유로의 예산이 들 것이라고 예상했다. "그가 꿈꾸는 것은 거의 완전히 새로운 종류의 사회적 모형입니다. 자본주의 이후의 사회라고 할 만합니다." 프랑스 경제 전망 연구소의 경제학자 마티유 플랑의 말이다.

마뉘엘 발스는 브누아 아몽을 일컬어 '몽상가'라고 했지만 그 발상 자체는 노동의 미래에 대한 더 큰 논쟁을 불러일으켰고 브누아 아몽을 독창적이고 창의적인 인물로 보이도록 만들었다. 그는 또한 친환경 문제에 대해서도 강경한 입장을 고수했다. 그는 GDP가 아닌 좀 더 환경적인 측면에 초점을 맞춘 새로운 경제 모형을 원했고, 거기에 덧붙여 대마초를 완전 합법화하려는 그의 계획은 좌파 활동가들의 호응을 얻었다.

자신의 공약이나 계획이 별반 큰 인기를 끌지 못하자 마뉘엘 발스는 대신 브누아 아몽을 이슬람 근본주의의 확산에 소극적인 사람으로 선전하는 데 최선을 다했다. 이런 주장은 우파 공화당 경선 때 사르코지와 피용이 알랭 쥐페를 상대하며 아주 효과적으로 사용한 방법이었다. 브누아 아몽은 IS에 가입하기 위해 프랑스를 떠난 청년들이 살던 파리 외곽 지역의 국회의원이었고, 이 문제에 대해 모호한 태도를 취하고 있다고 마뉘엘 발스는 주장했다.

그렇지만 마뉘엘 발스의 주장은 사회당 유권자들에게 그리 큰 영향을 미치지 못했다. 이전에 치러졌던 우파 경선과 마찬가지로 사회당 경선 결과 역시 예측대로 흘러가지는 않았다. 브누아 아몽은 1차 투표에서 37%의 득표율로 1위를 차지했고 2위는 32%의 마뉘엘 발스였다. 1주일 뒤 치러진 2차 결선 투표에서는 브누아 아몽이 59%의 지지를 얻어 마뉘엘 발스를 무너트렸다.

마뉘엘 발스는 결국 전 총리인 알랭 쥐페와 전 대통령 사르코지, 그리고 곧 자리에서 물러날 현 대통령 올랑드와 같은 처지가 되어 정치적으로 폐기 처분을 받은 셈이었다. 이들은 이른바 '적폐청산積弊淸算'이라는 새로운 정치 혁명의 첫 희생자들로, 프랑스 유권자들은 자진해서 옛 정치 지도자들을 몰아낸 것이다. 마크롱에게 이런 결과는 특별히 유리할 것은 없었다. 그에게는 자신이 택한 길을 계속해서 밀고 나가는 방법밖에 없었다. 사회당은 몽상에 가까운 경제 공약을 내세운 좌파 정치인을 선택했고, 좌와 우 사이의 중간 지역은 이제 무주공산無主空山이 되었다.

"브누아 아몽은 그럴싸한 전략을 들고 나왔지만 그가 사회당을 하나로 뭉쳐 끌고 나갈 수 있을지는 상당히 의심스럽습니다." 프랑스 정계를 오랫동안 담당해온 기자인 알랭 뒤하멜이 RTL 라디오와의 대담에서 한 말이다. "브누아 아몽이 경선에서 승리를 거뒀지만 그 수혜자는 마크롱이 될 겁니다." 그는 두 가지 측면에서 정확한 예측을 했다.

그렇지만 마크롱을 위한 더 근사한 선물이자 2017년 프랑스 대통령 선거에 있어 가장 중대했던 사건의 실체는 1월 24일 화요일 저녁에 그 모습을 드러냈다. 과거에 일어났던 다른 수많은 프랑스 정치계의 추문들처럼 이번 사건도 프랑스에서 제일 유명한 시사 풍자 전문지 〈르 카나르 앙셰네〉의 싸구려 인쇄용지에 눈에 확 띄는 하얀색과 붉은색, 그리고 검은색 활자를 통해 세상에 드러나게 된 것이다. 〈르 카나르 앙셰네〉가 전하는 소식과 정치 음모, 그리고 신랄한 보도와 풍자는 큰 인기를 끌어 신문은 매주 40만 부 이상 팔려나갔다. 제1차 세계대전 당시 정부를 공격하기 위해 만들어진 이 주간지는 100년이 넘는 역사를 자랑하며 시류를 따르지 않는 것을 특징으로 내세웠으며 인터넷 웹 사이트도 이용하지 않았다. 그들은 매주 화요일 밤 첫 판을 발행하기 전에 정치인들의 보좌관 들을 사무실로 모이도록 했다. 그들의 항의에 대항해 미리 싸울 준 비를 해두기 위해서였다. 〈르 카나르 앙셰네〉의 1면에 이름이 오르 내린다는 건 정치인으로서는 사형 선고나 마찬가지였다. 전 대통 령 발레리 지스카르 데스탱의 경우 추락한 명성을 다시는 회복하 지 못했다. 1979년 중앙아프리카의 악명 높은 잔인한 독재자 장베 델 보카사로부터 다이아몬드를 받은 사실이 폭로되었기 때문이다. 2005년에는 재정경제부 장관 에베르 게마르의 보장되어 있던 미 래가 180평이 넘는 집에서 월세 1만 4,000유로를 내며 살고 있다 는 폭로로 끝장이 났다. 최근에는 프랑수아 올랑드 대통령의 이발 사가 월 1만 유로 가까운 돈을 받는다는 기사가 나오기도 했다.

〈르 카나르 앙셰네〉는 탐사 보도가 장점이었으며, 때로는 상대 편 정적에게 피해를 주기 원하는 익명의 제보자로부터 제보를 받 아 조사에 들어가기도 했다. 그런 〈르 카나르 앙셰네〉가 이번에는 과거 중앙선거 위원회에 신고한 자산 내역을 바탕으로 현재 공화 당의 대통령 후보이자 가장 유력한 후보인 프랑수아 피용의 재정 문제에 파고들기 시작한 것이다. 사건의 발단은 피용이 5년 동안의 총리 생활을 마치면서 2F 콩세유라는 이름의 자문 회사를 차린 것 이었는데, 11월 보도에 따르면 피용은 이 회사로부터 2012년에서

2015년 사이 75만 유로 이상을 받았으며, 1만 5,000 유로 이상의 값어치가 있는 명품 시계들도 수집을 했다고 한다.

그렇지만 〈르 카나르 앙셰네〉 특유의 풍자가 섞인 폭로는 상상을 초월한 충격을 안겨주었다. '피용, 돈 버는 기술만은 아내로부터 배워라'라는 제목의 기사는 피용의 영국 출신 아내 페넬로페 피용이 10년 이상 국회에서 남편의 보좌관으로 등록이 되어 60만 유로 이상의 급여를 받아갔다고 밝혔다. 독일이나 유럽연합 의회와는 달리 프랑스에서는 배우자를 보좌관 등으로 고용하는 것이 불법은 아니다. 그렇지만 아무리 조사를 해도 그녀가 실제로 일을 했다는 증거는 어디에도 없었으며, 동료 의원이나 정치부 기자들은 그녀를 프랑스 중부의 12세기 저택에서 다섯 자녀를 돌보고 말을 기르느라 바쁜 가정주부로만 알고 있었다.

또한 페넬로페는 2012년 5월에서 2013년 12월까지 〈라 르뷔 데 되 몽드〉라는 문학 및 시사 문제 전문 월간지로부터 매월 5,000유로의 월급을 받았는데, 이 월간지의 실질적인 소유주는 부부의 친구이자 억만장자인 마르크 라드레 드 라샤리에르였다. 그렇지만 보도된 바에 따르면 잡지 발행인인 미셸 크레퓨마저 "페넬로페 피용을 단 한 번도 만나본 일이 없으며 사무실에서조차 단 한 번도 본 적이 없다"고 한다.

이런 폭로들이 가져올 잠재적 영향력은 매우 컸다. 최근에 마크롱의 인기가 올라가고 있기는 했지만 프랑수아 피용은 여전히 여론 조사에서 1위를 달리고 있었고 많은 사람들이 그의 승리를 점치고 있었다. 그런데 이런 일들이 그의 정치적 기반을 흔들게 되었던 것이다. 피용은 경선 과정에서 사르코지를 궁지에 몬 법적 문제들을 언급하고 40년 가까운 정치인 생활에서 오점이 하나도 없음을 강조하며 스스로를 청백리清白吏라고 자처해 화제가 되었었다. 그는 또한 공공 부문 지출과 불법적으로 정부의 혜택을 받는 사람들에 대한 전쟁을 선언하며 공무원 50만 명을 감축할 것을 약속하기도 했다. 그런데 이렇게 각종 비리가 폭로되자 피용이 오래전 썼던 트위터의 글이 다시금 화제가 되었다. 그는 "대통령과 내각의 장관들은 어떠한 잘못도 저질러서는 안 되며, 열심히 일하면서도 혜택을 받지 못하는 사람들과 일하지 않으면서 나라의 세금을 축내는 사람들 사이에 존재하고 있는 사회적 불의와 싸워야 한다"고 글을 남겼다. 말할 것도 없이 그의 추문은 텔레비전 뉴스에 보도되었고 #Penelopegate라는 해시태그와 함께 그 즉시 인터넷 사회관계망을 통해 퍼지기 시작했다.

피용의 선거 운동 본부는 공황 상태에 빠졌다. 기자들에게 해명을 하러 나간 본부의 대변인은 피용이 아내를 채용한 것이 사실이라고 확인을 해주었다. "국회의원의 배우자가 함께 일을 하는 것은 흔한 일입니다." 티에리 솔레의 해명이었다. 이 해명은 사실 틀린 말도 아닌 것이, 프랑스 국회의원 577명 중 약 1/5 정도가 가족과 함께 일하고 있었다. 문제는 그 누구도 피용의 아내 페넬로페가 그 정도 급여에 맞는 일을 하는 것을 본 기억이 없다는 사실이었다. 몇 개월 만에 1만 유로가 넘는 돈을 받아 챙겨갔으면서도 말이다.

다음 날이 되자 감사원에서는 피용의 국가 예산에 대한 유용 가능성과 그가 각종 불법 거래와 관련해 영향력을 행사했는지에 대한 사전 조사를 실시했다. 언론 매체를 통해 이런 사실을 접했을 무렵 피용은 선거 운동 일정에 따라 보르도를 찾아가, 자신의 정적이었던 알랭 쥐페와 함께 항공 우주 산업 공장과 포도주 박물관을 방문 중이었다. "드디어 인신공격이 난무하는 때가 돌아왔다는 걸 알겠군요." 피용의 첫 반응이었다. "이 기사가 보여주는 경멸과 여성 혐오에 저는 무척이나 분노를 느낍니다. 그 여자가 제 아내라서 그런 일을 하면 안 된다는 것입니까? 이 기사대로라면 남성 정치인은 여성에게 집에서 음식이나 하라고 말해야 할 텐데, 그러면 아마 여권 운동가들이 가만 있지 않을 겁니다." 피용은 나중에 조사가 빨리 시작된 것에 대해서는 환영의 뜻을 밝히기도 했다. "이 거짓말 행진을 빨리 끝낼 수 있기 때문"이라는 것이 그의 말이었다.

직접 나서서 진실을 밝히라는 압력을 받게 된 피용은 결국 목요일 밤 저녁 황금 시간대에 방송되는 TFI의 텔레비전 대담에 나가는 데 동의했다. 그에 대한 첫 보도가 나간 지 48시간 만이었고 피용의 보좌관들은 나중에 자신들이 너무 늦게 대응에 나섰다는 것을 인정했다. 피용은 자신이 이런 정도의 압력에는 동요하지 않는다고 말했다. 다시 말해 이 모든 것이 대통령 후보인 자신을 흔들기 위한 모함이라는 주장이었다. "저에게는 한 치의 부끄러움도 없습니다. 제 아내는 국회에서 오랫동안 제 보좌관으로 일을 해왔습니다." 그는 이렇게 말하며 우편물 관리와 회의 참석, 그리고 자신을 대신해서 사람들을 접대하는 등의 그녀가 맡았던 일들을 늘어놓았다.

피용은 그런 다음 두 가지 중요한 언급을 한다. 우선 2005년에서 2007년 사이 변호사인 자신의 두 자녀도 법적인 문제에 대해 국회에서 자신을 보좌했다고 밝혔고, 그다음에는 자신의 후보 사퇴 조건에 대해 정확하게 제시했다. "제가 이 문제로 인해 기소를 당하고 제 명예에 대한 의문이 제기되면 그때 후보를 사퇴하겠습니다."

그런데 그의 자녀에 대한 언급은 그 즉시 역풍이 되어 돌아왔다. 둘 중 어느 누구도 그 당시에 아버지를 도울 만한 자격을 갖추고 있지 못했기 때문이었다. 그렇지만 자신의 사퇴와 관련하여 분명한 기준을 제시한 것은 당과 잠재적 경쟁자들에 대해 어느 정도 시간을 벌 수 있다는 장점이 되었다. 피용은 무죄 추정에 대한 자신의 권리를 지적하며 언론의 폭로가 자신의 가족에 대한 정치적 의도가 있는 공격이라고 본질을 흐리는 주장을 계속했다.

"그의 친구들이 피용을 대신할 사람들을 찾기 시작했다는 건 피용 자신에게 결코 좋은 소식이 아니지요." 마린 르 펜이 금요일 밤에 한 말이다. 공화당의 경우 특히 경력이 오래된 주류 의원들이 큰 충격을 받았다. 그들 중 어느 누구도 페넬로페 피용이 남편의 보좌관 역할을 했다는 사실을 들어본 적이 없기 때문이었다. 특히 그런 의원들 중에서 사건이 보도된 첫 주에 피용을 변호하기 위해 적극적으로 나선 사람이 거의 없었다는 건 주목할 만한 일이었다.

마크롱은 신중한 태도로 이번 추문을 비껴가려고 했다. 유죄가 확정될 때까지는 피용은 무죄이며 뭔가 문제가 있다 하더라도 오직 사법부의 판단을 따라야 한다고 말했을 뿐이다. "마크롱은 측근들을 모두 모아놓고 이 문제에 대해 각별히 언행을 조심하라고 일렀습니다." 언론 담당 시베스 엔디야에의 회고다. "프랑스의 대통령이 되고 싶다면 특히 뉴스 보도를 바탕으로 한 시끄러운 사건에는 절대 연루되지 말아야 한다는 것이 그의 생각이었죠."

다음 주 화요일 저녁이 되자 새로운 폭로 기사를 준비하고 있다는 소문을 들은 국회의원 보좌관과 비서들이 그 어느 때보다도 많이 〈르 카나르 앙셰네〉 사무실에 모여들었다. 피용의 추문을 보도한 후 이 주간지는 전국적으로 매진 행진이 이어졌으며, 아직 찍어내지 않은 다음 주 판에 대한 선주문도 엄청나게 많이 들어와 있었다. "관련 금액이 자꾸만 늘어나고 있다. 피용의 아내인 페넬로페에게는 33만 유로가, 그리고 자녀들에게는 8만 4,000유로가 추가 지급되었다는 의혹이 있다." 새로운 보도 내용이었다. 무슨 수를 썼는지 알 수는 없지만 〈르 카나르 앙셰네〉의 기자들은 더 많은 급여 명세서를 손에 넣었고 페넬로페가 1988년에서 2013년 사이 세 차례에 걸쳐 각기 다른 시기에 고용이 되어 83만 1,440유로를 받았다는 사실을 밝혀냈다. 게다가 앞서 언급했던 월간지 〈라 르뷔 데 되 몽드〉로부터도 10만 유로를 받았다. 피용의 자녀들은 2005년에서 2007년 사이 국회 예산에서 8만 4,000유로를 수령했는데, 그 금액의 일부는 프랑수아와 페넬로페 부부에게 전달되었다. 이렇게 해서 피용 부부가 얻은 수익은 모두 합쳐 대략 100만 유로에 달했다. 그날 아침 조사를 진행하던 감사원 조사관들은 국회의사당 안에 있는 피용의 사무실을 수색해 상자 여러 개에 서류를 가득 채워 돌아갔다.

"제가 알고 있기로 제5공화국이 시작된 이래 이런 상황은 단 한 번도 벌어진 적이 없었습니다. 대통령 선거를 불과 3개월 앞두고 있는 이 시점에서 유력한 후보를 제거하기 위해 이 정도 규모와 전문 인력이 수사에 동원된 적이 단 한 번이라도 있었습니까?" 같은 날 피용이 토로한 말이다.

이른바 '페넬로페 사건'이 진행되면서 피용은 이렇게 점점 더 공격적이고 강경한 어조로 자신을 변호하는 입장을 유지했다. 정부의 묵인을 받은 주류 언론과 정치적 압력을 받고 있는 것이 너무도 자명한 사법부가 힘을 합쳐 만들어낸 음모라는 것이었다. 피용은 또한 40년 가까운 결혼 생활이 모함에 의해 파탄 지경에 이르렀다며 대중들의 동정심을 자극했다. 그가 특히 보수적인 유권자들에게 인기가 높았던 이유 중 하나가 바로 잡음이 없는 결혼 생활이었기 때문에 그의 핵심 지지층은 바로 이 문제로 인해 크게 동요했다. 이들은 선거가 얼마 남지 않은 시점에서 특히 언론의 역할에 대해 언급하며 분노한 목소리로 피용을 옹호하는 주장을 되풀이했다. 결국 이런 폭로전에도 불구하고 여론 조사를 통해 나타난 피용의 지지율은 단 한 번도 17% 아래로 떨어지지 않았다. 그렇지만 여론 조사에 따르면 5%에서 10%의 무시할 수 없을 정도의 유권자들이 피용의 주장을 믿지 못하는 것으로 나타났다.

여론에서 가장 중요한 문제는 피용을 믿을 만한 증거가 부족하다는 사실이었다. 페넬로페 피용은 첫 보도 기사가 나간 후 며칠이 지나 파리에서 열린 중요 집회에 그 모습을 드러냈고 관중들은 그녀의 이름을 연호하며 환영했다. 그렇지만 제일 앞자리에 앉은 부부의 모습은 처참하기 그지없었다. 쏟아지는 뜨거운 관심 때문이기도 했지만, 눈에 띌 정도로 불안해하고 긴장하는 모습이 역력한 아내는 남편이 손을 잡아도 제대로 알아차리지 못할 정도였다. "저를 공격하고 싶다면 제 눈을 똑바로 쳐다보면서 저만 공격하십시오. 그렇지만 제 아내를 정치판에 끌어들이지는 마십시오!" 프랑수아 피용은 연단에 올라 이렇게 외쳤다.

기자들은 국회는 물론 피용의 지역구인 프랑스 중부 르망 근처의 사르트까지 샅샅이 파고들었지만 페넬로페에 대한 증언을 해줄 사람을 하나도 찾지 못했다. 그녀는 국회의사당 건물을 드나들 수 있는 출입증은커녕 국회에서 제공하는 공인 이메일 주소조차 갖고 있지 않았다.

피용 선거 본부의 언론 담당 부서에서는 페넬로페와 관련된 모든 의혹을 일소하기 위해 그녀가 정말로 일을 했다는 내용이 담긴 이메일 기록이나 편지, 혹은 연설문 일부라도 공개했어야 했지만 그러지 못했다. 그저 〈라 르뷔 데 되 몽드〉에서 그녀의 이름이 작성자로 실린 기사 두 개가 발견되었을 뿐인데, 그 두 개의 기사를 작성한 대가로 받은 돈이 바로 10만 유로였다. 반면에 이 월간지에서 일했던 또 다른 여성은 지난 2009년 750단어짜리 기사를 번역하고 75유로를 받았다고 증언했다.

그러나 피용 부부를 더 큰 궁지로 몰아간 것은 다름 아닌 두 사람의 언행이었다.

프랑수아와 페넬로페는 20대 중반에 처음 만났다. 영국 웨일즈의 애버개브니 태생인 페넬로페 케스린 클라크는 파리의 소르본대학에서 공부했고 당시 프랑수아는 국회의원 보좌관이었다. 두 사람은 1980년 웨일즈의 작은 마을 라노페르에서 결혼식을 올렸는데, 프랑수아에 따르면 역사적인 이유로 영국을 미워했던 프랑수아의 아버지가 결혼식장에서 역시 비슷한 이유로 프랑스를 미워하는 페넬로페의 아버지와 언쟁을 벌이기도 했다고 한다. 그리고 그로부터 몇 년 후 이번에는 피용의 남동생이 페넬로페의 여동생 제인 클라크와 결혼을 했다.

결혼을 한 지 몇 년이 지나 부부의 첫 아이가 태어났고 프랑수아 피용의 정치 인생도 본격적으로 시작되었다. 그는 1981년 총선에서 스물일곱 살의 나이로 국회 최연소 의원에 당선되었고, 파리로 이사와 거의 상주하면서 지역구에 살고 있는 가족은 주말에만 찾아갔다고 한다. "저는 다섯 자녀 중 막내를 제외한 넷이 자라는 모습을 제대로 지켜볼 여유가 없었습니다. 왜냐하면 국회의원이었으니까요." 지난 2016년 11월, 자신의 경선 승리에 도움을 준 정치 대담 방송 〈은밀한 야망〉에 출연했을 때 그가 한 말이다. "그야말로 하루도 제대로 쉬어본 적이 없었으니까, 기본적으로 애들은 애들 엄마가 다 키운 셈입니다."

페넬로페는 언제나 사람들의 주목을 피해 정치와 일정한 거리를 두었다. 심지어 2007년 남편이 총리가 되었을 때도 마찬가지였다. 같은 해 페넬로페는 영국 일간지 〈선데이 텔레그래프〉의 파리 특파원과 만남을 가졌는데, 여전히 수줍어하며 자신을 드러내지 않는 태도를 보였다. "저는 그저 시골 출신일 뿐입니다. 이곳은 제가 원래 있어야 할 곳이 아니에요."

2007년 이날의 만남과 대화를 담은 영상을 프랑스 텔레비전 방송인 〈특파원〉이 찾아내 2017년 2월에 방영했는데, 영상 속 페넬로페는 자녀들이 자신을 단지 항상 엄마로만 생각하는 것에 대해 이야기하면서 씁쓸하고 상처받은 듯한 표정을 지었다. 페넬로페는 영문학 강좌에 등록을 하고 "다시 나의 길을 나아가자고 생각했다"는 말도 했다. 정치인인 남편 프랑수아 피용을 직접 나서 도울 것이냐는 직설적인 질문에 대해서는 선거 운동 기간 동안에는 집회나 행사에 참석도 하고 홍보 전단도 돌리긴 하지만 "절대로 남편의 보조 역할 같은 건 하지 않을 것"이라고 단언했다. 그리고 이 방송은 지금의 상황을 강조하기 위해서인지 이 장면을 두 차례나 되풀이해서 보여주었다.

이것 말고도 예전에 페넬로페가 했던 중요한 대담 내용이 또 발견되었는데, 이번에는 지난 2016년 공화당 경선 기간 동안 한 지역 일간지인 〈르 비엥 퓌블리크〉과 나눴던 대담이었다. "지금까지 저는 남편의 정치 인생에 단 한 번도 관여하지 않았습니다."

1월 26일과 27일에 걸쳐 또 다른 여론 조사가 실시되었다. 프랑수아 피용에 대한 폭로 기사가 〈르 카나르 앙셰네〉를 통해 보도된 지 며칠이 지나서 실시된 이 여론 조사는 기사가 표심에 즉각적인 영향을 미쳤음을 보여주었다. 마린 르 펜이 지지율 26%로 앞서 나갔고 피용은 21%로 뒤처졌으며 마크롱이 20%로 그 뒤를 바짝 뒤쫓고 있었다. "저는 이제 피용에게 표를 줄 수 없습니다. 다 끝났어요." 쉰여덟 살의 IT 전문가로 마르세유 남부의 부유한 지역에 살면서 지금까지 언제나 우파에게 표를 던졌다는 케롤의 말이다. "그가 내세우는 공약이 문제가 없다 해도 그렇게 생각이 짧은 모습에는 정말 실망했습니다. 자신이 어떤 자리에 있는지 아는 사람이라면 그렇게 돈 문제를 허술하게 다룰 수는 없어요."

1월 마지막 날에 실시된 또 다른 여론 조사에서는 더 극적인 결과가 나왔다. 마크롱이 드디어 23%의 지지율로 2위에 올라서게 된 것인데, 그가 2차 결선 투표에 나설 수 있는 자격을 갖추게 된 것은 이것이 처음이었다. "불과 2개월 전 공화당 경선에서 승리하며 가장 정통성 있는 후보 자리에 오른 프랑수아 피용은 이제 중간에 주저앉게 될 위험에 처하게 되었다." 경제 전문지 〈레제코〉의 기자 세실 코르뉴데트의 경고였다. "이제는 대선 결과에 대해 한 치 앞도 내다 볼 수 없다. 심지어 마린 르 펜이 대통령이 될 수도 있으며……, 2년 전만 해도 상상도 할 수 없었던 이런 예상에 대해 이제는 아무도 웃으며 넘길 수는 없게 되었다."

운이 따르려고 했는지, 앙 마르슈에서는 바로 다음 주말에 프랑스 서부 리옹에서 대규모 유세 행사를 가질 예정이었다. 그 행사를 통해 또 다른 위세를 과시할 계획이었던 것이다. 앙 마르슈는 토요일에 8,000석 규모의 체육관을 빌렸다. 일요일에는 마린 르 펜이 역시 리옹에서 지지자들에게 연설을 하기로 되어 있었는데, 이렇게 은밀하게 마린 르 펜의 움직임을 따라가는 것이 마크롱 선거 운동 본부의 전략 중 하나였다. 다시 말해 그녀가 있는 곳에는 마크롱도 빠지지 않고 나타난다는 전략이었다. 마린 르 펜의 일정은 보통 일주일 앞서 발표가 되었기 때문에 마크롱은 자신의 일정을 바로 전날 밤에 언론에 알려주는 경우가 많았다. 앙 마르슈에서는 항상 마지막 순간까지 일정이나 계획을 신중하게 고치고 또 고쳤기 때문에 마크롱은 아주 재빠르게 움직여야 했다.

"아주 외진 지역이라도 마린 르 펜 혼자 돌아다니도록 내버려 둘 이유가 전혀 없다는 것이 우리 생각이었습니다." 마크롱의 최측근 인사 중 한 사람의 설명이다. 다시 말해 마크롱의 선거 운동은 마린 르 펜 바로 근처나 국민전선의 텃밭 안에서 이루어질 것이며, 이런 모습은 그녀가 스스로를 프랑스의 유일한 구원자라고 소개하고 다니는 데에 대한 마크롱과 앙 마르슈의 도전이기도 했다. "우리는 애국심을 내세우는 일이 실제로 도움이 된다는 판단을 내렸습니다. 마린 르 펜은 애국자가 아니라 다만 극우 국수주의자일 뿐이었습니다. 우리는 프랑스 사람으로 느끼는 우리의 자부심과 가치를 담아 진짜 애국심에 대해 이야기를 전해야 한다고 결정했습니다."

모두 다 마크롱이 추구하는 이른바 '삼각화tianogulation' 혹은 '다각화' 전략의 일환이었다. 이 전략은 1990년대 미국의 빌 클린턴 대통령이 처음 시도했던 것으로, 경쟁 상대인 우파의 작전이나 계획을 그대로 가져와 자신을 방어하는 데 활용하는 방법이었다.

"정치 지형도를 다시 그리려는 저의 계획이 제대로 이루어진다면 저의 위치는 중도, 진보, 친유럽연합, 애국자 정도가 될 것이며 그 대척점에는 국민전선이 서게 될 것이었습니다." 선거 운동을 마무리 하며 마크롱은 이렇게 회고했다. "그 꿈이 저를 계속해서 앞으로 전진하게 해주었습니다."

리옹에서의 양측 집회는 이제 두 유력 후보들 간의 대결이 되었다. 론강과 손강이 흐르는 이 우아한 도시는 2017년 프랑스 대통령 선거의 판도를 결정지을 새로운 정치 세력들로 가득 차게 되었다. 공산당의 지원을 받아 유럽연합을 반대하는 장뤼크 멜랑숑 역시 리옹에 와 있었다. 그는 '굴복하지 않는 프랑스La France Insoumise' 운동을 이끌며 새롭게 정치 운동을 시작했다. 지난 2016년 여름, 이른바 '잠들지 않는 밤'이라는 시위에 참여하며 세계화에 반대하던 많은 젊은이들이 장뤼크 멜랑숑을 지지하고 나섰다. 엄청난 영향력을 갖게 된 인터넷 사회관계망과 자신의 강렬한 개성을 무기로 내세운 장뤼크 멜랑숑은 대통령 선거 기간 동안 45만 명이 넘는 회원들을 끌어모았고, 특히 학생들 사이에서 엄청난 인기를 끌었다. 그는 각국의 교역을 반대하고 친환경 정책을 주장했으며 특히 가난한 사람들을 위한 사회 복지 예산을 포함해 공공 부문 지출을 엄청난 규모로 늘리는 일에 매달렸다. 이와 관련된 여러 가지 급진적인 공약 중에는 연간 수입이 40만 유로를 넘는 사람들을 대상으로 90%의 소득세를 물려야 한다는 제안도 있었다.

이번 마크롱의 집회에서도 역시 수천 명의 사람들이 체육관 안으로 다 들어가지 못했고, 이제 그런 사람들 앞으로 나와 사과의 말을 전하는 것은 마크롱의 전매특허처럼 익숙한 순서가 되었다. "여러분들도 '나도 그 자리에 있었다'고 말할 수 있습니다." 마크롱은 실망한 사람들에게 이렇게 위로의 말을 전했다. 운영 담당인 루도빅 샤케르는 훗날 실제 필요한 것보다 규모가 작은 장소를 섭외했다고 고백했는데, 그래야만 이렇게 사람들이 넘치는 것처럼 보여 마크롱의 인기를 높이는 데 도움이 되었기 때문이었다.

체육관 안에는 한가운데에 마치 권투 경기 링을 연상시키는 무대가 설치되어 있었다. 루도빅 샤케르는 마크롱이 연설을 하면서 무대 위를 계속 돌아다닐 수 있게끔 계획을 짰다. 마크롱은 그런 상황일 때 사람들의 공감을 이끌어내는 연설을 가장 잘했다. 연설을 마무리할 때는 중앙의 연설대로 돌아왔다. 측근들은 연설 자체는 그다지 좋지 않았다고 평가했으나, 언론의 보도는 모여든 사람들의 열광하는 모습과 미처 안으로 들어가지 못하고 밖에 서 있는 사람들의 숫자에만 집중되었다.

마크롱은 연설을 하며 마린 르 펜을 공격했다. 그녀는 "보통 사람들을 대변해 이야기하는 것이 아니라 오직 분노하고 적의를 품은 사람들만을 대변한다"는 것이었다. 그는 또한 치안 병력을 1만 명 더 늘리고 지역 경찰 경비 제도를 재도입하겠다는 자신의 계획도 공개했다. 이 지역의 경찰 제도는 사르코지와 피용이 정권을 잡고 있을 때 폐지되었다. 많은 전문가들은 해당 지역을 잘 아는 경찰들이 제대로 배치되지 않아 결국 각 지역의 정보가 치안 당국으로 전달이 되지 못했고, 그로 인해 특히 이슬람 극단주의의 위협에 대응하지 못했다고 지적해왔다. 지역사회에 녹아들지 못한 경찰은 특히 여러 우범 지역에서 주민들에게 단순히 강압적인 법 집행 세력으로만 보여졌고, 때로는 폭력적이고 무례한 모습으로 사람들의 분노를 자아내기도 했다. 리옹에서의 집회가 있기 일주일 전에 파리 북부에서는 정기 검문이 실시되었다가 폭력 사태로 번진 일이 있었다. 전과 기록이 전혀 없는 스물두 살의 한 노동자가 검문 과정에서 경찰봉에 맞아 심한 부상을 입었다. 그 때문에 여러 날에 걸쳐 폭동이 일어났으며, 또다시 경찰에 대한 반발심이 새롭게 일어나는 계기가 되었다.

마크롱이 연설을 한 바로 그날, 마린 르 펜도 자신의 144개 대통령 선거 공약을 발표했다. 공약에는 유로화가 아닌 프랑franc화 사용과 유럽 사람들이 여권 없이도 유럽 각국을 자유롭게 드나들 수 있게 한 셴겐Schengen 조약의 폐기 등이 포함되어 있었다. 그녀는 또한 유럽연합 탈퇴에 대한 국민투표를 실시할 것도 약속했다. 국내 문제와 관련된 주요 공약에는 은퇴 연령을 낮추고 국방비 지출을 늘리며 교도소와 구치소 등을 새로 4만 곳 신설하고 생산 시설을 해외로 옮긴 기업의 제품은 종류에 상관없이 수입품으로 35%의 관세를 물리는 등의 내용이 포함되어 있었다. 한 경제 전문 정책 연구소에 따르면 국방비 등 정부 지출 관련 공약만 실행하는 데도 추가로 850억 유로의 예산이 필요하며, 유로화를 포기하고 다시 프랑화로 돌아갈 때의 경제적 비용은 계산하기가 불가능할 정도라고 한다.

마린 르 펜이 리옹에서 한 연설을 보면 그녀가 극우파의 기본 입장으로 돌아갔다는 사실을 알 수 있었다. 행사가 진행되는 곳 입구에는 극우파 운동가들이 미리 모여 이민자들이 프랑스 국민보다 더 나은 대우를 받는다고 주장하고 있었다. "여기는 우리 땅이다!"라는 외침이 관중들로부터 터져 나오는 가운데, 마린 르 펜은 두 개의 전체주의가 지금 프랑스를 늪으로 몰아넣고 있다고 경고했다. "그 하나는 오직 교역만을 앞세우는 이른바 국제 금융이라는 전체주의, 다른 하나는 오직 자신들이 믿는 종교만을 앞세우는 이슬람 극단주의라는 전체주의입니다."

마린 르 펜은 또한 향후 3개월에 걸쳐 펼쳐질 대통령 선거의 중요 쟁점을 이렇게 설명했다. 국민전선과 앙 마르슈 사이의 전쟁은 바로 자신의 애국심과 마크롱의 세계주의가 격돌하는 전쟁이라는 주장이었다. 이런 이분법은 도널드 트럼프의 전략을 그대로 가져온 것이었다. 트럼프는 사양길에 접어든 변두리 공업 지역의 백인 노동자들을 집중 공략했다. 이들은 스스로를 자유 무역과 대량 이민의 희생자로 여기고 있었고, 이런 상황을 만든 것은 바로 힐러리 클린턴으로 대표되는 도시의 상류 지도층이라고 생각했다.

마크롱은 리옹 사람들 앞에서 프랑스 문화에 대한 자신만의 견해를 대담하게 공개했다. 마린 르 펜이나 프랑수아 피용이 지겹도록 반복해온 내용과는 완전히 다른 내용이었고, 선거 운동이 진행되는 와중에 꺼내기에는 위험하고 복잡한 논쟁거리였다. "프랑스 문화가 아니라, 프랑스 안의 문화라고 해야 합니다. 바로 다양하면서도 다면적인 문화 말입니다." 마크롱은 나중에 프랑스의 현재 모습을 각기 다른 수원水原들이 하나로 합쳐지고 시간이 흐르면서 그 모습이 변하게 된 강물에 비유하며 자신의 주장을 좀 더 세세하게 발전시켰다. "문화란 시간이 흐르면 변하게 마련입니다." 마크롱은 이렇게 주장했다. 마린 르 펜과 프랑수아 피용은 이런 마크롱을 향해 프랑스 문화의 존재 자체를 부정하고 있다고 공격했다. "프랑스는 영혼도 없이 떠도는 무슨 국제 호텔 같은 곳이 아닙니다. 익명의 개인들과 외국 사람들이 그저 나란히 모여 사는 곳이 아니라는 말입니다." 피용의 주장이었다.

마크롱은 태어나면서부터 프랑스적인 문화를 누려왔다. 그를 둘러싸고 있는 측근이나 친구들 역시 거의 대부분 전통적인 프랑스 가정 출신이며, 그의 문학과 음악에 대한 취향 역시 한결같이 프랑스 전통을 따르고 있었다. 마크롱은 프랑스 문화라는 개념 자체를 거부하는 것이 아니며 다만 프랑스 문화를 국수주의적 시선으로 이해하려는 개념을 거부하는 것이었다. 국수주의적 시선이 개입하게 되면 많은 소수 민족들은 다양성이 공존하는 자신들의 정체성을 포기하고 프랑스 문화에만 순응하거나 아니면 외부인으로 배척당하는 삶을 살 수 밖에 없다는 압박감을 느끼게 된다. 이런 감정은 결국 분노의 근원이 될 뿐이었다.

우파와 극우파의 끊임없는 공격과 갈등에도 불구하고 마크롱은 이후에도 마린 르 펜의 뒤를 이어 지지율 2위를 유지했다. 그리고 언론의 관심은 피용이 계속 고집을 피우며 후보에서 사퇴하지 않고 버틸 것인가에 여전히 집중되어 있었다. "한 달 전만 해도 우리에게 패배는 없을 것 같았습니다. 그런데 이제는 2차 결선 투표까지 갈 수나 있을까 하는 질문을 스스로에 던지는 처지가 되었습니다." 한 공화당 소속 의원의 한탄이었다.

제14장

온갖 문젯거리를 한 방에 날린
숨겨둔 비장의 무기

2월 초가 되면서 마크롱의 기세는 점점 더 올라갔고, 그와 함께 그의 성적性的 취향에 대한 관심 역시 급증하기 시작했다. 마크롱의 성적 취향에 대한 소문은 그가 2014년 재정경제부 장관으로 임명된 직후부터 떠돌기 시작했다. 그의 특별한 결혼 생활이 결국 브리지트를 내세워 자신의 동성애 성향을 감춰보려는 시도라는 내용이었다. "마크롱이 장관이 되자마자 바로 그날 밤 기자로부터 받은 첫 번째 질문이 그런 소문에 관한 내용이었습니다." 앙 마르슈의 언론 홍보 담당 시베스 엔디아에의 회고다. "마크롱의 상대로 추측되는 사람은 마티유 갈레였어요."

마티유 갈레는 말쑥하고 이목구비가 뚜렷한 신사로, 프랑스의 라디오 방송국 중에서도 가장 규모가 큰 라디오 프랑스의 최연소 사장이었다. 마크롱과 마찬가지로 이제 갓 마흔이 된 그는 고급 맞춤 정장을 좋아하는 취향도 마크롱과 비슷했다. 두 사람이 은밀한 관계라는 소문은 지난 2년 동안 줄곧 돌고 돌았지만, 2017년 초에는 그 관심이 최고조에 달하게 되었다.

파리 사람들이 모여 정치 이야기가 오고가는 자리에는 언제나 마크롱의 성 정체성과 결혼 생활이 빠지지 않고 화제에 올랐다. 언론인들조차 그런 소문을 서로 교환했는데 대부분 뚜렷한 근거 없이 사람과 사람을 거쳐 흘러나온 이야기일 뿐이었다. "내 친구의 친구가 그러는데 마크롱이 게이 클럽에서 나오는 것을 봤다더라" 수준이거나 유명인들을 상대로 하는 잡지에 실린 의심스러운 사진 등이 전부였다. 다른 남성과 함께 둘이서 저녁 식사를 하고 있는 평범한 모습조차 그에 대한 의심의 불꽃을 다시 피워 올렸다. 그런 소문을 계속해서 부추기는 것은 마크롱에게 악의를 품은 정적들이었다. 러시아의 국영 뉴스 통신사인 〈스푸트니크〉는 마크롱이 동성애자 단체의 후원을 받는다는 보도를 전했고, 그가 동성애자임을 감추고 있다는 가짜 뉴스가 사람들 사이에 퍼졌다. 그러는 사이 지난 2016년 5월, 마크롱을 두고 "마크롱은 남자인 것 같기도 하고 아니면 여자인 것 같기도 하고……"라고 말했던 니콜라 사르코지는 기자들과 비공개를 전제로 대담을 하면서 이런 의혹에 계속해서 부채질을 했다. 사르코지의 친구이자 동성애자인 은행가 필리프 빌렌은 기자들과 식사를 하는 자리에서 마크롱의 결혼이 위장 결혼이라는 자기 생각을 계속해서 풀어놓기도 했다.

2월이 시작되자 파리에 거주하며 《프랑스 아이처럼French Children Don't Throw Food》 같은 인기 높은 육아 관련 책을 펴내기도 한 작가 파멜라 드러커맨이 〈뉴욕타임스〉에 마크롱 부부에 대한 기사를 썼다. 그녀는 마크롱 부부에게 드리워진 의심과 많은 중도파 유권자들이 논쟁을 벌이며 두려워하고 있는 동성애자 논란은 한창 물이 오른 마크롱의 인기에 치명타가 될 수 있다는 경고를 하며 이렇게 썼다. "프랑스 사람들은 도덕적인 면에 연연하지 않는 것을 자부심으로 생각한다. 다만 정치인의 애정 생활에는 거짓이 없어야 한다…… 문제는 마크롱의 성적 취향이 아니라 그의 진실성이다. 마크롱과 브리지트의 사랑이 거짓이라면, 프랑스를 위한다는 그의 계획 역시 거짓이라는 의심을 살 수밖에 없는 것이다."

비슷한 시기인 1월 말쯤에 마크롱의 언론 홍보를 맡고 있는 시베스 엔디야에가 파리 제9구역에 있는 단골 미용실에 머리를 하러 찾아갔다. 이 미용실은 주로 아프리카계 손님들을 대상으로 머리를 펴거나 땋아주는 일을 하는 곳이었는데, 시베스 엔디야에는 사소한 잡담이 오가는 중에도 한 번도 자신이 누군지를 밝힌 적이 없었다. 그런데 마크롱의 모습이 미용실 텔레비전에 등장하자 미용사와 손님 들이 마크롱의 미래에 대해 이야기를 하기 시작했다.

"제 머리를 만져주던 미용사가 옆의 동료와 이야기하는 소리를 들었어요. '마크롱이라는 사람, 뭐, 나쁘지는 않아. 그렇지만 모두들 그가 동성애자라는 사실을 알고 있지. 나는 그가 좋지만 프랑스에서는 절대로 동성애자가 대통령이 될 수는 없을 거야.' 저는 그런 이야기를 들으며 속으로 슬며시 웃었죠. 그리고 이 문제에 대해 다시 생각하게 되었어요." 시베스 엔디야에의 회고다. 미용실을 나오자마자 그녀는 마크롱에게 문자 메시지를 보내 오늘 겪은 일을 알렸다.

앙 마르슈 본부에서 다시 만난 그녀와 마크롱은 함께 웃고 말았지만 그렇게 마냥 웃고 있을 수만은 없었다. "걱정스러웠던 건 그런 말이 내가 다니는 미용실의 미용사로부터 나왔다는 사실이었어요. 정치하고는 아무런 관련도 없고 텔레비전을 그리 많이 보는 것도 아닌 그냥 보통 사람인 미용사 말이죠." 시베스 엔디야에의 말이다. "그때까지만 해도 우리는 마크롱에 대한 소문이 파리의 정치와 언론계 안에서만 떠돌고 있다고 생각했어요. 하지만 이 일을 계기로 생각이 완전히 바뀌게 되었죠."

마크롱은 지난 11월에 좌파 성향의 뉴스 전문 인터넷 웹 사이트인 〈미디어파트〉와 대담을 하면서 이미 이런 소문에 대한 질문을 받은 적이 있었고 "나에게는 무엇보다도 내 가족과 결혼 생활이 제일 소중하다"라고 대답했지만 사람들은 귀담아 듣지 않는 것 같았다. 결국 그는 2월 7일 파리에서 열린 집회에서 이 문제를 정면 돌파하기로 결심했다. 그리고 그가 한 연설 내용은 프랑스는 물론 해외 언론 머리기사를 장식했다.

"저의 결혼 생활이 가짜라거나 혹은 제가 무슨 이중생활을 한다는 식의 소문을 퍼트리는 사람들은 다른 무엇보다도 제 아내 브리지트를 괴롭히고 있습니다. 브리지트는 그야말로 하루 종일 저와 함께 생활하고 있으며 제 일거수일투족을 샅샅이 다 살펴주는 사람입니다. 사사로운 잡담이나 이메일 등을 통해 제가 마티유 갈레나 어떤 누군가와 이중생활을 하고 있다고 퍼트리는 사람은 대체 누굴 본 겁니까? 무슨 허깨비라도 본 것이 아닐까요?" 마크롱은 이렇게 농담을 덧붙였고 이를 들은 관중들은 웃음을 터트렸다.

옆에서 듣고 있던 시베스 엔디야에와 벤자멩 그리보는 처음에는 얼굴을 찡그렸으나 이내 안심하는 표정이 되었다. 두 사람은 마크롱이 연설 중에 이 문제를 언급할 거라고는 전혀 예상치 못하고 있었다. 마크롱은 측근들과 아무런 상의 없이 이런 이야기를 먼저 꺼내기로 결정을 한 것이다.

"저는 이 문제를 웃음으로 넘기자고 마음먹었습니다. 말도 안 되는 소문에 대응하는 방법은 그게 최선이니까요." 마크롱은 나중에 〈르 파리지앵〉과의 대담에서 이렇게 말했다. 그리고 그런 소문들이 자신은 물론 가족들까지 불안하게 만들고 있다고 덧붙였다.

그는 여기서 한 걸음 더 나아가 〈테투〉 같은 동성애자 관련 잡지나 언론 매체 등과도 대담을 나누며 자신에 대한 오해를 풀려고 애썼다. 그는 헛소문을 만들어내는 사람들의 여성 혐오와 젊은 남자와 나이 든 여자의 결혼은 거짓이라고 믿고 싶어 하는 사람들의 편견에 대해 호되게 비난했다.

이렇게 마크롱의 성 정체성에 대한 문제가 점차 해결이 되고 프랑수아 피용이 큰 추문에 휘말리자, 마크롱의 미래는 아주 밝아 보였다. 그런데 바로 이때, 마크롱은 프랑스도 아닌 해외에서 큰 실수를 저지르고 말았다. 자신의 외교 정책이 신뢰할 만하다는 사실을 알리기 위해 2월 15일 알제리를 방문한 마크롱은 가혹했던 프랑스의 알제리 식민지 지배에 대한 질문을 받았다. 프랑스는 1830년에 알제리를 식민지로 만든 후 강압적인 지배를 계속했으며, 1962년 드골 대통령이 결단을 내린 후에야 알제리는 프랑스로부터 독립할 수 있었다. 고문과 대량 학살 등으로 점철된 가혹한 식민지 지배 기간 동안 희생된 알제리 사람들의 숫자는 수십만 명이 넘는다. "식민지 지배에 대한 찬양은 받아들일 수 없는 일이라고 생각합니다. 실제로 10년 전쯤 프랑스에서는 과거사를 좋은 쪽으로 받아들이자는 사람들이 있었지요." 마크롱은 아슈루크 방송국에서 나온 기자와의 대담에서 이렇게 말했다. 지난 2005년 우파 국회의원들이 학교에서 식민지 지배의 긍정적인 측면을 강제로 가르치도록 하는 법안을 통과시키려 했던 일을 언급한 것이다.

"저는 언제나 식민지 지배를 야만적 행위로 규탄해왔습니다…… 식민지 지배는 지울 수 없는 프랑스 역사의 일부분이며 인류에 대한 범죄 행위입니다."

마크롱은 '인류에 대한 범죄 행위'라는 말 한마디로 알제리에서 태어났거나 살아온 수백만 명의 프랑스 이주민들을 모욕했을 뿐만 아니라, 130여 년 동안 프랑스 영토를 지키기 위해 싸운 프랑스 군인들, 그리고 프랑스를 지지했던 알제리 전사 수십만 명의 희생을 범죄로 몰아간 것이었다. "여정은 아주 만족스럽게 끝이 났습니다. 알제리에서는 정말로 따뜻한 환영을 받았지요." 마크롱의 외교 부문 담당 고문 오를레앙 르슈발리에의 회고다. "그리고 문제가 된 발언은 대담을 마무리하며 그냥 몇 마디 보탠 것뿐이었습니다. 무조건 오해를 하지 말고 실제로 찾아서 들어보면 잘 알 수 있을 겁니다." 국민전선과 공화당 측은 실제로 해당 발언을 잘 찾아 들어보았으며 이 확실한 기회를 놓치지 않았다. "프랑스 역사에 대해 증오와 후회를 갖고 있는 사람이 과연 대통령 후보의 자격이 있는가." 프랑수아 피용은 이렇게 마크롱을 공격했다.

마크롱은 자신이 의도한 것 이상으로 과한 발언을 했고 이전의 발언과는 모순된 모습을 보였다. 결국 상황에 따라 언제든 다른 모습을 보일 준비가 된 사람이라는 인상을 심어주게 되었다. 11월에 있었던 주간지 〈르 쁘엥〉과의 대담에서 그는 알제리에서 고문 등의 잔혹 행위가 자행되었다는 사실은 인정하면서도 "그렇지만 하나의 국가와 부유층과 중산층이 탄생하는 과정에서라면…… 식민지 지배의 현실이란 그런 것이 아닐까요? 문명과 야만이 공존하는 것 말입니다"라는 말을 한 적이 있었다.

그리고 바로 얼마 뒤 있었던 두 번째 대담에서 마크롱의 발언은 또 다른 큰 파장을 불러일으켰다. 동성 결혼의 합법화에 반대하는 보수적인 가톨릭교도들을 정부가 나서 '모욕'을 주었다는 발언이었다. 사회당 지지자들은 2013년 올랑드 대통령이 밀어붙인 이 동성 결혼 합법 정책을 그의 중요한 사회적 치적 가운데 하나로 생각했다. 마크롱은 당시 이 법안에 찬성하며 동성애자들의 인권에 대한 진보적 견해를 공개적으로 나타낸 바 있었다. 이런 마크롱의 오락가락하는 행보는 결국 그를 공격하는 반대파들의 주장에 더 큰 힘을 보태주고 말았다. 즉 마크롱은 좌파도 아니고 우파도 아니며, 뚜렷한 자기 정체성이나 생각 같은 건 더더군다나 없는 사람이라는 주장이었다. 또한 4월에는 마크롱의 "프랑스 문화는 없다"라는 발언도 우파 주간지 〈코죄르〉에 의해 이렇게 반대로 비틀어 인용이 되었다. "다문화 국가로서의 프랑스는 없다. 그리고 앞으로도 절대 없을 것이다."

좀 더 관대한 시선으로 보자면, 마크롱은 이런 난감한 문제들에 대해 대단히 미묘한 관점을 유지하고 있는 것으로 보였다. 그의 발언은 동성 결혼 수용에 대한 가톨릭교도들의 난감한 처지를 제대로 이해하지 못했기 때문에 결과적으로 프랑스가 자국의 가톨릭교도들을 모욕했다고 해석할 수도 있었다. 이렇게 생각하면 마크롱이 이 법에 대해서 여전히 우호적인 시선을 갖고 있다고 믿어도 별 문제는 없었다. 또한 프랑스의 문화에 대한 마크롱의 관점은 여러 이질적인 모습들이 혼합되어 있다는 점을 인정하면서, 대신 캐나다나 영국이 채택한 것 같은 다문화주의 체제는 거부한다고 해석할 수도 있었다. 캐나다나 영국에서는 다양한 인종들이 자신들의 고유한 문화를 계속해서 유지하면서 자신들만의 공동체를 이루며 살아가고 있다. "저는 다문화주의에 반대하지만 통합과 흡수는 완전히 다른 개념입니다." 마크롱은 나중에 프랑스 2 방송과의 대담에서 이렇게 말했다. 마크롱은 자신의 신념을 분명하게 드러낸 셈이었지만, 대부분의 유권자들에게 진심을 정확하게 알리는 것은 여전히 어려운 일이었다.

마크롱은 발언의 내용보다 발언 중 사용하는 모호한 표현들 때문에 좀 더 많은 비판을 받았다. 그는 마치 교수가 학생들을 가르치듯 길게, 이리저리 꼬이고 장황한 말투로 대답하는 경우가 잦았다. 좀 더 냉소적으로 말하자면, 그는 좌파 유권자들에게는 감성에 호소할 수 있는 내용을 말하다가도 우파 유권자들에게는 아주 분명하게 자신의 입장을 전달해 그들의 동조를 이끌어낼 만한 내용을 말했으며, 때로는 그 반대의 전략을 사용하기도 했다. 대통령 선거 운동의 열기가 점점 더 고조되어 가면서 마크롱이 상황에 따라 이리저리 입장을 뒤바꾼다는 공격은 설득력을 얻어갔고, 그 와중에 이에 대한 분명한 입장을 내놓지 못함으로써 문제는 더 확산되어 갔다. 2월 21일에 실시된 여론 조사 결과에 따르면 여러 가지 법적 문제에도 불구하고 근소한 차로 앞서던 마크롱의 지지율이 갑자기 떨어지면서 피용은 다시 그를 앞서가게 되었다. 마크롱에게는 이런 상황을 반전시키고 지지율에 다시 탄력을 받을 방법이 간절히 필요했다.

마크롱의 측근들은 또 해외에서 자행되는 강력한 공격에 대한 염려가 커지고 있었다. 마크롱이 예상을 뒤엎고 여론 조사에서 선두로 나서게 된 2월, 앙 마르슈의 인터넷 웹 사이트와 서버는 데이터베이스와 이메일을 겨냥한 수백 차례의 사이버 공격을 받았다. 마크롱의 기사를 실었던 러시아의 국영 언론들도 점점 비판적인 목소리를 내기 시작했다. 러시아의 국영 뉴스 통신사인 〈스푸트니크〉는 우파 국회의원인 니콜라 두이크의 말을 인용해 '프랑스의 전 재정경제부 장관 마크롱, 금융권의 이익만 대변하는 '미국 첩자'일 가능성이 커'라는 제목의 영어 기사를 게재하기도 했다. 니콜라 두이크 의원은 "마크롱의 뒤에는 엄청난 부자 후원자가 숨어 있다"고 주장했지만 이는 아무런 증거도 없는 음모론에 불과한 것이었다. 애초에 스푸트니크 측에서 니콜라 두이크 개인의 주장을 인용하면서 그 주장에 대한 증거를 하나도 제시하지 못한 것만 봐도 그런 사실을 분명하게 알 수 있었다. 그러나 마크롱에 대한 이런 비판적인 기사나 주장들은 프랑스에 있는 계정들을 통해 인터넷 사이트에서 조직적으로 퍼져나갔고, 프랑스 국내외의 극우파 사이트들은 또 이런 내용을 그대로 인용해 홈페이지에 실었다.

이런 인터넷상의 공격이나 음모론에 가까운 비판적 기사들은 지난 미국 대통령 선거에서 힐러리 클린턴에 가해진 러시아의 공격과 아주 유사한 공통점들이 있었으며, 미국 정보부에서는 당시 있었던 이런 공격들이 푸틴의 개인적인 재가를 받고 행해진 것으로 믿고 있다. 프랑스 대통령 선거는 마크롱이 부상하기 전만 해도 아무런 문제없이 프랑수아 피용과 마린 르 펜의 2파전이 될 것으로 예상이 되었고, 이는 러시아의 입장에서는 아주 흡족한 상황이었다.

유럽연합을 지지하는 마크롱의 입장과 동부의 강력한 이웃을 견제하려는 그의 의지는 러시아로서는 간과할 수 없는 위협일 수밖에 없었다. 고발 전문 인터넷 사이트인 위키리크스WikiLeaks를 이끄는 줄리안 어산지는 힐러리 클린턴에게 불리한 이메일을 해킹해 퍼트리는 등 러시아에게 도움이 될 만한 일들을 자주 벌렸다. 그런 그가 러시아 일간지 〈이즈베스티야〉와의 대담에서 자신이 마크롱에 대한 흥미로운 정보를 가지고 있다고 말했다. 물론 그 이상의 자세한 정보는 제공하지 않았다. 12월에는 앙 마르슈에 처음으로 정보 유출을 유도하는 가짜 이메일들이 도착하기 시작했는데, 해커들은 앙 마르슈와 비슷한 이름, 예컨대 '앙 마르슈'가 아닌 '안 나르슈' 같은 이름의 웹 사이트를 개설하는 방법을 사용했다. 이렇게 만든 www.ennarche.fr 같은 사이트의 이름으로 앙 마르슈의 직원에게 이메일을 보내 특별한 해킹용 소프트웨어를 다운로드받게 하거나 혹은 자세한 정보를 요구하는 것이다. 그러면 해커들은 어떤 식으로든 앙 마르슈의 공식 웹 사이트를 뚫고 들어갈 수 있었다. 미국의 민주당 전국 위원회 역시 이런 방식으로 피해를 입었다.

앙 마르슈는 1월에 자칭 컴퓨터 전문가라는 괴짜 무니르 마주비를 영입해 IT보안과 인터넷 홍보 관리를 맡겼다. 파리 동부의 모로코계 노동자 가정에서 태어난 서른두 살의 무니르 마주비는 정부 자문역이자 지역 특산품 거래를 위한 온라인 거래망을 만든 전자상거래 기업가로 명성이 높았다. 그는 주로 앙 마르슈의 인터넷 통신 부문 관리를 위해 고용이 되었지만, 나중에는 프랑스 정보부와 함께 협력하며 프랑스 선거에 영향을 미치려는 해커들을 막아내는 일의 전면에 나섰다.

앙 마르슈의 IT관련 전담부서는 인원이 제일 많을 때도 열여덟 명을 넘지 않았지만 할 일은 엄청나게 많았다. 이들은 일단 직면한 위험에 관해 앙 마르슈의 모든 당직자들을 교육시켰다. 또한 모든 사람들이 정기적으로 접속용 암호를 변경하도록 하는 엄격한 규칙을 정해 시행했다. 조직의 총괄 운영을 맡은 루도빅 샤케르 역시 이들의 일을 돕고 나섰다. "제가 먼저 관련 교육을 받은 후 모든 사람들에게 공개적으로 알려진 자신의 이메일 주소에 대해서 주의를 기울여야 한다고 설명했습니다."

무니르 마주비는 또한 거짓 정보들로 가득 찬 가짜 이메일 계정을 만드는 일 같은 또 다른 대응책도 강구했다. 그렇게 하면 혹시 앙 마르슈 내부 서버가 해킹을 당해도 여러 가지 정보들을 확인하는 과정에서 거짓 정보도 흘러들어갈 것이며, 결국 전체 정보에 대한 신뢰도에 의심이 싹틀 수밖에 없었다.

마크롱을 포함한 앙 마르슈의 최상층 수뇌부 역시 앙 마르슈가 출범한 이후 재정이나 전략과 관련해 가장 민감한 내부 정보들을 공유하게 되면서, 일반적인 이메일 계정 대신 보안에 매우 강한 텔레그램Telegram 메신저 서비스를 사용했다. 다만 시리아나 이라크의 이슬람성전주의자들이 즐겨 사용하는 암호화된 통화까지는 아직 사용할 엄두를 내지는 못했다.

2월 중순이 되자 앙 마르슈는 적들의 공격을 가로막고 러시아를 위협하기 위해 자신들이 곤란해하고 있는 문제들을 모두 다 공개하기로 결정했다. 앙 마르슈의 사무총장격인 리샤르 페르낭은 〈르 몽드〉를 통해 "프랑스의 선거 결과를 뒤흔들기 위한 외국 정부의 개입"을 강한 어조로 비난했고, 앙 마르슈의 대변인은 이 기사 내용을 되풀이해서 언급했다. 그러자 프랑스 정부도 다음 날 비슷한 강도의 경고문을 발표하기에 이른다.

"우리는 선거 과정에 있어 러시아는 물론 그 어떤 국가의 모든 종류의 개입을 용납하지 않을 것입니다." 프랑스의 외무부 장관인 장마르크 아이로가 국회에서 한 말이다. "미국에서 벌어진 일들을 생각해보건데, 민주적 과정의 투명성이 완전히 존중되고 있다는 사실을 분명히 하기 위해 필요한 모든 조치를 취하는 것이 바로 우리의 책임이라 할 수 있습니다." 러시아는 즉시 관련된 모든 책임을 부인하면서 이 같은 성명을 발표했다.

외부 세력과의 갈등, 프랑스 문화를 바라보는 시선, 식민지 지배, 동성 결혼과 관련해 프랑스 가톨릭교도들이 받은 '모욕' 등과 관련된 대립이 있었던 2월이 지나가고 있었다. 마크롱은 유럽연합과 프랑스 정치의 개혁, 그리고 경제 문제에 대한 중요한 공약에 유권자들의 관심을 다시 집중시킬 필요를 느끼게 되었다. 다행히 그에게는 아직 숨겨둔 비장의 무기가 있었다.

마크롱은 자신과 같은 중도파인 프랑수아 바이루와 한 달 가까이 막후 협상을 벌여왔다. 프랑수아 바이루는 지금까지 세 차례나 대통령 선거에 출마한 경력이 있으며 2007년 1차 투표 때는 18.6%의 득표율을 기록하기도 했다. 프랑스 남서부 지역을 지지기반으로 하고 있는 민주운동당MoDem, Mouvement démocratique의 당수 바이루는 2017년 대통령 선거 출마 여부를 아직까지 밝히지 않은 상태였다. 그의 정치 성향은 마크롱과 거의 흡사했다. 프랑수아 바이루는 한 텔레비전 대담에서 "제가 오랜 세월 동안 애써 닦아온 텃밭에 마크롱이 갑자기 치고 들어왔습니다"라고 말한 바 있었다.

그러나 프랑수아 바이루가 믿음직스럽지만 약간은 낡고 오래된 경운기라면, 마크롱은 와이파이가 연결된 번쩍번쩍 빛나는 새 탈곡기였다. 바이루는 2차 결선 투표까지 갈 가능성은 거의 없었으며 사실 새로운 대권 도전을 위한 자금이나 후원자를 끌어 모을 수 있는 자신도 없었다. 두 남자는 곧 협상에 들어갔다.

마크롱은 6층에 있는 사무실에서 측근들과 아침 회의를 열었고, 이 회의 과정은 마크롱의 허가를 받아 홍보 영상 제작 담당이 촬영을 했다. "프랑수아 바이루는 이제 선거에 출마하지 않겠다는 선언을 할 것이며 우리와의 연대를 제의할 겁니다. 그렇게 해서 중도파가 정권을 장악하는 것이 바로 그의 목표입니다." 마크롱의 설명이었다. "오후 4시 30분이 되기 전까지는 공식적인 발표가 나오지 않을 터이니 모두들 주의하고 절대로 트위터나 다른 인터넷 사회관계망 같은 곳에 먼저 이런 이야기를 흘려서는 안 됩니다." 그는 주위를 둘러보며 이렇게 덧붙였다.

자기들만 있는 자리에서 마크롱은 측근들을 '제군들'이라고 부르곤 했다. 그의 곁에 모인 보좌관들이나 고문들은 모두들 놀랄 만큼 나이가 젊었다. 특히 연설문 작성자인 캉탱 라파이는 아직 스물일곱 살이었고, 가장 가까운 보좌관인 이스마엘 에밀리앙은 스물아홉 살에 불과했다. 앙 마르슈 내의 이 젊은 '제군들'은 조직 안의 역학 관계에 대해 많은 것들을 시사해주고 있었다. 마크롱 본인은 수평적 관계의 조직과 창업 정신 문화를 대단히 중요하게 생각했지만, 그가 이끄는 정치 운동은 그를 중심으로 이루어진 고도로 중앙집권화된 조직이었다. 마크롱은 완전한 헌신을 요구했고, 대부분 중요한 결정은 브리지트와 의논한 후 혼자 결정했다. 이 '제군들' 중에는 마크롱과 비슷한 연배의 사람들도 많았지만 누가 우두머리인지는 너무나도 분명했다.

프랑수아 바이루와의 협상 내용을 알린 후 마크롱은 이스마엘 에밀리앙을 돌아보며 휴대전화를 들여다보고 있는 그를 꾸짖었다. 그 모습은 마치 화가 난 아버지가 십 대 자녀를 나무라는 모습과 비슷했다. "지금 내가 이야기하고 있는데 딴짓을 하고 있는 겁니까?" 마크롱은 모두가 보는 앞에서 이렇게 잔소리를 해댔다.

"잠깐 볼일이 있어서 그랬습니다." 이스마엘 에밀리앙은 이렇게 변명을 했다.

"5분이면 충분한 아주 중요한 일입니다." 마크롱은 이렇게 다시 매서운 말투로 받아쳤다.

둘 사이의 합의에 따라 프랑수아 바이루는 그날 오후 자신의 입장을 발표했고, 얼마 후 에펠탑 맞은편 트로카데로 복합 단지 근처의 근사한 식당에서 마크롱과 함께 기자 회견을 열었다. 기자 회견이 열리기 전에는 잠시 탁자를 마주하고 앉아 서로 담소를 나누었고, 그 장면은 홍보 영상 제작 담당에 의해 고스란히 영상으로 기록되었다.

"전에 말했던 것처럼 저는 도움을 주기 위해 이곳에 왔습니다. 엄청난 위험을 감수해야 할지도 모르지만 저는 위험을 감수하는 일에는 익숙합니다." 프랑수아 바이루의 말이었다. "프랑스의 대통령이 되는 일은 무척 기이한 경험일 것입니다." 그는 자못 신중하게 말을 이어갔다. "마크롱, 당신은 아직 너무 젊어요. 그렇지만 사실 나이가 뭐 그리 중요합니까?" 그는 기존의 모든 규칙에 도전하고 있는 마크롱에 대해 자신이 잘 이해하고 있지 못했음을 인정하면서 동시에 이제 다음 세대에게 주도권을 넘겨주고 있었다. 바이루는 자신이 내건 조건은 단 하나, 마크롱이 대통령에 당선이 된다면 공직자들의 윤리 기준을 높이고 이해관계로 인한 충돌을 미연에 방지하는 새로운 법을 통과시켜야 한다는 것뿐이라고 목소리를 높였다. 물론 마크롱이 기꺼이 동의할 만한 조건이었으며, 동시에 피용 측에서는 비탄의 목소리가 나올 수밖에 없었다.

프랑수아 바이루의 지지로 마크롱은 자신에게 부족한 자질로 알려진 견실함과 노련함을 모두 얻을 수 있었다. 또한 중도파의 지도자로 우뚝 서는 데 혹시 걸림돌이 될지도 모를 문젯거리를 깨끗하게 일소했다. 마크롱의 지지율은 이 발표가 나간 후 5%에서 6%나 뛰어올라 20% 중반까지 올라섰다. 이제는 마크롱과 피용 사이에는 건널 수 없는 강이 생긴 것만 같았다. "온갖 문젯거리로 가득했던 일주일을 보낸 후, 마크롱은 지지부진하던 자신의 선거 운동을 새롭게 다시 시작하는 방법을 발견했다." 〈르 리베라시옹〉에 실린 사설의 일부다.

마크롱의 오랜 친구이자 후원자인 알랭 멩크는 이런 모습을 언제든 다시 반등할 기회를 찾아내는 능력의 또 다른 증거로 생각했다. "마크롱도 실수를 저지릅니다. 당연한 일이겠지요. 식민지 지배에 대한 그의 언습은 아주 어리석었습니다. 그렇지만 그는 마치 고양이처럼 창문 밖으로 집어던져도 상처 하나 없이 바닥에 부드럽게 착지합니다."

EMMANUEL
MACRON

제15장

정치는 사라지고 추문만 남은
프랑스 대통령 선거

2017년 3월 초의 어느 흐린 날, 오렐리 페로와 앙 마르슈의 동료 운동원인 파스칼 퐁트넬은 르망의 기차역 밖에서 갑자기 쏟아진 비를 피하며 지나가는 사람들에게 전단지를 나눠주고 있었다. 좌파 성향의 전직 교사이자 지방 의회 의원인 오렐리 페로는 마크롱이 쓴 책을 읽고 앙 마르슈에 합류했다. "마크롱은 프랑스에 대한 아주 새로운 꿈을 갖고 있는 것처럼 생각이 되었습니다. 우리는 그야말로 21세기에 살고 있는 것이 아닌가요?" 마흔다섯 살인 의원의 말이었다.

쉰다섯 살의 파스칼 퐁트넬은 택시 회사 사장으로 지금까지는 항상 사회당에 표를 던져왔지만 "기존의 분열된 프랑스 정치를 넘어서겠다"는 마크롱의 꿈이 마음에 든다고 말했다.

두 사람은 평일 밤과 주말이면 이웃들을 찾아갔고 지역 시장에서 전단지를 나눠주었다. 그리고 두 사람은 마크롱의 공약에 대해 관심을 갖는 사람들이 점점 더 늘어나고 있음을 목도했다. 아니, 좀 더 정확하게 말하자면 사람들은 왜 아직 제대로 된 공약을 내놓지 않느냐고 묻고 있었다.

"사람들은 마크롱에게 관심이 있다고 말하면서 빨리 제대로 된 공약이나 정책을 보여 달라고 합니다." 파스칼 퐁트넬의 설명이다.

"그러면 우리도 준비는 하고 있다고 말합니다. 사실 다른 당들은 이미 경선을 치르면서 후보들에게 자신들의 공약과 정책을 소개할 기회를 주었습니다. 그러니 이번 주가 앙 마르슈로서는 경선 기간이 되는 셈이지요." 오렐리 페로의 설명이다.

마크롱은 마침내 모든 것을 다 밝힐 날짜를 결정했다. 4월 23일 제1차 투표가 있기 겨우 8주 전이었다. 그는 후보들이 일단 선거에서 승리해 권력을 잡고 나면 무시해버리는 그런 공약이나 약속 같은 건 필요 없다고 누차 말해왔다. 그는 행사나 집회가 있을 때마다 자신의 공약을 조금씩 소개했지만, 유권자들은 여전히 뭔가 글로 정리가 된 진짜 공약 같은 공약을 기대하고 있었다. 비록 나중에 시간이 흘러 원본은 알아볼 수 없을 정도로 그 내용이 변하게 된다고 해도 말이다.

마크롱과 함께 서둘러 공약을 소개할 책임을 지고 있던 또 다른 사람은 장 피자니 페리였다. 브뤼셀에 있는 정책 연구소인 브뤼겔 인스티튜트를 세운 예순다섯 살의 이 경제학자는 마크롱과는 2010년부터 알고 지낸 사이로, 당시 두 사람은 당시 막 대통령 선거전에 돌입했던 프랑수아 올랑드의 경제 정책을 함께 다듬었다.

장 피자니 페리는 지금이 프랑스에 있어 매우 중요한 시기라는 결론에 도달했다. "도널드 트럼프와 브렉시트는 모두 충격적인 사건이었습니다. 이번 대통령 선거는 그저 그런 옛날식 선거가 아니라고 생각했습니다. 우리는 지금 놀라운 시대에 서 있는 것이며, 저는 뒷전에서 구경만 하고 있고 싶지는 않았습니다. 저도 뭔가를 하고 싶었습니다."

장 피자니 페리는 1월에 총리의 정책 자문 총괄직을 그만두고 마크롱에게 먼저 연락을 해 세부적인 공약들을 하나로 정리하는 일을 맡았다. 물론 거기에 필요한 예산도 따로 계산을 해야 했다. 마크롱 본인도 기본적인 틀을 제시했지만 프랑스의 미래를 위한 해결책을 제시해보라는 격려를 받은 각 지역의 앙 마르슈 위원회에서도 수백여 가지의 다양한 정책 제안들이 올라왔다. 또한 엄격하게 선발된 전문가들이 이끄는 각 실무진에서도 보건과 교육, 안보, 농업, 혹은 외무 정책에 대한 제안서를 제출했다. "우리는 규모가 그리 크지 않았습니다." 장 피자니 페리는 앙 마르슈 본부의 제일 꼭대기 층에 있는 자신의 사무실에서 이렇게 말했다. "저도 살면서 일을 꽤 해봤지만 이런 적은 한 번도 없었습니다. 정말 미친 짓 같았어요."

그는 이번 선거가 '개방과 폐쇄 사이의 대립' 구도로 전개되어가고 있다고 주장했는데, 이는 마린 르 펜이 유권자는 민족주의자와 세계주의자로 나뉜다고 주장한 것을 다른 말로 다시 표현한 것이었다. 그는 이런 이분법을 개혁과 보수로도 설명할 수 있다고 말하기도 했으며, 마린 르 펜과 도널드 트럼프, 그리고 브렉시트의 등장에 대해서는 이렇게 설명했다. "과거의 이상화된 프랑스로, 혹은 이전의 미국이나 이전의 영국으로 돌아가고 싶은 퇴행적 욕망의 발로입니다. 디지털 혁명 이전의 시대, 신흥 시장들이 등장하기 이전의 시대, 세계화 이전의 시대로 돌아가고 싶은 것이지요."

그동안의 연설과 앙 마르슈의 창당 선언문을 통해 마크롱은 자신이 국제 교역과 이민자들, 그리고 난민들에게 문호를 개방하며, 새로운 기술과 혁신을 받아들이는 일에 적극적이라는 사실을 분명히 밝혀왔다. 그리고 그는 이런 각각의 분야에 있어서 프랑스의 기준과 유럽의 기준에 각각 따로 맞춘 대응이 필요하다고 생각했다. 장 피자니 페리에 따르면 그 중심에 있는 앙 마르슈의 공약은 우선 프랑스에서의 일자리 창출에 집중하자는 내용을 골자로 하고 있었으며, 동시에 세계화가 진행되고 있는 현실에서 사람들이 원하는 보호와 평등에 대한 소망까지 담고 있었다. 그리고 이런 목표들을 동시에 달성하기 위해서는 유럽연합은 물론 프랑스 경제와 사회 복지 제도에 대한 전면적인 재검토가 요구되었다.

저명한 사회학자이자 국민전선을 지지하고 돕는 외부 전문 인사인 장 비아르는 "결국 마크롱이 약속하고 있는 것들의 밑바탕에는 극우파와 똑같은 생각이 깔려 있습니다. 즉 이 세상은 현재 일어나고 있는 변화에 완전히 압도당하고 있다는 사실입니다"라고 말했다.

마크롱은 이에 대해 "우리는 긍정적인 방향으로 대응을 하기 위해 노력할 것이며 새로운 대안을 제시할 것"이라고 말했다.

이런 마크롱의 모습은 30년 전 사회당 출신으로 총리를 역임했던 로랑 파비우스가 했던 말에 일정 부분 영향을 받은 것으로 보였다. 그는 "극우파는 문제점은 제대로 제기하면서도 그에 대해 적절한 방향의 대응은 하지 못한다"고 말한 바 있었다.

1월에 있었던 베를린훔볼트대학교에서의 연설에서 마크롱은 유럽연합의 단결을 더욱 공고히 하며 좀 더 많은 권력을 유럽연합 본부에 이양할 것을 주장했다. "권력이란 무엇입니까? 국민과 국가의 이익을 보호하고 세계 속에서 국가의 이익을 도모하는 것이 아닌가요." 마크롱은 유럽의 국민들은 유럽 각국이 각자의 방식대로 움직이는 것보다는 하나로 통합하여 힘을 합칠 때 가장 큰 이익을 챙겨왔다고 말했다. 다시 말해 프랑스와 독일, 그리고 영국이 오랜 기간 망설이며 주저해온 공동 방위 정책을 본격적으로 추진하고, 좀 더 개선된 공동의 치안 및 첩보 업무도 새롭게 시작해보자는 뜻이었다. 이 밖에도 현재 들어와 있는 진짜 난민들은 유럽 각국에 분산 수용하며 경제적 목적으로만 들어온 이민자들을 추방하는 것을 골자로 한 유럽연합 공동의 불법 이민 추방 공동 국경 보호 조치 실시, 유럽 전역에서 탄소 배출국이나 기업에 대한 오염 비용을 올리는 기후 변화에 대한 공동 대처, 중국 철강 제품처럼 유럽 시장을 저가로 공략하려는 아시아나 미국 수입품을 저지하는 좀 더 공격적인 공동 무역 정책 실시, 그리고 사회 보호와 기업 규제에 대한 개선된 합의안 도출 등이 여기에 포함되었다. 이런 모든 정책들은 결국 유럽 대륙 내에서 더 많은 일자리를 창출하고 더 강력하게 국민들을 보호하려는 것을 목적으로 하고 있었다.

또한 균등한 기회에 대한 고민도 엿볼 수 있었는데, 마크롱은 재정경제부 장관 시절 유럽의 수도를 돌면서 이미 이 문제에 대해 깊이 고심한 바 있었다. 예컨대 유럽연합은 자체적으로 예산을 확보하고, 상대적으로 부유한 국가들의 자금을 빌려 그렇지 못한 국가들을 도울 수 있는 역량이 필요했다. 막대한 무역수지 흑자를 올리고 있는 독일의 자금을 가져와 이탈리아나 그리스, 그리고 에스파

나에 빌려줘 투자와 현대화가 이루어질 수 있도록 도와야 한다는 것이다. 최근에 그리스에서 일어난 경제 위기는 유럽연합 소속 국가가 위기 상황에서 경쟁력을 다시 회복하는 일이 얼마나 어려운지를 분명하게 보여주었다. 과거의 경우 그리스는 자체 통화인 드라크마의 평가 절하를 단행해 무역 수지 균형을 맞출 수 있었다. 그렇지만 유로라는 단일 통화를 사용하게 되면서 이런 정책은 시행이 불가능해졌다. 부유한 지역에서 가난한 지역으로의 재정 이전은 모든 국가에서 시행되고 있는 정책이다. 예를 들어 미국에서는 재정이 넉넉한 주가 그렇지 못한 주들을 재정적으로 돕고 있으며, 영국과 파리 역시 경기 침체를 겪고 있는 공업 지역에 세금을 투입하고 있다. 마크롱은 바로 유럽연합 내에서 그와 같은 정책을 실시하고 싶어 했지만, 그러기 위해서는 유럽연합의 통합 재무 장관과 새로운 의회가 필요했다. 이런 계획은 그야말로 기존의 유럽연합을 넘어서는 '유럽합중국'으로의 위대한 도약을 위한 청사진이라 할 수 있었다.

"지난 10년 동안 우리는 새로운 유럽 건설의 또 다른 단계에 진입하는 데 다 같이 실패하고 말았습니다…… 저는 이제 그만 그 일을 마무리 짓고 싶습니다." 마크롱은 베를린 연설에서 이와 같이 말하면서 프랑스와 네덜란드 국민들이 유럽연합 헌법 제정을 국민투표로 부결시킨 지난 10년을 가리켜 '잃어버린 10년'이라고 칭했다.

유럽연합에 관한 마크롱의 뜻을 고스란히 반영한 이 중요한 연설은 흥미롭게도 프랑스 언론의 주목을 받지 못했는데, 그것은 연설이 영어로 진행되었기 때문이었다. 연설을 한 다음 날 국민전선에서는 마크롱이 모국어를 무시했다고 공격했다. 또한 메르켈의 난민 개방 정책을 찬양한 부분에만 초점을 맞추어 비난했다. "가련한 프랑스여!" 마린 르 펜은 트위터에 이런 말을 남겼다.

전 세계가 세계화로 나아가고 있는 이 시점에서 오직 유럽연합만이 유럽의 이익을 가장 잘 대변할 수 있다는 마크롱의 굳건한 믿음은 그가 브렉시트, 즉 영국이 28개국이 연합한 안전한 보호막을 벗어나 굳이 홀로 외로운 길을 가려하는지를 어째서 용납하지 못하는지 설명해주고 있었다. 교역 문제에 대한 협상이나 미국의 거대 인터넷 업체인 페이스북 혹은 구글의 지배에 대한 대항, 러시아 문제, 그리고 전 세계의 인권이나 민주주의 문제에 대해 대응할 때 마크롱은 프랑스 혼자만의 힘으로는 이런 일들을 도저히 감당할 수 없다고 보았다.

신흥 시장들의 부상으로 전보다 그 위상이 크게 떨어져버린 프랑스를 생각하면 그가 이런 결론에 도달한 것은 어쩌면 당연한 일일지도 몰랐다. 마크롱은 또한 개인적으로 유럽연합의 문화적 사명과 영향력에 대한 애착이 컸다. 마크롱의 고향인 아미앵에 있는 공동묘지는 서로 연합하지 못했던 프랑스와 독일의 처참했던 과거를 지금도 생생히 전달해주고 있었다. 1990년대와 2000년대 성인이 되었던 사람들에게 유럽은 말 그대로 삶의 방식이자 새로운 기회의 근원이었다.

마크롱은 브렉시트의 발발에 있어, 국민투표를 실시하기 전에 찬성 운동을 제대로 이끌지 못했으며 유럽연합에 대한 더 큰 확신을 심어주는 데 실패한 영국의 전 총리 데이비드 캐머런의 개인적 책임으로 보고 있었다. 마크롱은 2월에 영국에 머물 때 캐머런의 분명하지 못한 입장 표명에 관해 "그렇게 머뭇거리다간 당신도 끝장입니다"라고 말한 바 있었다. '머뭇거리다가는 끝장이다'라는 말은 어쩌면 마크롱이 학생 시절부터 대통령이 될 때까지 늘 마음속에 품고 있던 교훈이 아니었을까.

캐머런에 대한 이런 비판은 런던 시장에서 물러난 후 외무부 장관에 오른 보리스 존슨이나 영국 독립당UK Independent Party의 전 당수 나이젤 페라지 같은 브렉시트의 주범들에 비하면 양호한 편이었다. "영국 사람들은 장기적으로 볼 때 아주 심각한 실수를 저지르고 있습니다. 보리스 존슨은 선동을 즐기고 있을 뿐 아무런 전략적 계획을 갖고 있지 않으며, 그가 무슨 짓을 저질렀는지는 브렉시트가 통과된 다음 날 바로 알게 될 것입니다." 마크롱이 영국 월간지 〈모노클〉과의 대담에서 한 말이다. "나이젤 페라지와 보리스 존슨은 이런 범죄 행위에 대한 책임을 져야 합니다. 둘은 해전이 벌어지고 있는 바다 한가운데로 전함을 몰고 가놓고는 정작 절체절명의 순간이 다가오자 제일 먼저 바다로 뛰어들어 도망친 인간들입니다."

그러나 설사 투표 결과가 영국이 그대로 유럽연합 내에 잔류하는 쪽으로 나왔다고 하더라도 더 공고한 유럽 통합이라는 마크롱의 계획을 지지하는 영국의 정치인이나 유권자는 거의 없었을 것이다. 또한 유럽연합에 회의적인 영향력 있는 우파 언론 매체들 역시 불안과 위협을 느꼈을 것이다. 캐머런이 국민투표를 앞세운 재협상에 나섰던 것은 유럽연합과의 관계를 좀 더 느슨하게 유지하면서 더 이상 영국 자금을 유럽연합 내 국가들을 위한 긴급 구제 자금으로 내놓지 않아도 된다는 확답을 받기 위해서였다. 이런 모습은 영국은 유럽연합의 일원이면서도 일종의 양다리를 걸치는 전략으로 나가야 한다는 전통적인 영국의 다수 의견을 반영한 것이라 볼 수 있다. 영국은 유럽연합에 대한 감정적인 애착이 훨씬 덜 할 뿐만 아니라, 지난 두 차례의 세계대전을 경험하면서 유럽의 진정한 일부가 아닌 기본적으로 평화를 유지하는 역할만 해야 한다는 생각을 가지고 있었다. 대전 이후 등장한 모든 영국 정부는 자신들의 가장 중요한 역할은 바로 미국과 유럽을 연결하는 다리와 같은 것이라고 생각해왔다.

영국의 전 수상 토니 블레어는 영국의 외교적, 그리고 군사적 영향력을 생각해볼 때 마크롱은 여전히 영국이 유럽연합에 남아 있을 것을 원한다고 믿고 있었다. "그는 영국 없는 유럽은 세력이 약해질 수밖에 없음을 잘 알고 있습니다." 토니 블레어의 말이다. 그가 지난 6월 현 영국 수상 테레사 메이를 만난 자리에서 영국이 입장을 바꿀 경우 유럽 통합의 문은 "항상 열려 있다"고 선언한 것은 바로 이런 이유 때문이라고 볼 수 있다.

그렇지만 영국의 유럽연합 탈퇴는 마크롱으로서는 또 다른 기회가 될지도 몰랐다. 우선 유럽연합 개혁을 위한 그의 계획을 가로막는 걸림돌 하나가 사라졌을 뿐만 아니라, 많은 다국적 기업들이 프랑스를 새로운 투자처로 생각할 가능성도 생겨났다. 그동안은 주로 영국이 유럽 시장 진출의 관문 역할을 하며 많은 투자자들을 끌어모았다.

브렉시트 이후 마크롱은 런던에서 활동하고 있는 프랑스 출신 기업가와 금융업계의 고소득층, 이른바 '파리와 런던을 오가는' 프랑스 사람들이 다시 고향으로 돌아오기를 바라고 있었다. 그는 금융업 등의 업무를 파리에서 진행하는 것은 런던에서 하는 것과 전혀 차이가 없다고 생각했다. 친파리 성향의 금융인들의 모임인 파리 유로플레이스는 브렉시트 이후 영국 내 1만 개 정도의 일자리가 파리로 이동할 것이며, 프랑스 정부는 세금 감면과 외국인 자녀들을 위한 새로운 국제 학교 신설 등 이들을 지원하는 계획을 발표할 것이라고 전했다. 그러나 금융업계의 고소득층들에게는 아일랜드의 더블린과 독일의 프랑크푸르트, 그리고 벨기에의 룩셈부르크가 여전히 프랑스 파리보다 더 매력적이고 편한 도시라는 인식이 컸다.

거대 투자은행 출신으로 경제 각료 등 고위 공직을 거친 마크롱은 정책 입안에 대한 복잡한 세부 상황에 능통하며 금융업계의 요구를 잘 파악하고 있었기 때문에, 브렉시트와 관련한 만만치 않은 협상가가 될 가능성이 컸다. 영국의 국민투표 결과에 마뜩치 않아하는 그는 〈모노클〉과의 대담에서 "이왕 떠나는 거면 확실하게 떠나는 게 좋겠다"는 의견을 피력했다. 이왕 영국의 유럽연합 탈퇴가 결정되었다면 완전히 정리를 하고 프랑스에게 유리한 점만 가능한 한 모두 취하자는 게 마크롱의 생각이었다.

"영국을 궁지에 몰아넣거나 모욕을 주자는 의도가 아닙니다." 익명을 요구한 마크롱의 최측근 인사가 한 언론과의 대담 중에 한 말이다. "그렇지만 금융업을 포함해 모든 부문에 후폭풍이 따를 것은 자명한 일이 아닙니까? 유럽연합 탈퇴에 그만한 대가가 따르지 않는다면 나머지 27개국이 그대로 남아 있을 이유가 없지 않습니까?"

마크롱이 3월 2일, 수백 명의 기자들 앞에서 마지막으로 자신의 공약을 소개할 때 그는 유럽 연방주의나 브렉시트에 대한 상세한 계획까지 공개하지는 않았다. 그러나 그는 자신의 의도만큼은 분명하게 전달했다. "앙 마르슈의 공약에서 가장 핵심이 되는 내용은 바로 유럽에 대한 것이며 유럽에 대한 제대로 된 전략이 없이는 지금 상황에서 어떠한 성공도 장담할 수 없습니다."

　마크롱은 이른바 '유럽산 우선구매법Buy European Act'을 들고 나왔다. '유럽산 우선구매법'이란 정부 필요 물품을 반드시 유럽연합 안에 위치하고 있는 공장에서 생산된 것으로 주문하자는 새로운 법안이었다. 마크롱은 외국 기업의 저가 상품 공략에 대한 더 강력한 규제나 혹은 유럽 경제의 중요 전략 부문에 대한 외국 투자를 더 세밀하게 감시하는 일 등을 지지하고 있는데, 유럽산 우선구매법 역시 세계화 과정에서 더 큰 보호를 원하는 유권자들의 바람에 대해 그가 생각하는 유럽연합의 역할의 일부라고 볼 수 있었다.

　국내 문제와 관련된 마크롱의 공약들 역시 일자리와 보호, 그리고 기회의 균등이라는 세 가지 개념을 바탕으로 만들어졌다. 이는 이른바 '유연안전성flexi-curity'이라는 개념의 스칸디나비아 모형으로부터 영감을 받은 것이 분명했다. 유연안정성은 기업에게는 고용과 해고의 자율성을, 개인에게는 좀 더 보편적인 사회 보장 안전망을 제공하자는 개념이다. 마크롱은 기업가 정신을 북돋으며 기량을 끌어올리는 일은 프랑스를 부강하게 만드는 가장 확실한 방법일 뿐만 아니라, 안정된 기업의 일자리가 점점 더 줄어들고 있는 지금 국민들로 하여금 미래를 준비할 수 있도록 돕는 수단이라고 생각했다. 이른바 정보통신과 기존의 경제 체제가 합쳐지는 '우버화

Uberisation'와 자영업의 증가는 이제 돌이킬 수 없는 현상이었다. 마크롱은 국가는 이제 그만 뒤로 물러서서 도전 정신을 가진 창업자나 기반이 취약한 소상공업자들을 보호하는 기능에 집중해야 한다는 생각을 가지고 있었다.

"모든 공약과 계획은 그 시작부터 자유와 보호를 함께 제공한다는 개념을 바탕으로 하고 있습니다." 마크롱의 선언이다.

그의 경제 개혁의 골자는 3,300여 쪽에 이르는 국가 중심의 구태의연한 노동 관련 법들을 완전히 폐기하고 기업들이 노동 시간과 조건, 그리고 급여에 대해 노동자들과 훨씬 더 자유롭게 협상할 수 있도록 해주는 것이었다. 이렇게 되면 경제 전반에 영향을 미치고 있는 단체 협약을 바탕으로 한 노조의 노동 조건 협상력을 약화시킬 수 있었다. 프랑스 좌파에게 이런 계획은 신성모독에 가까운 일이었다. 그러나 이것은 동시에 재계의 오랜 숙원을 풀어주는 일이기도 했다. 그래서 수많은 경제학자와 친기업 성향의 정책 연구소들이 이를 지지하고 있었다.

마크롱은 또한 법인세를 기존의 33%에서 25%로 낮출 것을 제안했는데, 이를 통해 프랑스 기업들은 더 큰 경쟁력을 갖출 수 있으며 외국 투자자들도 프랑스에 더 큰 관심을 보일 수 있다고 보았다. 부자들에 대한 세금을 줄이자는 제안도 투자자들이 프랑스에 대한 관심을 더 많이 갖도록 하기 위함이었다. 이러한 제안과 정책들은 세금과 관련된 달갑지 않은 악평을 벗어던지기 위한 그의 계획의 일부였다. 2016년의 경우 파리에 있는 OECD 정책 연구소에 따르면, 프랑스는 유로존 국가들 중 GDP 대비 세금이 45.5%로 최고 수준을 기록했다. 이는 독일의 36.9%를 훨씬 웃도는 수준이고 모든 선진 산업국들 중에서는 덴마크 다음으로 높았다. 마크롱은 공공부문에 있어서도 600억 유로의 지출을 줄이고 12만 5,000명의 공무원 감축을 계획하고 있었다. 이런 예산 절감 정책들은 디지털과 에너지, 그리고 교통 부문 사회 간접자본에 대한 500억 유로 상당의 투자와 맞물려 균형을 이루게 될 것이었다. 낮은 법인세와 공공부문 지출, 그리고 노동 시장의 유동성 등과 같은 이런 광범위한 경제 개혁 방안은 결국 마크롱이 자신의 스승 자크 아탈리와 함께 지난 2008년 프랑스 성장 촉진 위원회에 참여해 처음 구상했던 내용들이었다.

그렇지만 자영업자들을 위한 새로운 보호정책도 있었다. 소상공업자들이 폐업했을 경우 실업 수당을 신청할 수 있도록 해준 것이다. 반면에 반복해서 일을 그만두는 노동자들에 대한 혜택은 축소하기로 했다. 2회 이상 국가가 소개하는 일을 거부하면 그때는 매월 받는 실업 수당 지급이 중단되는 방식이었다.

만일 자신이 살고 있는 지역에 적당한 일자리가 없을 경우 구직자는 의무적으로 직업 관련 재교육을 받아야 하며, 이 제도는 150억 유로의 예산을 투입해 그 범위를 크게 확대할 예정이었다. 그러면 실업률이 높은 지역 노동자들의 역량 향상을 기대할 수 있으며, 기술의 진보로 예전 직업이 사라지는 문제를 어느 정도 해결할 수 있을 것으로 예상되었다.

"기술의 진보에 따라 업무의 성격은 변하기 마련이지만 우리는 이러한 변화를 따라갈 수 있도록 도울 것입니다." 마크롱의 말이다.

기회의 불평등을 해결하기 위해 마크롱은 형편이 어려운 지역에 '긍정적인 의미의 차별 정책'을 실시할 것을 제안했다. 하지만 올랑드가 2012년 제안했던 부자들에 대한 증세 같은 방식은 아니었다. 마크롱의 정책은 가장 학업 성취도가 낮은 지역의 5세에서 7세까지의 아이들이 다니는 학교에서 각 반의 크기를 반으로 줄여 교육 수준을 높이고, 대신 정부는 실업률이 높은 지역에 살고 있는 노동자들에게는 세금 우대 조치를 실시한다는 방법이었다. 마크롱의 제안에 따르면 어려운 지역의 학교는 더 나은 교사들을 영입하기 위해 더 좋은 조건을 스스로 제공할 수 있는 자율권을 가질 수 있었다. 긍정적인 의미의 차별과 공공 부문에서의 성과에 따른 지원은 국가 전체가 하나의 기준에 따라 움직이는 프랑스의 평등주의의 근간을 뒤흔드는 정책이었다.

"우리는 단순히 프랑스를 개혁하자는 이야기를 하고 있는 것이 아닙니다." 마크롱은 계속해서 이렇게 설명했다. "우리는 완벽하고 근본적인 변화를 이야기하고 있는 것입니다. 사회 여러 분야를 지탱하고 있는 여러 제도들을 바꿔보자는 뜻입니다."

그렇지만 이런 대담한 계획과 공약들에도 불구하고 마크롱은 끝까지 확실한 대안을 제시하지 못하고 있다는 비난을 면치 못했다. 사회학자 장 비아르도 이런 점을 상당 부분 인정하고 있었다. "사람들이 마크롱에게 아무런 구체적 계획이 없다고 생각하고 있는 사실은 상당히 흥미롭습니다. 마크롱의 뜻이 제대로 전달이 되지 못하고 있어요." 4월 말에 이르러 그가 한 말이다.

이런 문제가 발생하게 된 이유는 그가 설명을 쉽게 해주지 않았기 때문이었다. 마크롱의 공약에는 한눈에 알아볼 수 있는 정치적 신호가 없었다. 언론인들이 좋아하는 간결하고 적절한 한마디가 없으며, 공약 전체를 정리해주는 눈에 확 띄는 하나의 대표적인 정책이 없었다. 심지어 마크롱의 참모들도 '마크롱주의'의 정의에 관해 질문하면 길고 복잡한 대답만 했다.

우파의 프랑수아 피용은 공공 부문 예산의 삭감과 노동 시장 개혁이라는 경제적 충격 요법을 원했다. 사회당의 브누아 아몽의 정책은 기본소득제로 정의될 수 있었다. 극우파 마린 르 펜은 반反이민, 반反유럽연합을 외쳤고 극좌파 장뤼크 멜랑숑은 공공 부문 예산의 증가와 부자에 대한 증세를 주장했다. 마크롱은 너무 많은 것들을 개혁하려다 어디에 초점을 맞춰야 할지 모르는 모양새가 된 듯 보였다.

언론과 유권자들의 생각 속에 있는 마크롱은 여러 공약 중에서 정치를 새롭게 바꾸겠다는 뜻을 가장 강력하게 내세우는 후보로 각인이 되어 있었다. 그는 전국적인 정치 운동을 실제로 시작한 지 채 1년도 되지 않는 비주류 신인 정치인으로서 이러한 문제를 개인적으로도 실천에 옮기려고 했고, 동시에 국회 전체 차원에서 실천할 것을 약속했다. 6월에 있을 총선에서 앙 마르슈는 577개 국회의원 지역구 전체에 후보를 낼 것이고 그중 절반은 여성, 그리고 또 절반은 선출직 공직의 경험이 전혀 없는 사람들이 될 것이라는 게 마크롱의 말이었다. 앙 마르슈 소속 국회의원 후보들의 첫 번째 공약 중 하나는 새로운 윤리법을 통과시켜 정치 부패를 일소하는 것이며, 이 문제는 같은 중도파인 프랑수아 바이루와 이미 합의를 본 사항이었다.

이런 공약들이 발표되면서 앙 마르슈는 공약집 800만 부를 준비해 각 지역의 운동원들에게 배부했고, 이들은 마크롱을 신뢰하지 않는 유권자들을 찾아가 마침내 제대로 만들어진 공약집을 전달하게 되었다.

그렇지만 마크롱이 어찌할 수 없는 새로운 걱정거리도 생겨났다. 피용의 입지가 최악으로 치달으면서 공화당 내부에서 피용이 아닌 알랭 쥐페를 후보로 세워야 한다는 거센 압박이 가해지기 시작한 것이다.

3월 1일, 피용은 파리에서 열리는 농업 박람회에 참석하려던 일정을 취소하고 기자 회견을 자청했다. 아내의 국회 불법 위장 취업과 관련해 검찰 측 조사에 소환되었다는 사실을 알리기 위해서였다. 피용은 기소가 예상되었고 억만장자 친구인 마르크 라드레 드 라샤리에르로부터 비밀리에 돈을 빌렸다는 사실도 폭로되었다.

그렇지만 피용은 자신이 기소되면 후보 자리에서 물러나겠다던 예전의 약속을 180도 뒤집어버렸다. 피용은 "단지 나만 죽이겠다는 것이 아니라 프랑스 대통령 선거 자체를 뒤집겠다는 음모"라며 검찰 측의 조사는 정치적 암살 행위에 불과하다고 주장했다. 수십 명이 넘는 측근과 동지들이 그를 버렸고 그중에는 그의 후보 당선을 도왔던 중도우파 정당인 민주독립연합UDI, Union des démocrates et indépendants도 있었다. 공화당 내부 인사들은 피용의 고집에 의아함을 느꼈고, 일부는 아직 그를 따르고 있는 측근들을 마치 무슨 사이비 종교 교주를 따르는 무리처럼 생각하기 시작했다. 여론 조사에 응한 프랑스 국민들 중 70%는 피용이 후보에서 사퇴해야 한다고 답했다.

공화당 후보가 알랭 쥐페로 바뀌는 일은 마크롱에게 재앙이나 다름없었다. 만일 알랭 쥐페가 늦게라도 대통령 선거에 뛰어든다면 마크롱은 3위로 다시 밀려나게 될 것이며 1차 투표도 통과하지 못할 것이라는 여론까지 있었다.

3월 4일과 5일은 운명의 갈림길이 되었다. 공화당은 세 거물인 프랑수아 피용과 알랭 쥐페, 그리고 니콜라 사르코지 사이에서 합의점을 도출해내려고 노력했다. 알랭 쥐페는 피용을 대신할 만한 가장 경쟁력 있는 후보였지만 그는 완벽한 자유를 보장받을 수 있을 때만 고민해보겠다고 한 걸음 물러섰다. 사르코지는 알랭 쥐페를 지지하지만 새로운 지지자들을 핵심 측근에 임명할 경우에만 지지하겠다고 선을 그었다. 세 사람 사이에는 경선 과정에서 불거졌던 악감정이 그대로 남아 있었고, 그 때문에 합의점을 찾는 일은 더욱 어려워졌다.

일요일이 되자 피용은 자신에 대한 지지를 확인하기 위해 운명을 가름할 만한 중요한 집회를 계획했다. 버스들이 수만 명이 넘는 지지자들을 실어 날랐다. 피용은 긴장감으로 잔뜩 굳어진 얼굴에 쉰 목소리로 연설을 시작했다. 그는 자신을 밀어내려 하고 있는 동료들을 겨냥하며 이렇게 말했다. "저의 정치적 동지들에게 이 말을 전하고 싶습니다. 지도자의 선택은 그들의 것일 수도 있고 또 아닐 수도 있습니다. 왜냐하면 이번에는 여기 모인 사람들이 선택할 것이기 때문입니다." 피용은 지지자들을 향해 이렇게 사자후를 토했다. "여러분의 선택으로 여러분의 꿈을 이룰 수 있습니다." 피용은 나중에 자신은 후보 사퇴를 염두에 두었지만 다시 한 번 각오를 다지게 되었다고 인정했다.

알랭 쥐페는 월요일 아침 기자 회견을 열었고, 이 기자 회견은 24시간 방송되는 생방송 뉴스를 통해 시청자들에게 전달되었다. 앙 마르슈 본부의 직원들 역시 모두 함께 모여 불안한 마음으로 이 방송을 예의 주시했다. 막다른 골목에 몰린 알랭 쥐페는 피용의 완고함을 짚고 넘어가며 결국 포기 선언을 하고 말았다. 대통령 선거 전에 "이용만 당했다"는 것이 그의 주장이었다.

같은 날, 피용의 추문이 터지자 선거 본부장 자리에서 물러난 파트리크 스테파니가 유럽 1 방송의 라디오에 나와 자신의 견해를 이렇게 밝혔다. "프랑수아 피용은 국회에서 오랫동안 관행처럼 묵인해온 제도의 희생자라고 볼 수 있습니다. 국회의원들은 보좌관들의 급여로 자신들의 주머니를 채워왔습니다."

주말이 지나자 피용은 이전보다 더 고립되고 상처를 입은 것처럼 보였다. 그리고 일요 신문인 〈르 주르날 뒤 디망슈〉가 피용이 지난 2월에 프랑스계 레바논 변호사에게 1만 3,000유로에 달하는 정장 두 벌을 받았다고 폭로하자 상황은 최악으로 치달았다. 이 변호사는 아프리카의 독재자와 사업가들을 연결해주는 역할을 하는 것으로 알려져 있었다. 그로부터 2주가 지난 후 프랑수아 피용은 위장 고용 추문과 관련하여 공식적으로 기소되었다.

"프랑수아 피용, 그를 보면 12월 1일부터 성탄절인 25일까지 매 숫자마다 선물 주머니가 달려 있는 특별한 전통 달력이 생각이 납니다." 한 공화당 의원이 지난 3월 〈르 파리지엥〉에 냉소를 가득 담아 한 말이다. "그런데 선물 주머니라고 열어보니 선물은커녕 여는 족족 쓰레기만 나온다면 어떨 것 같나요."

피용의 문제들이 계속해서 불거져 나오고 알랭 쥐페의 부활 가능성이 점쳐지면서 앙 마르슈의 많은 내부 인사들은 마크롱의 미래에 대해 걱정을 하기 시작했다. 그렇지만 최소한 그들 앞에서 우두머리인 마크롱은 여전히 침착한 태도를 보이고 있었다. "앙 마르슈 안에는 피용이 더 이상 버티지 못할 거라고 생각하는 사람들이 아주 많았습니다. 그런데 마크롱은 계속해서 '피용은 물러나지 않을 것'이라고 하더군요." 시베스 엔디야에의 말이다. "개인적인 생각이지만, 마크롱은 만일 피용이 포기를 할 경우 자신은 완전히 빈손으로 물러나게 될 거라고 믿고 있는 것 같았습니다." 마크롱의 정치적 본능과 피용이라는 인물에 대한 판단력은 빗나가지 않았다. 대통령 후보에 대한 피용의 끈질긴 집착은 각 언론 매체를 장식했다. 정책과 관련된 진지한 논의는 자취를 감추었으며, 대통령 선거는 한 후보가 모든 역경에 도전하고 반발하는 구경거리로 전락하고 말았다. 프랑스의 코미디언인 니콜라 칸텔루는 이 공화당 대통령 후보를 유명한 블랙 코미디 영화 〈몬티 파이튼과 성배Monty Python And The Holy Grail〉에 등장하는 흑기사에 비유했다. 이 흑기사는 결투를 벌이다가 사지를 다 잘렸지만 끝까지 싸움을 포기하지 않았다.

한편, 프랑수아 피용뿐만 아니라 마린 르 펜도 법적인 문제로 고심하고 있었다. 이 국민전선의 수장은 최소한 여섯 개의 각기 다른·사건에 연루되었고, 이 사건들은 선거 운동 과정 동안 각기 다른 방향과 수준으로 뻗어나갔다. 마린 르 펜은 자금 유용에 대한 프랑스 검찰의 조사를 피하기 위해 유럽 의회 의원 자격으로 면책 특권을 사용하려고 했다. 그녀의 죄목은 유럽연합 기금 34만 유로를 의회 업무가 아닌 프랑스에서의 정치 활동, 즉 비서실장 급여 등으로 사용했다는 혐의였다.

마린 르 펜은 또한 자신의 트위터에 IS의 처형 장면 등 폭력적인 장면들을 퍼트린 혐의로 조사를 받았고, 그녀가 이끄는 국민전선 역시 지난 2012년 총선의 선거 자금과 관련해 부정행위에 대한 별도의 조사를 받게 되었다.

사회당 후보인 브누아 아몽의 선거 운동 본부는 계속해서 불거지는 후보들의 추문과 법적인 문제로 인해 "다른 모든 사안들이 다 묻혀버린다"며 불평을 했다. 마크롱 역시 이를 두고 "빼앗긴 선거"라고 말하기도 했다. 대부분의 프랑스 유권자들이 느끼는 감정도 비슷했다. 4월 중순에 실시된 여론 조사에서 유권자의 81%는 이번 선거가 "불만족스럽다"고 대답했으며 70%는 "지금 프랑스 국민들이 직면하고 있는 문제들을 제대로 알리는 데 실패했다"고 생각했다. 마크롱은 제대로 정리된 공약과 계획을 제시했지만 사람들의 관심은 금방 다른 쪽으로 옮겨갔다. 잠시 화제의 중심에 서기는 했지만, 이내 피용과 르펜이 사법 당국과 언론, 그리고 정부에 대항해 내지르는 요란스러운 공격과 주장 속에 다시 존재감 없이 파묻히고 만 것이다.

〈르 몽드〉는 3월 말, 사설을 통해 이렇게 경고했다. "프랑스 대통령 선거는 도널드 트럼프의 선거 승리에 기여했던 전술과 닮은 분위기로 흘러가고 있다. 정치는 사라지고 추문만 남았으며 증거도 없는 주장과 사실 확인 없는 진술이 난무하고 있다. 거기에 엉터리 호언장담과 언론의 과잉 반응까지 판을 치고 있다. 마치 도널드 트럼프의 무기가 전면 가동되는 것 같지 않은가. 그 안에서 진실은 외면당하고 후보들의 새로운 공약과 계획에 대한 경멸만이 남았다."

제16장

어떤 결과가 나와도 이상하지 않을
예측 불허의 대접전

프랑스 대통령 선거의 1차 투표일인 4월 23일이 다가오면서 텔레비전 토론회가 전례 없이 연속적으로 열렸다. 후보자들은 유권자에게 자신을 알릴 수 있는 절호의 기회를 잡은 셈이었다. 프랑스는 전통적으로 1차와 2차 투표 사이에 한 번의 토론회만 개최해왔다. 그러나 지금까지 한 번도 보지 못한 가장 길고도 긴장감 넘치는 선거 운동이 진행되면서 이번만큼은 1차 투표 전에 우선 두 차례의 토론회를 열기로 결정한 것이다. 텔레비전 토론회는 지난 각 당의 경선 과정에 결정적인 영향을 미쳤으며, 프랑수아 피용과 브아누 아몽 같은 각 당의 비주류 인사들이 이를 통해 예상치 못한 승리를 거두었다. 마크롱에게는 이 토론회가 새롭고도 위험한 기회였다. 여론 조사에서는 여전히 높은 승리 가능성을 보였지만 이런 예측은 언제 뒤집힐지 몰랐고, 상당수의 유권자들은 여전히 언제든 자신들의 마음을 바꿀 가능성이 있었다.

또한 이번 텔레비전 토론회는 마린 르 펜이 프랑스 정치의 주류 세력으로 들어가 다른 후보들과 동등한 대접을 받을 만한 자격이 있는지 확인할 수 있는 기회였다. 지난 2002년 대통령 선거에서는 그녀의 아버지 장마리 르 펜이 2차 투표까지 가는 기염을 토했는데 당시 재선에 도전하고 있던 자크 시라크 대통령은 그와의 토론을 거부했다. 지난 수십 년 동안 프랑스 정치계와 언론 매체는 극우파인 국민전선을 극단적인 과격파 세력으로 취급하며 배척하고 아예 상대조차 하지 않으려 애써왔다. 그렇지만 유권자의 4분의 1이 그녀에게 투표하겠다고 하는 상황에서 이런 전략은 더 이상 효과를 거두기 어려웠다. 토론회에 등장한 마린 르 펜은 자신만만한 웃음을 보이며 프랑스에서 극우 국수주의가 완전히 평범한 일상이 되어버렸다는 사실을 다시 한 번 깨닫게 해주었다.

첫 번째 토론회는 3월 20일에 열렸다. 토론회에는 다섯 명의 후보, 즉 마린 르 펜과 공화당의 프랑수아 피용, 사회당의 브누아 아몽, 극좌파의 장뤄크 멜랑숑, 그리고 마크롱이 참가했다. 선출직 공직자 500명의 추천을 받아 대통령 선거 1차 투표에 정식으로 나선 후보는 모두 해서 열한 명이었지만 나머지 여섯 명은 투표를 실시하더라도 5%의 득표를 할 가능성도 없었다. 그 여섯 명 중에는 피레네 산맥의 양치기 출신에 화성 식민지 계획을 추진하는 음모론자, 두 명의 트로츠키주의자까지 끼어 있었다.

1차 토론회에서 마크롱은 나쁘지 않은 토론 솜씨를 보였지만 다소 밀리는 듯한 모습을 보였다. 토론이 시작되자 그는 보기 드물게 긴장한 모습을 내보였으며, 심지어 논점을 벗어나는 말을 할 때도 있어서 그를 잘 알고 있는 사람들을 놀라게 했다. 마크롱은 경쟁자들의 정책에 동의하며 칭찬을 하느라 평소 자신의 주장과 벗어난 말을 했고, 그러면서도 그 말이 합리적으로 들리도록 하기 위해 애를 썼다. 마크롱의 본모습이 드러난 것은 마린 르 펜을 상대했을 때였다. 그녀는 그 어느 때보다도 도발적이며 직설적인 태도로 이렇게 말했다. "몇 년 전만 해도 프랑스에서 부르키니 같은 건 찾아볼 수 없었습니다. 그렇지만 마크롱이 그걸 마음에 들어 하는 건 알겠더군요."

"아니, 잠깐만요." 마크롱이 반격했다. "저는 누구를 대신해서 말을 하는 사람이 아니고 당연히 누가 저를 대신해 말을 해줄 필요도 없습니다. 제가 할 말이 있으면 그때는 제가 직접 할 테니 굳이 참견하지 않아도 됩니다."

"그런가요? 그렇다면 부르키니에 대해 어떻게 생각하시죠?" 마린 르 펜이 물었다.

"제가 볼 때 당신은 프랑스 사회를 분열시키려 하지만 자기 자신도 거기에 빠져 곤란을 겪는 것 같군요. 현재 프랑스의 이슬람교도는 400만 명에 이르며 그들 절대 다수가 프랑스를 조국으로 생각합니다. 그런 그들을 다 프랑스의 적으로 돌리겠다는 겁니까? 그런 일은 있어서는 안 된다고 말하고 싶습니다." 마크롱이 대답했다.

3시간 가까이 이어지는 지루한 토론회를 다 볼 필요 없이 이 한 장면만 보아도 충분할 만큼 두 사람이 나눈 대화는 중요한 것이었다. 마린 르 펜은 마크롱의 약한 부분을 계속해서 공격하며 그를 몰아붙였다. 미국의 도널드 트럼프 대통령에 대한 생각을 묻자 마크롱은 예의 그 애매하고 두서없는 말투로 미국과의 '건설적이며 군

건한 협력 관계'를 바탕으로 한 독립적이고 자율적이며 강력한 프랑스를 지향하는 자신의 '외교적 구상'은 프랑스를 '일관성이 있으며 신뢰할 수 있는' 국가로 만들 것이라고 대답했다. 마린 르 펜은 그의 대답을 들으며 고개를 젓고 코웃음을 쳤다.

"정말이지 당신은 놀라운 재능을 가졌군요. 5분이나 당신 답변을 들었는데 무슨 말을 하고 있는 건지 하나도 알아들을 수가 없어요." 르 펜의 말이 이어졌다. "당신 말에는 아무런 알맹이가 없습니다! 그야말로 완벽하게 공허한 답변입니다. 당신은 매번 입을 열 때마다 이렇게도 말하고 저렇게도 말하지만 단 한 번도 정확한 심중을 말해준 적이 없죠."

마크롱의 학창 시절 친구인 마르크 페라치는 나중에 "쉽지 않은 토론이었고 더 잘할 수도 있었을 텐데 아쉬웠다"고 말했다. 그렇지만 그는 마크롱과 마린 르 펜이 1대1 토론을 한다면 상황은 크게 달라질 것이라 확신하고 있었다. "그런 형식의 대결이 마크롱에게는 어울립니다. 그는 르 펜에게 더 거센 반격을 가할 수 있었을 겁니다." 앙 마르슈 당직자인 세드릭 오 역시 친구에게 이메일을 보내 마크롱이 조금 "실망스러웠다"고 말했고 이 내용은 나중에 위키리크스에 의해 인터넷에 유출되었다.

프랑수아 피용은 토론 시간 내내 그다지 적극적이지 않았고 유권자들을 향한 마지막 발언 시간에서 "몇 가지 실수가 있었습니다. 그렇지만 그렇지 않은 사람이 또 누가 있겠습니까?"라고 말하며 자신의 잘못을 인정하는 듯한 모습을 보였다. 사회당 후보 브누아 아몽은 자신의 존재를 부각시키기 위해 애를 썼지만 선거 비용 조달을 문제 삼아 마크롱을 공격하며 "화학 회사, 제약 회사 아니면 은행들과의 뒷거래"를 언급했다. 이런 회사들이 마크롱에게 자금을 지원하고 당선 후의 수혜를 기대하고 있다는 것이었다.

첫 번째 토론회의 진정한 승자는 극좌파의 수장 장뤼크 멜랑숑이었다. 예순다섯 살의 이 선동가는 다섯 명중 지지율이 제일 떨어졌으며 오직 사회당의 표를 분산시키기 위해 출마한 것처럼 보였다. 그렇지만 이번 토론회에서는 그의 명석함과 재치는 물론, 르 펜을 향한 날카로운 독설이 그 빛을 발했다.

장뤼크 멜랑숑은 이날 밤 기억에 남을 만한 어록을 남겼다. 피용과 르 펜의 법적 문제에 대해 선뜻 질문하기를 꺼리며 몸을 사리는 다른 후보들을 두고 "초식동물처럼 겸손해졌다"라고 공격을 한 것이다. 그런다고 해서 유권자들에게 공명정대한 사람으로 보일 거라는 착각은 그만두라는 뜻이었다. 토론회가 끝난 후 장뤼크 멜랑숑의 지지율은 5%나 뛰어올라 다섯 명의 후보 중 브누아 아몽을 제치고 4위가 되었고 프랑수아 피용과의 격차도 크게 줄어들었다. "그때는 미처 몰랐지만 마치 스프링이 튀어 오르고 꽃이 활짝 피듯 그렇게 지지율이 뛰어올랐습니다!" 장뤼크 멜랑숑이 토론회 이후 있었던 집회에서 급상승한 자신의 인기에 대해 한 말이다.

장뤼크 멜랑숑의 이런 선전善戰은 어떤 징조가 아니었을까? 마린 르 펜과 마찬가지로 그도 프랑스가 세계화 진행 과정에서 좋지 않은 영향을 받았다는 입장을 고수해왔으며, 거기에는 금융계와 정치계의 지도층 인사들도 책임이 있다고 주장했다. 2011년에 그는 《그들 모두를 몰아내라: 시민 혁명이 시급하다Qu'ils s'en aillent tous!: Vite, la révolution citoyenne》라는 책을 쓰기도 했는데, 이슬람교도 출신 이주민들에 대해서는 견해가 달랐지만 유럽연합과 공공 부문 지출 확대,

그리고 국가 주도 개입에 대해서는 극우파인 마린 르 펜과 비슷한 생각을 가지고 있었다. 프랑스인 부모 밑에서 태어나 아프리카 모로코에서 자란 그는 프랑스의 '다인종 문화 정체성'은 높이 평가했다. 한때 트로츠키주의자이기도 했던 장뤼크 멜랑숑은 러시아 대통령 푸틴과도 긴밀한 관계를 유지하고 있었으며 베네수엘라의 독재자 우고 차베스나 쿠바의 피델 카스트로 같은 사람들이 이끌었던 남아메리카의 '민중 혁명'도 찬양하는 입장이었다.

4월 4일에 열린 제2차 토론회에서는 프랑스의 상징인 평등주의를 실천이라도 하듯 최초로 11명의 후보들이 모두 한 자리에 모였다. 각각의 후보들에게 허용된 시간은 모두 똑같았고, 지지율이 떨어지는 후보도 전국에 있는 수백만 명의 유권자들에게 자신들의 존재를 알릴 수 있는 기회를 가졌다. 그들 대부분은 자본주의와 유럽연합, 그리고 세계화를 반대하는 입장이었다. 그중에서도 공산주의자이자 자동차 수리공인 필리프 푸투는 토론 전 단체 사진 찍기를 거부했고, 토론이 진행될수록 더 거칠고 적대적인 태도를 보였다.

"같은 공산주의자이자 교사 출신 후보인 나탈리 아르토만 제외하면 저는 제가 여기 나와 있는 후보 중에서 가장 평범하고 일반적인 직업을 갖고 있다고 생각합니다." 그가 기조연설에서 한 말이다. 필리페 푸투는 피용을 보고 "국가 예산을 훔쳤다"고 꾸짖었으며 르 펜에게는 의원 면책 특권을 이용해 기소를 피했다고 꼬집었다. "우리 같은 사람들은 경찰에 불려가도 노동자 면책 특권 같은 소리는 하지도 못합니다."

푸투는 이렇게 황금 시간대의 텔레비전 방송에 나와 보통 사람들이 친한 사람들과 나눌 법한 이야기를 당당하게 전했으며, 잠시나마 프랑스의 유명 비주류 좌파 인사들과 어깨를 나란히 하는 영광을 누렸다. 우체국에서 파트 타임으로 일하는 올리비에 브장스노는 2002년과 2007년 대통령 선거에 연거푸 출마하며 주식 시장 폐지를 공약으로 내걸었다. 또한 세계화 반대를 주장하던 조제 보베는 1999년 맥도날드 매장을 때려 부순 일로 유명세를 탄 좌파의 비주류 인물이었다.

마크롱은 유로존에서 탈퇴하겠다는 공약을 문제 삼아 르 펜을 공격했다. 여론 조사에 따르면 대다수의 유권자들이 유로존 탈퇴를 반대하고 있는 상황이었다. "지금 내건 공약은 프랑스 국민들의 구매력을 떨어트리는 결과를 가져올 뿐입니다. 일반 노동자나 저축으로 먹고 사는 사람들은 유로화를 버리게 되면 그만큼 지출할 능력이 줄어들게 됩니다." 마크롱의 주장이었다. 그는 또한 르 펜을 그녀의 아버지와 비교하기도 했다. "당신은 우리가 지난 40년 동안 들어온 거짓말을 또다시 되풀이하고 있습니다. 바로 당신 아버지 입에서 나왔던 거짓말 말입니다."

그렇지만 2차 토론회의 승리는 또다시 장뤼크 멜랑숑에게 돌아갔다. 토론회가 끝나자마자 실시된 여론 조사에서 그는 가장 믿을 수 있는 후보라는 평가를 받으며 토론회를 본 시청자들 중 25%의 지지를 받았다. 반면 마크롱의 지지율은 21%였다.

장뤼크 멜랑숑의 부상으로 앙 마르슈에는 비상이 걸렸다. 장뤼크 멜랑숑은 '굴복하지 않는 프랑스'라는 이름의 작은 정당을 이끄는 프랑스 정계의 비주류 인사였다. 그의 공약들 중에는 제왕적 대통령제를 폐지하고 의원내각제로 돌아가자는 내용도 있었다. 마크롱의 지지자들은 토론회가 끝난 후 인터넷에 토론회의 영상을 뿌렸는데, 그것은 장뤼크 멜랑숑의 막대한 증세 계획을 특히 강조하는 것이었다. 그는 1,000억 유로 규모의 예산 지출을 계획했고, 그 일부는 연 수입이 40만 유로가 넘는 사람들에게 90%의 부유세를 부과하는 것으로 충당하자고 주장했다. 물론 이런 강제적인 징수안은 위헌의 소지가 있었다.

마크롱 역시 〈르 몽드〉와의 대담을 통해 두 주요 정당의 후보들로부터 집중적인 공격을 받게 된 심정을 토로했다. 이들은 공동의 적인 마린 르 펜에 맞서 힘을 합치는 대신 마크롱을 적으로 돌린 것이다. "브누아 아몽과 프랑수아 피용의 선거 본부는 중대한 실책을 저지르고 있습니다. 어떻게 나와 앙 마르슈를 주요 공격 대상으로 삼을 수 있습니까. 자신들의 본분을 잊은 것입니다. 우리는 좀 더 현실을 정확하게 직시할 필요가 있습니다. 이건 선거전에서 특히 충격적이었던 것은 우리가 마린 르 펜을 완벽하게 정상적인 정당의 후보로 만들어주었다는 사실입니다. 덕분에 그녀는 2차 투표 진출도 바라볼 수 있게 되었습니다. 그러면서도 우리는 마린 르 펜이 승리하는 결과를 원하지는 않습니다. 그거야말로 최악 중에서도 최악의 결과가 아니겠습니까."

4월 10일 월요일 마크롱은 선거 운동 종료 2주를 남겨두고 본부에서 회의를 소집했다. 그는 지친 당직자들과 자원봉사자들이 지난 주말에 일을 잠시 쉬었다는 사실에 짜증이 나 있었다. "제군들, 이제 선거가 2주 앞으로 다가왔고 우리는 단 1초라도 헛되이 보낼수 없습니다. 우리에게는 선택의 여지가 없습니다." 마치 전반전을 시원찮게 끝낸 선수들을 격려하는 축구 감독처럼 그는 이렇게 이야기를 꺼냈다. 바로 옆에 브리지트를 앉힌 채로 그는 간간이 탁자를 손으로 내리치며 말을 이어갔다. "처음에는 르 펜과 피용이 있었고 이제는 멜랑숑까지 끼어들었습니다. 지금까지 공격을 계속해 왔지만 이제는 결정타가 필요합니다. 유권자들을 이해시킬 만한 결정타 말입니다." 마크롱은 장뤼크 멜랑숑이 내민 파격적인 공약의 허구성과 위험성을 알려야 한다고 했다.

선거 전 수행하는 마지막 점검은 전체 선거 운동 기간 중 가장 중요한 순간으로 여겨지기 마련이었다. "자신에게는 물론 모든 사람들에게 유권자들이 이제야 비로소 누굴 뽑을지 생각하기 시작했다고 전하십시오. 가장 간절하게 승리를 바라는 사람이 결국 이기는 것, 그게 바로 선거입니다. 남은 2주 동안 저는 필요하다면 하루에 세 차례 이상의 유세도 마다하지 않을 것입니다. 유세 내용이나 횟수가 중요한 게 아니라 사람들에게 누가 과연 진정으로 승리를 바라고 있는지 보여주자는 것입니다…… 남은 2주 동안 모든 것이 다 끝장날 수도 있습니다. 그동안의 모든 노력이 다 수포로 돌아갈 수 있는 겁니다."

실제로 이미 3월 중순부터 선거 운동 본부는 피로와 긴장감으로 지쳐가기 시작했다. 어떤 당직자는 학창 시절 이후 처음으로 하루 네다섯 시간만 잠을 자며 버티고 있었다. 마크롱과 측근들에게 그런 상황을 견뎌낼 수 있게 해주는 유일한 힘은 역사상 유례가 없는 승리를 목전에 두고 있다는 희망이었다. "막판에 가서는 화장을 해도 얼굴에 드리운 짙은 피로를 걷어낼 수 없었어요." 시베스 엔디야에의 말이다.

여론 조사 결과 역시 이들을 몰아붙였다. 마크롱과 마린 르 펜, 프랑수아 피용, 그리고 장뤼크 멜랑숑이 박빙의 경합을 펼치고 있었고 유권자의 1/3은 누구를 찍을지 아직도 결정하지 않았다고 했다.

"유권자들이 뭔가 주저하고 있다는 사실을 알 수 있었습니다. 제5공화국 체제의 기존 정당들을 몰아내고 싶어 하면서도 누구를 선택해야 할지는 확실히 알 수 없었던 것이죠." 시베스 엔디아예는 유권자들의 심리를 이렇게 분석했다. "당시 마크롱은 이런 상황을 프랑스 민주주의가 혼란에 빠져들고 있다는 징조로 받아들였습니다."

앙 마르슈 지지자들 사이에서 일어나고 있는 불안감은 선거 전 마지막으로 열린 마크롱의 대규모 유세장에서 분명하게 확인할 수 있었다. 마크롱이 유세장으로 대여한 베르시 체육관은 2만 명가량을 수용할 수 있는 규모의 체육관으로, 그가 대통령의 꿈을 처음 꾸었던 재정경제부 건물에서 얼마 떨어지지 않은 곳에 있었다. 마지막 대규모 유세도 지금까지 그랬던 것처럼 앙 마르슈의 운영 전반을 책임지고 있는 루도빅 샤케르가 진두지휘했다. 그는 12개월 전만 해도 이런 정치적인 행사를 기획해본 적이 한 번도 없었지만, 앙 마르슈 운동을 시작한 이후 그 역량이 나날이 발전해왔다. 이전까지는 주로 마크롱 혼자 무대 위로 올라가 아주 간소하게, 이른바 TED 강연처럼 연설을 했었지만 베르시에서는 우선 다른 연사들이 먼저 올라가 분위기를 잡았다. 거기에는 툴롱 럭비 클럽의 구단주이자 만화 전문 출판사를 운영하고 있는 알제리 출신의 사업가 무라드 부젤랄도 포함되어 있었다.

수천 명의 사람들이 미리 티셔츠와 현수막을 전달받았다. "우리는 승리한다! 우리는 승리한다!"라는 함성이 체육관을 가득 메웠다. 이윽고 묵직하게 쿵쿵거리는 소리를 배경으로 피아노와 전자음악을 뒤섞어 특별히 만들어진 앙 마르슈의 주제가가 귀청이 찢어질 것처럼 울려 퍼지는 가운데 마크롱이 무대 위로 올라왔다. 사람들은 음악 소리에 맞춰 발을 구르며 환호성을 질러댔다.

그렇지만 전국 각지에서 개인적으로 유세 활동을 펼쳐온 앙 마르슈의 많은 회원들은 최근 들어 풀이 많이 죽었을 뿐만 아니라 긴장한 기색이 역력했다. "장뤼크 멜랑숑이 갑자기 치고 올라온 게 좀 걱정이 됩니다." 파리 남부의 요느 지부를 맡고 있는 쉰일곱 살의 도미니크 듀사르의 말이었다. 그녀는 특별 회원 전용 입구 앞에서 들어갈 순서를 기다리며 이렇게 덧붙였다. "마치 누군가에게 갑자기 뺨이라도 맞은 느낌이었습니다. 일이 이렇게 될 거라고는 지금까지 아무도 예상하지 못했으니까요."

이사벨 은쿤쿠는 파리 북서부 교외의 세르지 장터에서 주말 동안 전단지를 나눠준 후에 "이제 오직 기도만 드리는 심정"이라고 말했다. "마크롱은 제가 전에는 한 번도 경험하지 못한 정치를 보여주었습니다." 이 식당 주인은 마크롱이 나타나기만을 기다리며 이렇게 말을 이었다. "지금까지 저는 그저 표만 던졌을 뿐 아무 일도 하지 않았어요. 우리 앙 마르슈 회원들은 지난 며칠 동안 그 어느 때보다도 최선을 다했지만 상황은 대단히 여유롭지 못합니다."

마크롱은 그 어느 때보다도 힘과 확신이 넘치는 모습으로 무대 위로 뛰어올라갔다. 브리지트와 딸들은 무대 바로 밑에서 그와 눈을 마주치며 90분으로 예정된 연설이 시작되기를 기다렸다. 마크롱은 '유럽의 재건'을 공약으로 내걸고 "새로운 우리의 유럽을 만들어가는 대통령이 되겠다"고 약속했다. 이내 장내에서는 함성이 터져 나왔다.

고위 외교관 출신으로 마크롱의 국가 안보 자문을 맡은 프랑수아 에스부르는 큰 감동을 받았다. "1년 반 전만 해도 누군가 저에게 체육관에 2만 명이 넘는 사람들을 모아놓고 유럽을 언급할 때마다 환호성이 터져 나오게 할 거라고 말했다면 저는 아마 제정신이 아니라고 말해주었을 겁니다."

마크롱은 이어서 이제는 자신의 대표 공약처럼 되어버린 "혁신이 자유로운 프랑스를 만든다"고 말했다. 혁신이 가능해야 대량 실업 문제도 해결할 수 있으며, 디지털 혁명의 시대에도 프랑스가 도태되지 않고 살아남을 수 있다는 것이었다.

그렇지만 그는 자신의 경쟁자들을 공격하는 것도 잊지 않았다. 마크롱은 프랑수아 피용을 한 국가의 수장이 되기에는 도덕적 권위가 이미 땅에 떨어진 인물이라고 칭했고, 마린 르 펜의 공약은 이미 지나가버린 과거의 향수에 젖은 것들뿐이라고 말했다. 장뤼크 멜랑숑에 관해서는 올랑드 대통령이 고소득층에게 75%의 부유세를 물리겠다고 했을 때 이메일로 보낸 말과 똑같은, "프랑스를 암흑천지로 만들겠다는 의도"라는 표현을 쓰며 그를 공격했다.

마크롱은 자신이 가장 좋아하는 프랑스 작가 중 한 명인 알베르 카뮈의 말을 인용하며 연설을 마무리 지었다. 제2차 세계대전의 폐허 속에서 프랑스를 재건한 세대에게 바치는 헌사였다. "각 세대는 세상을 개혁해야 한다는 부름에 당연히 응답을 해야 한다." 카뮈는 1957년 노벨문학상을 수상하며 이렇게 소감을 밝혔다. 마크롱은 이렇게 연설을 마무리했다. "우리 세대는 개혁의 어려움을 잘 알고 있습니다. 그렇지만 개혁의 사명은 그 어려움을 뛰어넘을 만큼 중요한 것입니다. 바로 이 세상이 스스로를 파괴하는 일을 막기 위해서 말입니다."

마크롱은 프랑스 대통령 선거의 중요성도 이와 같다고 말했다. 자신은 단순히 대통령 선거에서 승리하는 것 이상의 중요한 사명감을 갖고 있으며 서구 문명의 미래 역시 마찬가지라는 것이었다. "문명 세계가 스스로를 파괴하는 일을 막고 새로운 미래를 건설하는 일은 우리의 사명이자 책임입니다. 저로서는 그것이 삶인지 우연인지 아니면 숙명인지는 모르겠지만, 어쨌든 저는 여러분들에게 이런 선택을 권할 수 있는 특권을 부여받았습니다. 저는 언제나 명예와 책임을 다할 것을 잊지 않고 있으며 또 그렇게 할 준비가……브리지트와 함께 그렇게 할 준비가 되어 있습니다." 그가 브리지트를 언급하자 관중들은 또 브리지트의 이름도 연호했다.

마린 르 펜 또한 문명의 파괴라는 주제를 언급한 바 있었다. 그녀가 볼 때 프랑스는 대규모 이민자들과 고삐 풀린 세계화의 물결 속에서 그 문화와 정체성을 영원히 상실할 위기에 처해 있었다. 선거 운동이 막바지를 향해 치닫고 그녀가 이끄는 국민전선을 향한 지지가 크게 올라가기 시작하자 마린 르 펜은 극우파의 기존 입장으로 돌아갔다. 그녀가 이런 결정을 내릴 수 있었던 것은 역시 지지율의 변화 덕분이었다. 여론 조사 결과 그녀는 이제 마크롱의 뒤를 이어 2위를 달리고 있었다. 1월 말 이후로는 약 27%에서 28%의 지지율로 1차 투표에서 1위를 할 것이라는 예상이 이어지기도 했다. 그렇지만 마크롱은 선거 운동 마지막 달에 마린 르 펜의 기세를 앞지를 수 있었다.

유로화를 버리겠다는 정책과 법적인 문제로 유권자들이 그녀에게 의구심을 품고 있는 것과는 별개로, 마린 르 펜은 토론회에서 자동차 수리공 출신 후보 푸투와 장뤼크 멜랑숑의 공격을 받으며 크게 곤란을 겪었다. 4월 10일에는 제2차 세계대전 당시 나치 독일에 협력했던 프랑스의 과거사를 언급했다가 큰 구설수에 휘말리기도 했다. 2011년 아버지의 뒤를 이어 국민전선의 수장이 된 이후 그녀의 전체적인 전략은 반유대주의를 표방하던 과거, 그리고 아버지의 그늘과 거리를 두는 것이었다. 마린 르 펜의 아버지이자 국민전선을 이끌었던 장마리 르 펜은 나치 독일의 유대인 대학살을 부정하다 당에서조차 완전히 퇴출되었으며, 제2차 세계대전 당시 나치 독일에 항복하고 괴뢰 정부를 세워 협력했던 필리프 페탱을 계속해서 옹호해온 인물이다. 마린 르 펜은 심지어 프랑스계 유대인들에게까지 화해의 손길을 뻗어 국민전선에 대한 안 좋은 인상을 씻어내기 위해 애를 썼으며, 이슬람 극단주의자들에 대항해 함께 싸우는 동반자라고까지 불렀다.

지난 3월에는 한 프랑스 텔레비전 방송에서 국민전선 니스 지부의 한 당직자가 아돌프 히틀러의 기념품을 판매하며 유대인 학살의 규모를 부정하는 장면이 담긴 영상을 방영했다. 이로 인해 엄청난 역풍이 불기도 했지만 이런 상황을 자초한 것은 마린 르 펜 자신이었다. 그녀는 이번 선거 운동 기간 동안 국민전선을 새롭게 선보이기 위해 애썼던 모든 노력들을 다시 원점으로 되돌리고 말았다.

뉴스 전문 방송국인 LCI와의 대담 중에 그녀는 파리에 거주하던 유대인 1만 3,000명이 수용소로 끌려간 사건에 대해 과연 프랑스 정부도 책임이 있는가에 대한 질문을 받았다. 노인과 여성을 비롯해 4,000명의 어린이들이 포함된 유대인들은 1942년 나치 독일의 명령에 따라 프랑스 경찰에 의해 체포되었고, 에펠탑 근처에 있는 밸디브 자전거 경기장 안에 마구잡이로 수용되어 있다가 가축 수송용 화물열차에 실려 나치 수용소로 끌려갔다.

1995년 프랑스 대통령에 당선된 자크 시라크는 유대인 학살에 협력했던 프랑스 괴뢰 정부의 책임을 공식적으로 인정한 첫 번째 대통령이었다. 그는 이전에는 부인 아니면 침묵으로 일관했던 조국의 어두웠던 과거사를 공개적으로 언급했다. "프랑스와 프랑스 국민들이 나치 독일의 광기 어린 범죄를 방조하고 도왔다는 것을 인정합니다." 자크 시라크는 이제는 사라진 밸디브 자전거 경기장 터에서 열린 추도식에서 이렇게 말했다.

그렇지만 그로부터 23년이 지난 후, 마린 르 펜은 LCI와의 대담에서 이전 대통령들이 무마시켰던 논쟁을 다시 끌어내고 말았다. 전시에 나치 독일에 협력했던 비시 정부는 '프랑스'가 아니며 드골이 런던에 망명해서 세운 자유 프랑스 망명 정부가 진정한 프랑스였다는 것이다. "저는 이른바 밸디브 사건이 프랑스의 책임이라고 생각하지 않습니다. 대체로 말해서 당시에 권력을 쥐고 있던 사람들이 책임이 있는 것이 아닙니까? 그렇다면 그건 프랑스의 책임이 아닙니다."

르 펜의 이야기가 이어졌다. "프랑스는 오랜 세월 어려운 시기를 겪었습니다. 실제로 우리의 자녀들은 가장 어두운 측면만을 보며 비판해야 할 이유들에 대해서만 배워왔는데, 저는 그들이 다시 우리 프랑스를 자랑스럽게 생각하길 바랍니다."

마크롱은 이런 르 펜의 발언을 두고 "아주 심각한 실언"이며 덕분에 유권자들은 그녀 가족의 역사를 다시 떠올릴 수 있게 되었다고 평가했다. "마린 르 펜이 장마리 르 펜의 딸이라는 사실을 잠시 잊었던 사람들이 있습니다." 이스라엘 역시 르 펜의 발언을 반유대주의의 부활과 같다고 비난하며 "불행하게도 다시 한 번 반유대주의가 고개를 쳐들고 있다"고 말했다.

심지어 마르세유에서 했던 한 집회의 마무리 연설에서 르 펜은 그동안 경제 문제와 프랑스의 자주권을 회복하는 일에 초점을 맞추면서 국민전선을 새롭게 인식시키려 했던 그동안의 모든 노력들을 허사로 만들고 말았다. 도널드 트럼프의 선거 전략에서 멋대로 빌려온 내용들을 가지고 가장 최악으로 남을 연설 중 하나를 하고 만 것이다. 연설 중에 그녀는 프랑스로 들어오는 순수 이민자의 숫자를 연간 1만 명으로 제한하겠다는 자신의 공약을 되풀이해서 말하다가 대통령에 당선이 된다면 우선 취임 첫날부터 모든 이민자들의 입국 자체를 일시 중지시키겠다고 덧붙였다. 마린 르 펜은 다른 대통령 후보들이 프랑스를 외국인들로 가득 찬 '불법 체류지'로 뒤바꾸려 한다고 비난했고, 그렇게 되면 "프랑스 국민들은 자신의 조국에서 2등 시민으로 전락하게 될 뿐"이라고 주장했다. 그리고 불법 이민자들은 공공 의료 제도의 지원을 받지 못하게 하겠다고 약속했다. "이곳은 우리 땅입니다." 모든 국민전선 유세장에서 들리던 이 구호를 르 펜 앞에 운집한 5,000명의 관중들이 일제히 따라 외쳤다.

이렇듯 2017년 프랑스 대통령 선거 기간에는 수많은 반전과 우여곡절이 거듭되었다. 그러나 정말로 비극적인 사건은 이제부터 시작이었다.

4월 20일 목요일 저녁, 프랑스 2 텔레비전을 통해 상위권 후보들이 연속으로 개별 회견을 진행하고 있을 때였다. 서른아홉 살의 테러리스트가 샹젤리제 거리로 차를 몰고 가 터키 관광 안내소 바깥에 주차되어 있던 경찰 버스에 자동 소총을 난사했다. 이 총격으로 서른일곱 살의 경찰관 자비에 주젤레가 머리에 두 군데 총상을 입고 그 자리에서 사망했으며 곁에 있던 동료 경관도 중상을 입었다. 경찰 내부에서 동성애자의 인권 운동을 펼치기도 했던 주젤레 경관은 지난 11월, 역시 테러 공격을 받았던 바타클랑 극장이 재개장하는 날 잠시 프랑스 방송에 경찰관 자격으로 모습을 보였다. 그런 그가 대학살이 자행된 지 정확히 1년이 지나 또 다른 테러 공격의 희생자가 된 것이다. "저는 오늘 밤 우리의 가치를 지키기 위해 목격자로 이 자리에 섰습니다. 오늘 밤 행사는 생명을 귀중히 여기며 그 어떤 테러 공격도 용납하지 않겠다는 의지를 보여주기 위한 것입니다." 당시 그가 방송에서 한 말이다.

범인은 내성적 성격으로 정신적 문제를 겪었고 경찰을 폭행한 전력이 있었으며, 종교 관련 교육은 거의 받은 적이 없다는 사실이 밝혀졌다. 그는 3월부터 잠재적 테러 용의자로 조사 대상에 올라 있었지만 공식적인 극단주의자 명단에는 올라 있지 않았다. 샹젤리제 거리에 있던 다른 경비 병력이 총소리를 듣고 즉각 달려와 반격을 했고 범인은 100미터쯤 떨어진 곳에서 사살되었다. 사체 근처에서는 IS에 대한 충성을 다짐하는 서약서가 발견되었다.

관련 소식이 전해지기 전에 마린 르 펜은 프랑스 2 텔레비전과의 대담에서 정부가 프랑스 국민을 보호하기 위해 하는 일이 "아무것도 없다"고 비난했다. 그러면서 바탕클랑 공격 이후 즉시 병력을 거리에 배치하고 비상 사태를 선포한 후, 훨씬 더 강력한 새로운 보안법을 통과시키기로 결정했던 사실은 의도적으로 무시했다.

이렇게 대통령 선거를 목전에 두고 벌어진 또 다른 테러 공격은 유권자들의 표심을 한쪽으로 몰리게 만들 가능성이 있었다. 2016년 말 이후 지금까지 실시된 여론 조사를 보면 유권자들은 놀랍게도 최근에 일어난 각종 폭력 사태에도 불구하고 국가 안보보다는 경제 문제와 일자리가 더 큰 관심사라고 대답을 해왔다. 그렇지만 정치 분석가들은 샤를리 에브도 테러나 바타클랑, 혹은 니스에서 벌어진 것과 같은 수준의 심각한 유혈 사태가 한 번만 더 일어난다면 이런 표심은 순식간에 뒤집어져 상황이 마린 르 펜에게 유리하게 돌아갈지 모른다고 경고했다. 프랑스에서 가장 유명한 거리에서 일어난 공격으로 관광객이 줄어들 것은 당연한 일이었다. 하지만 그동안 극단주의자들의 산발적인 공격에 단련된 유권자들에게 정확히 어떤 영향을 미칠지는 쉽게 예측하기 어려운 문제였다.

선거 운동 마지막 주에 계획되었던 테러 공격이 성공했다면 상황은 완전히 다르게 돌아갔을지도 모른다. 유권자들은 알지 못했지만, 약 2주간에 걸쳐 수백여 명의 경찰 병력은 이십 대로 알려진 이슬람 극단주의자 두 명의 뒤를 쫓고 있었다. 두 사람은 경찰의 추적을 교묘하게 따돌리며 테러 공격을 준비하고 있다는 의심을 받았다. 상황을 매우 심각하게 여긴 경찰 측에서는 두 사람의 사진을 가장 유력한 공격 목표라고 여겨지는 마린 르 펜과 프랑수아 피용, 그리고 마크롱의 개인 경호원들에게 전달하기도 했다.

4월 19일 마린 르 펜이 마르세유에서 연설을 하기 바로 전날, 테러 전담 특수 부대가 학생용 임대 주택 한 채를 급습해 교도소에서 만난 사이인 두 사람을 체포했다. 두 사람은 집 안에 여러 정의 기관총과 권총, 그리고 3킬로그램의 TATP triacetone triperoxide, 즉 IS 관련 테러 공격에 빈번하게 사용되는 고성능 사제 액체 폭탄을 은닉하고 있었다. 전담 검사인 프랑수아 물랑은 기자 회견에서 당시 상황이 대단히 급박했다고 설명했다. 압수한 휴대 전화에는 마르세유의 인기 있는 술집과 번화가는 물론, 마린 르 펜의 집회가 열리는 지역의 사진이 저장되어 있었다. 인터넷을 이용해 IS에 충성을 맹세하는 동영상을 보낸 사실도 프랑스 정보부에 의해 발각되었다. 어쨌든 이들의 공격 계획은 이른바 '예상치 못한 결과'를 가져올 뻔했던 순간이었다. 선거의 향방이나 어쩌면 프랑스의 운명을 바꿀 전환점이 될 수도 있었던 것을 그동안 격무와 긴장에 시달리며 프랑스 특수 부대원들이 막아냈던 것이다.

이 두 남자의 공격 목표가 과연 무엇이었는지는 경찰도 검찰도 밝히지 않았다. 다만 휴대 전화에 저장된 사진과 TATP가 장거리 운송에 위험하다는 점을 감안한다면 결국 마르세유에서 일을 벌이려 하지 않았을까 추측될 따름이다. 대통령 선거가 끝난 후 〈르 리베라시옹〉에서는 마린 르 펜의 유세 현장이 이들의 공격 목표 중 하나였지만, 그녀가 이런 사실을 정치적인 목적으로 이용하는 것을 미연에 방지하기 위해 정부가 그녀에게 이런 사실을 전혀 알려 주지 않았다고 주장했다. "법무부는 이런 심각한 은폐의 이유를 밝혀내기 위해 공개 조사를 실시해야 한다." 국민전선은 지난 6월 이런 논평을 냈다.

선거 전 있었던 마지막 여론 조사에서 마크롱과 마린 르 펜은 여전히 프랑수아 피용, 그리고 장뤼크 멜랑숑을 근소하게 앞서고 있었지만 특별한 의미를 부여하기에는 격차가 너무 적었다. 네 사람

중 어느 누구라도 2차 투표에 진출할 수 있을 것 같았다. 그중에서도 장뤼크 멜랑숑은 가장 무섭게 치고 올라오는 후보였다. 2차 결선 투표에서 그와 르 펜이 맞붙을지도 모른다는 가능성 때문에 투자자들이 프랑스에서 자금을 회수하고 있다는 기사가 언론을 통해 보도되었다. 극좌파와 극우파 후보 사이의 경쟁이 불러올 것이 틀림없는 금융 시장의 대혼란을 미리 피하기 위해서였다. 두 후보 모두 유럽연합에 대해서는 회의적이면서 국가의 공공 부문 지출을 크게 늘리겠다는 점에서는 의견이 같았다. 만일 두 사람 중 하나가 대통령에 당선이 된다면 프랑스에서 자본이 유출되는 것을 막기 위해 자본 통제 정책이 실시될 가능성이 대단히 높았다.

"앞으로 상황이 어떻게 돌아갈지 거의 예측할 수가 없습니다." 정책 연구소 중 하나인 정치 혁신 재단의 이사장 도미니크 레니가 기자들에게 한 말이다. 이 노련한 정치 전문가이자 파리정치대학 교수는 자신은 지금까지 이렇게 많은 외국 투자자들의 전화를 받은 적이 없다고도 말했다. 그들은 모두 앞으로 벌어질 사태에 관한 자문을 구하고 있었다.

"만일 장뤼크 멜랑숑이나 마린 르 펜이 당선된다면 프랑스 자체로도 문제가 발생하겠지요. 뿐만 아니라 유럽 전체에서도 큰 변동이 일어날 만한 위기 상황입니다. 나는 여전히 프랑스 국민 중 58%에 달하는 자가 주택 보유자들이 자신들의 자산 가치를 떨어트릴 수 있는 반체제적 후보에게 표를 주지는 않을 거라고 생각하고 있습니다. 그러나 지금은 어떤 결과가 나와도 이상하지 않을 상황이며 유권자들의 머릿속에는 투표를 하는 마지막 순간까지 수많은 생각들이 오고갈 겁니다."

제17장

모두가 다 불가능하다고 말했던
'천운을 타고난 영웅'의 탄생

파리 남부의 캉브론 거리를 서둘러 내려가는 일흔아홉 살의 마리 무레는 막 자신의 소중한 표를 던지고 돌아온 참이었다. 그녀는 전쟁이 끝난 후 시작된 제4공화국 시절과 그 뒤를 이은 샤를 드골의 찬란했던 전성기, 그리고 사상 최초로 좌파가 집권했던 1981년 미테랑의 대통령 당선까지 모두 어제 일처럼 기억했다. 마리 무레는 지금까지 살아오면서 알제리 식민지를 두고 벌어진 처참했던 전쟁과 학생들의 폭동, 그리고 대규모 파업 등을 겪었고, 그야말로 세상을 뒤바꾼 혁명이라고도 할 수 있는 인터넷과 이동통신의 시대가 도래하는 것도 두 눈으로 목격했다. 프랑스는 과거에도 변화를 받아들이는 데 어려움을 겪곤 했지만, 마리 무레는 이번만큼은 뭔가 심각하다는 생각이 들었다고 한다.

"선거 운동은 아주 끔찍했죠. 아니, 최악이었어요." 그녀가 거리를 가로지르자 티끌 하나 없는 가죽 구두의 굽이 땅바닥에 부딪혀 경쾌한 소리를 냈다. 그녀는 나이가 믿기지 않을 만큼 날렵한 몸놀림으로 유모차를 피해 지나갔고 발걸음만큼이나 말도 빠르게 쏟아냈다.

"우리는 이번 선거에서 부차적인 문제들만 떠들어댔죠. 후보들의 추문, 추문뿐이었어요."

"지금 프랑스는 경제 상황도 안 좋지만 테러 공격도 많아요. 지금도 경찰들을 쏘며 돌아다니는 사람들이 있잖아요? 이제 범죄자들에 대한 온정은 그만두고 더 엄격해질 필요가 있다니까요. 그리고 프랑스의 상황이 이웃 나라들보다 더 나빠진 건 전례가 없는 일이에요. 어떻게 이럴 수가 있어요?"

"프랑스의 교육 제도는 재앙이나 다름없어요. 내 남편은 은행 고위직까지 올라갔는데 평범한 가정에서 자라 그야말로 순수하게 공교육만으로 그렇게 된 거랍니다. 지금까지 프랑스 학교는 모든 사람들이 다시 일어날 수 있는 기회를 안겨주었지만 그런 일은 더 이상 볼 수가 없어졌어요."

"그다음에는 우리 모두가 어떻게 함께 살아가야 할지가 문제예요. 바로 이민자 말이죠. 우리 집에는 집안일을 도와주는 모로코 출신 여성이 한 사람 있는데 이슬람교도예요. 그녀는 이슬람식 음식만 먹지만 우리 두 사람은 거의 모든 집안일을 그녀와 함께 상의한답니다. 그런데 그녀가 하는 말이 프랑스 사람 집에서 일을 한다고 자기가 속해 있는 이슬람 공동체로부터 보이지 않는 압력과 오해를 받고 있다는 거예요."

그렇지만 그녀의 가장 심한 평가는 퇴임을 앞둔 대통령인 올랑드에게 쏟아졌다. "제5공화국 역사 전체를 통틀어서 가장 끔찍할 만큼 최악이에요."

마리 무레는 목적지인 파리 시내의 한 건물에 도착해 커다란 나무문을 열고 들어섰다. 밝은 다갈색 석회암으로 된 7층짜리 건물에는 연철로 된 발코니가 층마다 붙어 있었다. 마당 안쪽에는 기도하러 오는 사람들과 지역 주민들만 아는 작은 러시아 정교회 건물이 있었다. 일요일 예배가 막 시작되려는 참이었다. 길을 지나가는 사람들로부터 비밀을 지키려는 파리의 전통적인 모습이었다. 뜰에는 자줏빛 등나무 꽃이며 여러 종류의 꽃들이 활짝 피어 있었고, 안으로 들어갈수록 바깥쪽에서 들려오는 분주한 거리의 소음이 조금씩 줄어들더니 어느새 사라져버렸다.

그런 조용한 풍경이 그녀가 지금 막 국가를 향해 던진 잔혹한 평가 때문에 동요하고 있는 것 같았다. 그렇지만 그녀의 판단은 수많은 유권자들이 몇 개월에 걸친 지난 대통령 선거 운동 기간 동안 정치 집회나 혹은 직장, 그리고 가정의 대화에서 보여주었던 불만과 불안을 그대로 반영한 것이었다. 여론 조사에서는 프랑스가 세상에서 가장 우울한 국가라는 결과가 나왔다. 적어도 열 명 중 아홉 명은 프랑스가 잘못된 방향으로 가고 있다고 생각했는데, 그건 결코 과장이 아니었다.

쇠락해가는 시골의 농장이나 활기가 사라진 지 오래된 마을에서는 프랑스의 정체성이나 지역 공동체의 상실을 걱정했다. 프랑스 남부에 있는 푸제테니에르라는 작은 마을에서 만난 이 마을의 이장 로베르 벨라는 더 소박하고 한가로웠던 과거에 대한 향수에 젖은 평범한 사람이었다. "30년 전만 해도 모두 다 행복했어요." 전에는 정육점 일을 했다는 이장의 말이었다. 푸제테니에르 마을은 알프스 산맥과 지중해 중간에 위치한 깊은 계곡 아래쪽, 돌로 지은 오두막들이 옹기종기 모여 있는 한적한 곳이었다. "다른 모든 프랑스 시골 마을들과 마찬가지로 상황이 점점 나빠지고 있어요." 문을 닫는 마을 상점들은 점점 늘어갔고 차로 한 시간가량 떨어진 니스 같은 대도시에 놀러갔다가 폭행을 당하는 젊은이들도 생겨났다. "북아프리카에서 온 놈들한테 당한 겁니다." 로베르 벨라의 비난 섞인 말이었다.

높은 실업률을 보이는 재기 불능의 공장 지대나 불만이 끓어오르고 있는 도시 외각 지역에서는 모든 사람들이 인종차별과 이민자 문제, 그리고 불평등에 대한 불만들을 입에 달고 살았다. 파리 북동부 외각의 가난한 위성 도시인 오네수부아의 주민들은 주소지 때문에 이력서도 못 내미는 현실에 불만을 토해냈다. "여기에는 대학을 졸업하고도 일자리를 못 구하는 사람들이 많습니다." 인터넷 기술자로 일하는 스물네 살의 아프리카계 청년 바바카르의 말이었다. "사람들은 모두 이곳을 두려워하고 여기 살고 있는 우리들을 야만인이라고 생각합니다."

대통령 선거가 치러진 날, 마크롱은 투케에 있는 가족 별장에 머물고 있었다. 그곳에서 브리지트와 함께 아침부터 카메라 세례를 받으며 투표를 한 마크롱은 브리지트와 손을 맞잡고 모래 언덕을 따라 잠시 산책을 했다. 산책을 하면서 두 사람은 20년도 더 오래 전, 두 사람의 관계가 시작된 이후 수많은 순간들을 함께 나눴던 이곳에서 자신들의 미래에 대해 곰곰이 생각을 해보았다.

그 시간은 두 사람의 인생 최고의 밤이 오기 전, 조용히 휴식을 취할 수 있는 마지막 기회였다. 브리지트는 자신이 예술이나 문학 분야로 진출하고 싶어 하는 남자와 결혼했다고 생각해왔지만, 지금은 어쩌면 예순네 살의 나이에 공직에 진출하게 될지도 모를 가능성을 생각해봐야 했다. 브리지트의 남편은 아내를 위해 공식적인 영부인 직위를 만들어주겠다고 약속했다. 물론 이 계획은 훗날 국민들의 거센 반대에 부딪혀 무산되었다.

마크롱이 아미앵에서 불과 수백여 명의 사람들을 앞에 두고 새로운 정치 운동의 시작을 천명한 지 12개월이 지난 시점이었다. 당시 그는 자신이 하는 일을 확신할 수 없다고 말했지만, 지금까지 수만 명의 개인 후원자가 1,500만 유로에 가까운 금액을 모아주었고, 25만 명이 회원으로 가입하며 앙 마르슈 운동에 동참했다. 다른 대통령 후보들과 마찬가지로 프랑스 전국에 뿌려진 수백만 장의 선거 벽보 속 그의 얼굴은 덕지덕지 덧칠해지거나 찢겨나갔고, 개인적으로는 성 정체성과 관련된 비아냥과 재정 문제와 관련된 치밀한 뒷조사, 그리고 과거 거대 은행에서 일했던 전력과 언론이 부추긴 소문으로 인한 수많은 모욕을 견뎌내야만 했다.

별장으로 돌아온 마크롱과 브리지트는 안뜰에서 정치 운동을 도와온 최측근들과 이야기를 나누었다. 이스마엘 에밀리앙과 벤자멩 그리보, 쥘리앵 디노르만디, 루도빅 샤케르, 그리고 시베스 엔디야에와 실뱅 포르까지 모두 모여 마크롱이 500유로짜리 커피 머신으로 만들어준 커피를 마셨다. 모두들 손에서 휴대 전화를 놓지 않은 채, 지난 토요일에 실시된 해외 부재자 투표의 결과를 확인하고 있었다. 그들은 점심시간이 되기 직전에 삼엄한 호위를 받으며 파리로 돌아왔다.

선거 당일의 투표율은 프랑스 여론 조사의 정확도에 대한 불신과 함께 투표 자체보다 더 큰 걱정거리였다. 그들은 무슨 일이 벌어질지 몰라 긴장을 멈출 수 없었다. 그렇지만 투표소 앞에 길게 줄을 선 사람들을 확인하자 낙관적인 생각을 품게 되었고, 공식 발표된 투표율은 그런 기대를 다시 확인시켜주었다. 최종 확인된 투표율은 지난 2012년과 비슷한 총 유권자의 80% 수준이었다.

최종 결과는 저녁 8시에 발표될 예정이었다. 그때쯤 되면 전국의 방송사들이 투표소의 초기 개표 집계를 바탕으로 2차 결선 투표에 진출할 두 명의 승자를 가려내게 될 터였다. 마크롱은 그날 늦게 개인 여론 조사 담당자로부터 긍정적인 결과가 예상된다는 소식을 들었다. 앙 마르슈의 수뇌부는 본부 건물 6층에 빼곡히 모여 앉아 대형 텔레비전의 화면을 주시했다. 손을 마주잡고 앉은 마크롱과 브리지트 주변에는 참모진과 친구들, 그리고 마크롱의 어머니를 포함한 가족들이 모여서 최종 결과 발표를 기다리고 있었다.

"마크롱 후보가 23.7%로 1위, 그리고 마린 르 펜 후보가 21.7%로 2위를 차지했습니다." 프랑스 2 텔레비전의 진행자 로랑 들라우스가 이렇게 발표했다. 브리지트는 자리에서 펄쩍 뛰어올랐고 마크롱은 앉은 채로 함박웃음을 지어보였다. 그러면서 기쁨을 감추지 못하고 있는 주변 사람들을 둘러보았다. 측근과 참모진들은 마치 우승을 일궈낸 축구 선수들처럼 펄쩍펄쩍 뛰고 서로를 얼싸안으며 입을 맞췄다. "마침내 해냈어." 쥘리앵 디노르만디가 외쳤다. 파리 남부에 있는 포르테 드 베르사유 대회의장을 빌려 모여 결과를 기다리고 있던 수천 명의 앙 마르슈 지지자들은 기쁨의 환호성을 터뜨렸다. 앙 마르슈 본부 건물 바깥 거리에 모여 있던 수십명의 지지자들도 프랑스 국가인 〈라 마르세예즈〉를 합창했다. 마크롱은 창문 쪽으로 나가 지지자들에게 답례를 했다.

국민전선의 텃밭인 프랑스 북동부의 쇠락한 광산 마을 에넹보몽에 모인 마린 르 펜의 지지자들은 좀 더 차분한 반응을 보였다. 마린 르 펜은 1차 투표를 통과했고 2012년 선거보다 100만 표나 더 많은 득표를 했지만 1위로 1차 투표를 통과하겠다는 목표는 놓치고 말았다. 계산해보면 2012년 보다 3%쯤 더 많은 표를 얻은 셈이었다.

이번 선거는 프랑스 정치의 근본적인 변화를 보여주었다. 제5공화국 역사상 최초로 프랑스의 2대 정당이라 할 수 있는 중도우파 공화당과 좌파 사회당이 1차 투표에서 고배를 마신 것이다. "저는 이번 선거 결과를 기존의 정당들이 더 이상 자신들을 대표해주지 않는다고 느낀, 프랑스 사람들이 보여준 심각한 불안감의 표현이라고 생각합니다. 어쨌든 지금은 변화의 시대인 것이죠." 리옹 시장이자 사회당에서는 처음으로 마크롱을 지지했던 제라르 콜롱브가 선거 결과가 나오자마자 한 말이다.

마크롱은 프랑스 뉴스 통신사인 AFP를 통해 "우리는 프랑스 정치사에 분명한 획을 그었습니다"며 소감을 전했고 곧장 포르테 드 베르사유에서 열리고 있는 축하 행사장으로 향했다. 포르테 드 베르사유는 지난 2016년 12월 앙 마르슈가 최초의 대규모 집회를 치르다가 당시 마크롱이 지나치게 흥분한 모습을 보여주었던 바로 그곳이었다. 1차 투표가 있었던 날 밤, 축하 행사장에 도착한 마크롱은 차에서 내리며 환호하는 지지자들 앞에서 이제 자신의 상징이 되어버린 두 팔을 높이 치켜드는 자세를 취해보였다. 행사장 안으로 들어선 마크롱과 브리지트는 무대 위로 뛰어올라가 사방을 둘러보며 흥에 들뜬 수많은 지지자들을 향해 손을 흔들기도 하고 손으로 키스를 보냈다. 자진해서 앙 마르슈에 참여해 활동해온 이삼십 대 젊은이들이 마크롱의 연설에 큰 박수갈채를 보내주었다. "1년이라는 짧은 시간 동안 우리는 프랑스 정치를 일신했습니다." 마크롱의 목소리는 이내 귀에 거슬릴 정도로 떨리기 시작했다. 그렇게 흥분한 모습은 개인적으로는 이해할 법한 것이었으나, 그날 앙 마르슈가 "프랑스의 앞날을 바꾸었다"고까지 말하던 마크롱은 지나치게 승리에 도취되고 어딘가 교만해 보이기까지 했다. 그는 지난 2002년에도 극우파의 수장이 2차 결선 투표까지 진출해서 큰 충격을 안겨준 사실을 잠시 망각하고 있는 듯 보였다. 만일 결선 투표에서 마크롱이 르 펜에게 패배한다면 앙 마르슈는 역사의 패자로 전락하게 될 것이며, 여전히 그럴 만한 충분한 가능성은 남아 있었다.

자정이 다 되었을 무렵 마크롱은 이날을 마무리하기 위해 가까운 친구와 수백여 명의 자원 봉사자, 그리고 경호요원들과 함께 파리 남부에 있는 단골 식당인 라 로통드로 향했다. 과거 20세기 초이른바 '풍요로운 시절Belle Epoque'에 피카소를 비롯한 여러 예술가들이 자주 드나들던 곳이었다. 이날 밤의 풍경은 2007년 니콜라 사르코지가 대통령 선거에서 승리했을 때의 그 악명 높았던 축하연을 잠시 떠올리게 했다. 당시 파리 샹젤리제 거리에서도 화려하기로 유명한 식당인 푸케에서 열렸던 그 축하연에는 앞으로 펼쳐질 사르코지 대통령의 화려한 행각을 암시라도 하듯 내로라하는 수많은 재벌들과 유명 인사들이 참석했다. 이후 사르코지는 재임 기간 내내 '사치 대통령', '겉만 번드르르한 대통령'이라는 오명을 뒤집어썼다. 라 로통드가 비록 그 정도로 대단한 곳은 아니었지만 붉은 벨벳 천을 씌운 화려한 의자와 분위기 있는 조명은 마치 텔레비전에 나오는 세트장 같았다. 이 식당은 스테이크와 감자튀김이 28유로나 하는, 애초에 보통 사람들이 쉽게 드나들 수 있는 곳이 아니었다. 〈르 카나르 앙셰네〉가 나중에 보도한 내용에 따르면, 마크롱의 측근들은 마린 르 펜이 이날 밤의 행사를 빌미로 공격을 해 올 수도 있다며 미리 마크롱에게 경고했다고 한다. 그렇지만 마크롱은 이런 경고를 무시해버렸다.

적포도주와 거기에 곁들인 아스파라거스와 햄 안주가 나오기 전, 다시 한 번 연설을 마친 마크롱은 새벽 1시 30분쯤 자리를 떠났고 이내 기자들의 적대적인 질문 공세에 시달리게 됐다. 기자들은 이날 밤의 모임이 사르코지의 푸케 행사와 다를 게 뭐가 있느냐는 질문을 던진 것이다. 이날 방송 카메라가 담은 라 로통드의 내부를 보면 앙 마르슈의 자원봉사자들 사이에 텔레비전에서나 볼 수 있는 유명 인사들의 모습을 여러 명 확인할 수 있다. "오늘 밤 저의 보좌관들과 경호원들, 작가들, 그리고 처음부터 저를 후원해준 사람들을 이렇게 대접하는 모습도 이해하지 못한다면 아마 인생에 있어 이해할 수 있는 게 하나도 없지 않겠습니까?" 마크롱은 기자들의 질문을 이렇게 일축했다.

1차 투표의 최종 득표율 결과는 마크롱이 24.01%, 마린 르 펜이

21.3%, 그리고 프랑수아 피용이 20.1%, 장뤼크 멜랑숑이 19.58% 였다. 사회당의 여러 중진들에게까지 버림을 받은 브누아 아몽은 장뤼크 멜랑숑에게 묻히며 굴욕에 가까운 6.36%를 득표하는 데 그쳤다. 최종 투표율은 정확히 76%였다.

프랑스 유권자들은 거의 비슷한 규모의 무리들로 서로 분열되어 있었다. 마린 르 펜을 지지하는 극우파와 프랑수아 피용을 지지하는 보수 우파, 장뤼크 멜랑숑으로 대표되는 극좌파, 그리고 브누아 아몽이 있었고, 이른바 마크롱이 표방하는 '진보적 중도'는 소수이며 비주류에 불과했다. 세계화와 유럽연합을 반대하는 극좌파와 극우파의 지지자들을 합치면 그 숫자가 전체 유권자의 50%를 넘었다.

지역과 인구분포도에 따른 선거 결과 역시 프랑스의 고질적이라고 할 수 있는 사회적, 그리고 지리적인 분열을 보여주고 있었다. 프랑스는 대체적으로 북부와 중부, 남부로 나누어진다. 마린 르 펜은 남부와 지중해 연안 지역을 따라 동쪽으로 이어지는 지역과 과거 공업지대였던 프랑스 북동부 지역에서 강세를 보였다. 마크롱은 그 반대편인 프랑스의 서쪽 지역 전체에서 고른 지지를 받았다.

그 밖에도 마크롱은 파리와 보르도, 리옹 등 대도시에서 승리했고 르 펜은 도시 변두리 지역과 시골 마을 등에서 가장 인기가 높았다. 르 펜을 강력하게 지지하는 지역은 실업과 편부모 가정, 제대로된 교육을 받지 못한 젊은이 등으로 인해 심각한 사회적 문제를 겪은 사람들이 많았다. 역설적이게도 그녀의 지지자들은 가장 낮은 생활수준을 보이는 이민자들의 지역에 몰려 있기도 했다.

이런 결과들을 종합해보면, 이번 대통령 선거가 경제 개방과 세계화를 통해 직접적으로 수혜를 입은 사람들과, 자신들은 그 과정 속에서 피해를 입은 희생자라고 생각하는 사람들 사이의 다툼이라는 주장이 설득력을 얻었다. 마크롱은 더 많은 교육을 받고 상대적으로 더 부유한 계층, 다시 말해 전문직 종사자나 소상공인들로부터 많은 지지를 받았다. 또한 이번 선거 결과는 이민자 때문에 자신들의 삶의 전통과 프랑스 고유의 정체성이 사라질까 고민하는 지방 유권자들과, 대도시를 배경으로 외국인들과 일상을 나란히 공유하고 있는 사람들 사이의 갈등도 반영하고 있었다.

'프랑스가 분열되었다.' 독일의 대표 일간지 〈프랑크푸르터 알게마이네 차이퉁〉의 기사 제목이다. "마크롱의 승리는 이전에 있었던 두 차례의 대통령 선거와 비교해도 아주 박빙의 승부였다. 아마 2차 결선 투표에서는 승리를 장담할 수 없을 것이다." 5월 7일에 있을 마린 르 펜과의 승부에서 승리할 것이라는 섣부른 장담은 하지 말라는 정확한 경고와 지적이었다. 영국의 일간지 〈더 가디언〉 역시 "프랑스 극우파의 위협은 아직 끝나지 않았다"고 경고했다.

월요일 아침이 되자 앙 마르슈 수뇌부는 선거 결과와 각종 자료들을 면밀히 분석하기 시작했다. 1차 투표 뒤 바로 실시된 여론 조사 결과는 마크롱이 62%, 그리고 마린 르 펜이 38% 지지율을 나타내며 마크롱의 승리를 점쳤다. "우리에게는 약간 미신적인 믿음이 있었는지도 모르겠습니다. 그러니까 사전에 실제로 뭘 준비한 게 전혀 없었어요." 언론 홍보 담당인 시베스 엔디야에의 말이다. "딱히 명확하게 떠오른 생각은 없었지만 1차 투표 결과의 본질을 제대로 이해하기 위한 시간이 필요했습니다."

마크롱이 이렇게 잠시 숨을 고르고 있는 사이 마린 르 펜은 이미 월요일 아침부터 프랑스 북부의 시장 거리를 방문하며 바로 선거 운동에 착수했다. 국민전선의 참모들은 마크롱이 라 로통드에서 열었던 축하 행사를 이용하려고 했다. "마크롱의 지지자들이라는 사람들이 라 로통드에 모여 쉬고 있을 때 마린 르 펜은 르부르와에 있는 시장에 나와 있었다." 선거 운동 본부장인 다비드 라슐린이 자신의 트위터에 올린 글이다. 마크롱이 연 축하 행사의 본질이 무엇이던지 간에 그동안 상류층 출신으로 보이지 않기 위해 최선을 다해왔던 후보자가 한 행동으로서는 최악이라는 시각이 지배적이었다.

일요일 밤 있었던 축하 행사에 대한 비난 때문이었을까, 마크롱은 월요일이 되었어도 공식 석상에 모습을 보이지 않았다. "우리는 더 겸손해져야 하며 선거는 아직 끝난 것이 아닙니다. 마지막 승리를 위해 힘을 더 모아야 합니다." 앙 마르슈의 사무총장인 리샤르 페르낭이 BFM 방송과의 대담에서 한 말이다.

그렇지만 화요일 점심때가 다 될 때까지 여전히 마크롱의 모습은 어디에서도 찾아볼 수가 없었다. 여론 조사 결과 20%나 앞서고 있다고 하니 이미 대통령이라도 된 기분이었을까? 〈샤를리 에브도〉는 만평을 통해 마크롱을 머리만 엄청나게 부풀어 올라 몸이 둥둥 떠오르고 있는 풍선으로 표현했다. "마크롱! 정신 차리고 다시 제자리로 돌아와!" 밑에서는 사람들이 이렇게 소리치고 있었다.

"마크롱이 자신은 이미 승리했다고 생각하고 있다는 걸 프랑스 사람들은 다 눈치채고 있지 않을까요?" 마린 르 펜의 말이다. "그런 생각이야말로 우리 프랑스의 민주주의와 유권자들에 대한 모독입니다.”

마크롱이 다시 모습을 드러낸 것은 화요일 저녁 프랑스 2 텔레비전과의 대담 자리에서였다. 그 자리에서 마크롱은 다시 한 번 라로통드에서의 축하 행사에 대한 질문을 받았고 그 일에 대해서는 “전혀 후회가 없다”라고 대답하며 또 이렇게 덧붙였다. “진심으로 모든 책임이 저에게 있다는 말을 하고 싶습니다.” 그는 화요일 내내 다음 날 있을 선거 운동을 위한 계획을 짰다. 미국의 가전 업체인 월풀이 소유한 고향 아미앵의 한 공장을 다음 날인 수요일에 방문할 계획이었다.

공장을 폐쇄하고 생산 시설을 폴란드로 이전하겠다는 미국 본사의 결정에 대항해 지난 몇 개월 동안 월풀의 직원들은 싸움을 벌여왔고 급기야 파업에 돌입한 상태였다. 이들의 이런 투쟁은 이제 프랑스가 동유럽의 저임금 국가들과 더 이상 경쟁할 수 없다는 사실을 보여주는 가장 최근의 사례로, 대통령 선거 운동 기간 내내 화제의 중심이 되었다. 빨래 건조기를 생산해온 아미앵의 월풀 공장은 290명의 직원을 거느리고 여전히 수익은 내고 있었으나, 15년 전에 비해 그 규모가 1/4로 줄어든 상태였다. 세탁기 생산 공장은 본사의 결정으로 슬로바키아로 이전된 지 오래였다.

마크롱이 이 공장 방문을 계속해서 미뤄왔던 것은 그가 그 누구보다 올랑드의 실수를 잘 알고 있었기 때문이었다. 올랑드 대통령은 2012년 역시 폐쇄 위기에 몰린 프랑스 북동부의 플로랑주 제철소를 방문했지만, 결국 소유주인 미탈 가문이 제철소를 완전히 폐쇄하면서 신뢰성에 큰 타격을 입었다. “폐쇄 위기에 몰린 공장이 있으면 정치색에 상관없이 모든 정치인들이 다 우르르 몰려가 이렇게 말합니다. '내가 이 공장을 지켜주겠다.'" 마크롱이 2월 연설에서 한 말이다. "그렇지만 실상은 어떻습니까? 그렇게 해서 잠시나마 그들의 일자리를 지켜줄 수는 있었겠지요. 허언이 될까 두려워 잠시 동안은 최선을 다하니까요…… 그러다 6개월, 8개월, 그리고 1년이 지나 마침내 공장이 문을 닫아버리면 훨씬 더 안 좋은 결과만 남게 되는 것입니다."

마크롱이 기업의 흥망성쇠를 있는 그대로 받아들이는 자본주의의 속성, 즉 '창조적 파괴'를 옹호하며 한 말은 이렇다. "우리는 각각의 노동자를 보호해야 합니다. 우리는 일자리 그 자체를 보호하려 해서는 안 됩니다. 그것은 완전히 다른 개념입니다." 그동안 프랑스 정부는 경영진을 압박하거나 그에 상응하는 대가를 지급해서라도 정치적으로 민감한 직장의 일자리들을 계속해서 보호해오는 전통이 있었다. 마크롱의 말은 그것을 깨트리겠다는 뜻이었다.

지금까지 아미앵의 월풀 공장과 거리를 두어오던 마크롱은 갑자기 태도를 바꿔 아미앵 중심가에 있는 상공회의소 건물에서 노조 지도자들과의 자리를 마련했다. 이에 대한 시선은 역시 부정적이었다. 마크롱은 거대한 U자형 탁자의 한쪽에 참모들과 함께 자리를 잡았고 반대편 5미터 밖에는 노조원들이 자리를 잡았다. 그 모습은 마치 맞춤 정장과 작업 현장에서 입는 형광 작업복의 대결 같았다.

면담이 마무리되어 갈 때쯤, 마린 르 펜이 아미앵에 도착해 문제의 공장을 둘러보고 있다는 소식이 들려왔다. 1차 투표를 치르기 전 선거 운동에서 항상 마크롱이 자신의 일정을 확인하고 뒤를 따라오는 일을 경험했던 르 펜은 이번에는 그 반대로 자신의 일정을 알리지 않은 채 마크롱의 뒤를 따라온 것이다. 마크롱을 당황하게 만드는 데 이보다 더 그럴듯하고 효과적인 방법은 없는 것 같았다. "저는 모든 것을 다 내려놓고 오직 여러분들을 만날 목적으로 이곳에 왔습니다." 르 펜은 공장에 도착하자마자 파업 중인 노동자들을 보고 이렇게 말했다. "이것은 어쩌면 형편없는 정책에 대항해 싸우는 여러분들을 제가 전폭적으로 지지한다는 표현일지도 모르겠습니다. 모든 사람들이 여러분들을 지켜보고 있으며 여러분들이야말로 프랑스의 자존심이라 할 수 있습니다." 마린 르 펜은 따뜻한 환영을 받았으며 공장 앞 주차장에서 노동자들과 함께 자신의 스마트폰으로 사진을 찍기도 했다.

"마크롱은 고용주들과 다를 바 없는 또 다른 지배자입니다." 르 펜은 이렇게 덧붙였다. "저는 제가 있어야 할 곳에 있는 사람입니다. 바로 지금 고삐 풀린 세계화의 물결과 싸우고 있는 월풀의 노동자들과 함께 있는 것처럼 말입니다."

1차 투표가 있었던 날 밤의 오만한 연설과 느지막이 시작된 선거 운동 때문이었을까, 마크롱의 첫 번째 공식 행사는 사람들의 주목을 받지 못할 위험에 처한 것 같았다. "르 펜이 떠났나?" 마크롱은 그대로 상공회의소 건물에 남아서 참모진을 나무라듯 이렇게 물었다. 옆에서는 홍보 영상 담당이 촬영을 계속 하고 있었지만 그는 분노의 기색을 감추지 않았다. "가서 제발 확인해봐. 일을 좀 제대로 하라고. 지난 며칠 동안 제대로 한 일이 하나라도 있나? 오늘 밤 내가 할 연설문은 엉망이고, 지금 여기 일정도 엉망으로 돌아가고 있다는 게 그냥 피부로 느껴질 정도야!"

마크롱은 참모들이 자신을 이 면담 회장으로 몰아넣어 문제를 자초했다고 말했고, 바깥에 모여 있던 시위대를 지나치면서는 이렇게 말했다. "여기서 우리는 저들과 다르게 보였을 거야. 나는 더이상 은행가처럼 보일 수는 없어."

마크롱의 비서실장 소피 페라치는 그동안 사람들 눈에 띄지 않은 것은 안전 문제 때문이었다고 설명했다. "경호원들의 말만 들을 수는 없네." 마크롱이 대꾸했다. "나는 결코 완전히 안전할 수는 없을 거야. 지금의 프랑스가 바로 그렇단 말이야. 그러니 위험 정도는 감수해야지…… 사람들 앞으로 나아가야 해. 그렇게 경호원들 말만 듣다간 올랑드 짝이 나는 거야. 안전이야 하겠지만 정치적으로는 그냥 사망선고를 받는 거라고 보면 된다고." TF1 텔레비전에서 방영된 리얼리티 방송에 이 말들이 그대로 전파를 탔다.

이것은 대통령에 도전 중인 마크롱에게 아주 중요한 순간이었다. 이날의 상황은 2017년 프랑스 대통령 선거의 가장 큰 주제들 중 하나였을 뿐만 아니라, 서유럽과 미국이 직면하고 있는 가장 어려운 난제들 중 하나를 완벽하게 요약해서 보여주는 것이었다. 이것은 기업이 생산시설과 일자리를 해외로 이전하는 것과 국내에 남겨진 노동자들에게 새로운 기회를 제공하는 일을 어떻게 적절하게 관리해야 하는가에 관한 문제였다. 르 펜과 마크롱은 아미앵의 상황에 관해 정반대의 해결책을 가지고 있었다. 르 펜은 프랑스 기업이라도 해외로 이전한 공장에서 들여오는 모든 상품에 대해 35%의 관세를 부과하자고 했으며, 아예 문제가 되는 공장들을 국유화하는 가능성에 대해서도 언급했다.

선거가 끝난 후 마크롱은 자신의 선거 운동은 아미앵 상공회의소에서 내렸던 결정에 좌우될 것으로 생각했다고 말했다. "당시 제가 월풀 공장에 가지 않았다면 저는 2차 투표를 위한 선거 운동을 제대로 진행하지 못했을 것이고, 따라서 대통령에 당선되지 못했을 것입니다. 그 점에 있어서만은 절대적으로 확신하고 있습니다."

마크롱을 태운 차가 공장 주차장에 멈춰서고 그가 차에서 내리자 사방에서 거센 야유가 쏟아졌다. 국민전선 운동원들의 주도로 수많은 파업 노동자들이 휘파람을 불어대며 그를 비웃은 것이다. 노동자들이 시위를 벌이며 태우는 타이어 연기로 주변 공기는 숨이 막힐 것처럼 답답해졌다.

마크롱은 이렇게 적대적인 모습을 보이는 사람들 앞으로 나서려 했지만 그보다도 더 빠르게 십여 대의 텔레비전 방송 카메라가 그를 둘러쌌다. 경호원들의 제지도 소용이 없었고 그 때문에 사람들과 이야기를 나누는 일 자체가 불가능해졌다. 이런 혼란 속에서 보좌관들이 간신히 공장 문을 열고 들어갈 수 있도록 길을 뚫었고, 마크롱과 노동자들은 공장 안으로 들어가 좀 더 자유로운 분위기 속에서 이야기를 나눌 수 있었다. 방송 기자들은 안으로 들어가지 못했으나, 대신 언론 홍보 책임자인 시베스 엔디야에가 페이스북 동영상을 통해 실시간으로 이 상황을 전달했다.

"마린 르 펜이 왔다고 하니 그때야 비로소 부랴부랴 우리를 찾아온 겁니까?" 노동자 한 사람이 이렇게 말하자, "아마 우리가 모두 글도 못 읽는 무식쟁이인 줄 아나보지?"라고 또 다른 사람이 웃으며 소리쳤다. 마크롱이 재정경제부 장관에 임명되었던 첫 주에 도축장 노동자들에게 실언을 했던 일을 다시 끄집어낸 것이었다. "마크롱 당신은 언제나 기업가며 주주들의 편만 들어왔잖소!" 이런 외침도 들려왔다.

대략 45분이 넘는 시간 동안 마크롱은 대부분이 자신보다 나이가 많은 노동자들에 둘러싸여 자신의 입장을 설명하고 마이크를 돌려가며 질문을 받았다. 지속적으로 쏟아지는 야유는 줄어들지 않았지만 어쨌든 긴장감은 어느 정도 해소되었다. 정치적 문제로 인한 갈등이, 분노한 노동자들과 결의에 찬 정치인 사이의 진정하고 자발적인, 그리고 팽팽한 대결로 바뀐 이유는 무엇이었을까? 이 노동자들은 유럽연합 때문에 공장이 해외로 이전하면서 생활의 터전을 잃게 되었다는 것을 강조하고 있었다. 반면에 정치인은 유럽연합의 일원이 되고 경제를 개방해서 얻게 된 수혜를 이야기하고 있었다. 마크롱이 어떤 그럴듯한 제안을 했고 또 어떤 타당한 분석을 했는지에 상관없이, 그가 이렇게 노동자들 사이에 뛰어든 건 물리적으로도 용감한 행동이었을 뿐만 아니라 정치적 관점에서는 엄청난 위험을 감수한 것이었다. 비교하자면 마치 마린 르 펜이 다양한 인종이 모여 사는 파리 외각으로 무작정 들어가 프랑스 문화의 몰락에 대해 논쟁을 시작하는 것과 같은 수준의 모험이었다.

"여러분들에게 일어난 일을 해결하는 방법은 세계화를 중단하는 것도, 우리의 국경을 폐쇄하는 것도 아닙니다. 그런 실수를 저질러서는 안 됩니다. 누군가 그런 말을 한다면 그건 여러분들을 속이고 있는 것입니다." 마크롱은 이렇게 주장했다. "국경을 막아버린다면 무슨 일이 벌어지겠습니까? 오히려 경제 개방에 의지하고 있는 수천 개의 일자리가 사라져버리는 것입니다." 마크롱은 이렇게 말하며 월풀 공장 맞은편에 있는 프록터 앤드 갬블 공장을 가리켰다. 이 미국의 다국적 기업 공장은 1,000명이 넘는 프랑스 노동자들을 고용해 생산제품의 80%를 프랑스 밖으로 수출하고 있었다.

"저는 이 공장을 국유화하겠다는 식의 약속도 할 수 없고, 법으로 해고를 금지시키거나 세금으로 여러분들을 구제하겠다는 약속도 할 수 없습니다. 저는 지킬 수 없는 약속 같은 건 하지 못합니다." 마크롱은 계속해서 이렇게 덧붙였다. "이번 사태에 대한 올바른 대응은 세금을 감면해 기업들이 좀 더 경쟁력을 가질 수 있도록 돕는 것입니다."

"안 그래도 배부른 자본가 놈들에게 뭘 더 어쩌겠다고?" 한 여인이 이렇게 소리쳤다. 마크롱은 정부가 투자를 더 해 젊은 청년들을 교육시키고 해고된 노동자들도 재교육시켜 필요한 기술을 익히게 하는 정책이 필요하다고 말했다. "올랑드도 몇 년 동안 똑같은 말만 되풀이했소. 그런데 된 일이 하나라도 있소?" 한 남자가 이렇게 말하자 "그런 재교육 같은 건 한 번도 받아본 적이 없어!"라고 또 다른 남자가 외쳤다.

이런 대화와 논쟁이 계속 이어지면서 마린 르 펜의 깜짝 방문과 그녀의 주장, 그리고 마크롱의 물러서지 않겠다는 의지와 그 약속 사이에는 점점 더 뚜렷한 차이점이 드러나기 시작했다. 처음에는 서로 말조차 통하지 않아 재앙처럼 보이던 상황이 마크롱 입장에서는 승리의 실마리를 보이기 시작한 것이다.

그날 저녁 아라스 근처에서 열린 유세 현장은 마크롱이 자신의 가장 직설적이고 분노한 모습을 보여준 곳들 중 한 곳으로 알려지게 됐다. 분명 그날 있었던 일이 원인이 되었을 것이다. 마크롱은 마린 르 펜이 '선동'을 일삼는다고 공격했고 아미앵에서 "스마트폰으로 기념사진이나 찍고 있었다"고 비난하며 이렇게 덧붙였다. "국민들은 자신의 분노를 국민전선에 투영하지 말아야 합니다. 그런 일은 아무런 도움이 되지 못합니다. 국민전선에 희망을 걸지 마십시오. 그러면 배신만 돌아올 뿐입니다." 그동안 마크롱이 자주 늘어놓았던 애매하고 철학적인 연설 속에 부족했던, 유권자를 향한 간결하면서도 직설적 호소가 돋보이는 말이었다.

여론 조사 결과 마크롱의 지지율은 변동이 없었고 르 펜은 그런 마크롱을 이기기 위해서는 "고작 10% 정도의 지지율이 더 필요하다"고 주장하고 있었다. 그녀는 이른바 '아미앵 전투'가 있은 지 나흘이 지난 4월 29일, 중요한 돌파구가 될 만한 발언을 했다. 향후 치러질 선거들과도 밀접한 관계가 있는 발언이었다. 1984년 국민전선이 유럽 전체를 통틀어 극우파 정당 최초로 제대로 된 정치 세력이 된 이후 프랑스의 주류 정당들은 선거 때마다 항상 힘을 합쳐 국민전선의 세력 확대를 막아왔다. 이른바 이 '공화당 전선'이 가장 큰 힘을 발휘한 것은 2002년 대통령 선거였다. 1차 투표에서 패배한 후보들이 자신의 정치색과 상관없이 모두 힘을 합쳐 우파의 자크 시라크를 지지해달라고 유권자들에게 호소한 결과, 장마리 르 펜은 2차 결선 투표에서 패배하고 말았던 것이다. 최근에는 2015년 지방 선거에서도 비슷한 시도가 효과를 보기도 했다.

그런데 2017년 대통령 선거에서는 그 공화당 전선에 균열이 가기 시작하더니 급기야는 산산이 흩어지고 말았다. 1차 투표 결과가 발표된 날 밤, 극좌파 후보였던 장뤼크 멜랑숑은 마크롱에 대한 지지를 거부했을 뿐더러 자신의 지지자들에게 마크롱에게 투표하라는 권유도 하지 않겠다고 밝혔다. 대신 그는 수십만 명이 넘는 지지자들에게 자신이 이끄는 굴복하지 않는 프랑스당이 2차 투표에서 어떤 입장을 취해야 하는지를 온라인을 통해 물었다. 이에 대해 지지자의 2/3 이상이 기권을 하거나 무효표를 던지자고 답을 했다. 마크롱과 마린 르 펜, 둘 중 하나를 선택 하는 건 '콜레라와 페스트' 중 하나를 선택하는 것과 똑같다는 것이었다. 지난 12월 마뉘엘 발스로부터 총리 자리를 이어받은 베르나르 카즈뇌브는 장뤼크 멜랑송과 그 지지자들에게 '용서받을 수 없는 도덕적 오판'을 저지르는 죄를 범하지 말라고 경고했고, 〈뉴욕 타임스〉의 외부 필진인 로스 다우댓 역시 '이제 르 펜의 차례인가?'라는 제목으로 마린 르 펜을 지지하는 듯한 논평을 실었다가 비슷한 비판을 받기도 했다.

이런 상황에서 마린 르 펜은 4월 29일, 지난 1차 투표에서 득표율 4.7 %로 6위에 그쳤던, 우파이자 유럽연합을 적극 반대했던 후보인 니콜라 뒤퐁에냥이 자신에 대한 지지 의사를 가장 먼저 밝혔다고 발표했다. 니콜라 뒤퐁에냥은 극우파로 알려져 있었지만 주류 드골파에 속해 있었다. 르 펜은 자신이 대통령에 당선될 경우 총리 자리를 주겠다는 약속으로 그의 지지를 이끌어냈고, 유로화에 대한 자신의 정책을 수정하기 시작했다. 르 펜은 국경과 예산과 통화 문제를 프랑스가 다시 알아서 처결할 수 있도록 하겠다고 약속했으며, 대통령에 당선이 되면 6개월 이내에 유럽연합과 모든 것을 재협상하게 될 것이라고도 했다. 사실상 그 정도 기간에는 처리가 불가능한 이런 재협상 제의는 결국 현재의 유럽연합을 깨고 예전의 독립적인 개별 국가들로 돌아가자는 뜻이나 다름없었다.

그렇지만 유로화를 버리고 다시 예전의 프랑화로 돌아가자는 계획을 지지하는 프랑스 국민은 극소수에 불과했다. 이는 단순히 프랑화의 가치가 유로화보다 떨어져서가 아니었다. 그것은 프랑스 사람들이 보유하고 있는 저축 가치의 폭락, 수입품의 가격 상승, 그리고 현재 기업과 개인들이 유로로 짊어지고 있는 모든 채무의 실제 가치가 급상승하는 결과로 이어지기 때문이었다.

이런 반발에 직면한 르 펜이 유로화 문제에 대한 자신의 입장을 바꾸려고 시도한 것이다. 그녀는 자신은 더 이상 프랑화로의 완전한 회귀를 원하지는 않으며 대신 두 가지 통화를 동시에 유통시키는 방식을 제안한다고 말했다. 즉 일반 소비자들이 평상시에 사용하는 프랑과 유로를 대신해 국제간 거래에 사용하는 에쿠ecu화를 따로 만들자는 제안이었다. 그러면 유럽연합과의 협상은 앞서 언급했던 6개월보다는 길어질 것이며, 또 어쩌면 몇 년이 걸릴지도 모른다는 것이 빼어난 외모로 당의 대변인 업무를 맡고 있는 마린 르 펜의 조카 마리옹 마레샬 르 펜의 발표였다.

마린 르 펜은 1차 투표 이후 이어진 선거 유세에서 자신은 이제 더 이상 인기에 연연하며 목소리를 낮출 의도가 전혀 없다고 밝힌 후 마크롱을 맹렬한 기세로 공격했다. 파리에서 있었던 5월 1일 연설에서는 연설을 시작하자마자 약 30여 분간에 걸쳐 통렬한 풍자와 거친 표현을 쉬지 않고 퍼부으며 마크롱을 비난했다. 르 펜은 마크롱이 일부 상류층의 비호를 받는 위험인물이며 투자은행 간부 출신으로 보통 사람들의 일자리를 빼앗아온 인물이라고 말했다. 마크롱의 목표는 국제 교역 협상을 통해 극소수 특권층에만 혜택이 돌아가는 전면적인 경제 전쟁을 일으키는 것이며, 이는 결국 프랑스 전체를 파멸로 몰아넣을 것이라는 것이 뒤따른 설명이었다. 이어서 르 펜은 마크롱이 이민자들을 받아들여 이 나라를 '침몰'시킬 계획을 짜고 있는데, 이 일을 뒤에서 조종하고 있는 건 다름 아닌 '이민자들을 너무나도 사랑하는 독일 총리 앙겔라 메르켈'이라고 말했다. 르 펜의 주장에 따르면 프랑스 전역에 범죄가 성행하고 있지만 프랑스 국민들은 그저 이런 범죄나 테러 공격을 참아내는 방법을 배우는 것밖에는 아무런 선택의 여지가 없다는 것이었다. 르 펜은 지금의 프랑스 정치가 새로운 대통령을 내세우려 하고 있지만, 그 정치의 유산이라 할 수 있는 '사라진 일자리와 폐허가 된 공장들'에 대한 책임은 아무도 지지 않는다고 주장했다.

그러는 사이 5월 3일에 있을 두 후보 사이의 유일한 토론회가 다가오자 마크롱은 마린 르 펜이 이런 선동적인 공격을 계속해 댈 것이라는 것을 직감했다. 국영 방송에서 중계한 이 토론회는 1,600만 명이 넘는 프랑스 국민들이 시청했다. 이 토론회는 르 펜이 지지율의 격차를 줄일 수 있는 마지막 기회였다. "저는 마린 르 펜 후보가 그렇게 공격적으로 나올 것이라 예상하고 있었습니다. 왜냐하면 5월 1일에 있었던 연설과 토론회의 분위기가 똑같았기 때문이었습니다." 마크롱의 말이다.

프랑스의 정치 토론은 역사적으로 신중하면서도 적의가 없는 의견 교환의 장이었다. 때로는 세법이나 국회 내부의 문제와 관련해서는 치열한 공방이 오고가기도 했지만 미국과 비교하면 상대적으로 지루한 편이었다. 1차 투표가 치러지기 전에 있었던 토론회에서는 서로에 대한 지나친 공격을 자제하는 모습을 보였는데, 이제 마크롱과 마린 르 펜만 남게 되자 완전히 새로운 방식의 충돌이 드러났다. 두 사람의 토론회는 겉으로 보기에는 마치 권투 시합이나 진흙탕 싸움 같은 분위기였지만 실상은 투우闘牛에 더 가까웠다. 르 펜의 전술은 가까이 다가가 뿔로 마크롱을 찌른 후 상처 입은 마크롱을 그 자리에 그대로 내버려 두는 것이었고, 마크롱은 투우사 입장에서 이런 소의 전략을 미리 알고 그에 맞춰 대응하려고 노력했다.

마린 르 펜이 먼저 공격에 들어갔다. "마크롱은 '우버화'된 경제를 대표하는 후보로 사회의 비정함과 불안한 일자리, 그리고 국민 개개인 사이의 갈등을 조장합니다…… 프랑스 국민은 이번 2차 투표를 준비하면서 마크롱의 민낯을 보았습니다…… 안 그래도 억지 웃음을 짓고 있던 얼굴은 더욱 더 일그러져 갔고 지식인과 정치인을 가장하고 있던 가면은 떨어져 나갔습니다…… 지금까지 낯부끄러운 주장들을 펼쳐왔지만 그런 주장은 결국 투자은행 출신이라는 냉혹한 본질을 드러내주었을 뿐입니다. 마크롱은 처음부터 그런 인간이었습니다."

마크롱은 쉴 새 없이 쏟아지는 비난 앞에서 쓴웃음을 지어보였다. "당신은 자신을 잘 절제하는 후보가 아니라는 사실을 방금 스스로 증명해보였습니다." 마크롱의 대답이었다. 그날 저녁 토론이 진행되는 내내 마크롱은 '르 펜'이라는 그녀의 성을 계속해서 언급했다. 국민전선에서 '마린'이라는 이름만 선거용 홍보 벽보에 사용한 이유는 끝없이 언급되는 아버지 장마린 르 펜과의 치명적인 관계를 지우기 위해서였다. 이날 마크롱은 모두 합해 160여 회나 르펜이라는 성을 불렀다. 그는 마린 르 펜이 잘못된 주장을 할 때마다 그걸 고쳐주었고, 앞에 미리 준비해놓은 형형색색의 자료를 뒤적일 때마다 르 펜을 이렇게 놀려댔다. "당신은 지금 아까 말했던 것과는 아주 다른 자료를 보며 읽고 있습니다." 마린 르 펜이 마크롱이 장관 재직 시절 개인 소유의 이동통신 회사를 마음대로 매각했다고 공격했을 때 한 말이다. 마크롱의 참모진은 무대 뒤 대기실에서 이 광경을 지며보며 환호성을 지르며 펄쩍펄쩍 뛰어올랐다. "프랑스 유권자들 앞에서 그렇게 준비도 제대로 되지 않은 모습을 보이는 걸 보니 참으로 안쓰럽군요." 마크롱은 또 이렇게 덧붙이기도 했다.

총 열한 차례에 걸쳐 마크롱은 마린 르 펜의 발언을 '바보 같은 소리'라고 일축했으며 그녀가 자신의 지난 행동이나 공약 등에 대해 왜곡하거나 잘못 소개할 때마다 그걸 놓치지 않고 지적했다. "정말 놀라운 건 그저 수많은 거짓말이나 늘어놓고 이 나라에 하나도 도움이 되지 않는 계획을 주워섬기는 게 바로 당신의 전략이라는 점입니다." 토론회가 막바지로 치닫자 급기야 마크롱은 자신도 비난받을 위험을 감수하면서 마린 르 펜을 '기생충'으로까지 비하했다.

좀 더 정확한 질문과 자료를 가지고 접근했더라면 마린 르 펜은 마크롱을 궁지에 모는 데 성공했을지도 모른다. 예컨대 이민자 문제나 더 긴밀한 유럽 통합과 관련된 마크롱의 부실한 공약들에 대해 수많은 프랑스 국민들은 여전히 불안감을 감추지 못하고 있는 상황이었다. 그렇지만 마린 르 펜이 거듭 공격을 가하고 마크롱을 비웃으며 모욕을 주면 줄수록 반대로 마크롱은 더욱 대통령에 어울리는 후보로 돋보이게 되었다.

토론회가 중반에 이르렀을 때쯤 마크롱은 갑자기 유로화에 대한 공약을 물고 늘어졌다. 프랑스 국민들이 새롭게 되찾은 프랑화를 어떻게 사용할 수 있을지, 그리고 기업 간의 대규모 거래와 중앙은행의 업무 처리에 있어 유로화나 그 새로운 '에쿠화'를 어떻게 프랑화와 동시에 사용할 수 있는지에 대한 정확한 설명을 요구하는 질문을 연이어 던진 것이다. "그러니까 유로화를 버리겠다는 겁니까, 안고 가겠다는 겁니까?" 마크롱의 매서운 질문은 계속 이어졌다. "채무 관계는 유로나 프랑 둘 중 어떤 통화로 청산하게 됩니까?" 경제학자들은 말할 것도 없고 대부분의 프랑스 국민들은 마린 르 펜이 주장하는 이중 통화 정책이 어떻게 이루어질 것인지 제대로 이해하고 있지 못했다. 게다가 마린 르 펜 자신도 질문을 받는 내내 불안해하는 기색이 역력했다. "다 터무니없는 소리입니다." 마크롱은 변호사 출신인 마린 르 펜을 몰아붙인 끝에 이렇게 내뱉었다. "파멸을 불러올지도 모를 위험천만한 계획일 뿐입니다."

토론회가 끝나자마자 극우파 인터넷 사이트 게시판은 마린 르 펜이 공격 목표를 잘못 잡았다는 의견으로 도배가 되었다. 많은 국민전선의 고위 인사들도 개인적으로 실망감을 표시했으며, 그동안 거리를 두었던 아버지 장마리 르 펜은 바로 그다음 날 짧고 건조한 논평만을 한 줄 남겼다. 자신의 딸은 "제대로 해내지 못했다"는 것이 그의 평가였다.

토론회가 끝난 후 서둘러 실시된 여론 조사에서 마크롱은 압도적인 지지율을 기록했고 앙 마르슈는 축제 분위기를 만끽했다. "누가 괜찮다면 그 여자 벌린 입 좀 다물게 해주겠어?" 홍보 총괄을 맡은 실뱅 포르는 토론회가 끝나자 텔레비전 앞을 떠나며 홍보 영상 담당에게 이렇게 농담을 던졌다. "대단해요", "지금까지 보여준 모습들 중 최고였습니다", "브리지트도 멋진 토론회였다고 말했어요!" 마크롱의 직원들은 토론회를 마치고 무대에서 내려오는 마크롱을 환호하며 맞이했다.

마린 르 펜은 나중에 TF1 텔레비전과의 대담에서 자신이 전술이나 분위기를 완전히 잘못 파악하고 있었다는 사실을 인정했다. "두말할 나위 없이 저로서는 실패한 토론회였고 저는 그 사실을 겸허히 받아들이겠습니다. 저는 일종의 선택을 한 것이었습니다. 저는 제가 마크롱의 공약이나 계획에서 느꼈던 두려움 그 자체를 보여주고 싶었습니다. 물론 지금도 그 두려움은 여전합니다. 다만 그런 모습을 열정과 투지를 가지고 토론회에서 보여주려 했던 것이 좀 지나쳤던 것 같습니다. 유권자들이 기대한 건 그런 게 아니었을 텐데 말입니다."

실제로 토론회 당일 아침 참모들이 파리 남서쪽 생클루에 있는 자택을 찾아갔을 때 마린 르 펜은 심하게 지치고 매우 당황스러운 표정으로 쉬고 있었다고 한다. 파리의 전경이 한눈에 내려다보이는 그녀의 자택은 자신이 태어나고 자란 르 펜 가문의 오래된 저택에서 아주 가까운 거리에 있었다. 〈르 몽드〉에 실린 기사에 따르면 마린 르 펜은 측근인 브루노 빌드가 오전에 자신을 찾아왔을 때 "브루노! 왼쪽 눈이 하나도 보이지 않아!"라고 소리쳤다고 한다. 마린 르 펜은 일시적으로 시력이 약화되고 격심한 두통이 동반된다는 안구 편두통 진단을 받았다. 오후부터 벌어질 마크롱과의 일전을 준비하는 대신 그녀는 다시 침실로 들어갔고, 브루노 빌드는 토론회를 취소하거나 연기할 수 있을지 확인했다고 한다. 선거 운동 본부장인 다비드 라슐린은 훗날 마린 르 펜의 일정이 지나치게 무리하게 진행이 되었고 그 때문에 그렇게 탈진할 수밖에 없었노라고 고백했다.

그렇지만 건강상의 문제를 감안한다 하더라도 마린 르 펜의 2차 투표를 겨냥한 선거 운동은 정당에서 극단적인 분위기를 씻어내어 유권자들에게 편안하게 다가가려고 노력했던 지난 6년의 세월을 허무하게 만드는 대단히 실망스러운 것이었다. 어쩌면 마린 르 펜은 진실이 밝혀지는 순간에 이르자 자신의 본성을 제대로 통제할 수 없었는지도 모른다. 아니면 정말로 권좌가 가까워지는 듯하자 자신이 내뱉은 급진적인 공약들을 책임지는 지도자가 될 자신이 없으니 그냥 선동가로 남아 있기로 결심이라도 한 것이었을까? 브렉시트를 열렬히 지지했던 영국의 그 누군가처럼 마린 르 펜은 어쩌면 실제로 대통령이 될 생각은 전혀 없었는지도 모른다. 어찌 되었든, 프랑스 유권자들은 마크롱이 실제로 공약을 실천하기 위해 어떤 계획을 세워두었는지 확인할 수 있는 기회를 놓쳤다. 마크롱과 그의 공약은 텔레비전 토론회로는 단 한 번도 제대로 된 평가를 받지 못했던 것이다.

그런데 르 펜이 하는 이야기를 자세히 들은 시청자들은 그녀가 마크롱에게 뭔가 깜짝 놀랄 일격을 가할 수도 있음을 암시하고 있다는 것을 알아차렸다. 예컨대 마크롱이 국민전선을 두고 "추문으로 얼룩진 정당"이라고 비난하자 르 펜은 이렇게 냉소적으로 대답했다. "아, 정말로 그런가요? 앞으로 며칠 혹은 몇 주 동안 새로운 소식 같은 건 없기를 바랍니다." 르 펜의 이야기는 계속됐다. "당신의 재정 문제에 대한 설명을 듣고 제대로 납득하는 사람은 아무도 없습니다…… 어쨌든 서인도제도 어디쯤에 있다는 당신 계좌에 대한 새로운 소식 같은 건 들을 일이 없기를 바랄 뿐입니다."

프랑스 역사상 가장 예측 불가능하고 정신없던 이번 대통령 선거에 또 다른 충격적인 소식이 남아 있기라도 한 것일까? 미국 대통령 도널드 트럼프 역시 4월 2일자 〈더 파이낸셜 타임스〉 기사를 통해 "프랑스 대통령 선거는 대단히 흥미롭게 진행될 것이다. 그렇지만 뭔가 뜻밖의 일이 대통령 선거의 향방을 완전히 바꿀 수도 있다는 사실을 누구나 다 알고 있지 않나"라며 의혹을 부채질하기도 했다.

마린 르 펜이 토론회에서 좋은 모습을 보이지는 못했지만 마크롱의 선거 운동을 위협하는 무리의 사람들은 여전히 존재했다. 바로 해커들이었다. 지난 2월 앙 마르슈가 자신들이 해커들의 공격 목표가 된 것 같다는 의혹을 공개적으로 발표한 이후에도 IT 담당 직원들은 앙 마르슈의 통신망과 인터넷이 반복적인 접속 시도를 통해 여전히 지속적인 공격을 당하고 있음을 확인했다. 선거 운동 막바지에 이르러서는 앙 마르슈의 디지털 보안 총 책임자인 무니르 마주비의 이름으로 된 가짜 이메일을 받은 직원들이 있었는데, 그 내용은 '보호 조치'를 위해 몇 가지 파일을 다운로드받으라는 지시였다. 그리고 그 이메일이 시키는 대로 파일을 다운로드받는 순간 그 컴퓨터는 해커의 접속을 가능하게 만들어주는 바이러스에 오염되었다.

주로 통신 관련 정보 수집을 주 업무로 하는 미국의 국가 안보국에서는 그동안 특히 러시아 해커들을 감시해왔는데, 5월에 미국 상원에서 직접 시연을 보인 NSA 국장 마이클 S. 로저스는 미국 정보부가 해커들의 공격을 계속해서 지켜봐왔다는 증언을 했다. 그러면서 프랑스 정보부에 이 사실을 알리고 도움을 주겠다는 언급도 했다. "우리는 러시아 해커들을 주목하고 있으며 그들이 프랑스의 주요 기반 시설 일부를 뚫고 침투했다는 사실도 확인했다. 여기 증거 자료들이 있다."

앙 마르슈가 해커들의 침입을 알아차렸을 때 마크롱은 선거 운동 종료를 하루 남기고 프랑스 남부의 도시 알비를 방문하고 있었다. 후원금 모금 및 예산 관리를 책임지는 세드릭 오와 연설문 작성 담당 쾽탱 라페가 언제인지도 모르게 해커들의 프로그램을 다운로드받는 바람에 그동안 주고받은 이메일 전문이 유출되는 것은 시간 문제였다.

일요일에 있을 투표를 앞두고 선거 운동이 공식적으로 종료된 금요일 밤 늦은 시각, EMLEAKS라는 이름을 쓰는 익명의 사용자가 문서를 공유하는 무료 인터넷 사이트인 Pastebin.com에 9기가바이트 분량의 유출된 자료가 링크된 게시물을 하나 올렸다. 도널드 트럼프를 지지하는 극우파 뉴스 웹 사이트 〈더 레벨〉의 기자이자 프랑스 정치와는 아무런 상관이 없는 잭 포소비엑이라는 사람이 제일 먼저 이 자료를 접하고 #Macronleaks라는 해시태그를 붙여 10만 명 이상의 팔로워가 있는 자신의 트위터에 공개했다. 고발전문 인터넷 사이트인 〈위키리크스〉도 재빨리 행동에 돌입하여 해당 자료가 차단되거나 사라지기 전에 안전한 링크를 통해 인터넷에 모두 공개를 했다.

금요일 자정 무렵 언론에 배포된 보도 자료에서 앙 마르슈는 내부 이메일이 유출되었음을 확인하고 자신들은 "대규모의 조직적인 해킹의 희생자"라고 말하며 유출된 이메일이나 문서 사이에는 자신들이 일부러 심어놓은 가짜 정보들이 있다고 경고했다.

대통령 선거가 있기 4개월 전 유출된 미국 민주당의 이메일 사건과 달리 이번 앙 마르슈의 이메일 유출 사건은 선거가 치러지기 불과 하루 전인 휴식 기간에 그 전모가 드러났다. 프랑스 언론은 이 기간에는 법에 의거하여 유권자들의 표심에 영향을 줄 수 있는 어떤 새로운 소식도 절대로 전할 수가 없었다. 프랑스 중앙선거관리위원회는 이번 정보 유출 사건에 대해 어떠한 언급이나 보도도 하지 말아달라는 요청을 이미 각 언론사에 해둔 상태였다.

유출 사건이 밝혀진 시기는 참으로 미묘했다. 해커들은 해당된 시기에는 관련된 내용을 보도할 수 없다는 프랑스 선거법을 전혀 모르고 있었던 것일까? 그것은 마치 모든 일이 너무 늦게 벌어져 원하던 결과를 얻지 못할 것 같은 상황이었다. 만일 해커들이 일주일만 더 빨리 이런 일을 벌였다면 어쩌면 국민전선은 승리를 만끽했을지도 모를 일이었다. 아니면 그 시기 자체를 더 정교하게 계획해서 자료가 온라인상으로 충분히 공개가 되고 앙 마르슈 측에서는 제대로 된 반박조차 할 수 없었다면? 프랑스에 계정이 등록되어 있는 극우파와 친러시아파 트위터는 물론 러시아의 국영 뉴스 통신사인 〈스푸트니크〉의 프랑스어 웹 사이트에서는 프랑스 정부의 언론 통제를 비웃었고, 마린 르 펜의 고문인 플로리안 필리포는 자신의 트위터에 이렇게 글을 올렸다. "우리가 고작해야 #Macronleaks 같은 링크를 통해서야 겨우 돌아가는 상황을 알아야 하나? 그것 참 대단하다! 그야말로 민주주의의 몰락이라고 할 만하다." 그러는 사이 앙 마르슈가 일부러 조작해서 제공했다고 주장하는 가짜 이메일과 문서들이 온라인상에서 공유되기 시작했다. 거기에는 마크롱의 측근 한 사람이 마크롱을 위해 향정신성 의약품을 구했고 국회로 비밀리에 전달했다는 소문도 포함이 되어 있었다.

그렇지만 프랑스의 주류 언론들은 이런 자료를 대부분 무시했다. 힐러리 클린턴의 선거 운동 본부장인 존 포데스타의 이메일이 유출되자 기다렸다는 듯 신나게 보도했던 미국의 케이블 방송이나 신문들과는 달리 프랑스에서는 선거에 영향을 줄 수 있는 어떤 보도도 하지 않는다는 결정이 이미 내려져 있었다. 또한 프랑스에는 힐러리 클린턴에게 불리한 소식을 눈에 불을 켜고 찾았던 〈폭스 뉴스〉나 〈브레이트바트 뉴스〉 같은 공격적 성향의 극우 매체가 없었다. 다만 주요 텔레비전 방송과 인터넷 웹 사이트에 해커들의 존재가 잠시 언급되었을 뿐이며 더 이상 상세한 보도 내용은 전해지지 않았다.

　비록 대통령 선거 자체에는 영향을 미치는 데 실패했지만 마크롱이 당선이 될 경우 해커들은 그의 국정 운영을 불안하게 만들 위협임에는 틀림없었다. 또한 6월로 예정되어 있는 총선 결과에도 영향을 줄 수 있었다. 앙 마르슈는 대통령 선거 결과에 상관없이 이번 총선에서 과반수 의석을 확보하는 것을 목표로 하고 있었다.

　확실한 결정적 증거는 없지만 사이버 보안 관련 회사들의 분석 결과는 모두 러시아 해커들을 이번 사태의 주범으로 지목하고 있었다. 이런 해킹에 국가의 개입과 관련된 부정할 수 없는 증거를 찾는 일은 여전히 거의 불가능에 가까웠다. 많은 전문가들은 이번 사이버 공격이 매우 서둘러 진행이 되었다고 믿고 있었으며, 해커들은 러시아어 문서 프로그램을 통해 일부 문서를 전달했다는 분명한 증거를 남기기도 했다. 유출된 문서에 수정을 가한 어떤 인물은 한 러시아 기업과 계약을 맺은 서른두 살의 연구원으로 신원이 밝혀졌는데, 그 기업은 또 러시아 군부와 연결이 되어 있었다. 일본의 사이버 보안 기업인 트렌드 마이크로 측에서는 마크롱의 선거 운동을 목표로 삼은 것은 힐러리 클린턴에 대한 공격을 시도했던 러시아 해킹 부서로 추정된다는 발표를 하기도 했다. 이 해킹 전담 부서는 팬시 베어즈나 폰 스톰, 혹은 APT 28과 같은 다양한 이름으로 세상에 알려져 있다.

그렇지만 미국의 정보부서들이 민주당에 대한 사이버 공격이 러시아 해커들에 의해 저질러졌다고 모두 다 한목소리로 말하고 있음에도 불구하고, 프랑스 정부 당국은 지금까지도 이런 사실을 직접적으로 인정하는 데 주저하고 있다.

그동안 유출된 수천 건의 이메일이며 문서들을 확인해본 기자들은 그 안에는 선거 운동 조직과 관련된 평범한 내용들이 대부분이었지만, 앙 마르슈의 후원금 조성 노력과 관련된 중요한 내용도 일부 포함되어 있음을 밝혀냈다. 앙 마르슈 직원들은 애초부터 민감한 내용들을 주고받을 때 그 대부분을 전부 암호화된 텔레그램 앱을 사용해 처리했다. 지난 8월 〈위키리크스〉에 의해 앙 마르슈의 이메일 내용들이 검색 가능한 자료로 게시가 되자 앙 마르슈의 운영 전반을 맡고 있던 루도빅 샤케르는 이메일 자체를 안전하지 않은 통신 수단으로 생각해야 한다고 동료들에게 말했었다. 그 사실을 떠올리며 게시된 자료들을 모두 훑어본 후 루도빅 샤케르는 이렇게 말했다. "우리가 그동안 얼마나 주의를 기울여왔는지 비로소 깨달을 수 있었습니다."

2차 결선 투표가 치러진 5월 7일 일요일, 앙 마르슈의 수뇌부는 다시 한 번 최종 결과를 확인하기 위해 텔레비전 앞에 모였고 마크롱과 브리지트도 또다시 나란히 자리를 잡고 앉아 개표 결과를 함께 기다렸다. 루도빅 샤케르는 함께 모여 있는 이들 모두가 해킹에 대해 "아예 마음을 푹 놓고 있는 것도, 그렇다고 과도하게 걱정을 하는 것도 아니었다"고 말했다. "우리가 미리 만들어 섞어둔 가짜 이메일이나 문서들이 좀 더 정교했다면 더 큰 효과를 발휘할 수 있지 않았을까 생각합니다." 루도빅 샤케르의 말이다.

마크롱은 여론 조사의 예측보다 훨씬 더 큰 격차를 보이며 프랑스 대통령에 당선됐다. 마크롱의 득표율은 66.1%, 그리고 마린 르 펜의 득표율은 33.9%였다. 완벽한 압승이었지만 1차 투표 때와 같은 거창한 축하 행사 같은 건 없었다. 투표를 기권한 유권자들의 숫자는 1969년 이래로 가장 많았는데, 유권자의 약 1/4 이상이 투표를 하지 않았다. 마린 르 펜은 1차 투표 때보다 300만 표 가량이 늘어난 약 1,100만 표를 득표했다.

어쩌면 2주 전에 있었던 구설수에 대한 과도한 사죄의 표시였을까, 마크롱은 최종 결과가 발표된 후 얼마 지나지 않아 앙 마르슈 본부 건물에 모습을 드러내고 비장한 분위기로 짧게 연설을 했다. "너무나 오랜 세월 수많은 어려움들이 우리를 약하게 만들었습니다. 저는 그런 어려움들을 절대로 과소평가하지 않습니다. 경제적 어려움은 물론 사회 분열과 민주주의를 가로막는 장애물들, 그리고 이 나라의 도덕적 타락 등이 다 어렵고 중요한 문제들입니다."

마크롱은 이렇게 덧붙였다. "프랑스는 오늘 밤 새로운 역사의 장을 열었습니다. 나는 그 새로운 시작이 희망, 그리고 신뢰의 재발견과 함께하기를 바랍니다."

마크롱의 승리 축하연은 루브르 박물관 앞에서 열렸다. 뜻밖의 선택이었지만 그만큼 또 상징성이 있었다. 프랑수아 올랑드는 바스티유 광장에서, 그리고 니콜라 사르코지는 콩코르드 광장에서 각각 대통령 당선을 축하했다. 루브르 박물관은 마침 바로 이 두 광장 중간쯤에 위치하고 있었고 중도파의 승리를 축하하기에 적합한 자리였다. 루브르 박물관은 과거에 궁전이었고, 무엇보다 중세 시절부터 프랑스의 지배자들이 터를 잡았던 곳이기도 했다. 이후 마크롱은 본격적으로 정무에 뛰어든 처음 몇 개월 동안 자신의 위엄을 내보이기 위해 과거 군주들의 유산을 여러 차례 활용하게 되는데, 이 루브르 박물관 앞에서 벌인 축하연은 그 첫 번째 사례라 할 수 있었다.

텔레비전 방송을 통해 전 세계에 생중계가 된 축하연의 무대는 참으로 장관이었다. 무대는 박물관 앞 드넓은 광장에 지어진 거대한 유리 피라미드를 배경으로 세워졌으며, 프랑스의 옛 유산과 현대 건축물의 조화를 상징하는 것처럼 보였다. 밤 10시 30분쯤, 마크롱이 광장 동쪽 끝 입구로부터 그 모습을 드러내자 베토벤의 〈환희의 송가An die Freude〉가 울려 퍼졌다. 유럽연합의 공식 찬가였다. 어둠 속에서 내려온 환한 조명 불빛은 마크롱의 뒤로 뚜렷한 모습의 그림자를 만들었고, 마크롱은 그 불빛을 헤치고 홀로 천천히 걸어 무대로 향했다. 마크롱이 모습을 드러내고 무대 위에 오르기까지 약 3분 30초가량이 걸렸고, 그 사이에 음악이 끝나 처음부터 한 번 더 틀어야 했다. 조명과 마크롱의 발걸음, 그리고 배경은 느와르 영화의 한 장면 같았는데, 특히 1949년 발표된 걸작 흑백 영화 〈제3의 사나이〉의 한 장면을 연상시켰다.

그렇지만 이 한 편의 정치극이 보여주는 진짜 숨은 뜻은 이제 마크롱이 누구도 함께할 수 없는 고독한 권력자의 길을 걷게 되었다는 사실이었다. 그리고 이런 연출은 분명 사회당 출신의 첫 대통령이었던 프랑수아 미테랑의 모습에 영향을 받은 것이었다. 미테랑 대통령 역시 1981년 취임식에서 프랑스의 국민적 영웅들이 잠들어 있는 건물인 판테온 안으로 홀로 걸어 들어가는 모습을 연출했으며, 그때 깔린 배경음악 역시 베토벤의 〈환희의 송가〉였다. 그렇지만 그런 미테랑 대통령의 뒤로 수천 명이 넘는 지지자들이 함께 따라갔었다면 마크롱은 철저히 혼자 그 길을 걸었다. 마치 드골의 그 유명한 말, 프랑스의 대통령 선거는 "한 남자가 그의 국민들을 만나는 자리"라는 말을 그대로 구현한 모습 같기도 했다.

무대 뒤편의 유리 피라미드 끝에는 앙 마르슈를 처음 시작할 때부터 함께했던 친구들이 무리지어 서서 행사가 진행되는 모습을 지켜보고 있었다. 믿기지는 않지만 이들이 함께한 시간은 불과 18개월 정도밖에 되지 않았다. 이들은 모두 탈진 상태였지만 새 정부의 출범을 준비하느라 벌써부터 바쁘게 움직이고 있는 상태였다. 그들은 마크롱이 자신들을 향해 걸어오는 그 모습만으로 다들 스스로가 어떤 일을 해냈는지 절절하게 깨달을 수 있었다. "그 모습을 보고도 잠시 시간이 흐르고 나서야 비로소 우리는 마크롱이 정말로 프랑스의 대통령이 되었다는 사실을 실감할 수 있었습니다. 아마도 가장 감동적인 순간이 아니었을까 싶습니다." 앙 마르슈가 처음 시작될 때부터 함께했던 스타니슬라스 게리니의 말이었다.

마크롱은 계단을 통해 무대 위로 올라가 수많은 지지자들의 환호를 받으며 감사의 인사를 전했다. 어떤 사람들은 그 모습을 더 잘 살펴보기 위해 주철로 만든 화려한 모습의 가로등 위로 올라가기도 했다. "우리가 지난 수십 개월 동안 이룩한 업적은 전례가 없고, 비슷한 사례조차 찾아볼 수 없는 일이었습니다." 마크롱은 우렁찬 환호에 화답하며 이렇게 선언했다. "모든 사람들이 다 불가능하다고 말했지만 그건 프랑스의 저력을 제대로 모르고 한 소리였습니다!"

수많은 프랑스 국기와 유럽연합의 깃발이 휘날리는 모습이 방송국 화면 속에 잡혔고 마크롱이 마침내 해냈다는 희열, 그리고 프랑스가 극우파인 마린 르 펜의 손에 들어가지 않았다는 안도감이 뒤섞인 분위기도 고스란히 전달되었다. 인터넷 보안 전문가로 일하는 필리프 암브로진은 이 역사적인 장면을 현장에서 보기 위해 어린 두 딸을 데리고 루브르 박물관 앞으로 나와 이렇게 말했다. "마크롱은 우리에게 희망과 함께 예전과는 다른 교훈을 안겨주었어요. 우리는 변화하는 세상을 두려워할 필요가 없으며 그 세상에서 성공적으로 살아갈 수 있다는 희망 말입니다." 그의 말 속에서는 이른바 '천운을 타고난 영웅'에 대한 반향을 다시 한 번 느낄 수 있었다. 바로 프랑스 역사 속에서 위기의 순간이 닥치면 경이로운 능력을 타고난 영웅이 갑자기, 그리고 반드시 나타나 조국을 위기로부터 구해낸다는 프랑스 사람들의 믿음이었다.

그렇지만 마크롱이 연설을 마치자마자 사람들은 갑자기 풀이 죽었다. 아마도 이후에 벌어진 행사 내용이 너무도 예상 밖이었기 때문일 것이다. 무대 위에는 누군지도 잘 알 수 없는, 게다가 이런 종류의 행사를 이끌어갈 역량이라고는 하나도 보이지 않는 DJ 겸 조각가라는 리샤르 오린스키라는 사람이 올라와 케케묵은 전자 댄스 음악을 틀어대기 시작했다. 하이힐에 붉은색과 은색이 뒤섞인 쫄쫄이를 입은 여성 무용수들이 춤까지 추어대자 많은 사람들이 그 자리를 떠나갔다.

그날 밤 모인 사람들 중 상당수는 마크롱을 잘 이해하지 못하거나 그를 염려하는 듯 보였다. "마크롱은 뭔가를 말하기 전에 한참 뜸을 들이는데, 막상 무슨 말을 하나 귀를 기울여보면 아무런 뜻도 없을 때가 많아요." 스물한 살의 학생인 알리시안 투린의 말이다. 알리시안은 1차 투표에서 장뤼크 멜랑숑에게 표를 던졌다.

서른여섯 살의 공항 직원인 카림 벤 나스는 호기심에서 이번 승리 축하 행사를 보러 온 사람이었다. "결국 부담을 지게 되는 건 우리 같은 사람들이 아닐까요? 어쨌든 마크롱은 대기업 편이니까 말입니다." 도시 외곽의 다인종 지역에 대한 마크롱의 지원은 창업에 대한 마크롱의 열정이나 프랑스 사회와 정체성에 대한 좀 더 포괄적인 관심에 이끌려 자신도 꼭 성공해야겠다고 마음먹은 사람들이나 젊은 사업가에 국한되었다. 그렇지만 마크롱이 선거 운동 기간 동안 드러난 프랑스의 분열을 치유하고 자신과 같은 북아프리카계 국민들에게 더 큰 소속감을 심어주는 데 노력할 것이라는 사실은 카림도 마지못해 인정했다. "여전히 우리 같은 사람들을 프랑스 국민이라고 인정해주지 않는 사람들이 있습니다. 저처럼 여기서 태어나고 자란 사람들에게조차도 그러니까요."

파리 중심부 외곽에서는 몇 대의 차가 경적을 울리며 지나갔고 때로는 창밖으로 깃발을 꺼내 흔드는 사람들도 보였다. 그렇지만 2012년 올랑드가 대통령에 당선되었을 때와 같은 거창한 축하 분위기는 어디에서도 찾아볼 수가 없었다. 올랑드의 당선이 발표되었을 때 바스티유 광장에서 벌어진 축하 행사는 다음 날 새벽까지 이어졌었다. 어쩌면 그런 분위기는 올랑드와 사르코지가 안겨준 실망감 때문이었는지도 몰랐다. 두 사람의 집권 이후 프랑스에는 정치에 대한 회의감이 만연해졌는데 그 우울한 분위기가 반영된 모습이라는 말이다. 아니, 어쩌면 마린 르 펜을 지지했던 1,100만 명의 유권자가 승리 분위기에 찬물을 끼얹고 나선 것이 아닐까? 그렇지만 앙 마르슈 역시 정식 회원만 25만 명이 넘지 않는가? 아마도 그 25만 명은 조용히 집 안에서 텔레비전으로 축하 행사를 지켜보았거나, 아니면 자기들끼리 식사를 곁들인 축하연을 열어 서로 포도주잔을 나누며 마크롱의 승리를 자축했을지도 몰랐다.

이번 대통령 선거는 인터넷 등을 이용한 현대적 방식으로 선거 운동을 벌인 중산층의 승리였다. 사람들은 마크롱의 당선이라는 공통의 목적을 가지고 모였지만 그 움직임의 뿌리는 여전히 그리 깊지 못했다. 앙 마르슈는 새로운 형태의 정치 운동으로 예상치 못한 놀라운 성공을 거두었지만, 기존의 정통 정당 당원들이 갖고 있는 그런 역사나 끈끈한 연대감 같은 건 전혀 갖추고 있지 못했다. 또한 이번 선거전은 사람들이 기억하는 한 역사상 유례가 없을 만큼 가장 더럽고 추악했기 때문에, 표를 던진 수많은 유권자들이 여전히 정치에 확신을 가지지 못한다는 사실도 프랑스 전역에서 충분히 확인할 수 있었다. "여전히 머릿속이 텅 빈 것 같아요." 밤이 되자 축하연 자리를 바로 떠나버린 스물두 살의 다비드 스투피의 말이다. "프랑스는 분열되었고 지금은 사람들의 의견이 너무 다양하게 표출되고 있습니다. 마크롱은 젊은 세대를 위한 좋은 모범이에요. 이제 겨우 서른아홉 살인 그가 해낸 일들을 보세요. 그렇지만 나는 뭔가 새로운 것을 기다리고 있습니다. 나는 마크롱에게 표를 던진 것을 완벽하게 잘한 일이라고는 생각하지 않습니다."

마크롱은 자기 자신과 그의 측근들, 그러니까 젊은 '제군'들을 제외하면 거의 아무도 생각하지 못했던 성취를 이루어냈다. 그는 심지어 수많은 자신의 예전 스승들도 믿지 않았던 일을 해낸 것이다. 서른아홉 살의 나이에 마크롱은 나폴레옹 이후 가장 젊은 프랑스의 지도자가 되었고, 완전히 새로운 정치 운동을 시작한 후 처음으로 치러본 선거에서 당당하게 승리를 거머쥐었다.

앙 마르슈 역시 놀라운 성취를 이루었다. 아무것도 없는 맨땅에서 시작된 앙 마르슈는 수천 수만 명의 사람들을 일깨워 그들로서는 처음으로 정치에 관심을 갖게 만들었다. 지난 대통령 선거 운동은 때로는 웃음이 나올 정도로 허술하기도 했지만, 서른 명 남짓한 당직자들과 함께 새롭게 정치를 배워가며 기존의 경험도 많고 나이도 많은 정치인들을 앞서는 결과를 이끌어냈다. 앙 마르슈의 자원봉사자들은 자칫하면 질이 떨어지고 추악하게 변할 수도 있는 전국의 유세 현장에서 끝까지 예의와 선의를 잃지 않았다.

앙 마르슈의 풀뿌리 운동이 시작될 수 있도록 도와준 LMP의 기욤 리제에 따르면, 프랑스 대통령 선거가 끝난 후 유럽 전역의 정치인들로부터 "마크롱처럼 만들어달라"는 문의 전화가 셀 수도 없이 쏟아졌다고 한다.

어느 지방 의사 부부의 아들이었던 마크롱은 사랑에 빠진 이후 열여섯 살에 수도로 건너와 20년이 넘는 세월 동안 파리의 상류사회로 가는 계단을 밟고 올라간 끝에 마침내 최고의 자리에 오르는 쾌거를 이루어냈다. 물론 최고의 명문학교 중 하나인 앙리 4세 학교라는 중요한 발판도 있었지만, 그는 미친 듯이 노력하고 인맥을 쌓아올리며 프랑스 최고의 명문대학을 졸업했다. 졸업 후 공직에도 잠시 몸을 담은 그는 다시 로스차일드 투자은행에 들어갔다가 정부의 고위 각료로 발탁됐다. 그는 항상 새로운 기회를 찾으면서 그런 기회들을 놓치지 않고 붙잡아왔다. 또한 정치권력을 향한 야심을 숨기지 않으며 계속해서 자신이 하는 일을 중단하고 새 일을 찾는 일을 반복해왔다. 그가 이번에 5년 임기의 대통령직을 맡아 끝까지 그 일을 완수한다면, 그 5년은 그의 인생에서 가장 오랫동안 한 가지 일만 하는 기간이 되는 셈이다.

프랑스에서는 예전에도 갑자기 중앙 정치 무대에 등장했던 정치인들이 있었다. 1962년 총리 자리에 올랐던 조르주 퐁피두가 그랬고, 마흔여덟 살의 젊은 나이에 유권자들의 선택을 받아 대통령에 선출되었던 발레리 지스카르 데스탱이 그랬다. "비교적 젊은 나이에 많은 경험을 쌓고 높은 자리에 오른 정치인이 있는가 하면 나이는 젊지 않은데 갑작스럽게 부상한 정치인도 있었습니다. 그렇지만 젊은 나이에 경험도 없이 갑자기 나타난 정치인은 지금까지 한번도 없었습니다." 프랑스의 역사가 장프랑수아 시리넬리의 말이다. 조르주 퐁피두가 총리에 깜짝 발탁되었을 때는 나이가 이미 쉰여덟 살이었으며, 반대로 발레리 지스카르 데스탱의 경우 나이는 젊었지만 대통령이 되기 전에 이미 정치 경력이 20년이 넘었다.

마크롱은 두말할 나위 없이 행운의 여신에게 축복을 받은 정치인일 것이다. 그가 거쳐왔던 다양한 배경들을 돌이켜보면서 오랜 친구이자 고문인 알랭 멩크는 이렇게 말했다. "만일 알랭 쥐페가 경선에서 승리했었더라면 지금의 마크롱은 없었을 것입니다. 올랑드가 재선에 도전했다면, 마뉘엘 발스가 사회당 경선에서 승리했었다면, 그리고 프랑수아 피용이 자기 발등을 자기가 찍지 않았더라면, 역시 지금의 마크롱 대통령은 존재하지 못했을 것입니다."

알랭 쥐페가 마크롱의 앞길을 막았을 것이란 알랭 멩크의 주장은 어쩌면 맞는 말일지도 모른다. 그렇지만 올랑드나 마뉘엘 발스가 대통령 후보가 되었다고 해서 마크롱에게 크게 불리했을 거라는 추측은 다시 생각해볼 만한 여지가 있다. 그리고 비록 아내와 관련된 추문이 프랑수아 피용의 발목을 잡기는 했지만 그래도 아마 마크롱은 대통령에 무난히 당선되었을 것이다. 피용은 프랑스 유권자들이 진절머리를 내며 응징하고 싶어 했던, 정확히 바로 그런 유형의 전문 직업 정치인이었다. 그리고 그의 초보수적 예산 삭감 공약과 이슬람교도와 프랑스 정체성에 대한 강경한 태도는 많은 유권자들의 등을 돌리게 만들었다. 심지어 아내와 관련된 추문이 터져 나오기 전에도 제대로 세금 신고를 하지 않은 대출금이나 뒤가 의심스러운 변호사로부터 받은 고급 정장 등으로 인해 피용의 지지율은 마크롱보다 한참 떨어지고 있었다. 그리고 마크롱은 여러 대통령 후보들 중에서도 단연코 가장 많은 숫자의, 그리고 가장 열정이 넘치는 자원봉사자들과 후원자들을 뒤에 거느리고 있었던 것이다. 함께 일하던 시절 마크롱에게 크게 영향을 미쳤던 철학자 폴 리쾨르는 이렇게 말하곤 했다. "어디까지가 행운이고 어디까지가 숙명인지 우리는 결코 알 수 없습니다."

그 행운이 어느 정도의 역할을 했는지는 알 수 없지만, 마크롱은

2015년 10월부터 저녁 시간을 친구들과 함께 보내며 새로운 정치 운동을 준비하고 시작하는 데 탁월한 재능을 보였다. 그리고 그로부터 2년이 채 지나지 않아 대통령에 당선된 것은 물론, 신당을 이끌고 국회까지 장악하게 되었다. 그는 선거의 향방을 가늠하는 중요하면서도 복잡하고 변화가 느린 유행과 흐름을 먼저 예측하고 적절하게 활용했다. 그는 먼저 서구 민주주의 사회 전체의 공통적인 현상인 기존 정당과 정치인들에 대한 유권자들의 분노를 알아보았는데, 이런 분노는 2016년 영국의 브렉시트 국민투표와 미국의 도널드 트럼프 당선에서 가장 분명하게 확인할 수 있었다. 또한 프랑스의 경우 마린 르 펜이 승리할지 모른다는 사실에 대한 진정한 두려움 역시 그런 분노의 일종이라고 할 수 있었다. 마크롱은 또한 프랑스의 기존 정당들이 채택해 실시하고 있는 경선 제도가 중간 부분은 비워둔 채 극단적 성향의 후보들을 선택한다는 점에 승부를 걸었다.

마크롱이 비록 도널드 트럼프와 같은 표현을 하지는 않았지만 그는 유권자들에게 종종 반체제적이며 선동적인 모습을 보였다. 동시에 프랑스 정치에 새로운 얼굴들을 데리고 와서 기존의 정치를 모두 다 쓸어내버리고 싶어 했다. 그러면서 마크롱은 프랑스의 자긍심과 국제적 위상을 회복함으로써 '프랑스를 다시 한 번 위대하게' 만들겠다고 약속했다. 그가 친기업적 성향을 보이고 기업에게 유리하도록 규제를 완화하는 데 찬성을 하지만, 그는 또한 자신이 많은 프랑스 사람들이 원하는 것이 무엇인지 잘 알고 있다고 말했다. 바로 세계화의 진행 과정에서 더 많은 보호를 받는 것인데, 이것은 오직 국가와 정부만이 해줄 수 있는 조치였다.

마크롱이 루브르 박물관 앞에서 승리를 자축하며 자신이 성공한 이유를 되새겨보고 있을 때, 파리 북동부에서는 수백여 명의 무정부주의자들과 반자본주의 활동가들이 숨 돌릴 틈도 주지 않고 모종의 활동을 시작하고 있었다. 어쩌면 마크롱 시대에 저항하는 첫 번째 시위가 될지도 모를 이 활동은 프랑스를 바꾸겠다는 그의 계획에 대한 거대한 저항의 서막이 될지도 몰랐다.

경찰은 최루탄을 발사하며 140여 명을 체포했는데, 그중에는 스물아홉 살의 아드리앙 가이야도 포함이 되어 있었다. "우리는 원래 루브르 박물관 앞으로 가 마크롱에게 야유를 퍼부어줄 생각이었다." 그가 나중에 한 말이다. 또한 그는 마크롱이 루브르 박물관 유리 피라미드 앞에서 축하 행사를 열기로 결정한 건 그가 프리메이슨freemason의 일원임을 나타내기 위한 것이라고 믿고 있었다. 삼각뿔 모양의 피라미드는 바로 비밀 결사 프리메이슨을 나타내는 상징적 모습이기 때문이다. 이런 음모론은 대통령 선거가 끝난 저녁부터 인터넷 사회관계망을 타고 퍼지기 시작했다.

"마크롱은 로스차일드 가문과 거대 은행가들의 선봉장일 뿐이다!" 아드리앙 가이야는 또 이렇게 덧붙였다.

제18장

안팎으로 커지는 시련에도
전진하는 마크롱의 프랑스

"저는 두 가지 목표를 길잡이 삼아 대통령직을 수행해나갈 것입니다." 엘리제궁에서 열린 대통령 취임식에서 수백 명이 넘는 사람들 앞에서 마크롱은 이렇게 선언했다. "그 첫 번째는 우리가 너무 오랜 시간 동안 잊고 있었던 프랑스 국민으로서의 자긍심을 다시 되찾는 것입니다…… 오늘날, 역사의 흐름에 대항해 불고 있는 역풍 속에 사로잡혀버린 우리의 조국이, 실제로는 다시 선도적인 국가로 우뚝 설 수 있는 모든 필요한 역량을 갖추고 있다는 사실을 우리 국민들에게 일깨워주는 것이 바로 저의 사명입니다."

마크롱이 말하는 두 번째 목표는 프랑스를 다시 본연의 자리로 되돌리는 것이었다. "전 세계가 우러러보는 모범 국가가 되는 것…… 우리 프랑스 국민들에게 밝은 미래를 열어주고 정체성에 대한 자긍심을 심어줄 것이며 온 세계가 프랑스를 주목하게 만들 것입니다.”

그는 또 유럽연합에 관해 “다시 세워지거나 새롭게 시작되어야 합니다. 유럽연합이 있어야 우리를 보호하고 전 세계에 우리의 가치를 드러낼 수 있기 때문입니다”라고 말했다.

취임식에 참석한 주요 귀빈들은 모두들 엘리제궁의 자갈이 깔린 뜰 위로 펼쳐져 있는, 널찍하고 티끌 하나 없는 붉은색 융단 위를 걸어 들어왔다. 마크롱의 부모와 형제들, 그리고 브리지트의 자녀들도 그 사이에 함께했다. 앙 마르슈를 함께 시작한 핵심 인사들인 이스마엘 에밀리앙과 쥘리앙 디노르만디, 벤자멩 그리보, 세드릭 오 등 여러 사람들도 함께 걸어 들어와 엘리제궁 입구에서 잠시 멈춰 섰다. 그들은 모두 충격적일 정도로 젊고 각양각색의 모습들을 하고 있었다. 특히 마크롱의 대변인으로 임명된 시베스 엔디야는 구두가 아닌 운동화를 신고 있었다.

엘리제궁에 도착한 마크롱은 홀로 천천히 융단 위를 걸어와 취재진들 앞에 섰다. 그는 천천히, 아주 천천히 움직였다. 이런 모습은 그가 선거 운동 기간 내내 주변 사람들에게 아주 자주 반복해 보여주었던 행동을 다시 한 번 강조하는 것 같았다. 마크롱은 일의 순서를 장악하고 혼자서 흐름과 속도를 정하기 위한 계획을 세웠다. 그가 세운 이론에 따르면 프랑스 사람들은 어떤 절대적 권위를 원하고 있으며 ‘왕의 부재’를 실감하고 있었다. 그리고 마크롱은 지금 그런 권위를 사람들에게 보여주려는 계획을 세운 듯 보였다.

프랑스의 모든 대통령 취임식 행사는 엘리제궁 뜰에서 새로 취임하는 대통령이 전임 대통령을 떠나보내며 마무리된다. 마크롱이 올랑드에게 인사를 하는 장면은 개인적으로도, 그리고 정치적으로도 큰 의미가 있었다. 마크롱은 지난 2012년 무명의 젊은 투자은행 직원으로 있다가 올랑드에 의해 엘리제궁으로 영입이 되었다. 그리고 그로부터 5년이 지난 지금, 마크롱은 올랑드를 몰아내는 데 일조를 한 것이다.

이후 올랑드는 타오르는 듯한 배신감을 극복하고 마크롱의 승리는 부분적으로는 자신의 성공이며 정권의 연장을 보장해준다는 견해를 갖게 되었다. 그는 5월 7일 선거 결과를 자신이 엘리제궁에서 연 어색하고 우울한 모임 자리에서 시청했으며, 당시 그 자리에는 가장 충성스러운 측근과 각료들이 다 함께 모여 있었다. "뭐라 말할 수 없을 만큼 침울했습니다." 전 보건복지부 장관인 마리솔 투렌이 〈르 몽드〉와의 대담에서 한 말이다. "마치 가족 모임처럼 모두들 겉으로는 아무렇지 않은 척했지만 너무 많은 질문이나 말은 할 수 없었습니다." 올랑드는 손님들과 함께 보고 있던 텔레비전 방송에서 선거 결과가 나오자 박수를 쳤고 많은 사람들이 적당한 때를 틈타 조용히 그 자리를 빠져나갔다.

"행운을 비네." 올랑드는 차에 올라타고 엘리제궁을 떠났고, 그 모습이 텔레비전으로 방영된 취임식 행사의 마지막 장면이었다.

마크롱은 이제부터 자신이 머물게 될 새 집의 입구에서 브리지트와 함께 손을 흔들어 보였다. 브리지트는 옅은 푸른색의 루이비통 정장을 차려입고 그의 옆에 서 있었다.

어쩌면 역사는 올랑드에 대해 다수의 프랑스 유권자들이 내린 엉터리 판결보다는 좀 더 우호적인 평가를 내리게 될지도 모른다. 올랑드는 기후 변화 문제와 관련해 새로운 국제적 협약을 이끌어냈으며, 2차 세계대전 이후 프랑스에 불어 닥친 가장 끔찍한 폭력 사태를 겪으면서도 결국 국론을 통일했다. 또한 동성결혼 합법화도 밀어붙였다. 올랑드는 자신이 단지 마크롱을 발탁했을 뿐만 아니라 그의 급부상에 결정적 역할을 했다고 생각했으며 그 생각은 틀리지 않았다. 올랑드는 또한 기존의 프랑스 정치와 정당에 대한 전면적 불신을 자초하는 바람에 결과적으로 반체제를 주장하는 정치 신인 마크롱이 등장할 수 있는 배경을 만들어주었다. 그것은 마치 1950년대 제4공화국 말기의 극심한 혼란이 드골을 끌어들여 1958년 지금의 제5공화국과 대통령제를 탄생시키는 데 기여한 것과 비슷하다고 볼 수 있었다.

취임식을 마친 마크롱은 엘리제궁을 떠나 샹젤리제 거리를 따라 행진을 시작했다. 군 지휘관이 타는 지붕이 없는 군용차 뒷좌석에 꼿꼿하게 서 있던 마크롱은 개선문에 도착하자 갑자기 쏟아지는 소나기를 맞으며 걸어가 개선문 아래에 있는 어느 무명용사의 무덤에 참배를 했다. 당선이 확정된 날 저녁처럼 이날도 사람들을 놀라게 할 만한 화려한 행사 같은 건 전혀 없었다. 대통령의 얼굴을 잠깐이라도 보려고 모여든 사람들의 숫자는 눈에 띄게 줄어 있었고, 게다가 늦게라도 도착한 사람들 앞에는 샹젤리제 거리를 따라 세워진 철제 울타리가 가로막고 있었다.

마크롱은 마침내 대통령 자리에 올랐지만 그의 미래를 결정지을 수 있는 두 가지 중요한 선거가 여전히 그를 기다리고 있었다. 그가 일으킨 '혁명'의 제2단계는 바로 6월 11일과 18일로 예정된 프랑스 국회의원 선거였다. 여기에서 과반수 의석을 확보해야 자신의 정책을 그대로 밀고 나갈 수 있었다. 프랑스의 국회의원 선거 제도는 대통령 선거 제도와 비슷해서, 1차 투표에서 50% 이상 득표를 한 후보가 없으면 득표율 순서에 따라 2인 혹은 3인의 후보가 2차 결선 투표를 치르게 된다.

앙 마르슈는 먼저 557개 국회의원 선거구에 내보낼 후보들을 뽑아야 했다. "선거구를 제대로 파악하는 것도 대단히 중요한 문제입니다." 고위 외교 관료를 역임했고 마크롱의 국가 안보 관련 자문이기도 한 프랑수아 에스부르가 한 언론과의 대담에서 한 말이다. "마크롱으로서는 성패를 좌우할 만한 중요한 선거입니다. 여기서 첫 단추를 제대로 꿰지 못한다면 국정운영에 어려움이 따를 수밖에 없습니다."

대통령 선거에서 극적인 패배를 당했던 공화당은 반전의 기회를 노리고 있었다. "저는 우리가 이 나라 대다수 국민들의 생각을 대표하고 있다고 확신합니다." 공화당의 고위 인사인 로랑 보키에가 대통령 선거에서 패배한 직후 한 말이다. 공화당과 사회당은 모두 최소한 과반의석을 내주지 않는 것을 목표로 하고 있었다. 그래야 마크롱이 이끄는 집권당이 어쩔 수 없이 연정을 제안해올 것이기 때문이었다. "그러면 마크롱에게 연립 정부를 제안하겠습니다." 사회당 당수인 장크리스토프 캉바델리가 5월에 자신의 사무실에서 언론과 대담 중에 한 말이다.

마크롱이 대통령에 당선된 후 이름을 '라 리퍼블리크 앙 마르슈REM, La Republique en marche', 즉 '전진하는 공화국당'으로 바꾼 앙 마르슈는 모든 선거구에 한 곳도 빠짐없이 후보를 낼 것을 약속했고 아울러 그중 절반은 여성으로, 또 지금까지 한 번도 공직을 맡아본 적이 없는 사람으로 절반 이상을 채울 것을 약속했다. 이렇게 국회를 공직과 전혀 무관한 초보자들로 채우겠다는 약속은 마크롱이 내세운 핵심 공약 중 하나였고, 누구든지 자유롭게 인터넷을 통해 전진하는 공화국당의 후보에 도전할 수 있었다. 후보 공천 심사위원장은 일흔 살의 노장이자 중도좌파 정치인인 장폴 들르부아였는데, 그가 이끄는 심사 위원회에는 마감일까지 약 만 9,000명이 국회의원 후보로 지원했다. 장폴 들르부아는 마크롱 자신은 물론 마크롱의 측근들과는 완전히 달랐다. 그는 경험이 아주 풍부한 정치인 출신으로 40년 정치 인생 동안 국회의원은 물론 장관에 시장까지 역임했던 사람이었다.

취임식이 끝난 후 대통령으로서 제일 먼저 처리해야 할 문제 중 하나가 바로 총리를 비롯한 내각의 구성이었다. 마크롱은 이 내각 구성 과정을 기존의 정당과 정당에 대한 지지 자체를 무너트리는 또 다른 기회로 이용했다. 5월 15일, 마크롱은 마흔여섯 살의 중도우파 공화당 의원이자 르아브르 시장 출신인 에두아르 필리프를 총리에 임명했다. 당을 가리지 않고 인재를 영입하겠다는 약속을 지킨 셈이었다.

키가 약간 더 크고 나이가 든, 좀 더 검박한 모습의 마크롱이라고 할 수 있는 에두아르 필리프는 프랑스 북부 지방의 한 중산층 가정에서 태어났다. 교사 출신인 부모 밑에서 성장한 그는 파리정치대학과 국립행정학교를 졸업한 정책전문가였다. 그렇지만 문학에도 관심이 많아 2007년부터 몇 편의 정치 범죄 소설을 집필하기도 했는데, 공교롭게도 그중 한 편은 총리를 둘러싼 음모를 다루고 있다. 에두아르 필리프는 독일어에도 능통했기 때문에 그를 총리에 임명한 건 마크롱이 독일 정부에 보내는 우호의 신호로도 볼 수 있었다.

신임 총리의 정치적 배경과 신념 역시 마크롱이 앙 마르슈를 처음 시작했을 때의 이론적 배경을 잘 대변하고 있었다. 바로 자신이 속해 있는 정당의 다수파들보다는 일반 중도파들과 심정적으로 더 가까운 우파와 좌파의 중도파들을 모두 아우르겠다는 전략이었다. 에두아르 필리프는 중도우파이자 전 총리인 알랭 쥐페를 오랫동안 지지해왔지만 중도좌파이자 역시 사회당 출신 총리를 역임한 미셸 로카르를 따라 처음 정치에 입문했다. 미셸 로카르는 마크롱의 결혼식에 참석했던 인사이기도 하다.

마크롱은 또한 야심 넘치는 공화당 출신 브루노 르 메르를 재정 경제부 장관으로, 제라르 다르망을 공공회계부 장관으로 임명했다. 이런 인사 정책을 통해 우파 유권자들은 경제 개혁과 예산 회계 책임을 우파에게 맡기겠다는 마크롱의 의도를 확인할 수 있게 되었다. 정치색에 상관없이 폭넓은 존경을 받는 사회당의 장이브 르 드리앙은 올랑드 정부에서는 국방부 장관을 맡았다가 다시 마크롱 정부에서는 외무부 장관을 맡게 되었다. 그 밖에 마크롱의 선거 운동을 가장 적극적으로 후원했던 인사들도 주요 관직에 올랐다. 사회당 소속의 리옹 시장 제라르 콜롱브는 내무부 장관이 되어 나이 일흔에 처음으로 중앙 정부에 진출하게 되었고, 중도파인 프랑수아 바이루는 법무부 장관을 맡아 새로운 법과 윤리 규정을 통해 프랑스를 이끌어가는 책임을 지게 되었다.

마크롱은 유명한 환경 운동가 니콜라 윌로를 설득해 환경부 장관에 임명함으로써 과거에 사르코지와 올랑드가 실패했던 부분을 어느 정도 보완할 수 있게 되었다. 이 대단히 파격적인 장관 임명은 그동안의 선거 운동에서 부족했던 점으로 지적되어온 지속가능한 발전과 환경 변화 문제에 대해 대통령이 깊은 관심을 갖고 있다는 사실을 강조하기 위한 의도가 숨어 있었다. 서른네 살의 여권 운동가 마를렌 시아파는 성평등부 장관으로, 펜싱 선수로 올림픽에 출전하기도 했던 로라 프레셀은 체육부 장관으로 각각 임명되었다. 이것으로 마크롱은 정치계 신인에게도 기회를 주겠다는 자신의 약속을 충실히 이행했다. 그는 또한 모로코 출신으로 앙 마르슈의 IT 책임자였던 무니르 마주비를 디지털 산업부 장관으로 임명했다. 이렇게 해서 마크롱의 내각은 기성세대와 신세대, 중도좌파와 중도우파, 그리고 신참들이 어우러진 일종의 '용광로'가 되었으며 그중 절반은 여성들로 채워졌다.

마크롱이 이렇게 정부 각료는 물론 전진하는 공화국당의 국회의원 후보에 여성들을 특별히 대거 기용하고 추천한 것은, 역시 프랑스의 현대화와 정치 개혁에 박차를 가하기 위한 계획의 일부였다. 사실 프랑스는 1995년 알랭 쥐페가 프랑스 역사상 가장 여권 친향적인 내각을 구성한 이후 이 문제에 대해 깊이 고민해온 바 있다. 당시 알랭 쥐페는 내각의 1/4을 여성으로 채우긴 했으나, 이들은 짧은 치마라는 뜻의 '쥐페트Jupette'라고 불리며 단지 남성들이 인정을 베풀어주었기 때문에 겨우 장관에 오를 수 있었다는 평판을 듣기도 했다. 그렇지만 마크롱은 실비에 굴라드를 국방부 장관에 임명하는 파격 인사를 단행했다.

"나는 뒤늦게 페미니즘을 따르게 되었습니다." 마크롱이 3월 21일 〈베니티 페어〉와의 대담에서 한 말이다. "그렇지만 이렇게 뒤늦게 생각이 바뀐 다른 모든 사람들처럼 나 역시 오히려 더 그 의지가 단단하며 진심으로 모든 것을 더 나은 방향으로 바꾸고 싶습니다."

그의 뒤늦은 결심을 우리는 어떻게 받아들여야 할까? 혹시 앙 마르슈가 출범할 때 그의 최측근에 여성이 얼마나 포함되어 있었는지가 기준이 될 수 있지 않을까? 당시에는 아쉽게도 단 한 명의 여성도 없었다. 대통령 선거가 끝날 무렵이 되어서야 마크롱의 제일 친한 친구인 마르크 페라치의 아내 소피 페라치가 그의 비서실장을, 그리고 언론을 통해 자주 소개가 된 시베스 엔디야에가 대변인 역할을 했을 뿐이다.

사랑하는 외할머니와 어머니, 그리고 브리지트 등 마크롱에게 정서적이며 창의적 구원자 역할을 했던 여인들을 제외하면 마크롱의 인생사에 있어 두드러지게 드러나 있는 여성은 거의 없다. 그의 가장 가까운 친구들이나 사회생활을 하며 만난 조언자, 스승들은 모두 다 남성들이었다. 남녀평등에 대한 그의 깊은 관심에 대한 증거는 집권기간 동안 여성들을 얼마나 중요하게 기용하는가에 따라 확인될 수 있을 것이다. 알랭 쥐페는 '쥐페트'들을 내세워 잠시나마 긍정적인 정치적 영향력을 얻었지만 결국 그들 상당수를 갈아치움으로써 그 영향력도 모두 사라지고 말았다.

대통령에 정식 취임한 첫 몇 주 동안 마크롱은 내각 구성을 끝내자마자 거의 동시에 국제 외교전의 풍랑 속에 스스로 뛰어들었다. 취임식 다음 날인 5월 15일, 마크롱은 지금까지의 관례대로 프랑스 대통령 자격으로 앙겔라 메르켈 총리를 만나기 위해 베를린으로 향했다. 베를린에서는 수백여 명의 사람들이 총리 관저 밖에서 프랑스와 유럽연합 깃발을 흔들며 그를 환영해주었다. "앞으로 5년 안에 제가 다시 독일 총리를 방문했을 때 지금보다 훨씬 더 많은 분들이 마중을 나와 주기를 희망합니다. 물론 그만큼의 결과를 만들어냈을 때 말이지요." 마크롱의 말이었다.

마크롱은 메르켈이 바로 얼마 전 내놓은 약속과 관련해, 유럽연합을 더 공고히 만들어줄 조약이 이제는 변경 가능하다고 주장했다. 브렉시트 이후 지금까지는 모두들 손을 놓고 있던 사안이었다. "물론 독일의 관점에서 볼 때 적절하기만 하다면야 유럽연합 관련 조약을 변경하는 건 가능한 일입니다." 메르켈의 대답이었다. "그렇지만 왜, 무엇을 위해, 그리고 그 핵심 내용이 무엇인지 답할 수 있을 때 독일은 여기에 동참할 것입니다."

마크롱이 마린 르 펜을 꺾고 대통령에 당선된 사실을 독일은 크게 반겼지만, 이 새로운 프랑스 대통령의 숨은 의도에 대한 의심의 눈초리도 바로 여기에서부터 시작되고 있었다. 독일이 일부 부담하고 있는 유로 지역 예산과 관련한 마크롱의 계획에 대해서 특히 그러했는데, 독일의 대표 주간지 〈데어 슈피겔〉은 1면 기사를 통해 마크롱을 일컬어 '돈이 많이 드는 친구'라고 부르기도 했다.

마크롱은 또한 이슬람 성전주의자들과 싸우고 있는 말리의 프랑스 부대를 방문해 군 최고통수권자로서의 입지를 더 단단히 다지고자 했다. 그의 군부 장악에 대한 의지는 취임식 당일 군 사령관 전용차를 탔던 것으로 이미 확인이 된 사실이었다. 이런 일련의 과정 속에서 마크롱은 은근히 언론을 따돌리며 자신과 동행할 기자들을 따로 선발하는 등 대통령 관련 취재에 대해 제약을 가하려고 했다. 언론인 단체는 이를 자신들의 고유 업무에 대한 개입 시도로 보고 즉각 비난하고 나섰다.

마크롱이 국제무대에 본격적으로 모습을 드러낸 것은 5월 25일 벨기에 브뤼셀에서 열린 북대서양 조약 기구NATO, North Atlantic Treaty

Organization 정상 회담이었다. 마크롱은 이 자리에서 미국 대통령 도널드 트럼프를 처음 만났다. 트럼프는 제1차 투표가 치러지기 며칠 전 마린 르 펜을 일컬어 "가장 강력한 후보"라고 추켜세웠으며, 미국 대통령 선거전 당시에는 유럽연합에 대한 적대감을 공공연히 드러낸 바 있었다. 모두들 두 사람 사이의 만남이 어떻게 진행될 것인지 촉각을 곤두세웠다.

철학자의 조수 출신과 부동산 재벌이자 방송에서도 인기를 끌었던 유명인은 국제 교역과 세계화, 기후 변화, 그리고 이민자 문제에 이르기까지 서로 대립하지 않는 부분이 없었다. 두 사람 사이에서 공통점을 찾는 일은 아주 어려워 보였다. 마크롱은 성년이 된 후 지금까지 스물네 살 연상의 여인과 평생을 함께해왔다. 그에 비해 도널드 트럼프는 자타공인 소문난 바람둥이로 항상 나이 어린 여성들만 찾았으며 지금은 세 번째 아내와 살고 있었다. 도널드 트럼프는 각종 정책의 세부 상황들에 대해서는 관심도 적고 매우 편중된 시각을 가지고 있는 것으로 유명했다. 국가 안보 위원회의 직원들은 대통령의 관심을 끌기 위해 보고서의 매 단락마다 '도널드 트럼프'라는 이름을 가능한 한 일부러 포함시킨다는 말이 나올 정도였다. 반면에 마크롱은 이미 이십 대 시절부터 지식인들을 대상으로 한 좌파 성향의 주간지를 통해 정부 정책과 관련된 기사를 써왔다. 마크롱과 트럼프 모두 어떤 식으로든 자신들이 서구 문명을 대표한다고 주장했지만, 그 서구 문명에 대한 두 사람의 관점은 도널드 트럼프가 소유한 펜트하우스의 번드르르한 황금빛 장식과 베르사유 궁전의 장중함만큼이나 큰 차이가 있었다.

그렇다 하더라도 마크롱이 대통령에 당선된 직후 이루어진 트럼프와의 첫 번째 전화 통화는 마크롱의 대학 시절 친구이자 외교 고문인 오를레앙 르슈발리에에 의하면 아주 잘 진행이 되었다고 한다. 트럼프 대통령은 처음에는 마치 이야기할 거리를 미리 적어놓고 읽는 듯 이야기를 시작했지만, 시간이 흐를수록 그런 것에는 구애받지 않고 자유롭고 편안한 분위기를 이어갔다. "루브르 박물관에서의 당선 축하 행사를 봤습니다. 아주 대단했어요." 도널드 트럼프 대통령이 이렇게 말하자, 마크롱은 트럼프 대통령이 사업가 출신임을 의식한 듯 투자은행에서 큰 거래를 맡아했던 자신의 경험을 강조하며 창업정신에 대한 자신의 깊은 관심도 언급했다. "어떻게 우리 같은 사람들이 이렇게 정치와 행정에 뛰어들게 되었는지 신기합니다." 마크롱은 이미 이십 대 중반에 부동산 재벌 앙리 에르망을 매료시켰던 경험이 있었고, 아마도 트럼프 대통령 역시 마크롱의 그런 매력에 빠져들었는지도 몰랐다.

두 사람은 전문 직업 정치인을 물리쳤다는 공통점도 있었다. 도널드 트럼프는 "마크롱 대통령의 승리로 기존의 정당들이 무너져 내렸다는 사실을 좋아하는 듯했다"고 오를레앙 르슈발리에는 말했다. "트럼프 대통령은 또한 두 사람 사이의 대화가 대단히 직설적이면서도 동시에 예의와 정중함을 잃지 않고 진행된 것에 대해 만족스러워하는 것 같았습니다."

두 사람이 전화 통화를 한 지 2주 후, 브뤼셀에서 모습을 드러낸 두 명의 대통령은 언론들에게 깊은 인상을 심어주었다. 트럼프 대통령이 악수를 할 때 강하게 힘을 주어 한다는 유명한 사실을 잘 알고 있었던 마크롱은 자신도 그 못지않게 손에 힘을 주었고, 결국 두 정상의 힘자랑에서 트럼프 대통령이 조금 밀리는 모양새가 되었다. "사실 악수를 할 때 뭔가 다른 뜻이 있기는 했습니다." 나중에 일요신문인 〈르 주르날 뒤 디망슈〉에게 마크롱이 한 말이다. "그런 첫인상이 정치의 전부는 아니지만 어느 정도 진심이 오고가는 순간이긴 하죠."

마크롱은 또 이렇게 덧붙였다. "도널드 트럼프든, 터키나 러시아의 대통령이든 모두들 국가 사이의 관계를 힘의 균형이라는 관점에서 보지만 나는 그것이 당연한 일이라고 생각합니다." 그의 말 속에는 취임식 연설에서 프랑스의 영광을 회복하겠노라 했던 약속을 상기시키는 무엇인가가 숨어 있었다. 두말할 나위 없이 자신의 행위가 세계 초강대국의 신경질적인 지도자를 도발하기 위한 것이었음을 공개적으로 밝힌 셈이었다. 그렇지만 이렇게 미국에 굴복하지 않는 모습은 드골 이래로 프랑스의 전통처럼 되어 왔으며, 적어도 프랑스 국내에서는 좋은 평가를 들을 만한 일이었다.

마크롱은 이후 이탈리아 시칠리아 섬 북동부에 있는 도시 타오르미나를 찾아 G7 정상 회담에 참여했다. 마크롱을 비롯하여 앙겔라 메르켈, 캐나다 총리 저스틴 트뤼도 등이 회담 기간 동안 트럼프 대통령을 설득해 파리 기후 협약에 대한 반대 입장을 철회시키려고 하였으나 별다른 소득을 얻지 못했다. 파리 기후 협약은 각국이 치열한 협상 끝에 지난 2015년 12월에 체결한 것으로, 약 200여 개 국가가 참여해 지구 온난화를 막기 위해 배출가스를 규제하여 기온을 평균 섭씨 2도 내리는 것을 목표로 하고 있다.

2017년 6월 1일 도널드 트럼프 대통령은 이 기후 협약에서 탈퇴하겠다는 자신의 계획을 발표했고, 미국과 긴밀한 관계에 있는 서방 국가들은 이에 크게 실망했다. 그렇지만 마크롱은 오히려 이를 기회로 미국의 기후 관련 과학자들과 기업가들을 프랑스로 초청해 미리 준비해둔 인사말을 영상으로 전했다. "우리가 살고 있는 지구를 다시 위대하게 만들자." 이 말은 트럼프가 대통령 후보 시절 "미국을 다시 위대하게 만들자"라고 했던 유명한 선거 구호를 상황에 맞게 비틀어 다시 트럼프에 대항하는 데 사용한 것이다. 마크롱은 이를 통해 프랑스 국내에서 또 다른 호응을 이끌어냈으며 트위터를 통해 20만 회 이상 리트윗되었다. 그렇지만 물론 미국과의 관계를 더 긴장시킬 위험은 있었다.

마크롱은 러시아 대통령 블라디미르 푸틴에게도 강경한 입장을 취했다. 푸틴 대통령은 지난 3월에 모스크바를 찾아온 마린 르 펜을 크게 환영한 바 있었다. 마크롱은 대선 승리 직후 푸틴 대통령과도 전화 통화를 했으며, 러시아 국영 언론 기업들이 프랑스 대통령 선거 운동 기간 동안 자신을 공격한 것과 사이버 공격이 있었던 것에 대한 불만을 토로했다. "마크롱 대통령은 대단히 분명한 태도를 취했습니다. 그는 자신이 생각하는 것을 있는 그대로 모두 다 전달했는데, 그것이 바로 마크롱의 표현 방식이지요." 오를레앙 르슈발리에의 설명이다. "이런 표현 방식은 상황을 개선하는 데 도움이 됩니다."

마크롱은 베르사유 궁전에서 열리고 있는 러시아 황제 표트르 대제 기념 전시회에 푸틴 대통령을 초대했다. 5월 29일에 열린 이 비공식 정상회담에서는 역시 2시간여에 걸친 '직설적이고 솔직한' 개인적 대화가 오고갔다. 외교적 수사修辭만으로는 제대로 된 합의에 이르지는 못했을 이 회담이 끝나고 기자 회견이 열리자 마크롱은 푸틴 대통령 옆에 서서 계속해서 솔직하고 담백하게 이야기를 이어갔다. 그는 러시아령 체첸 공화국에서 벌어지고 있는 동성애자들에 대한 기소와 고문 등 인권 탄압을 "계속해서 주시하고 있다"고 말했고 정부의 지원을 받는 국영 통신사 〈러시아 시보드냐〉와 〈스푸트니크〉에 대한 비판도 멈추지 않았다. 그는 이곳에 소속된 기자들이 편향된 보도를 일삼는다는 이유로 선거 운동 기간 동안 접촉을 금지시키기도 했다. "언론 매체가 중상모략과 거짓말을 일삼기 시작한다면 더 이상 언론이나 기자라고 볼 수 없습니다." 그렇지만 평소처럼 거의 속내를 비치지 않는 푸틴 대통령은 그저 얼굴만 조금 씰룩했을 뿐이었다.

"기자 회견은 정말 대단했습니다." 전직 외교관 출신으로 대통령 선거 운동 기간 동안 마크롱의 국가 안보 자문을 맡았던 프랑수아 에스부르의 말이다. "마크롱의 강인함이 아주 인상적이었습니다. 나는 그런 모습을 한 번도 본 적이 없었습니다."

외교 담당 보좌관 오를레앙 르슈발리에는 "이런 마크롱 대통령의 외교적 노력은 프랑스의 자존심을 새롭게 세우는 일을 도왔습니다. 그리고 거기에는 '프랑스가 돌아왔다'라는 인식이 함께 했으며 분명히 말하건데 프랑스 국내에서는 그 효과가 있었습니다"라고 말했다. 마크롱은 분명 정치인으로서 대단히 자신감 넘치는 출발을 했고 물론 거기에는 올랑드 대통령 밑에서 대통령 비서실 차장과 재정경제부 장관을 역임했던 경험이 크게 일조를 했다.

"마크롱 대통령은 강력한 신호를 보내는 걸 좋아합니다." 오를레앙 르슈발리에의 설명은 계속된다. "그는 여러 번 그런 모습을 보여주었습니다. 루브르 박물관 앞에서 열린 당선 축하 행사에서도 그랬고, 취임식 날 엘리제궁을 나와 군용 차량을 타고 샹젤리제 거리를 행진할 때도 그랬습니다. 블라디미르 푸틴 대통령과의 만남도 예외는 아닙니다. 프랑스는 이제 과거의 영광을 되찾는 중이지만, 아무도 보지 않는 곳에서 우리들과 있을 때는 그는 여전히 농담을 즐겨하는 유쾌한 대통령입니다."

영국의 전 수상인 토니 블레어 역시 마크롱에게 깊은 인상을 받은 여러 사람들 중 한 명이다. "마크롱은 프랑스를 다시 흥미롭고 역동적인 국가로 만들었습니다. 오랜 세월이 지나 이제 처음으로 많은 사람들이 프랑스를 영감이 넘치는 국가, 놀라운 성취를 이루어낸 국가로 바라보고 있습니다." 그가 한 언론과의 대담에서 한 말이다.

6월 총선을 치르면서 마크롱 혁명은 완수가 되었다. 마크롱이 이끄는 전진하는 공화국당은 전국 577개 선거구 중에서 450여 곳에 후보를 내보냈고 중도파 정당으로 연정을 하게 된 프랑수아 바이루의 민주운동당은 75곳에 후보를 내보냈다. 프랑수아 바이루는 지난 2월 대통령 선거 운동 기간 중 아주 결정적인 순간에 마크롱에 대한 지지선언을 한 바 있었다. 두 당 모두 마크롱의 공약을 이행하기 위해 전문 정치인이 아닌 일반인들을 국회의원 후보로 내세워 정부 여당의 과반수 의석 확보를 노렸다.

전진하는 공화국당의 후보들 중 절반가량은 공직을 한 번도 맡아본 적이 없는 사람들이었으며 또 절반은 여성들이었다. 이 역시 마크롱의 공약을 충실하게 이행한 것이었다. 이런 후보들 중에는 프랑스 남부 지역에서 투우사를 하던 여성, 르완다 출신 고아, 소방관, 유명 수학자 등도 있었다. 특히 이민자 출신 후보들을 대거 공천해 파리와 다른 대도시 외곽 지역의 선거구에 내보냈으며 그중에는 아프리카계 프랑스인으로 크게 성공한 법인 변호사 레티샤 아비아도 있었다. 이런 특색 있는 후보들은 당연히 연일 언론 매체를 장식했고 마크롱이 약속했던 정치 개혁의 가장 확실한 상징이 되었다.

6월 11일 1차 투표 후, 다가오는 주말에 있을 2차 결선 투표에 전진하는 공화국당과 민주운동당 후보들을 모두 합쳐 대략 490명 정도가 진출하게 될 것이라는 예상이 쏟아졌다. 이게 현실이 된다면 역사적인 여당의 압승이 될 것이었다. 이러한 예상은 대통령 선거에서의 패배를 설욕하려던 공화당의 모든 희망을 앗아가버렸을 뿐만 아니라, 프랑스 국민들이 사회주의에 얼마나 염증을 느끼고 있었는가를 적나라하게 드러내주었다. 그렇지만 투표를 기권한 유권자들의 숫자도 엄청나게 많아서 유권자들의 절반 이상이 투표를 포기했다. 이 역시 역사적으로 기록이 될 만한 수치였으며, 특히 노동자들이 많이 사는 일부 지역에서 기록적인 투표 포기가 일어났다. 파리 외곽 북동부에 위치한 가난한 지역구인 클리시수부아는 투표율이 25%에도 미치지 못했다.

'저조한 투표율, 그렇지만 마크롱에 대한 반대는 아니다.' 〈르 몽드〉의 기사 제목이다. "우리가 황제를 뽑는 게 아니라는 사실을 사람들에게 설명하는 건 쉬운 일이 아닙니다." 우파 출신으로 총리를 역임했던 장피에르 라파랭은 이렇게 불만을 토로했다. 정치 평론가인 크리스토프 바르비에는 "염소 한 마리를 가져와 마크롱이 서명한 추천서를 붙여두어도 아마 국회의원에 당선될 수 있을 것이다"라는 말을 하기도 했다. 심지어 〈르 카나르 앙셰네〉에서는 마크

롱 자신도 이런 압승 전망에 대해 당황하고 있다는 보도를 하기도
했다.

마크롱 행정부에서 터져나온 첫 번째 추문도 범상치 않았다. 그
주인공은 바로 마크롱의 가장 가까운 후원자이자 앙 마르슈에서
사무총장 역할을 했던 리샤르 페르낭이었다. 총선 1차 투표가 치러
지기 전 〈르 카나르 앙셰네〉가 밝힌 바에 따르면, 리샤르 페르낭은
2011년 고향인 브르타뉴 지방에서 의료 협동조합 이사장으로 일
하던 시절, 내부자 부동산 거래를 통해 이익을 챙겼다는 것이다. 협
동조합은 리샤르 페르낭의 여자 친구가 소유하고 있는 건물의 개
보수를 위한 비용을 지불했고, 덕분에 그 가치가 엄청나게 올라간
건물을 다시 장기간 임대해 사용했다. 새 정부가 출범한 이후 마크
롱은 리샤르 페르낭을 새롭게 개편된 주택 및 도시 계획, 그리고 지
역 업무를 담당하는 국토 통합부의 장관으로 임명했다. 리샤르 페
르낭은 자신은 어떤 잘못도 저지른 일이 없다면서 관련 사실을 부
인했다. 그는 총선이 끝날 때까지 언론과 여론의 거센 압력에도 불
구하고 자리를 지키다가 결국 장관 자리를 내놓고, 전진하는 공화
국당의 국회 원내 대표를 맡았다.

6월 18일 치러진 2차 결선 투표에서 유권자들은 마크롱의 이름
을 내세우면 누구나 국회의원이 될 수 있는 상황을 견제하려는 듯
뒤늦게 반대 후보자들에 대한 지지에 나섰다. 그렇지만 1차 투표
당시의 영향력은 여전히 위력을 떨쳐 '마크롱에게 기회를 줘보자'
라는 심리가 유권자 대부분의 표심에 영향을 미쳤다.

"변화에 대한 바람이 정말로 강했습니다. 다시 말해 유권자들은
잘 모르는 후보에게 표를 던지는 일도 그다지 크게 신경 쓰지 않았

다는 뜻입니다." 서른세 살의 금융업 종사자 로맹 페롱이 파리에서 투표를 하고 난 후 한 말이다. 마흔여덟 살의 공무원인 산드린은 또 이렇게 설명했다. "일단 대통령이 당선되고 나면 그 대통령이 이끄는 여당이 과반 의석을 획득할 수 있도록 밀어주는 게 정석입니다. 대통령이 개혁을 할 수 있도록 기회를 주어야 하지 않겠어요? 그리고 지금 프랑스에는 개혁이 필요합니다."

결국 전진하는 공화국당은 전체 577석 중 308석을 차지해 예상보다는 낮은 의석 점유율을 보였다. 그렇지만 과반 이상을 차지했기 때문에 필요하다면 프랑수아 바이루가 이끄는 민주운동당의 42석 도움이 없이도 국정을 운영할 수 있게 되었다. 앞서 언급했던 여성 투우사는 비록 국회의원이 되지는 못했으나, 총선 결과는 프랑스 국회를 완전히 바꾸어 놓았다. 더 젊고 경험은 일천하며 동시에 다양한 인종으로 구성된 의원들이 국회를 차지하게 된 것이다.

2012년 총선 당시 199석을 차지했던 공화당은 112석으로 비록 제1야당은 되었으나 세력이 현저하게 줄어들었고, 마린 르 펜과 장 뤼크 멜랑숑은 큰 실망을 맛보았다. 두 사람 모두 개인적으로는 무난히 당선이 되어 국회 입성에는 성공했으나, 두 사람이 이끄는 정당은 각각 8석과 17석 획득에 그치고 만 것이다.

총선에서 가장 모욕적인 성적표를 받아든 것은 정권을 내주고 물러난 사회당이었다. 2006년 마크롱이 잠시 몸을 담기도 했던 사회당은 정권을 재창출하는 데 실패했을 뿐만 아니라 250석이 넘는 의석을 잃고 30석 규모의 정당으로 몰락하고 말았다. "유권자들은 새로운 대통령에게 기회를 주고 싶어 했지만 그 반대파들에게는 아무것도 허락하지 않았습니다." 사회당 당수인 장크리스토프 캉바델리가 기자들에게 씁쓸하게 한 말이다. 결국 사회당은 파리 중심부에 위치한 당사 건물을 매각하는 문제까지 심각하게 고려해야 하는 상황이 되었다.

30명의 사회당 국회의원 중 상당수는 그들이 마크롱과 '공존'할 수 있다고 판단되었기 때문에 살아남을 수 있었다. 다시 말해 전진하는 공화국당은 애초에 그들의 선거구에는 후보를 내보내지 않았으며, 총선이 끝난 후에 온건파 공화당 의원들과도 비슷한 협력 체계를 구축하여 마크롱은 이미 과반수 의석을 확보한 것 이상으로 더 큰 지원을 받을 수 있게 되었다. 마크롱이 진두지휘를 하고 리샤르 페르낭과 장폴 들르부아가 심사한 후보 공천 과정은, 이미 그 자체로 선거 전부터 상대편 정치인들에게 마크롱의 세력에 합류하라는 압박을 가하는 것이나 마찬가지였다.

합류를 권유받았으나 거부한 사람들은 그에 대한 대가를 치렀다. 또한 마크롱 대통령이 지금까지 지내오는 동안 그와 뜻을 달리했던 사람이나 그의 이상에 위협이 될 것 같은 사람들도 비슷한 처지에 몰리게 되었다.

사회당 대통령 후보이자 2015년 마크롱이 국회에 상정했던 첫 번째 법안을 부결시켰던 브누아 아몽은 이번 총선에서 전진하는 공화국당 후보에게 패배했다. 사회당의 미래를 짊어질 젊은 희망이자 마크롱의 오랜 숙적이었던 나자트 발로벨카셈 역시 패배했다. 사회당 당수인 장크리스토프 캉바델리는 마크롱이 장관을 하던 시절부터 지속적으로 그와 반목해왔는데, 이번 총선에서는 1차 투표도 통과하지 못하는 참패를 당했다. 공화당의 거물이자 또 다른 젊은 희망이었던 나탈리 코시슈코모리제는 자신의 파리 지역구에서 전진하는 공화국당 후보의 거센 도전에 직면했다. 그녀의 지역구에 출마한 기자 출신이자 기업 자문으로 일하고 있는 질 르장드르는 논리적인 언변으로도 유명한 사람이었다. 나탈리 코시슈코모리제는 마크롱에게 합류하라는 제안을 대수롭지 않게 일축하다가 결국 의석을 잃었고, 이제 선거에서 패배한 수많은 후보들과 함께 정치 이외의 다른 일을 찾아봐야 하는 신세가 되었다.

마크롱과 함께 내각에 있었던 마뉘엘 발스는 전진하는 공화국당 후보로 공천해줄 것을 간청했다. 그렇지만 불과 6개월 전까지 프랑스의 총리였던 발스는 다른 만 9,000명의 지원자들처럼 먼저 인터넷으로 신청부터 하라는 모욕적인 말을 들었으며 결국은 후보로 공천을 받지 못했다. 그 대신 전진하는 공화국당에서는 일종의 배려로 발스가 출마하는 지역구에 후보를 내지 않았고 그는 무소속으로 출마해 간신히 국회의원에 당선될 수 있었다.

"그들은 저를 끝까지 몰아붙였으며 모욕을 주었고 고립시켰다가 결국 그런 굴욕적인 배려로 마무리를 지었습니다." 총선이 끝난 후 마뉘엘 발스가 한 말이다. "저는 마크롱과 그 수뇌부에 대해서는 아무런 환상도 가지고 있지 않습니다. 올랑드는 마뜩잖은 인물이었지만 어느 정도 선이 있었습니다. 마크롱은 그 못지않게 불쾌하면서 선도 지키지 않고 규칙도 없는 인물입니다." 마뉘엘 발스는 자신의 감정을 이렇게 토로했지만, 그럼에도 불구하고 국회의원에 당선이 되자 결국 사회당을 떠나 새로운 정부 여당에 합류하기로 결정했다.

"마크롱은 마뉘엘 발스에게 엄청난 모욕을 주었습니다." 사회당 소속으로 예산부 장관을 역임했던 크리스티앙 에케르트의 말이다. 그는 행정부에서 마크롱, 발스와 함께 일을 했었다. "사상적으로만 보자면 두 사람 사이에 큰 차이점이 있다고는 생각하지 않습니다. 따라서 굉장히 예의 바르지 못한 처신이었습니다."

사회당 소속으로 엘리제궁에서 대통령 연설문 작성을 담당하며 마크롱과 함께 일했던 아퀼리노 모렐 역시 "마뉘엘 발스와 나탈리 코시슈코모리제를 대한 방식이 대단히 무자비했다"고 생각하고 있다. "그러니까 일종의 응징을 가한 셈인데, 그런 점 역시 마크롱의 성격의 일부라고 볼 수 있습니다."

마크롱 대통령은 심지어 공화당 국회의원인 니콜라 두이크에게도 개인적인 보복을 했다. 니콜라 두이크는 러시아 국영 뉴스 통신사 〈스푸트니크〉에 의해 이름이 오르내렸던 인물로 마크롱을 '동성애자들의 후원을 받는' 미국 거대 은행의 대리인이라고 했다가 역시 이번 선거에서 패배의 고배를 마셨다.

2017년 6월 중순경, 마크롱은 전지전능한 권력을 추구하고 있었다. 그는 대통령 선거에서 간담이 서늘할 만큼 놀라운 전략으로 승리를 거두어 스스로 정치 9단임을 증명해 보였다. 곧 이어진 총선에서도 매끄럽게 구성한 첫 번째 내각과 무자비하면서도 영리한 공천 과정을 통해 프랑스 전국을 휩쓰는 승리를 거둬들였다.

많은 전문가들과 정치 평론가들은 이제 고작 서른아홉 살에 불과한 마크롱이 프랑스 국내외를 막론하고 대통령직을 너무도 능숙하게 수행하는 것을 보고 깜짝 놀라지 않을 수 없었다. 그렇지만 마크롱은 성년이 된 이후 대부분의 시간을 정계와 재계의 거물들에 둘러싸여 지냈고, 여가 시간조차 정치와 정부의 역학 관계를 숙고

하면서 보냈던 사람이었다. 그는 예전에 이미 자신의 말에 신중하게 귀를 기울여주는 사람들 앞에서, 자신이 어떤 대통령이 되고 싶은지 말하며 대통령이 된 이후라도 외부에 의해 흔들리는 대통령은 되지 않을 것이라 천명한 바 있었다. 마크롱은 절대 군주에 가까웠던 샤를 드골을 꼭 빼닮았으며, 그 자신은 고대 로마의 가장 높은 신인 유피테르Juppiter를 모범으로 삼고 있었다. 유피테르는 저 하늘 높은 곳에 살며 비와 천둥을 뿌리는 신으로, 이탈리아 전역의 산이나 높은 언덕에는 그를 기리는 제단이 있었다.

"마크롱은 그야말로 유피테르처럼 대단히 권위적이고 대단히 교묘하며, 냉혹하면서도 냉소적인 대통령이 될 겁니다. 하지만 그건 현대 대통령이라면 반드시 갖춰야 할 자질이 아닙니까?" 알랭 멩크의 말이다. 마크롱은 대통령 선거가 자신을 바꿔놓았음을 인정했고 알랭 멩크는 그가 '강하게 성장하는 모습'을 눈으로 확인했다고 믿고 있다.

총선 이후 공화당이나 사회당은 새로운 지도자를 찾으려 애를 썼고 국민전선은 자신들이 패배한 원인을 찾으려 했다. 이렇게 프랑스 국내의 모든 정적들이 대혼란에 빠져 붕괴되고 나자, 마크롱은 호의적인 국내 분위기와 유럽 대부분 지역의 엄청난 후원을 등에 업고 임기를 시작하게 되었다. 프랑스 경제 역시 유로 지역과 세계 경제가 차츰 회복되어 나가는 데 발을 맞춰 마침내 기지개를 펴기 시작했다. 프랑스 중앙은행에 따르면 2017년 프랑스 경제 성장률은 1.6%로 예상이 되었다. 특히 투자자들에 대한 신용도가 가파르게 올라 4월에는 기업 수장들의 13%만이 프랑스 경제를 긍정적으로 보았는데, 6월에는 그 수치가 58%로 늘어났다. 여론 조사 결과 역시 프랑스 국민들도 비로소 낙관적인 전망을 하게 되었음을 보여 주었는데, 2017년 초만 해도 조사 대상자 85%가 프랑스에 대해 실망하고 있었던 반면, 지금은 그 수치가 69% 정도로 줄어들었다.

또한 이제 어떤 식으로든 프랑스가 앞으로 나아가야 할 때이며 변화에 대한 저항이 사라져야 한다는 전체적인 공감대 역시 마크롱에게는 유리하게 작용하고 있었다. "프랑스 국민들은 이미 아주 오래전부터 변화를 기대하며 투표를 해온 것 같습니다. 그렇지만 지금까지는 그런 표심이나 민심이 제대로 반영이 되지 않았지요." 영국의 전 수상 토니 블레어의 말이다. "그런데 아주 시의적절하게 마크롱 대통령에게 엄청난 기회가 주어진 겁니다."

마크롱은 결국 확실하고 분명한 전략을 바탕으로 선거 운동을 펼친 끝에 승리를 거머쥐었고, 그러한 전략의 효과는 대통령 선거는 물론 국회의원 선거에서도 증명되었다. 경제학자로서 마크롱을 후원하며 그의 공약 내용을 정리하고 감수했던 장 피자니 페리는 마크롱이 시라크와 사르코지, 그리고 특히 올랑드가 저질렀던 실수를 확실하게 피해갔다고 말한다. 바로 '선거와 통치 전략을 서로 분리함으로써' 성공을 거두었다는 것이다. 장 피자니 페리의 주장에 따르면 마크롱은 처음부터 자신의 의도를 분명히 밝혔고 그것이 그의 정치적 자산이라는 것이다. "마크롱이 '나는 노동법이나 연금 관련법을 개혁하고 싶다'라고 말해도 아무도 놀라지 않습니다. 그리고 그걸 속임수나 거짓말이라고 말하는 사람도 없습니다."

또한 마크롱은 이전보다 좀 더 협조적인 노조들이 늘어나면서 그들의 도움을 받을 수 있게 되었다. 온건파 노조인 프랑스 노동자 민주 동맹CFDT, Confédération française démocratique du travail은 이제 민간 부문에서 가장 큰 단체이자 세력인데, 마크롱이 주장하는 변화를 받아들이겠다는 의지를 천명한 바 있다. 그렇지만 2016년 올랑드 행정부의 노동법 개혁에 대한 저항을 주도했던 강경 좌파 성향의 프랑스 노동자 총연맹은 여전히 전국적으로 가장 큰 반대 세력으로 남아 있다.

마크롱의 성공적인 초기 외교적 성과 역시 큰 환영을 받고 있다. 도널드 트럼프 미국 대통령을 프랑스 최대 국경일인 대혁명 기념일에 초청한 일은 적절한 기회를 포착하고 정적에 대한 정확한 평가를 내리는 그의 능력을 다시 한 번 유감없이 보여주었다. 마크롱은 트럼프 대통령을 나폴레옹의 묘지로 직접 안내했으며 에펠탑에서 저녁 식사를 하자고 청하기도 했다. 두 정상은 서로 끊임없이 등을 두들기거나 팔꿈치로 치며 친밀함을 과시했다. 트럼프 대통령은 합동 기자 회견 자리에서 "미국과 프랑스, 그리고 우리 두 사람 사이의 우정은 영원히 지속될 것"이라며 훈훈한 분위기를 연출하기도 했다.

7월 14일 혁명 기념일의 군대 열병식에 초대되어 연단에 앉은 트럼프 대통령은 대단히 만족스러워 보였으며, 지난 몇 개월간 수많은 미국 언론에 보도되었던 것보다 더 활기차고 분주한 모습을 보여 사람들을 놀라게 했다. 미국과 프랑스의 전투기들이 머리 위로 날아올랐고 병사들은 행진을 하며 혁명 기념일은 물론 제1차 세계대전 당시의 미군 참전 100주년을 아울러 축하했다.

마크롱은 자신의 외교적 기술이 완벽에 가깝게 발휘된 것을 아는 듯 만족스러운 웃음을 지어보였다. 하지만 한때 미스 유니버스 대회를 주최하기도 했던 트럼프 대통령의 품위라고는 찾아볼 수 없는 저속한 언행을 참아내야 했는데, 그는 영부인인 브리지트를 처음 만난 자리에서 마치 품평이라도 하듯 "몸매가 끝내준다"라는 말을 했던 것이다. 그렇지만 마크롱은 도널드 트럼프 대통령이 국제적으로 얼마나 고립되어 있는지, 그리고 개인적인 아첨과 파리의 매력에 얼마나 취약한지 정확하게 꿰뚫어보고 있었다. "두 정상 사이의 만남에서 내가 목표로 한 건 프랑스와 미국의 동맹을 더욱 공고히 하는 것이었습니다." 마크롱은 나중에 일요신문 〈르 주르날 뒤 디망슈〉와의 대담에서 이렇게 설명했다. "따라서 트럼프 대통령이 우리가 원하는 국제 질서를 안 좋은 방향으로 바꿀 수 있는 국가들과 우발적인 동맹을 맺지 않도록 유도하는 일이 대단히 중요했습니다."

또한 이번 만남은 영국의 국제적 위상이 점차 줄어들고 있는 시점에서 마크롱이 유럽과 미국 사이에서 프랑스가 해야 할 역할에 대해 고민해볼 수 있는 기회이기도 했다. 트럼프 대통령은 자신에 대한 반감을 고려해 2017년 영국 방문 계획을 보류해놓은 상황이었다. 두 정상 간의 2박 3일간의 일정은 약 30초 정도 이어진 악수로 마무리되었는데, 여기에서도 두 사람은 마치 팔씨름이라도 하듯 손에 힘을 주며 친근함을 표현하기도 했다. "마크롱은 대단한 남자입니다. 영리하고 배짱도 좋은 데다가 나랑 악수하는 걸 대단히 즐기죠." 트럼프 대통령이 새로운 프랑스 친구에 대해 〈뉴욕 타임스〉와의 회견에서 한 말이다.

그로부터 며칠이 지나 30개 주요 국가에 대한 '간접적이며 무형적인 영향력', 즉 군사적 수단에 의지하지 않고도 국제 관계에 영향력을 미칠 수 있는 능력을 평가하는 설문 조사에서 프랑스는

2016년 15위에서 이번에는 당당히 세계 1위에 오르는 기염을 토했다.

그렇지만 그런 국제적인 외교 성과와 국내 정적들의 몰락, 그리고 경제 성장에도 불구하고 프랑스 국내에서의 마크롱의 인기는 2017년 여름을 기점으로 급격하게 사그라지기 시작했다. 대통령에 오른 지 불과 3개월 정도가 흐른 8월이 되자 한 여론 조사에서는 유권자의 36%만이 마크롱을 지지한다는 충격적인 결과가 나오기도 했다. 이런 지지율의 하락세는 심지어 사르코지나 올랑드 행정부 시절보다도 더 빠른 것이었다. 마크롱은 지난 5월 〈파리 마치〉와의 대담에서 스스로 이렇게 인정했다. "취임 후 첫 100일 안에 5년 임기 전체를 망칠 수도 있습니다."

상황이 그렇게 된 것은 마크롱 자신이 자초한 부분도 있었으며 또 어쩔 수 없었던 부분도 있었다. 마크롱은 선출직을 맡아본 적이 없었고 최고 임명권자의 임명으로 장관이 되었으며 대통령 후보로 나선 후에도 사람들의 높아져가는 호응만 경험했던 것이다. 마크롱으로서는 자신을 지지하지 않는 사람들과 마주한다는 것은 새로운 경험일 수밖에 없었다. 그는 지금까지 살면서 또래들과 교사들, 그리고 동료들에게 찬사와 칭찬만 받아왔으며, 자신의 길을 가로막는 모든 사람들에게는 자신이 가진 유혹과 매력의 기술을 마음껏 시험해보던 사람이었다.

프랑스가 올랑드라는 '친근한 대통령'을 뽑는 정치 실험에 실패한 후 더 강력한 권위를 원하고 있다는 마크롱의 진단은 틀리지 않았다. 하지만 그가 대통령의 자리에 오르자마자 즉시 전지전능한 신처럼 절대 권력을 휘두르려 한 것은 때로는 잔혹하고 또 때로는 부자연스러워 보이기까지 했다. 마크롱이 후보 시절 보여준 모습의 대부분은 젊음과 신선함, 그리고 친근함이었다. 과거에 있던 프랑스 왕실의 화려함과 공화국의 위상을 등에 업고 자신을 부각시키며 대통령으로서의 권위를 유지하려던 그의 야망은 제대로 실현되지 못했다. 대신 사람들은 마크롱의 약점에 더 많은 관심을 기울이게 되었다. 바로 지나친 자존감과 자만심이라는 약점이었다. 마크롱은 스스로 말했던 것처럼 자신이 '겸손과 오만'을 적절하게 뒤섞으면서 성공할 수 있었다는 교훈을 기억해야 할 필요가 있을 것이다. 그는 심지어 지나친 오만은 위험해질 수 있다는 말을 직접 한 적이 있었다.

마크롱은 또한 자신의 전매특허라 할 수 있는, 문제가 될 소지가 있는 교만한 표현들을 늘어놓아 집권 초기부터 비판 세력에게 좋은 먹잇감을 던져주고 말았다. 예컨대 그는 인터넷 기업가들이 모인 자리에서 기차역과 관련된 이런 비유까지 한 적이 있었다. "기차역은 성공한 사람과 아무런 가치가 없는 사람들이 서로 오가는 장소입니다."

또 마크롱은 자신에 대한 특별한 반대 분위기도 없는 집권 후 첫 몇 개월 동안에도 프랑스 언론들과 불필요한 다툼을 벌이기도 했다. 미국의 오바마 전 대통령에게서 영감을 얻은 마크롱은 기존의 언론사 기자들과는 거리를 두려 했으며, 자신이 직접 관리하는 사회관계망 계정에 올릴 선전용 자료들을 만드는 데 앞으로 더 많은 신경을 쓰겠다는 발언도 했다. 거기에는 테니스를 치거나 권투를 하는 사진, 그리고 핵잠수함에 올라타는 사진 등이 정기적으로 올라왔지만 정작 자신이 한때 '언론 괴물들'이라고 불렀던 프랑스 언론들과 상호 교감하려는 의지는 거의 보이지 않았다.

왜 갑자기 마크롱 대통령이 언론과의 대담을 피하게 되었냐는 질문이 쏟아지자 대변인은 마크롱의 생각이 '너무 심오해서' 단순한 질문과 대답이 오가는 형식의 대담에서는 그런 생각을 제대로 설명하기 힘들다는 답변을 했다. 예컨대 지난 7월 독일에서 열린 G20 정상 회담 기간 동안 한 기자가 마크롱에게 국내 정치에 대한 질문을 하려 하자 그는 대단히 거만한 태도로 이렇게 대답했다. "우리는 지금 여기 아주 중요한 문제들을 의논하려고 모인 것이며 그런 일상적인 질문에 대답할 시간 같은 건 없습니다…… 기자들에게야 그런 자질구레한 일들이 중요하겠지만 거기에 일일이 대응하는 게 대통령의 역할은 아닙니다. 설사 내가 지금 파리에 있다 해도 그런 질문에는 더 이상 아무런 언급도 하지 않을 겁니다."

마크롱은 전임 대통령 올랑드가 언론과 지나치게 밀접한 관계를 가지며 만들어온 관례를 깨트리기 위해 그렇게 언론과 일부러 적대적인 관계를 만들어나간 것일까? 대통령 자리에 오르자마자 그런 태도를 취한 것은 시간이 흐른 뒤 후회할 만한 생각인지도 모른다. 이미 대통령의 이런 태도 때문에 많은 언론 기관들이 새로운 행정부가 들어설 때마다 어쩔 수 없이 발생하는 문제들을 마치 모두 마크롱의 잘못인 것처럼 보도하게 된 것처럼 보인다. 국회와 관련된 보도도 원래는 처음 국회의원이 되어 입성한 사람들에 대한 새롭고 긍정적인 소식이 주를 이루어야 하는데, 그런 소식 대신 어설프고 준비되지 않은 부족한 모습만 도배되었다.

마크롱은 또한 내각의 장관들에게 자신이 장관이었던 시절이라면 절대로 순순히 받아들이지 않았을 조건들을 내걸며 족쇄를 채웠다. 예컨대 각 부처의 규모를 대통령 마음대로 제한했으며 언론과의 접촉도 하지 말라는 명령을 내린 것이다. 외무부 소속 외교관들은 노련한 외교관 출신인 외무부 장관 장이브 르드리앙의 언론 접촉조차 대통령 집무실의 사전 승인을 받고 이루어진다는 사실을 알고 경악할 수밖에 없었다.

후보 시절의 마크롱은 이른바 자신의 '제군들'에 둘러싸여 중앙에서 모든 것을 통제하는 방식으로 선거 운동을 진행했다. 그는 모든 것을 다 관장했으며 심지어 선거 운동 본부 사무실 공간이나 크기까지 참견했고, 대부분의 경우 측근들과 별다른 상의 없이 혼자 결정을 내리는 경우가 많았다. 그렇지만 엘리제궁에서 이렇게 과도할 정도로 혼자 모든 것을 결정하려고 하다가는 사르코지처럼 누구의 인정도 받지 못하는 또 다른 '독재 대통령'이 탄생할 우려가 있었다. 이미 집권 초기부터 마크롱은 물론 그의 비서실장인 알렉시 콜러, 그리고 전략 담당 고문인 이스마엘 에밀리앙 등이 이런 기형적 권력을 만들어낸 장본인이라는 비난을 사고 있는 형편이었다.

무엇보다도 집권한 지 불과 한 달도 되지 않은 그 짧은 기간 동안 마크롱 행정부는 사람들이 깜짝 놀랄 만큼 많은 추문들을 쏟아냈다. 마크롱의 최측근 고문이었던 리샤르 페르낭이 제일 먼저 과거에 있었던 내부자 거래 문제로 자리에서 물러났으며, 총선이 치러진 지 일주일 후에는 중도파인 민주운동당에서 영입한 장관 네 사람이 물러났다. 그중에는 법무부 장관이자 당의 수장 프랑수아 바이루, 그리고 국방부 장관 실비에 굴라드 등이 포함되어 있었다. 유럽 의회 기금을 유용한 혐의였지만 물론 혐의를 인정한 사람은 아무도 없었다. 프랑수아 바이루의 경우 민영 라디오 방송국인 프랑스인포 고위층에 전화를 걸어 자신을 부정적으로 보도한 내용에 불만을 표시하고 압력을 넣었다는 사실이 추가로 밝혀지기도 했다.

이렇게 연정을 꾀했던 민주운동당 출신 장관들이 축출되자 마크롱 행정부는 더욱 독선적인 형태를 띠게 되었다. 특히 불편한 행동을 일삼았던 프랑수아 바이루의 퇴장에 대해서는 엘리제궁에서도 전혀 유감을 표시하지 않았다. 그러나 이런 사건들이 초창기 마크롱 정권의 인상을 구겨놓은 것은 틀림없는 사실이다. 마크롱은 개각을 단행해 비어 있는 자리를 자신에게 충성하는 인사들로 채워 넣었다. 이름이 거의 알려지지 않았으며 국회의원 선거에서도 낙선했던 플로랑스 파를리는 국방부 장관이 되었는데, 그녀는 식품 회사 다농의 인사 총 책임자로 군대 관련 경험은 전혀 없었다.

마크롱 입장에서 뼈아팠던 것은 노동부 장관인 뮤리엘 페니코가 자신이 주최했던 사업용 행사와 모임에 관련해 따로 법적 조사를 받게 되었다는 사실이었다. 2016년 1월 미국 라스베이거스에서 열린 전자제품 박람회에서 당시 재정경제부 장관이었던 마크롱·은 프랑스 기업들을 홍보하기 위해 이런 행사들을 후원했다. 이때 프랑스 재정경제부 대표로 나선 것이 바로 뮤리엘 페니코였다. 그리고 그날 하루 저녁 행사를 대행해서 진행한 하바스 커뮤니케이션 에이전시는 무려 30만 유로라는 천문학적인 액수의 금액을 프랑스 정부에 청구했다.

그러나 이 계약은 공개 입찰로 진행되지 않았기 때문에 뮤리엘 페니코는 특정 회사에 특혜를 주었다는 혐의를 받게 되었다. 게다가 그날 밤 행사가 재정경제부의 주도하에 대단히 급박하게 기획이 된 것이었고, 그때 마크롱이 이미 앙 마르슈의 출범을 논의하고 있을 때였기 때문이다. 만일 여기서 마크롱과 관련된 어떤 증거라도 나온다면 그에게는 치명적인 결과를 초래할 수도 있을 것이다.

마크롱이 권력 획득의 결과로 인해 어쩔 수 없는 선택의 갈림길에 서게 된 것도 그의 지지율이 떨어지게 된 한 가지 이유라 할 수 있다. 예를 들어 집권 첫해인 2017년 예산안 기획은 예상했던 것보다 훨씬 더 복잡한 문제가 되었는데, 올랑드 대통령이 이끌던 전 정권이 남겨놓은 지출 계획이 예상보다 많은 80억 유로에 달했기 때문이다. 결국 행정 각 분야에 걸쳐 예산 삭감이 실시되었고, 특히 국방 예산에서 8억 5,000만 유로가 삭감되면서 대통령에 대한 반발은 더욱 심해져 갔다.

비공개로 진행된 국회 위원회 청문회에서 프랑스군 합참의장 피에르 드 빌리에 장군은 프랑스군이 서아프리카와 중동 지역에 파병되어 광범위하게 활동하고 있는 것은 물론, 2015년 이후부터는 각종 테러 공격에 대비해 프랑스 국내에서도 치안 유지 활동을 하고 있다는 사실을 지적했다. 드 빌리에 장군은 또한 국회의원들 앞에서 자신은 프랑스군이 '농락당하는 것'을 좌시하지 않겠다고 발언했으며 이런 내용이 알려지자 엘리제궁에서는 크게 분노했다.

7월 13일 프랑스 대혁명 기념일 전날, 군사 열병식을 앞두고 연례행사로 개최되는 군 수뇌부의 여름 원유회 자리를 빌려 마크롱은 드 빌리에 합참의장을 비롯한 고위 장성들에게 자신의 입장을 대단히 강경한 어조로 전달했다. "이러한 논의를 공개적으로 펼치는 것은 대단히 부적절한 행동이라고 생각합니다. 저는 이미 예산 삭감을 결정했으며 무엇보다도 군 최고 통수권자는 바로 접니다.

저는 제가 프랑스 국민과 프랑스군 앞에서 한 약속을 반드시 지키려 합니다. 그리고 저는 이 문제와 관련하여 어떠한 압력이나 혹은 조언도 받아들이지 않을 것입니다."

다음 날 혁명 기념일이 되자 드 빌리에 장군은 군대 사열을 하기 위해 지붕이 없는 군용차에 올라탄 마크롱 바로 옆에 서야만 했고 앞서의 질책과 관련하여 그가 받은 모욕감은 더 커졌다. 그리고 그로부터 닷새가 지난 후 드 빌리에 장군은 합참의장 자리에서 물러났다.

마크롱이 이렇게 예산안 문제와 관련된 어려운 선택의 기로에서 자신의 입장을 고집한 것은 어쩌면 옳은 일이었는지도 모른다. 특히 이렇게 정치색이 분명한 장성들을 상대할 때는 더욱 필요한 일이었을 것이다. 피에르 드 빌리에 장군은 2014년 올랑드 행정부 당시에도 군 예산과 관련해 자신의 사임을 무기처럼 내세웠으며 마크롱에 대한 정치적 충성심 역시 신뢰할 수 없었다. 그의 동생은 초보수파 가톨릭 운동을 이끄는 지도자였으며, 장군 본인은 프랑수아 피용의 국방 관련 고문으로 일한 적도 있었다. 그렇지만 드 빌리에 장군은 군 문제와 관련하여 마침 대중들의 관심과 동정이 높았던 시기에 국내 치안 유지에 동원된 군과 일반 사병들을 실제로 보호하려고 애썼던 인물이었다. 이런 그를 자신보다 계급이 낮은 다른 군 장성들 앞에서, 그것도 혁명 기념일 전야에 열린 군 내부 행사를 빌어 모욕한 것은 대단히 무례하면서도 가혹한 처사라고 할 수 있었다. 이 사건 이후 대통령의 지지율을 끝없이 추락하게 되었다.

마크롱에게는 또 다른 정치적 문제들도 있었다. 재정경제부 장관 시절 국가 비상사태는 임시로만 용인될 수 있다고 말했던 그는 2017년 7월 이 비상사태를 11월까지 다시 연장했다. 그리고 새로운 국가보안법이 제정되고 그동안 실시되었던 여러 비상조치들이 관습법으로 바뀐다는 소식도 들려왔다. "지금 진보적 민주주의자인 여러분들 앞에서 말하지만 국가 비상사태는 오직 임시로만 용인될 수 있는 사안인 것입니다." 마크롱이 지난 2015년 11월 테러 공격 직후 좌파 성향의 정책 연구소인 레 그라키에 모인 사람들 앞에서 했던 말이다. "지나치게 오랫동안 비상사태가 이어지는 상황을 받아들여서는 안 됩니다…… 그것이야말로 우리가 모두 다 함께 경계하며 위험스러운 것으로 여겨야 할 상황입니다."

현재 준비 중인 국가보안법에 대해 인권단체들이 염려하는 부분은 사법적 감시 절차를 완전히 폐지하자는 것이었다. 그렇게 되면 경찰은 별다른 절차 없이 테러 행위와 관련하여 사유 재산에 대해 마음대로 수색 활동을 벌일 수 있으며, 사람들을 가택 연금할 수도 있었다. 또 특정 종교의 예배 장소를 폐쇄할 수도 있었다. 게다가 이에 대한 항의는 이미 일이 벌어진 후에나 할 수 있었다. 국제 인권 감시단 역시 "테러 행위와 국가 안보에 대한 위협을 정확하게 정의하지 못하기 때문에 우려가 더 커질 수밖에 없다"고 주장했다.

마크롱이 집권 후 몇 개월이 지나 내놓은 첫 번째 정견발표 내용에는 후보 시절 사회적 안건들에 대해 약속했던 내용들은 거의 들어 있지 않았다. '좌도 아니고 우도 아닌' 대통령이 생각하는 우선순위를 여전히 받아들이지 못하는 사람들에게 그가 국내 문제에 대해 이야기하는 내용들은 모두 다 거의 우파 쪽 내용으로 보였다. 다시 말해 정부 예산을 삭감하고 기업과 부자들의 세금을 감면해

주며 새로운 국가보안법을 제정하고 노동 시장을 개혁하자는 것이 마크롱의 국내 정책이었다.

2016년 11월 대통령 선거 출마를 선언할 때 마크롱은 "나는 국민들이 자신의 역량을 마음껏 발휘할 수 있도록 도우며 동시에 약자를 보호하는 대통령이 되고 싶다"고 말했다. 당시 그를 믿고 지지했던 상당수의 좌파 유권자들은 이제 마크롱이 자신의 두 번째 목표, 즉 "약자를 보호하겠다"는 약속을 진지하게 생각하고 있다는 증거를 원하고 있었다.

파리정치대학 산하의 프랑스 경제현황 연구소는 에두아르 필리프 총리가 천명한 세금 감면 정책이 프랑스에서 상위 10% 안에 드는 수입을 가진 사람들에게만 혜택을 주는 정책이라 주장했다. 또한 "공공 부문 지출을 줄여 세금 감면으로 비게 되는 예산을 채우려 한다면 결국 이러한 정책으로 야기되는 불평등을 더욱 크게 심화시킬 것"이라고 경고했다.

뒤이어 정부가 예산 절감을 위해 최하위 계층에게 매월 지급되던 주택 수당을 5유로 삭감할 것이라는 보도가 흘러나오자 마침내 여론이 들끓기 시작했다. 장뤼크 멜랑숑이 이끄는 굴복하지 않는 프랑스당 소속의 극좌파 국회의원들은 생활이 어려운 가정에게 정부가 무슨 짓을 하려는 건지 알리기 위해 5유로어치의 생필품과 먹을거리를 사들고 국회로 출근하기도 했다.

그렇지만 2018년을 겨냥한, 더욱 지지를 받기 어려운 공공 부문 지출 관련 결정이 남아 있었다. 마크롱은 선거 운동 당시의 공약을 지키고 유럽의 우군들에게 자신이 진지한 자세로 프랑스 개혁에 임하고 있다는 사실을 보여주고 싶어 했다. 그런 마크롱에게 프랑스 재정 적자를 유럽연합이 요구하는 대로 GDP의 3% 아래로 유지하는 일은 대단히 중요한 문제였다. 그렇지만 이를 위해 세금 감면과 지출 삭감이라는 정책을 동시에 수행하려 하다 보니, 사회간접자본 투자 같은 비용이 많이 들어갈 수밖에 없는 공약 실행이 점점 더 어려워질 수밖에 없었다.

따라서 국내 경제 문제를 해결하기 위해 마크롱은 여러 가지 마술 같은 재주를 동시에 부려야 하는 상황에 직면했다. 마크롱은 먼저 세금 감면을 통해 투자에 대한 확신을 심어주고 이를 적극적으로 장려해야 할 것이다. 그렇게 해서 경제 성장률과 일자리 창출이라는 두 마리 토끼를 한꺼번에 잡아야 한다. 이런 식으로 경제가 선순환하게 되면 정부의 지출 삭감 범위가 줄어들고 다른 공약들을 실행할 수 있는 예산을 융통할 수 있게 된다.

둘째, 경제의 유연성이 더 커질수록 모든 사람들이 혜택을 본다는 사실을 프랑스 사람들에게 납득시켜야 한다. 기존의 경제 체제의 '내부자들', 즉 직업과 관련해 대단한 혜택과 보호를 받거나 적지 않은 실업 수당을 받는 사람들, 혹은 경쟁이 거의 없는 규제가 많은 분야에서 사업을 하는 사람들의 권리를 줄임으로써 이런 혜택을 받지 못하는 '외부자들'을 도울 수 있다는 것이다. 이 '외부자들'은 예컨대 똑같은 실업 상태에서도 차별이나 불평등을 겪고 있는 사람들을 뜻한다.

그가 중점을 두고 있는 노동 시장 개혁에 대한 첫 번째 시험 무대는 2017년 가을로 예정이 되어 있었다. 그동안 노동 조건은 물론 경제 여러 분야와 관련해 영향을 미치며 엄격하게 지켜지던 노동법의 핵심 내용과 여러 단체 협약들을 정리하게 될 터였다. 그 대신

기업들은 노동자들과 직접 협상에 나설 수 있게 되는 것이다. 마크 롱이 추진하는 노동 개혁은 노동 법원을 규제하여 해고된 노동자에게 지급되는 보상액을 일정 수준으로 제한하게 할 것인데, 이런 내용들은 기업의 대표들이 오랫동안 요구해온 사안이며 많은 경제학자들이 새로운 일자리 창출을 위해 꼭 필요한 조치로 여겨오던 것들이었다.

공공 부문 지출을 줄이고 기업에 대한 세금 부담을 덜어주며 노동 시장을 유연하게 만들어야 한다. 이러한 정책들을 취임 첫해에 성공적으로 실시하여, 임기 중반 안에 자신이 약속했던 더 많은 일자리와 높은 소득을 일궈낼 수 있다면 대단히 중요한 업적으로 기록될 것이다.

9월이 되자 우선 프랑스 노동자 총연맹을 시작으로 이러한 노동 개혁에 대한 첫 번째 반발이 터져 나오기 시작했다. 이는 마크롱의 의지와 정부 정책 모두에 대한 반발을 불러일으킬 수 있는 프랑스 노동조합의 영향력에 관한 중요한 시험대가 될 것이다. 2016년 노동법 개혁에 반대해 일어났던 시위를 연상시키는 대규모의 군중 모임과 폭력 행사는 마크롱의 지지율에 대한 한층 더 큰 압박이 될 것으로 예상된다.

비록 의회에서는 절대다수의 의석을 확보하고 있지만, 그 유명한 프랑스식 거리 시위는 마크롱 정책을 반대하는 중요 무대가 될 위험이 있다. 그리고 이러한 움직임을 뒤에서 조종하고 있는 것은 장뤼크 멜랑숑이 이끄는 굴복하지 않는 프랑스 당이다. 이들은 대통령 선거 기간 동안 45만 명이 넘는 회원을 끌어모았으며 특히 학생들 사이에서 인기가 높다. 과거에도 많은 프랑스 지도자들이 이런 폭력 행사나 대규모 파업 앞에 무릎을 꿇었던 전력이 있었다.

"저는 처음부터 마크롱에게 좀 더 겸손한 모습을 보여줄 필요가 있다고 말했습니다. 사실 대통령 선거 1차 투표에서 그가 얻은 표는 23%에 불과하지 않았습니까?" 덥수룩한 콧수염을 기른 자동차 수리공 출신의 프랑스 노동자 총연맹의 수장 필리프 마르티네즈가 5월 23일 대통령과의 첫 번째 면담을 마치고 난 직후 한 말이다. 필리프 마르티네즈는 앞으로 있을 정부와 노조와의 투쟁에서 핵심적인 역할을 할 것으로 기대되는 인물이다.

필리프 마르티네즈는 마크롱을 반대하는 사람들이 종종 주장하는 내용들을 지적했다. 우선 마크롱의 권위는 자신이 생각하는 것만큼 그렇게 강력하지 않은데, 그것은 대통령 선거 당시 기권자의 비율이 대단히 높았고 그에 대한 지지율이 선거구에 따라 큰 편차를 보였기 때문이다. 1차 투표 때만 해도 유효표의 절반 이상이 프랑스를 우선시하며 반세계화를 주장하는 후보인 마린 르 펜과 장 뤼크 멜랑숑에게 쏠렸다. "저는 마크롱이 선거 결과에 대해 제대로 된 분석도 하지 않은 채 일찍 샴페인을 터트렸다고 생각합니다."

그렇지만 심지어 그런 필리프 마르티네즈조차도 노조의 세력이 1990년대 이후로 크게 약화되었다는 사실은 인정하고 있다. 그 이후 프랑스의 노동 운동은 아무런 영향력이 없는 파업만 일으키다가 결국 돈이 떨어진 노동자들이 제 발로 직장으로 걸어 들어가는 모습을 지켜봐야 했다. "상황은 여전히 그대로이며 오히려 더 어려워졌다고 볼 수 있습니다." 그는 현실을 인정하며 이렇게 덧붙였다. "그렇지만 여론의 위력을 절대로 과소평가해서는 안 됩니다. 분노한 노동자들이 들고 일어서는 힘을 절대로 무시해서는 안 되는 것입니다."

필리프 마르티네즈는 또한 마크롱의 친기업적 성향의 개혁이 "실업률을 떨어트려줄 수도 있지만 그렇게 해서 창출되는 일자리의 질에 대해 이야기하지 않을 수 없다"고 말한다. 그는 우버나 자전거를 이용한 택배 사업인 딜리버루Deliveroo처럼 노동자들을 임시 계약으로 고용하는 이른바 새로운 '긱 경제' 체제하에서 일자리는 늘어날지 몰라도 노동자들이 어떠한 보장도 받지 못한다는 사실을 지적했다.

"기본적으로 가장 중요한 것이 일자리라고 말은 하지만 그 일을 통해 제대로 생계를 꾸려나갈 수 없다면 일자리가 생기는 게 무슨 소용이 있겠습니까?" 좌파쪽에서 가장 우려하고 있는 문제가 바로 이런 점이었다.

지난 2017년 프랑스 대통령 선거에서 주목할 점은, 주요 정당 중 한 곳인 사회당이 브누아 아몽을 후보로 선출했다는 사실이다. 브누아 아몽은 이른바 '일과 후post-work 사회', 즉 로봇이나 컴퓨터가 특히 3차 산업 분야에서 점점 더 인간의 일을 대신하게 되는 미래 사회에 대한 대비책을 제시했다. 옥스퍼드대학교의 연구진들은 향후 몇 십 년 안에 미국 일자리의 절반 이상이 이런 자동화 설비에 의해 사라질 것이라고 예측하고 있는데, 특히 저임금을 받는 직종이 가장 빨리 사라질 것이라는 주장이다. 이 문제에 대한 브누아 아몽의 해결책은 매달 일정 액수의 생활비를 지급하자는 이른바 기본소득제의 도입이었다. 이 제도는 다만 전국의 모든 성인에게 국가 예산으로 과도하게 많은 액수의 지원금이나 생활비를 지급하자는 것이 문제였다.

마크롱은 대통령 선거 운동 기간 동안 자신은 인공 지능과 디지털화를 통한 새로운 혁신의 물결을 또 다른 기회로 보는 '일자리를 만드는 후보'라고 주장했다. 마크롱의 해결책은 150억 유로 상당의 교육 기금을 조성하여 프랑스 노동자들이 새로운 기술을 익힐 수 있도록 돕겠다는 것이었지만, 그가 아미앵에 있는 월풀 건조기 공장에서 만났던 숙련공들은 여기에 회의적인 반응을 보였다.

마크롱은 또 다른 국내 문제와 관련된 도전을 막아내야만 한다. 바로 난민과 이민자 문제다. 그는 유럽연합이 공동으로 유럽연합의 전체 국경을 관리하는 것을 해결책의 일부로 생각했고, 거기에 일단 도착한 난민이나 이민자들을 유럽연합 내 국가들이 분산해서 수용하는 제도를 곁들이려고 했다. 2017년 전반기에만 대략 9만 6,000명의 외국인들이 고향을 떠나 지중해를 건너 유럽으로 들어왔는데 이는 하루 평균 500명꼴이다.

지난 선거 기간 동안 여러 중요한 안건들 중에서도 이민자 문제가 얼마나 자주 언급이 되었는지를 생각해보면, 마크롱은 상대적으로 이 문제에 대한 자신의 정책을 밝히라는 압력을 거의 받지 않았다. 당시 그렇게 대충 넘어갔던 것이 이제는 분명한 취약점으로 비춰지게 되었다. 마린 르 펜이 마크롱을 향해, 북아프리카로 통하는 '이민자 초고속 통행로'를 만들어 프랑스를 이민자들로 차고 넘치게 하려 한다고 주장한 것은 순수한 선동 그 이상도 그 이하도 아니었다. 하지만 지난 3년 동안 유럽연합에서 발생한 이민자 문제는 실제로 그 규모가 대단히 우려스러울 정도다. 유럽연합이 공동으로 운용하는 국경 수비대와 난민 대응 체제는 모두 정치적으로 큰 논란을 일으켰으며, 폴란드나 헝가리 같은 회원국들은 난민들을 수용하는 일 자체를 거부하고 있다.

7월이 되자 마크롱은 유럽으로 향하는 아프리카계 난민이나 이민자들의 주요 출발 지점인 리비아를 안정시키는 문제에 직접 뛰어들게 된다. 이 과정에서 마크롱은 북아프리카 식민지 문제 해결을 위해 비슷한 외교적 노력을 기울인 경험이 있는 유럽연합 내 동맹국 이탈리아와 보조를 맞추게 될 것이다. 지난 2011년 리비아의 독재자 무아마르 카다피가 프랑스의 주도로 무너지고 난 후 리비아는 내전에 휩싸였다. 이런 리비아의 폭력 사태를 끝내고 국가를 재건하는 일은 일시적으로는 이민자들의 유입을 막을 수 있을지 모른다. 그러나 중동에서 벌어지고 있는 갈등과 아프리카의 인구급증 및 빈곤 문제가 가져올 위험을 생각한다면 장기적으로는 역시 어려운 과제가 될 수밖에 없다.

만일 마크롱이 전쟁과 박해를 피해 도망쳐오는 수많은 사람들에게 보호처를 제공해주는 일이 프랑스의 진정한 가치를 증명해주는 일이라고 설득하려 한다면, 그는 우선 프랑스 내의 무너져버린 망명자 지원 제도에 대한 신뢰부터 회복해야 한다. 수많은 유권자들이 경제적 문제로 넘어오는 이민자와 진짜 난민을 구분하는 과정에 있어 프랑스 정부를 전혀 신뢰하고 있지 못하기 때문에 마린 르펜의 국민전선은 반이민 정서를 이끌어낼 수 있다. 그리고 일단 그런 구분을 할 수 있다 해도, 이민국 관리들은 거부당한 이민자들을 본래 있던 각자의 나라로 돌려보내는 엄청나게 어려운 과제에 직면하게 되는 것이다. 진짜 난민들을 확인할 수 있는 더 신속한 절차를 만들기로 약속했던 에두아르 필리프 총리의 새로운 계획은, 경제적 이유로 넘어오는 이민자들에 대해서는 더 강경한 조치를 취하고 진짜 난민들을 위한 시설을 개선하겠다는 것이었다. 이는 과연 좋은 목표라고는 볼 수 있으나 실제로 시행을 하는 건 대단히 어려울 것이다.

더 많은 테러 공격이나 국외에서 벌어지는 위기들 역시 마크롱의 계획을 방해하고 그의 힘을 소진시킬 수 있는 또 다른 중대한 위협이다. 내무부 장관이 발표한 내용에 따르면 프랑스 보안 당국은 2017년 전반기 6개월 동안 한 달에 1회 이상 테러 계획을 적발해냈다고 한다. 이라크와 시리아에서 IS의 세력이 점점 무력화되고 있는 이 시점에서 프랑스는 프랑스 출신으로 다시 프랑스로 돌아온 이슬람 성전주의자들의 위협을 마주하게 된다. 불행하게도 또 다른 비극이 일어나는 것은 시간문제로 보인다.

이러한 이유 때문에 대통령 선거가 치러지고 열린 루브르 박물관 앞 당선 축하 행사에서 마크롱이 "앞으로 할 일이 엄청나게 많다"라는 말을 다섯 차례나 한 것은 결코 과장이라고 볼 수 없다. 또한 경제 개혁이 실패해 약속했던 일자리 창출이 불가능해진다면, 또 그의 고압적인 태도가 유권자들의 반발을 불러일으킨다면, 혹은 통제가 불가능할 정도로 엄청난 숫자의 이민자들이나 이슬람교도들의 폭력 사태가 현재의 사회적 긴장을 더욱 악화시킨다면, 그의 통치가 실패로 돌아갈 위험 역시 엄청나게 커질 것이다.

"저는 우리가 제대로 대처하지 않는다면 국민전선이 5년 안에 만만치 않은 세력이 될 것이라는 결론을 내리게 되었습니다." 지난 5월 마크롱이 〈파리 마치〉와의 대담 중에 한 이야기다. 2017년 대통령 선거는 프랑스 극우파로서는 대단히 중요한 한 걸음이었으며, 단지 마린 르 펜이 얻은 표의 숫자로 판단할 만한 성질의 것은 아니다. 그녀는 이번 기회를 통해 아주 정상적인 정치인으로 인정을 받을 수 있었으며 정치계의 주류 인사로 자리매김할 수 있게 되었다.

마크롱이 실패한 대통령이 된다면 극우파나 극좌파의 후보가 다음 2022년 대통령 선거에서 당선될 수 있는 가능성이 크게 높아진다. 2017년 선거에서도 프랑스는 마린 르 펜과 장뤼크 멜랑숑 두 사람 사이를 저울질하다가 결국 르 펜을 2차 결선 투표에 올려보내지 않았는가.

마크롱은 그야말로 아슬아슬하게 승리를 거두었다. 그런 그가 자신의 임기를 제대로 잘 끝마치지 못한다면 아마도 더 많은 사람들을 이념의 양극단으로 몰아가게 되지 않을까 하는 것이 염려되는 부분이다. 또한 역시 잊지 말아야 할 중요한 문제는 불필요하게 권위를 휘두르게 되면 선동형 정치가들을 몰아내고 그를 대통령으로 뽑아준 전문직과 중산층 국민들이 가장 예민하게 반응하게 될 것이라는 사실이다. 바로 마크롱의 고향인 아미앵에서 앙 마르슈 운동에 동참했던 쉰일곱 살의 공무원 로랑 다비드모알릭 같은 사람들이다. "마크롱이라면 자신이 약속했던 내용들을 지킬 것 같다는 느낌이 듭니다…… 그가 우리에게 거짓말을 하리라곤 상상조차 할 수 없어요." 그녀는 비록 이렇게 말했지만, 만일 마크롱이 그녀의 기대를 저버린다면 어떻게 할 것인가? "마치 사랑에 배신당한 사람처럼 눈에 보이는 건 다 박살내려고 들겠죠. 우리는 그만큼 마크롱을 많이 믿고 있습니다."

국제 관계에서도 역시 마크롱의 도전은 큰 시련을 겪고 있다. 도널드 트럼프 대통령이 이끄는 미국의 긴축 재정은 유럽과 프랑스의 예측 불가능한 미래와 함께 완전히 새로운 형태의 불안한 국제 질서를 만들어냈다. "함부르크에서 열린 G20 정상 회담에서 지금 막 돌아왔습니다. 제가 말씀드릴 수 있는 건 지금 상황이 약자가 살아남을 수 있는 상황은 아니라는 점입니다." 재정경제부 장관 브루노 르메르가 7월 초 독일에서 열린 G20 정상회의에서 도널드 트럼프와 블라디미르 푸틴, 그리고 터키의 독재자 레제프 타이이프 에르도안 대통령을 만나고 와서 한 말이다.

북한 핵 문제와 러시아와의 대치 상황, 그리고 미국의 보호주의로 비롯된 대미 무역의 차질은 물론, 중동 지역에서 언제 불거질지 모를 불안정한 상황 등도 역시 두말할 것 없이 마크롱을 위협하는 국제적인 위기라고 볼 수 있다.

마크롱은 또한 유럽연합을 더욱 중요하게 생각해야 할 것이다. 28개 회원국으로 이루어진 유럽연합은 이제 브렉시트 국민투표 이후 해체의 길로 나아가고 있다고 생각하는 사람들도 있다. 그렇지만 영국에서 벌어지는 혼란한 상황과 유럽연합 해체를 위해 거쳐야 하는 엄청나게 복잡한 협상의 과정은 오히려 유럽 사람들에게 통합에 대한 새로운 열정을 심어주었다. 유럽의 결속을 더욱 부추긴 것은 트럼프 대통령의 공격적인 국수주의이며, 유럽연합의 서쪽과 남쪽 국경을 맞대고 있는 독재 국가인 러시아와 터키 역시 오랜 세월 잊고 있던 통합의 의지를 일깨워주었다.

마크롱은 자신이 실패할 경우 국민전선이 2022년 대통령 선거에서 승리할 가능성이 있다고 말했다. 그는 동시에 백척간두에 달한 유럽연합의 운명 또한 자신의 손에 달려 있다고 생각한다. "유럽을 다시 일으켜 세우는 일 말고는 나에게 다른 선택의 여지는 없습니다." 지난 5월 마크롱이 〈파리 마치〉에 한 말이다. "유럽의 실패는 곧 저의 실패입니다. 이미 선거 운동 기간 동안 제가 젊어지기로 약속했던 책임인 것입니다."

그 불가사의한 비상 속에서 마크롱은 언제나 자신의 주변 사람들이 감당하지 못할 만큼 성장했고 끊임없이 저 높은 곳을 바라보았다. 그의 공적인 생활과 사적인 생활에서 마크롱은 주변 사람들은 물론 환경까지 자신의 의지를 따르게 만드는 능력이 있음을 증명해 보였다.

무명의 비주류 인사에서 불과 3년 만에 대통령에 오른 마크롱은 이제 유럽을 이끄는 지도자가 되고자 한다. 마크롱은 결국 현재 독일의 총리 앙겔라 메르켈이 누리고 있는 사실상의 유럽연합 대통령이라는 자리를 원하고 있는 것이다. 프랑스와 독일의 두 정상은 서로 우호적으로 관계를 맺기 시작했지만, 마크롱은 신중하기 짝이 없는 이 독일의 총리 앞에서 지나치게 긴장을 늦추거나 혹은 반대로 움츠러드는 모습을 보이지 않도록 주의할 필요가 있다.

유럽연합과 관련된 개혁을 추진하면서, 프랑스 서부에 있는 한 대형 조선소가 이탈리아의 어느 개인 기업에 넘어가는 일을 막기 위해 국유화하는 작업에 착수하기로 한 것은, 그가 정권 초기에 저지른 후회할 만한 결정이라고 할 수 있을 것이다. 그 결정은 프랑스 국내에서는 여론 조사에 응답한 국민 70%가 지지를 보낼 만큼 인기를 끌었지만, 다른 유럽연합 국가들에게 유럽의 결속이 필요하다고 했던 마크롱의 주장을 무색하게 만들었다. 뿐만 아니라 예전의 프랑스 보호주의가 다시 부활한 것 같은 분위기마저 느끼게 해준다. 유럽의 다른 지도자들은 마크롱의 성공을 간절히 바랐으며, 그가 마린 르 펜을 이기고 프랑스 대통령이 되었을 때 모두 함께 기뻐해주었다. 브뤼셀에서의 협상 자리에서 여러 어려운 도전들을 뚫고 나가려면 이러한 선의의 관계가 계속 유지되는 것이 필수다.

몇 년에 걸쳐 유럽을 강타했던 금융 위기와 높은 실업률의 시절이 지나간 후, 유로존을 다시 안정시키고 싶어 하는 마크롱의 꿈도 역시 위험으로 가득 차 있다. 그는 프랑스와 독일의 주도로 유럽의 진정한 통합을 밀어붙이려 하고 있다. 그러기 위해서는 먼저 독일 정부와 독일 국민들을 설득시켜야 할 것이다. 그래야 남부 유럽의 형편이 어려운 회원국들을 지원할 만한 자금을 끌어모을 수 있다. 유로화를 쓰는 지역의 통합이 완벽하게 이루어진다면 논리적으로 모든 회원국들이 공동 국채를 발행할 수 있을 것이다. 하지만 이런 구상 역시 현재 낭비벽 심한 유럽 남부 국가들이나, 프랑스가 발행한 국채에 대해 공동 책임을 질까 봐 걱정하는 독일의 저항에 부딪친 상태다.

마크롱은 유로존을 총괄하는 새로운 의회와 통치 제도의 필요성을 역설하고 있다. 그래야 지금의 단계를 넘어서는 초국가적인 복합 공동체가 만들어질 수 있기 때문이다. 그렇지만 지금의 유럽연합 체제를 유지하려는 의지가 어느 정도인지는 지난 2014년 유럽의회 선거 결과에서 확인할 수 있다. 당시 투표율은 42%에 불과했으며 프랑스에 할당된 74석 중 제일 많은 의석을 차지한 건 바로 국민전선이었다.

유럽연합을 더 공고히 하기 위해서는 기존 조약의 변경이 필수적인데, 의회 투표나 회원국의 국민투표를 통한 비준이 필요하다.

설사 프랑스와 독일에서 비준이 된다 한들, 이탈리아나 네덜란드, 혹은 오스트리아에서도 그렇게 될 수 있으리라는 보장이 있을까? 현재 이들 국가에서 극우파나 선동 정치가 세력을 확장하고 있는 상황을 보면 아마 장담할 수 없을 것이다.

마크롱는 자신을 반대하는 유럽연합 국가들을 주목해왔다. 만일 어떤 회원국이 유럽의 새로운 미래를 설계하는 일을 거부한다 해도 "다른 국가들까지 그렇게 하는 걸 막을 수는 없다"고 지난 1월 선거 운동 중 유럽과 관련한 중요 연설에서 마크롱은 말한 바 있다. 유럽의 보수적인 정권들, 특히 동유럽 정권들과의 대결은 어쩔 수 없겠지만 마크롱이라는 사람은 자신만의 길을 가는 데 익숙한 사람이다. 그는 지금까지 살아오면서 패배를 맛본 적이 거의 없으며, 몇 안 되는 좌절조차 모두 극복해왔다.

마크롱의 집권 초기 몇 개월이 보여준 것처럼, 유권자들은 마크롱을 주로 프랑스에 새롭고 성공적인 지도력을 보여주는 역량으로 평가를 하지, 정상 회담에서의 모습 같은 것으로 평가하지는 않을 것이다. 마크롱은 이미 명확한 목표를 세웠다. 쳇바퀴 돌듯 반복적으로 발생하고 있는 프랑스의 낮은 경제 성장률과 높은 채무, 그리고 실업률을 끝내는 것이다. 그렇지만 엄청나게 반항적이면서도 무시무시할 정도로 깊이 분열되어 있는 프랑스를 제자리로 되돌려 놓으려면 엄청난 기술이 필요할 것이다.

"프랑스 국민들은 군주제를 지지하면서도 국왕을 살해한다. 그 것이 뜻하는 바는 분명하다. 프랑스 국민들이 국왕을 내세우는 이유는 그런 이후에 빨리 그를 처단하기 위해서다."

감사의 말

먼저 만남을 허락하고 이야기를 들려준 많은 사람들에게 감사의 말을 전한다. 특히 대통령 선거 운동 기간 동안 프랑스 여러 곳을 방문하며 만난 많은 일반인 유권자들 덕분에 이 책이 만들어질 수 있었다. 그 밖에도 수십 명이 넘는 마크롱 대통령의 친구들과 동료들, 그리고 여야 할 것 없는 정치인들이 많은 이야기를 들려주었다. 이들 모두에게 감사의 마음을 전하고 싶다.

자료 조사와 분석, 그리고 글쓰기는 늘 그렇듯 아주 힘든 작업임에 틀림없다. 아내 나타샤는 내 모든 좌절과 승리의 순간을 함께했으며 끊임없이 용기를 낼 수 있도록 도와주었다. 우리 아이들인 알레트와 말로는 몇 주씩이나 집을 비우고, 집에 있을 때도 컴퓨터 앞에 앉아 시간을 보냈던 나를 이해하고 잘 참아주었다. 아버지와 어머니, 그리고 동생인 클레어와 아비 역시 늘 나를 격려하고 후원해준 사람들이다.

지텐드라 조시, 마이클 트러스턴, 메리 길리버는 친절하게도 작업하기 편안한 곳을 찾는 나를 위해 기꺼이 집을 빌려주었다. 친구

헬렌 콘포드는 이 책이 제대로 만들어지는 과정 동안 출판에는 문외한인 나를 잘 가르쳐주고 이끌어주는 중요한 역할을 했다. 조수 역할을 해준 발레리 데킴페에 대해서는 특별한 감사의 말을 아무리 많이 한다 해도 부족할 것 같다. 그녀는 특히 사람들을 만나고 나눈 대화들을 정리하는 일을 아주 잘 도와주었다. 이 책을 집필하는 동안 프랑스 최대 뉴스 통신사인 〈AFP〉에서 함께 일하는 동료 가이 잭슨과 리차드 카터가 바쁜 와중에도 불구하고 나를 도와주었고, 프레드릭 듀몽랭은 기꺼이 자신이 알고 지내던 사람들을 내게 소개해주었다. 내게 글을 쓰고 책을 만드는 과정을 지도해준 글쓰기 전문가 앨런 브루크는 내 생각이 글로 옮겨질 수 있도록 도와주었을 뿐만 아니라, 일이 어려워질 때는 내가 당황해하며 낙담하지 않도록 많은 애를 써주었다.

나의 출판 대리인 수재나 레아에게 감사의 말을 전한다. 수재나는 제대로 된 책이 나올지 전혀 알 수 없는 상황에서도 처음부터 나를 믿어준 사람이다. 그리고 마지막으로 누구보다도 중요한 역할을 해준 아이콘 북스의 탁월한 편집자 톰 웨버에게 깊은 감사의 마음을 전한다. 그의 날카로운 통찰력과 정확한 판단력 덕분에 내 원고가 이렇게 멋진 한 권의 책으로 탄생할 수 있었다.

개혁의 기로에 서다
─ 다시 시험대에 오른 마크롱

　※이 책 《마크롱의 시련과 영광》은 에마뉘엘 마크롱이 대통령에 당선되기까지의 과정과 그의 정치 철학에 초점을 맞추었으며, 2017년 대통령에 취임한 후, 집권 1년 간의 성장 기록과 경이에 찬 성과를 집중적으로 다루었다. 취임 후, 마크롱은 개혁을 추진하는 과정에서 2018년 11월, 이른바 '노란 조끼' 시위에 직면해 리더십에 상처를 입게 된다. 독자의 이해를 돕기 위해 당선 이후 그의 개혁과 개혁에 저항해 벌어진 일련의 사태를 정리했다.

　도널드 트럼프 미국 대통령은 취임 15개월이 지나도록 외국 국빈을 아무도 워싱턴에 초청하지 않았다. 외교적으로 전례가 없는 일이었다. 이를 두고 미 언론은 트럼프 대통령의 독선적 성향을 드러내는 사례라고 비판했다. 그런 트럼프 대통령이 처음으로 초청한 국빈이 바로 에마뉘엘 마크롱 프랑스 대통령이었다. 마크롱은 취임 1년 만인 2018년 4월 워싱턴에서 융숭하고 파격적인 대접을 받았다. 만찬 식탁에는 황금색 식탁보 위에 1,200송이의 벚꽃이 수놓아져 있었다. 국빈으로서 트럼프의 대환영을 받은 마크롱의 국제적 위상은 한껏 높아졌다.

　그로부터 6개월 후 마크롱은 EU(유럽연합)를 대표해 뉴욕의 UN총회에서 연설했다. 마크롱은 "트럼프 대통령이 집권의 최중요 목표로 삼고 있는 '미국제일주의 정책'을 비판하고 이란과의 핵합의 탈퇴 등 트럼프의 일방주의적 외교정책을 질타했다. 마크롱은 국제사회에서 트럼프를 견제할 수 있는 유일한 리더로 통했다. 프랑스 국민은 물론 전 세계가 혜성처럼 등장한 젊은 지도자를 주시하기 시작했다.

집권 1년만의 찬연한 개혁 성과

마크롱은 좌우 어느 쪽도 아닌 실용주의적인 중도의 길을 표방하며 프랑스의 영광을 재현할 구국의 영웅처럼 여겨졌다. 현역의원이 한 명도 없던 이름뿐인 그의 정당은 마크롱 취임 후 총선에서 의회 과반을 차지했고, 그는 소신껏 국가 개조의 길에 나섰다. 실제로 마크롱은 85가지 주요 대선 공약 중 절반이 넘는 공약을 실행에 옮겼다.

집권 첫 해에 경제성장률이 2%대로 올라서고 국내총생산GDP 대비 재정적자 비율이 3% 아래로 떨어진 것은 10년 만에 처음이었다. 실업률이 10% 이내로 하락했고 기업친화 정책으로 벤처 창업과 투자가 활발해지면서 프랑스 경제의 체질 개선과 회복 조짐이 나타났다. 마크롱의 과감한 리더십은 역대 최고 강성으로 통하는 국영철도공사SNCF 노조원들의 신분보장과 복지혜택을 대폭 줄인 국철 개혁안을 의회에서 통과시키며 빛을 발했다. 유럽의 지도자로서 그의 위상도 확고해졌다. 독일 총리 앙겔과 메르켈과 더불어 유럽의 리더로 확고한 위상을 과시했다. 2018년 5월 마크롱은 유럽의 단합과 협력에 공헌한 지도자에게 수여하는 권위 있는 샤를마뉴상을 받았다. 독일 샤를마뉴 재단은 그를 "유럽의 꿈을 되살린 용기 있는 선구자"라

고 칭송했다. 샤를마뉴상은 2차 세계대전 당시 빛나는 세계 평화와
유럽의 단결에 기여한 영국의 처칠 수상과 독일의 아데나워 수상이
70~80이 넘긴 나이에 받은 상인 만큼, 만 41세의 젊은 나이로 이 상
을 받은 마크롱의 위상은 욱일승천의 기세로 치솟고 있다.

프랑스 민중이 무명에 가까운 39세의 정치 신인을 '혁명적'으로 선
택한 것처럼, 빛을 잃어가는 프랑스를 이끌어줄 영웅이 다시 나타난
듯했다. 마크롱의 일련의 개혁은 성공의 길로 줄달음칠 것만 같았다.

의외의 복병 '노란 조끼'시위에 발목 잡혀

그러나 역사가 증명했듯, 모든 개혁은 양날의 칼과 같은 것이다.
마크롱의 개혁 의지가 바깥을 향할 때, '저항'이라는 이름의 칼날은
그를 향하고 있었다. 엘리트 출신인 영민한 마크롱이 그런 반작용을
예견하지 못했던 것으로 보였다. 그러나 그는 물러서지 않았다. 자
신만만함에서 오는 오만함이었을까? 예견된 저항과 반발이 시작됐
다. 발단은 마크롱의 개혁 로드맵에서 보면 사소한, 기름값 인상의
문제였다. 마크롱은 지구온난화에 대처해 친환경 에너지 사용을 유
도한다는 명분으로 경유와 휘발유 유류세를 각각 23%, 15%나 올리
는 조치를 발표했다.

2018년 11월 16일 이에 반발하는 '노란 조끼' 시위가 처음 발생
했다. 파리 도심의 높은 집값을 견디지 못해 외곽으로 밀려나 자동
차로 출퇴근하는 서민과 농민들이 거리로 뛰쳐나왔다. 시위는 한 달
이 넘는 기간 동안 매주 토요일마다 이어졌고, 파리와 지방 도시들
은 노란 물결로 뒤덮였다. 이 시위는 전국적으로 30만 명 이상이 참
여했고, 시위 양상이 폭력으로까지 번져 4명이 숨졌다. 세계 '꽃의

도시' 파리의 세계적 변화가 샹제리제에 방화와 폭력 그리고 파괴가 휩쓸기도 했다.

시위가 확산된 데는 2010년 북아프리카의 민주화를 촉진한 재스민 혁명처럼 소셜미디어의 힘이 컸다. 대서양 연안 브르타뉴 지방의 소도시에 사는 51세의 자클린 무로라는 여성이 유류세를 감당 못해 차를 세워뒀다며 10월 페이스북에 올린 4분 38초짜리 동영상이 도화선이 됐다. '프랑스는 어디로 가고 있나'라는 제목의 이 영상에서 그녀는 이렇게 직설적으로 마크롱을 쏘아붙였다.

"엘리제궁의 그릇을 바꾸고 수영장이나 설치하는 것 말고 세금으로 당신이 하는 일이 대체 무엇인가? 세금을 그런 데에 쓰고 있다면 이제는 우리가 직접 바꿀 수밖에 없다. 이젠 지긋지긋하다. 당신이 그 자리에 있을 이유가 없다. 침묵하는 것은 공범이다. 대통령에게 발언하라."

이 영상은 600만 건 넘게 조회되고 26만 번 넘게 공유됐다. 그것이 민심의 현주소였다. 시민들은 긴급 상황에 대비해 의무적으로 차에 비치하는 형광색 노란 조끼를 입고 거리로 나오기 시작했다.

유류세 인상이 민심을 건드린 것은 그것이 부유세(자산에 대한 사회적 연대 세금) 축소 정책과 극명하게 대비됐기 때문이다. 마크롱은 취임 후, 투자 촉진과 경제 회복을 위해 법인세를 인하한 데다, 부자들이 내는 세금인 부유세를 전 재산이 아닌 부동산 자산과 고급 미술품 거래에 한해서만 부과하는 것으로 축소 개편했다. 부자들의 금융자산과 사치품을 과세 대상에서 제외한 것이다. 부유세는 자산 총합이 130만 유로(16억 5,000만 원)가 넘으면 0.5~1.5%의 세금을 부과하는 것으로, 이는 프랑스의 전통적인 분배 정책이었다. 부유세 축소 정책 발표 이후 마크롱에게는 '부자들을 위한 대통령'이라는 달갑지 않은 별명이 따라 다녔다. 시위의 불씨를 당긴 것은 반서민 정책의 상징이 된 유류세 인상이었지만, 시위대의 요구는 부의 재분배, 최저임금 인상, 대학입시 개혁 반대, 임금 및 연금 개혁 등 마크롱 정부의 일련의 개혁에 대한 반발로 확대됐다.

시위는 전국적으로 걷잡을 수 없는 양상으로 번지며 50년 전 68혁명 이후 최악의 폭동이 될 수 있다는 우려까지 나왔다. 그러나 마크롱은 굴복하지 않았다. 그는 샹젤리제 거리에 장갑차를 출동시키고 최루탄과 물대포를 쏘며 강제 진압을 시도했다. 국민 앞에 직접 나서지도 않았다. 결국 '마크롱 퇴진'이라는 구호가 거리에 등장했고 그의 지지율은 20%대 초반까지 주저앉았다.

마크롱, 불굴의 투지로 퇴진 공세 물리쳐

마크롱은 결국 시위가 시작된 지 한 달이 조금 안 된 12월 10일 TV 앞에 섰다. 시위대의 요구를 대폭 수용하는 조치가 발표됐다. 닷새 전 내년 1월부터 시행 예정이었던 유류세 인상을 6개월 늦추겠다며 한 발 물러섰지만 그것으로는 시위를 멈추게 할 수 없었다. 그는 결국 유류세 인상을 완전히 철회한다고 물러섰다. 그리고 2019년부터 근로자 최저임금을 월 100유로(약 13만 원) 인상하고, 초과근무 수당에 대해 세금을 부과하지 않고, 2,000유로 이하의 연금 수급자를 대상으로 한 사회보장기여금 인상도 철회한다고 발표했다.

마크롱은 "우리의 정책은 너무 크고 불합리했다. 그리고 나의 주의 깊지 못한 발언으로 많은 이들에게 상처를 줬다는 것을 알고 있다. 우리는 국가를 위한 역사적 순간에 서 있다. 내 근심은 오로지 여러분뿐이고, 나의 유일한 투쟁은 여러분과 프랑스를 위한 것"이라며 처음으로 자신의 과오를 인정하고 국민에게 사과했다.

그러나 마크롱은 부유세에 대해서만은 양보하지 않았다. 축소한 부유세를 부활하지 않겠다며 "여기서 물러나면 프랑스는 약해질 것"이라고 강조했다. 마크롱이 시위대의 요구에 굴복하면서 시위 양상은 약해졌다. 12월 15일, 발표 후 첫 토요일에 열린 5번째 시위는 참가자가 절반인 7만여 명으로 줄며 진정 국면을 맞았다. 겨울휴가 시즌을 맞으며 시위는 소강상태로 접어들 것으로 보이지만, 시위자들은 여전히 마크롱 퇴진을 외치고 있다.

'노란 조끼', 그 배경과 실체

2018년 겨울, 불과 취임 1년 반 만에 젊고 강력한 지도자 마크롱의 신화는 깨어진 듯 보인다. 이를 수면 위로 드러낸 '노란 조끼'에 대한 해석은 분분하다.

프랑스 유권자들은 마크롱의 개혁 공약을 강한 프랑스의 부활 신호로 받아들여 그를 선택했으나, 막상 자신들이 먹고사는 일에 문제가 생기자 냉정하게 돌아섰다. 마크롱은 이미 대선 기간 유세를 통해 프랑스 경제를 살리기 위한 시장 친화적이고 기업 친화적인 개혁 방침을 누구보다 선명하게 밝힌 바 있다. 여론이 뒤집힌 것은 단순히 이것 때문이 아니다.

여기에는 마크롱의 고압적이고 엘리트적인 태도, 사회적 약자를 배려하지 않는 듯한 언행, 국민과의 불통도 작용했지만, 전문가들은 무엇보다 그의 개혁 시간표가 너무 급했다고 분석했다. 과거 시라크, 사르코지, 올랑드 정부도 노동개혁과 연금개혁 등을 시도했으나, 번번이 폭력 시위와 파업에 가로막혀 실패했다. 프랑스 국민은 저성장과 실업, 재정 악화 같은 프랑스병을 치유하기 위한 개혁이 막상 본격적으로 시작되자 이를 받아들이는 데에 주저했다. 조급한 일련의 개혁 조치들은 대체로 서민과 중산층의 지갑을 얇게 만드는 것이었다.

일부 해외 언론은 "세금은 덜 내고 혜택은 더 받겠다는 게 프랑스인들의 요구다. 프랑스는 개혁이 불가능한 나라"라고 꼬집기도 했다.

'노란 조끼'는 사실 그 실체를 쉽게 규정할 수 없다는 점에서 기존 사례와는 다르다. 처음에는 서민과 농민이 주도하는 듯했지만 시간이 지나자 중산층도 자발적으로 참여했다. 연금생활자, 회사원, 학생, 난민, 공무원 등 다양한 사회구성원들이 거리로 쏟아져 나왔고, 심지어 시위가 어느 정도 진정된 후에는 경찰마저도 처우개선을 요구하는 집단행동에 나섰다. 눈에 띄는 리더나 중심 세력이나 단체도 없었고 딱 부러지게 공통된 요구 사항이나 철학, 방향성도 모호했다. 시위는 유류세 인상 반대에서 시작했지만 거의 모든 분야에서 수십 가지가 넘는 요구가 중구난방으로 분출하며 순식간에 폭력 양상으로 변했다. 그 파괴력은 예상보다 강했다. 마크롱은 놀랐지만 이들이 정말로 무엇을 원하는지, 누구와 대화해야 하는지 알 수 없었다. 그는 '노란 조끼'가 원하는 것은 단지 혼돈일 뿐이라고 불평했다.

서구 자본주의에 제동을 건 시대적 조류

분석가들은 프랑스의 '노란 조끼'가 프랑스만이 당면한 문제가 아니라는 점에 주목한다.

'노란 조끼'는 지구촌에 근본적인 질문을 던졌다. 그것은 이 시위의 배경이 날로 심화해가는 서구 자본주의의 빈부격차와 불평등에 대한 분노와 저항이라는 것이다. 분석가들은 '노란 조끼'가 서구 사회 중산층과 서민층의 삶의 질이 서서히 무너져가는 과정을 상징한 것이라 말한다. 복지 혜택은 줄어들고, 세금은 오르고, 임금은 제자리걸음이고, 해고는 쉬워지며, 4차 산업혁명에 대비할 여력이 없는 평범한 노동자들의 절망이 표출됐다는 것이다. 경제는 대기업과 금융자본주의에 편중돼 노동자에게 돌아가는 몫은 줄었고, 일자리는 저임금 국가의 국민과 로봇에게 넘어가고 있다. 실업률이 높아지면서 재정난에 빠진 정부는 세금을 늘릴 수밖에 없다.

프랑스의 '노란 조끼'가 곧바로 스페인, 벨기에, 이탈리아, 헝가리 같은 주변 국가들에게 파급됐다는 사실이 이를 증명한다. 국가마다 시위의 구호는 조금씩 다르지만, 결국은 다 함께 잘 먹고 잘 살자는 문제에 귀결된다. 미국의 '월가를 점령하라' 시위처럼, '노란 조끼'가 전 세계로 확산될 것이라고 보는 전문가들이 많다.

유럽은 자유, 평등, 인권이라는 근대정신을 탄생시키고, 산업혁명을 거쳐 경제성장과 평등한 분배와 복지국가의 이상을 꿈꿨다. '노란 조끼'는 그 서구사회의 기반이 서서히 무너지고 있다는 것을 드러낸 한 예다. 그 해법이 국민 간, 국가 간 경제적 불평등과 빈부 격차 해소에 있다는 데는 이견이 없지만 개혁에는 진통과 혼란이 따른다. 개혁이 모든 사회구성원을 만족시킬 수는 없다. 불만이 쌓인 국민은 거리로 나선다. 극우 포퓰리즘은 이 틈에서 싹튼다.

프랑스의 '레볼뤼시옹(혁명)'과 유럽연합의 지도자를 꿈꾼 마크롱의 앞날은 당분간 험난해 보인다. 그의 리더십은 상처받았고 개혁의 동력에는 제동이 걸렸다. 간과할 수 없는 건 이것이 마크롱만의 문제가 아니라는 것이다. '노란 조끼'는 그런 성찰과 고민을 지구촌의 지도자들에게 던졌다. 마크롱은 그 시험대 위에 먼저 올라섰을 뿐이다.

노쇠한 프랑스의 젊은 리더 에마뉘엘 마크롱
그의 정치 역정, 그리고 사랑

한기봉(언론인)

장미가 막 꽃봉오리를 터뜨린 2017년 5월, 파리에서는 '혁명'이 일어났다. 1년 전만 해도 상상조차 할 수 없었던 이 혁명의 엔딩은 기적과 같았다. 39세의 정치 신인 에마뉘엘 마크롱이 프랑스 정치 사상 가장 젊은 나이로 제25대 대통령으로 당선된 것이다. 유럽은 물론 프랑스 국민들에게까지 이름과 얼굴이 제대로 알려져 있지 않았으며, 국회의원 한 명 없이 정당을 급조한 인물이 막강한 기존 정치인들을 물리치고 엘리제궁의 주인이 된 것이다. 그 혁명에 피는 없었다. 모든 것은 민중의 뜻이었다.

프랑스, 혁명의 DNA

프랑스는 가히 혁명의 나라라 할 만하다. 프랑스인의 피에는 '레볼뤼시옹(révolution, 혁명)'이라는 DNA가 흐른다. 그들은 230년 전, 세계 최초로 시민혁명(1789년, 프랑스대혁명)을 발명해냈다. 그 후로도 체제가 위기에 처할 때마다 7월 혁명(1830년, 부르주아혁명), 2월 혁명(1848년, 왕정 붕괴), 5월 혁명(1968년, 대학생과 노동자가 주도하여 모든 권위에 저항한 대규모 사회변혁 운동)의 깃발이 나부꼈다.

이렇듯 비범한 프랑스인들은 전 세계에 시민민주주의를 수혈한 것을 영광스럽고 명예롭게 여긴다. 이들은 일상에서도 '레볼뤼시옹', '글롸르(gloire, 영광)', '에로(héros, 영웅)' 같은 단어를 애용한다. 가사에서 피비린내가 풍기는 국가國歌 〈라 마르세예즈〉는 이렇게 시작한다. "가자. 조국의 아들들아, 영광의 날이 밝았도다."

그러나 사르코지와 올랑드 대통령이 통치한 10년간 프랑스는 영광을 상실해버렸다. 영웅도 없었다. 프랑스 5공화국을 열었던 드골과 지스카르 데스탱, 미테랑을 거치면서 형성됐던 강하고 결단력 있는 프랑스 지도자의 이미지는 퇴색하고 말았다. 경망스럽고 유약하고 여색을 탐하던 단임의 두 대통령을 거치면서 프랑스 국민은 리더십에 갈증을 느끼고 있었다.

올랑드의 임기 말 지지율은 불과 4%였다. 드골이 타계한 지 47년, 그와 프랑스가 유산처럼 남긴 5공화국은 병을 앓고 있었다. 10%가 훨씬 넘는 실업률과 강성 노조, 난민의 유입과 도심 테러 등으로 경제는 앞으로 나가지 못하고 정치적 무기력은 국민을 옭아맸다. 이러한 현상을 사람들은 '프랑스병'이라고 했다. 유럽연합 EU에서는 메르켈 독일 총리의 리더십과 카리스마에 밀렸다.

조국의 영광에 대한 향수병이 도졌다. 혁명이 필요했다. 혁명에는 무엇이 필요한가? 바로 영웅이다. 영민한 젊은이 마크롱은 그걸 읽었다. 혁명적 정신과 영웅적 인물을 다시 대망하는 흐름에 대선 3개월을 앞두고 스스로 올라탔다. 그가 대선에 뛰어들며 펴낸 자서

전의 제목은 《레볼뤼시옹(혁명)》이다. 그는 2016년 11월 대선 출마 기자회견에서 "프랑스에 낙관주의와 자신감을 되찾을 민주혁명을 약속한다. 나는 프랑스에서 민주혁명의 성공을 확신한다. 나는 준비가 되어 있다"고 선언했다.

국민에게 더 이상 신뢰를 주지 못하는 기존 정치권에서 영웅은 태어나지 못한다. 나폴레옹이나 드골이 그러했듯 새롭고 강력한 인물이어야 했다. 사람들의 마음을 사로잡는, 열광을 이끌어낼 강렬한 마력이 있어야 했다. 마치 구세주처럼. 마크롱이 그랬다.

양가적인 국민 정서

이 책에도 언급됐지만 국가 지도자에 대한 프랑스 국민의 정서는 양가적이다. 절대왕권과 봉건제, 권위를 몰아낸 혁명을 자랑스러워하면서도 국가가 위기에 처한 순간, 프랑스 국민은 강력한 카리스마를 지닌 인물을 찾았다. 절대군주를 처단한 프랑스혁명 이후 그들은 군인 나폴레옹을 지도자로 맞아 들였다. 그러나 프랑스 국민은 그를 다시 황제로, 독재자로 만들었다. 나치로부터 프랑스를 해방시킨 영웅 드골은 나폴레옹 이후 가장 위대하고 강력한 지도자였다. 그러나 1968년에 폭발한 5월 혁명의 여파로 드골은 그 다음 해 물러났고 1년 후 사망했다. 절대 권력을 몰아내는 혁명을 좋아하면서도 동시에 절대군주 같은 강력한 리더에게 향수를 가진 사람들, 그것이 프랑스인의 모순이다. 그들이 제왕을 원하는 이유는 그를 단두대에 세우기 위해서라는 말도 있다.

이 책의 첫 페이지가 대선을 두 달여 앞두고 드골의 묘지와 기념관을 찾은 평범한 사람들의 대화로 시작되는 것은 그래서 매우 인상적이다. 이 장면에는 과거에 대한 향수, 현재에 대한 분노, 미래에 대한 불안감과 함께 영웅을 기다리는 민중의 애타는 심경이 고스란히 드러나 있다. 이 책은 바로 그런 프랑스 국민들의 양가적 정서를 꿰뚫으며 드라마틱한 흐름을 따라간다. 하늘이 내려준 것 같은 영특한 작은 도시의 소년이 엘리제궁의 주인이 되기까지, 39년을 추적한 이 책은 한 '특별한' 인간의 시련과 영광의 발자취를 냉철한 시선으로 바라본 전기다.

마크롱의 사랑과 성공

이 책에도 적지 않은 부분이 서술돼 있지만 우선 인간 마크롱을 이해하기 위해서는 그의 '문제적' 또는 '비정상적' 러브스토리를 지나칠 수가 없다. 이 책이 나오기 전, 프랑스 저널리스트 카롤린 데리앙 등이 내놓은《마크롱의 기적 같은 사랑》(원제: Les Macron)이라는 책을 읽을 기회가 있었다. 마크롱을 아는 이들이 말하는 것처럼 그의 성공에서 지적과도 같은 사랑은 떼놓을 수 없다. 이 책에서도 저자는 마크롱이 정계에 입문하고 대통령 후보로 나서 당선될 때까지 24세 연상의 아내 브리지트가 맡은 역할을 주목했다. 그녀는 장막 뒤에 숨어 있지 않았다. 당당하게 남편의 선거대책본부와 유세장을 지키며 정치적 동지이자 후견인으로서 그들 부부의 야망을 이루는 데 큰 힘이 되었다.

"마크롱의 유일한 잘못은 나보다 젊다는 것뿐이다. 난 어쨌거나 그 사실을 극복해야 한다"(라고 브리지트는 말한다. 그리고 마크롱은). "그녀가 없었다면 지금의 나는 없었을 것이다"(라고 말한다). 두 사람의 고백은 결코 수사나 과장이 아닌 것이다.

24세라는 나이 차, 중학교 같은 반 여자친구의 엄마, 선생님과 학생, 세 자녀를 둔 유부녀(39세)와 미성년자(15세)라는, 신분과 장애와 통념을 뛰어넘은 연애사는 마크롱이 정치계에 혜성처럼 등장한 것과 같이 아주 각별하다. 마크롱의 정치 입문(창당)과 대통령 당선이 1년 남짓의 경이로운 단편 드라마였다면, 두 남녀의 러브스토리는 15년에 걸쳐 완성된 대하장편소설 같다.

"선생님은 제게서 떠나지 못할 겁니다. 전 꼭 돌아올 것이며, 선생님과 결혼할 것입니다." 두 연인을 파경으로 몰아가기 위해 마크롱을 멀리 파리로 유배를 보낼 때 마크롱이 브리지트에게 남긴 말이다.

"내가 하고 있는 사랑이 정말로 진실한 것인지가 나에겐 중요할 뿐이었다. 사랑은 모든 것을 그 길로 인도해 나를 이혼에 이르게 했다. 그를 거부하는 것은 불가능했다." 이 말은 브리지트가 자주 토로했던 말이다.

두 사람의 러브스토리에서 최고의 명대사로 꼽히는 이 말은 프랑스 특유의 국민성을 떠올리게 한다.

마크롱의 사랑은 어쩌면 프랑스 땅이기에 가능했던 것이 아니였을까? 지구상에서 사랑에 가장 자유로운 국민, 사랑의 가치에 목숨 거는 사람들이 프랑스인이다. 그들은 사랑하면 뛰어들고 다 쏟아 버린다. 어떤 형태의 남녀상열지사든 차별 없이 바라본다. '내로남불'은 없다. 프랑스혁명을 발명한 그들에게서 프랑스식 사랑 또한 탄생했다. 프랑스는 문학과 예술을 통틀어 사랑과 배반과 욕정과 비극이 가장 다양하게 변주하는 무대이며, 사회 통념과 상식을 뛰어넘은 요란하고 논쟁적인 러브 스토리를 유독 많이 배출했다. 그들이 이토록 사랑에 유별난 건 왜일까?

그들이 진정 사랑하는 것은 열애라는 이름의 '사랑'이다.

혁명적 순애보, 마크롱에 유리했나

두 사람의 러브스토리는 정치인 마크롱에게 결코 불리한 것은 아니었다. 최고의 학벌에 좋은 가문, 잘생긴 얼굴, 고액 연봉, 재계와 정계의 끊임없는 러브콜을 받아온 한 젊은 사나이가 아무런 조건 없이 24세 연상의 기혼녀를 일편단심 사랑하고, 마침내 그녀와의 결혼에 성공했다는 이야기는 남성중심적 결혼관습의 굴레와 타인의 시선에 얽매이지 않으며, 자기 신념에 확실한 마크롱의 '혁명적' 이미지를 대중에게 각인시켰다. 선거는 이미지의 승부다.

마크롱의 순애보는 특히 전임 대통령들의 화려하고 은밀한 사생활과 비교되어 더욱 부각됐다. 공과 사를 구별하는 미덕이 있는 프랑스 사람들이지만 두 지도자의 개인적 평판은 좋지 않았다. 천하의 바람둥이라는 시라크의 뒤를 이어 2007년 52세에 취임한 사르코지 대통령은 취임 다섯 달 만에 18년을 함께 살아온 모델 출신의 아내 세실리아와 이혼했다. 그리고 이혼 서류의 잉크가 채 마르기도 전에 슈퍼모델 출신이자 가수, 사교계의 여왕인 카를라 브루니와 세 번째로 결혼했다. 그 후에도 두 사람의 사생활은 제각기 화려하게 이어졌다.

사르코지의 뒤를 이은 58세의 올랑드는 엘리제궁에 들어갈 때 〈파리마치〉 정치부의 기자였던 동거녀 트리에르바일레를 데리고 갔다. 그녀로 인해 퍼스트레이디의 예우에 대한 논란이 일었다. 그러나 2년 후인 2014년 파파라치가 찍은 한 장의 사진이 그를 국민의 눈 밖으로 밀어냈다. 대통령이 심야에 스쿠터를 몰고 엘리제궁을 빠져나와 어디론가 가고 있는 이 사진은 프랑스 국민이 사랑하는 배우 줄리 가예와 올랑드 대통령의 밀애를 확인시켰다. 동거녀인 트리에르바일레는 주저 없이 엘리제궁을 떠났고 올랑드가 얼마나 시시한 남자인가를 폭로하는 책을 써냈다. 프랑스 역대 대통령들은 드골을 빼고는 모두 임기 중에 황당한 바람을 피웠다.

전임 대통령들의 품위 없는 사생활에 염증을 느낀 프랑스 유권자들에게 마크롱의 연애사는 신선하게 다가왔다. 마크롱은 대선 캠페인 기간 내내 동성애자라는 루머에 시달렸지만, 그의 헛소문과는 판이하게 다른 러브스토리는 득표에 적지 않은 도움이 됐다. 프랑스 국민은 대통령과 나이 차가 많지만 지적이고 우아하고 활동적이며 문화예술에 친화적인 퍼스트 레이디를 싫어하지는 않았다.

마크롱의 개혁과 시련

프랑스의 부활과 영광을 향한 마크롱의 혁명은 힘차게 출발했다. 혁명은 먼저 프랑스인이 가장 열광하는 축구장에서 일어났다. 2018년 7월 러시아 월드컵에서 전 대회 우승국 독일은 같은 감독, 선수, 전술로 경기에 임해 한국에 패했고 16강에도 오르지 못한 채 몰락했다. 반면 프랑스는 달랐다. 디디에 데샹 감독의 리더십, 음바페 같은 젊은 선수로의 완전한 세대교체, 그리고 아트 사커에서 새 전술로의 전환은 프랑스 축구에 혁명을 실현했다. 프랑스가 우승하자 프랑스 국민은 열광하며 거리로 뛰쳐나왔다. 1998년 파리 월드컵 우승 이후 긴 침체기를 겪다가 20년 만에 들어 올린 우승컵은 마치 구시대, 구질서 청산의 상징으로 보였다. 새로운 프랑스의 출발을 전 세계에 선포한 것이다. 국민들은 쏟아지는 장대비를 맞으며 흠뻑 옷이 젖은 채 응원하는 마크롱에 열광했다. 집집마다 삼색기가 걸렸다. 마크롱은 라커룸에 찾아가 선수들과 탭댄스를 췄다. 마크롱에게는 천운이었다.

마크롱이 주도하는 민주혁명의 성과는 곳곳에서 나타났다. 집권 1년 만에 각종 경제지표가 눈에 띄게 좋아졌다. 실업률은 10% 이내로 떨어졌고 경제성장률도 10년 만에 최고치를 기록했다. 프랑스에서 가장 강성인 국영철도공사SNCF 노조원들의 신분 보장과 복지혜택을 대폭 줄인 국철 개혁안을 의회에서 전광석화처럼 통과시키는 과단성도 보여줬다. 하지만 언제나 개혁에는 양날의 칼과 같은 저항이 있기 마련이다. 마크롱은 예상치 못한 저항에 부딪혔다. 2018년 겨울, 유류세 인상이 촉발한 노란 조끼 시위가 파리와 지방의 대도시에서 벌어지며 폭력 양상으로 확산됐다. 산업을 활성화하기 위해 친기업 정책을 펼치며 고소득자들이 내는 부유세를 축소한 조치는 마크롱에게 '부자를 위한 대통령'이라는 달갑지 않은 별명을 붙여주었다. 결국 마크롱은 시위대의 요구에 한 발짝 양보했고, 국가 재정에 부담이 되는 최저임금 인상안을 받아들였다. 그가 추진했던 개혁은 제동이 걸렸다.

프랑스병을 치유하려던 집도의 마크롱은 수술대 앞에서 주춤한 상태다. 그의 개혁은 성공할 것인가? 그가 꿈꿔온 프랑스의 영광은 다시 찾아올 것인가? 그는 유럽의 새로운 지도자로 우뚝 설 수 있을 것인가? 그의 삶과 철학을 따라간 이 책은 그 단서를 준다. 이 책을 읽으며 마크롱의 앞날을 점칠 수 있기를 바란다. 한 가지 개인적 바람을 추가하자면, 그의 순애보적 사랑이 마지막까지 해피엔딩이었으면 좋겠다.

가장 혁명적인 대통령,
에마뉘엘 마크롱의 도전

지정학적 위치와 역사적인 이유로 미국과 긴밀한 관계를 유지하고 있으며, 주로 영어를 사용하는 앵글로·색슨 문화와 더 친숙한 한국에서 프랑스는 어떤 의미를 지니고 있을까?

프랑스는 오랜 세월 동안 문학과 철학, 미술, 그리고 영화 등의 문화 분야에서 다른 서구 선진국 못지않게 한국에 많은 영향을 끼쳐 왔다. 하지만 정치나 경제, 국방 같은 분야에서는 여전히 조금은 낯설게 느껴지는 나라다. 프랑스에 대해 이런 비슷한 느낌을 공유하고 있는 한국 독자들에게 마크롱 대통령을 넘어, 현대 프랑스 정치사를 쉽게 이해할 수 있는 책이 바로 《마크롱의 시련과 영광》이다.

이 책은 2017년 5월, 프랑스 현대 정치사에 있어 가장 큰 파란을 일으키며 대통령에 당선된 에마뉘엘 마크롱의 경이로운 일대기를 비교적 담담하고 평이한 설명체로 그려나가고 있다. 동시에 그런 파란과 파격의 배경이 되는 현대 프랑스 역사와 유럽의 역학 관계를 간략하게 선보이고 있다.

　세계 정치사에서 프랑스는 프랑스대혁명과 나폴레옹의 등장 등으로 다른 나라들이 감히 범접할 수 없는 권위를 가지고 있다. 마크롱 역시 다른 나라라면 상상하기 어려운 과정과 도전을 통해 국가 권력의 정점에 올라섰으며, 그가 가진 권위는 가히 절대적이라 할 수 있다.

　그렇다면 천운을 타고난 영웅으로까지 일컬어지는 마크롱은 과연 어떤 인물일까?

기적을 일구어낸 대통령, 마크롱

　그의 인생사는 당연히 이 책을 읽어나가면 자세하게 파악할 수 있지만, 그 내용을 잠시 소개하고 싶다.

　에마뉘엘 장미셸 프레데릭 마크롱은 의사인 부모 밑에서 태어나 비교적 풍요롭고 안정적인 유년 시절을 보냈다. 중학교 시절부터 이미 비상한 능력을 뽐내며 프랑스 최고의 명문 교육기관인 파리정치대학과 국립행정학교 등을 수료한 마크롱은 이후 재계와 정계의 엘리트로 성장했다. 프랑수아 올랑드 전 대통령의 각별한 신임을 받아 대통령 후보 시절부터 일찌감치 그를 보좌해왔던 마크롱은 2014년 37세의 나이로 프랑스 재정경제부 장관 자리에 올랐다. 그 후 다시 3년 만인 2017년 불과 만 39세라는 젊은 나이에 프랑스의 대통령이 되는 '기적'을 일구어냈다.

　마크롱이 만들어낸 기적이 더 기적적인 것은 단 한 사람의 현역 의원도 없는 신생 정당 '앙 마르슈(전진)'라는 급조된 정치 운동 조직으로 대통령에 당선된 것이다. '전진하는 공화국당'으로 이름을 바꾼 '앙 마르슈'는 대통령 선거 이후 바로 이어진 총선에서 오직 마크롱이라는 이름만을 내세워 국회 과반수를 넘어섰다.

현대 정치사에서 특별한 경력이나 배경 없이 국가의 수장 자리에 오른 사례는 정당 정치가 잘 정착된 서구 선진국에서도 제법 찾아볼 수 있다. 비교적 최근에는 미국의 대통령 버락 오바마가 그러했고, 영국의 존 메이저나 토니 블레어 전 수상도 40대 초반의 나이에 관록을 자랑하는 기성 정치인들을 몰아내고 권력을 차지했다.

그렇지만 이들은 모두 기존 정당의 힘을 빌려 권력의 정점에 오른 것이다. 다시 말해 이들도 앞서 다른 선배들이 갔던 길과 절차를 그대로 따랐으며, 이들을 밀고 끌어준 건 사실상 기존의 정당 조직이라고 할 수 있다. 반면에 마크롱은 자신의 후견인이라고도 볼 수 있었던 올랑드 전 대통령과도 결별했고, 오랜 역사를 지닌 기존의 프랑스 정당들을 모두 적으로 돌렸다. 오직 일반 시민들의 후원과 자원봉사만으로 조직된 앙 마르슈를 통해 대통령에 당선된 것이다.

위기에 처한 프랑스 국민의 선택

발로 뛰는 취재를 통해 이 책을 쓴 기자 출신의 저자는 파격적인 결과에 대해 이렇게 설명하고 있다. "프랑스는 국가가 위기에 처할 때마다 대단히 특별한 능력을 지닌 새로운 초인超人을 찾아 그에게 매달린다."

수많은 피를 뿌리며 자유와 평등, 그리고 박애를 앞세운 혁명을 시작했고, 그 혁명을 완수하기까지 다시 200년 가까운 세월 동안 또 다른 피를 뿌렸던 프랑스 국민들이 위기가 닥치면 한 개인에게 의지하려 하다니! 이런 설명이야말로 어쩌면 프랑스 국민의, 아니

일반적인 모든 국민의 이중적인 성향을 고스란히 드러내고 있는 것은 아닐까. "프랑스에는 한 명의 대통령과 6천만 명의 국왕이 있다", "프랑스에는 그 치즈 종류만큼이나 다양한 정치적 견해가 존재한다"라는 말들이 보여주는 것처럼, 그 개성과 자유를 지향하는 기질이 뚜렷하다는 프랑스 국민들이지만, 급박한 위기 상황에서는 국가 전체를 일사분란하게 이끌어줄 단 한 사람의 지도자를 찾는 것은 어쩌면 당연한 것 아닐까.

그러나 얄궂은 것은 그런 위기 상황이 끝난 후에도 지도자가 독재에 가까운 권력을 계속 유지하려 한다면 국민들이 가차 없이 그런 지도자를 내친다는 사실이다. 그것이야말로 제대로 된 민주국가와 그렇지 않은 국가의 차이점일지도 모른다. 예컨대 이 책에서 마크롱 다음으로 중요하게 언급되는 프랑스 정치사의 거인 샤를 드골은 제2차 세계대전 당시 나치 독일에 저항했던 위대한 전시戰時 지도자였지만, 전쟁이 끝나자 국민들에게서 버림을 받았다. 다시 위기가 닥치자 국민들에 의해 지도자로 복귀했지만, 그 시기가 끝나자 역시 국민들의 선택에 의해 권좌에서 쓸쓸히 내려올 수밖에 없었다.

마크롱이 프랑스 대통령에 당선되었다는 것은 프랑스와 유럽의 현재 상황이 위기라는 또 다른 반증이다. 유럽의 오랜 숙원이었던 유럽연합은 유로화까지 만들어내며 공고한 공동체로 가는 듯했지만 결국 경제 문제로 말미암아 속절없이 무너져 내리고 있다. 유럽연합의 가장 큰 축이었던 영국은 국민투표를 통해 브렉시트를 선택했다. 냉전이 끝난 후 이제는 더 이상 위협이 될 수 없다고 생각했던 러시아는 푸틴의 지휘 아래 군사력이 아닌 천연자원과 사이버 공격을 통해 유럽은 물론 미국의 정치지형도까지 바꾸려고 호시탐탐 노리고 있다. 오랜 세월 가혹한 식민지 지배를 했었던 원죄原罪 때문인지는 모르겠으나, 프랑스는 이슬람계 이민자들에 대해 자유와 평등을 내세우며 그동안 어느 나라보다도 비교적 관대한 대우를 해주었다. 하지만 지금 돌아오고 있는 건 무고한 시민들을 대상으로 한 무차별적인 테러 공격뿐이다. 이들의 테러는 프랑스가 이야기하는 자유와 평등은 구경도 못해봤다는 분노의 외침과 함께 자행되고 있다.

마크롱이 선택한 도전과 혁명의 길

개혁을 무기로 들고 나온 새로운 지도자가 맞이하게 될 숙명은 어느 나라나 다 비슷한 것일까. 기존의 정치에 염증을 느낀 일반 국민들의 일시적인 지지로 권좌에 올랐지만, 그를 기다리고 있는 건 보수적 성향을 유지하고 있는 군부와 사회 지배계층의 만만치 않은 저항이다. 또한 유일하게 의지하고 있는 국민들의 지지 역시 대단히 변덕스러운 것이어서, 자신들과 관련된 눈앞의 작은 이익이 조금이라도 무너진다면 언제 그랬냐는 듯 아주 냉정하게 돌아설 수 있다. 그것이 바로 국민이다. 우리는 자신의 이상을 끝끝내 실현하지 못하고 안팎으로 공격을 받다 결국 비극적으로 생을 마감했던, 어느 대통령의 마지막을 지금도 생생하게 기억하고 있다.

프랑스 최고 명문 교육기관을 두루 거친 영민한 두뇌의 소유자인 마크롱이 이런 상황과 숙명을 모를 리는 없다. 마침내 자신이 목표로 했던 대통령의 자리에 올랐지만 그의 도전과 싸움은 이제부터 시작이며, 그는 자신의 이상이 외부보다는 내부로부터 무너져 내리는 것을 오히려 더 경계해야 할지 모른다.

그는 이미 '군주제를 지지하면서 동시에 그 군주를 살해하는' 프랑스 국민들의 이중적인 성향을 잘 파악하고 있다. 오죽하면 "프랑스 국민들이 국왕을 내세우는 이유는 단 하나, 그런 이후 가능한 빨리 그 국왕을 처단하는 즐거움을 누리기 위해서"라고까지 토로했을까.

그런 모든 사실을 알면서도 그는 도전을 선택했고 그의 혁명은 여전히 진행 중이다. 훗날 그저 도전한 것만으로도 가치가 있었다는 평가를 받을지, 아니면 진정한 성과를 남길 수 있을지, 그리고 지금 현재 1930년대를 연상케 하는 유럽의 불온한 기운을 잠재우는 힘이 될 수 있을지, 이 모든 것을 한국의 독자들과 함께 지켜보고 싶다.

옮긴이 _ 우진하

성균관대학교 번역 테솔 대학원에서 번역학 석사 학위를 취득했다. 한성 디지털대학교 실용외국어학과 외래 교수를 역임하였으며, 현재는 출판 번역 에이전시 베네트랜스에서 전속 번역가로 활동 중이다. 옮긴 책으로는 《노동, 성, 권력》《빌리지 이펙트》《5년 후에도 이 일을 계속할 것인가》《성난 군중으로부터 멀리》《고대 그리스의 영웅들》《내가 너의 친구가 되어줄게》《크리에이티브란 무엇인가》《똑똑한 경제학》《해결사가 필요해》《세상은 왜 존재하는가》《구스타프 소나타》 등이 있다.

에마뉘엘 마크롱

1판 1쇄 인쇄 2021년 4월 6일
1판 1쇄 발행 2021년 4월 13일

지은이 아담 플로라이트
옮긴이 우진하

펴낸이 임지현
펴낸곳 (주)문학사상
주 소 경기도 파주시 회동길 363-8, 201호(10881)
등 록 1973년 3월 21일 제1-137호

전 화 031)946-8503
팩 스 031)955-9912
홈페이지 www.munsa.co.kr
이 메 일 munsa@munsa.co.kr

ISBN 978-89-7012-984-6 03340